소매틱 IFS

트라우마의 신체기반 IFS 치료 및
체현된 참자아 안내서

수잔 맥코넬 지음
이진선, 박소영, 이혜옥 옮김

Σ 시그마프레스

소매틱 IFS, 트라우마의 신체기반 IFS 치료 및 체현된 참자아 안내서

발행일 | 2022년 3월 30일 1쇄 발행

지은이 | 수잔 맥코넬
옮긴이 | 이진선, 박소영, 이혜옥
발행인 | 강학경
발행처 | (주)시그마프레스
디자인 | 김은경, 이상화, 우주연
편   집 | 김은실, 이호선, 윤원진
마케팅 | 문정현, 송치헌, 김인수, 김미래, 김성옥

등록번호 | 제10-2642호
주소 | 서울특별시 영등포구 양평로 22길 21 선유도코오롱디지털타워 A401~402호
전자우편 | sigma@spress.co.kr
홈페이지 | http://www.sigmapress.co.kr
전화 | (02)323-4845, (02)2062-5184~8
팩스 | (02)323-4197

ISBN | 979-11-6226-374-7

Somatic Internal Family Systems Therapy

* 책값은 책 뒤표지에 있습니다.

역자 서문

인간을 비롯한 모든 생명체는 중첩된 시스템 가운데 존재하며, 시스템 내부뿐만 아니라 외부와도 서로 소통하고 관계를 맺으며 생명 현상을 영위해 나간다. 우리 인간은 더 큰 시스템의 한 구성원이 되는 동시에, 한 개인 자체가 수많은 하위 시스템을 포괄하고 있다. 모든 시스템에서 그렇듯이, 시스템 구성원 및 그들의 관계 부조화는 크든 작든 전체 시스템에 파급되므로, 우리의 신체 및 심리적 부조화는 고통과 질병을 낳게 된다.

그동안 대부분의 심리치료는 우리의 정신적인 면, 특히 감정과 사고와 행동적인 측면을 부각시켜 왔다. 그러나 우리 인간의 신체는 우리의 감정과 사고를 비롯하여 영적인 측면을 담는 그릇일 뿐만 아니라, 그것들을 행동으로 표출시키는 직접적인 행위자로서 기능하는 동시에, 우리 개인이라는 시스템을 물리적으로 정의하는 경계를 이루며, 외부와 교류할 수 있는 정보의 창문 역할을 한다. 따라서 우리 개개인을 정신(감정, 사고 및 영)과 신체를 하나로 묶는 기능적 최소 단위 시스템으로 생각하는 것이 마땅할 것으로 본다.

원저자 수잔 맥코넬은 바디워커라는 배경을 갖고 있지만, 리처드 슈워츠를 도와 IFS의 프로세스를 확립하고, 더욱이 독자적으로 소매틱 IFS라는 신체심리치료의 영역을 개척하고 확장시킨다. 맥코넬은 특히 IFS 프로세스에서, 부분들을 몸에서 찾고, 분리시킨 후 부분들을 신체화시킴으로써 소인

격화시키는 단계에 많은 기여를 하였다. 더 나아가 맥코넬은 IFS 치료의 궁극적 목표인 참자아가 내면시스템의 리더로서 기능하며 모든 정신적인 구성원들로 이루어진 건강하고 조화로운 시스템이 신체적으로 표현되는 것이야말로 진정으로 체현된 참자아의 이끎을 받는 내면시스템이라고 본다. 원저자는 여기에서 더 나아가 참자아의 영적 특성이 우주의 에너지와 교통하는 창문 역할을 한다고 이야기한다.

이 같은 개념을 설득력 있게 제시하기 위해 옛 성현들의 철학적 개념과 저자 자신의 불교 배경을 동원하여 독자들의 눈높이에 맞도록 소매틱 IFS로 풀어내고 있다. 지금까지 많은 심리치료가 탈종교적인 인본주의에 바탕을 두었으나, IFS의 등장으로 영성이란 개념이 심리치료에 거부감 없이 적용되기 시작하면서 심리영적인 영역이 확대되고 있다. 특히 IFS는 글자 그대로, 내면시스템에 초점을 맞추기 때문에, 내면을 성찰하는 과정을 중시한다. 이는 IFS의 초기 개발자들이 불교의 선 수행으로부터 참자아의 개념을 경험 가능한 속성으로 만드는 데 크게 도움을 받았기 때문인 것으로 생각되지만, 사실 내면을 성찰하는 훈련은 대부분의 영적 전통에서 보편적인 작업이라 할 수 있다.

무엇보다, 이 책이 갖고 있는 두드러진 특징은 트라우마의 심리적 상흔을 갖고 있는 내담자의 신체를 포함한 전인적인 심리치료 안내서라는 것 외에, 내담자이기 이전에 한 인간에 대한 compassion(긍휼의 마음)을 갖는다는 것과 치료의 관계가 어떠해야 하는지를 너무도 생생하고 인상 깊게 그리고 있다는 점이다. 수잔 맥코넬의 평생의 경험을 통해 얻은 신체기반 심리치료사로서 내담자와 공명하는 자세는, 통합심리치료 IFS와 소매틱스의 용광로와 같은 이 한 편의 멋진 영화 속의 명대사를 보는 것과 같은 여운을 남겨주고 있다.

본 역자 중 일부(이진선, 이혜옥)는 맥코넬을 비롯한 IFS 초기 개발자들과는 참자아에 대한 가치관과 시각에 있어 분명한 차이가 있음을 고백한다. 그 이유는 기독교라는 신앙적 배경 때문이다. IFS 개발자들이 처음부터 의도한 바는 아닌 것으로 알고 있지만, 지금에 와서 돌이켜 보면, 추방자를 치유함으로써 얻게 되는 조화로운 내면시스템과 영적 특성을 갖는 참자아와 그 에너지, 그리고 그러한 내면시스템이 우리 삶 가운데 경험되고 공유될 수 있는 형태로 나아가는 (소매틱) IFS 개념과 진행 프로세스는 그 기본 틀이 기독교적 구원과 성화 프로세스와 매우 흡사한 점을 보이고 있는 것을 우연이라고 보아야 하는가… 이 같은 시각은 전 세계적으로 크리스천들에게 유사한 영감을 불러일으키고 있으며, 본 역자들은 인본주의 상담을 꺼려하는 크리스천 공동체에서 수용될 수 있는 내면시스템 프로세스로 발전시켜 소개할 계획이다.

특히 역자 중의 한 사람(박소영)은 원저자와 유사한 배경을 갖고 현재 원저자로부터 직접 소매틱 IFS를 훈련받고 있으며, 실제 상담과 치료 현장에서 활용하고 있다. 모쪼록 IFS가 확장된 영성과 신체를 포함한 더 큰 시스템 모델로서 발전되어 나가기를 바란다.

이진선 · 박소영 · 이혜옥
한국가정회복연구소
ifscenter.ewebstory.com

저자의 인사말

친애하는 한국의 독자 여러분들께

소매틱 IFS를 배우고자 하는 여러분들의 열망에 대해 대단히 영광스럽게 생각합니다. 이 책을 쓰고 있을 당시에는 이렇게 많은 사람들이 읽고, 한국어를 비롯한 여러 언어로 번역이 될 줄은 상상도 못했습니다. 소매틱 IFS를 여러분들께 가져다 드리기 위해 번역 과정에 힘써 주신 박소영 님과 이진선 박사님, 이혜옥 박사님께 깊은 감사를 드립니다.

소매틱 작업에서 유익함을 얻게 될 모든 분들을 생각하면서 지금 에너지가 내 몸에 흐르고 있습니다. 소매틱 작업의 많은 것들은 수많은 스승들에 의해 서구에 소개된 아시아의 수행(practice)에서 영감을 얻어, 리처드 슈워츠가 개발한 멋진 내면가족시스템(Internal Family Systems) 모델과 통합시킴으로써 완성된 것입니다.

체현된 참자아 에너지로부터 오는 온갖 선한 것들이 온 세계에 확산되기를 기원합니다.

수잔 맥코넬

Dear Korean Readers

I am deeply honored by your desire to learn Somatic IFS. As I was writing this book, I never could have imagined it would be read by so many people, and translated into Korean and other languages. I feel much gratitude to So-young Park and Dr. Jinseon Lee, Dr. Hye-ok Lee who labored over the translation process to bring Somatic IFS to all of you. Right now, energy is coursing through my body as I think of all those who will benefit from the somatic practices, many of them inspired by Asian practices that have been introduced into the West by many teachers, integrated with the wonderful Internal Family Systems model developed by Richard Schwartz.

May all the goodness from Embodied Self energy spread throughout the world.

Susan McConnell

머리말

수잔 맥코넬이 오랜 세월 몸에 대한 연구와 실습에서 얻은 모든 지혜를 내면가족시스템 모델로 담아낸 이 책을 마침내 완성했다는 사실에 나는 매우 영광스럽고 기쁘다. 내가 IFS를 개발하는 과정에서 수잔의 많은 도움을 받았다.

나는 애정을 갖고 그 초창기 시절을 기억한다. 나는 1993년경 수잔과 내가 만난 즈음에는 IFS의 기초를 세웠을 때였다. 그녀는 내가 시카고에서 이끌고 있던 치료사 소모임에 합류하였다. 그들은 IFS를 확장하고 살을 붙이는 나의 작업을 돕기 위해 내담자들과, 그리고 서로를 대상으로 실험하고 있었다. 그 시절은 매우 신나는 시간이었고 우리 모두는 서로 매우 가까워졌다. 나는 IFS가 지금 미국과 전 세계에서 폭발적으로 증가하고 있는 것에 대해 기뻐하지만, 또한 우리가 어떻게 그것을 지금 현재의 모습으로 발전시킬 것인지 탐색하는 결속력 있는 작은 가족이라 할 수 있었던 그 초창기 시절이 그립다.

수잔을 만나기 전에, 나는 IFS를 잘 보완해주는 몸과 마인드풀니스를 기반으로 한 심리치료 하코미의 개발자인 론 커츠와 함께 일하고 있었다. 하코미 공동체에 속한 론과 또 다른 사람들은 몸 안에 있는 부분들을 찾아내는 것이 중요하다는 인식을 내게 불어넣어줌으로써 나의 부분들에로의 접근에 이미 영향을 주었었다. 나는 또한 때때로 어떤 한 부분이 장악하도록 만들어 그 사람의 몸을 움직이게 함으로써, 그 부분이 누군가에 의해 완전히 목격되고 있다는 느낌을 갖게 하는 것이 가치 있는 작업임을 알게 되었다.

수잔은 하코미 트레이너였고, IFS가 훨씬 더 많은 몸의 구성 요소들을 포함해야 한다고 강력하게 지지하여, 지금의 모습이 되었다. 그녀는 또한 규모가 커가는 IFS 커뮤니티의 리더가 되었다. 그녀는 최초의 리드 트레이너 중 한 명이었고 후속 트레이너들의 멘토가 되었다. 수잔은 스태프 개발 팀의 첫 번째 책임자였다. 그녀는 열정을 가지고 일의 착수를 돕고, 내 곁에서 많은 훈련을 함께 하며, 내 강연을 녹음하고 그때 그때 경험적 연습을 만드는 것을 도왔다. 그녀는 그 기간 동안 내가 신뢰할 수 있는 조언자였고, 자신이 기록하고 있었던 모든 자료들로 첫 번째 훈련 매뉴얼을 만들었다. 그 모든 것에 대해 나는 이루 말할 수 없는 감사의 마음을 갖고 있다.

그녀는 또한 내가 선을 넘을 때는 내게 이야기해주는 용기를 가지고 있었다. 수줍음을 극복하고 IFS를 회의적이고 때로는 적대적인 심리치료 세계로 이끌기 위해서는, 내가 기댔던 나의 부분들이 한 공동체를 이끌기에 가장 적합한 부분들은 아니었다. 나는 내가 오만하거나 생각 없는 행동을 할 때 나를 일깨워 줄 누군가가 필요했고, 수잔을 비롯해 몇몇 다른 사람들이 종종 그 상황에서 능력을 발휘하였다. 나는 그녀를 믿었고 그녀가 나와 IFS의 미래를 얼마나 아끼는지 알고 있었기 때문에, 나는 그녀의 말을 들을 수 있었고, 그 부분들과 작업하였다.

수년에 걸쳐서 나는 '참자아(Self)'―손상되지 않고, 우리 모두의 내면에 있는 치유의 본질―와 부분들과 몸 사이의 관계를 더욱 더 탐구해왔다. 부분들이 어떻게 당신의 몸에서 참자아를 쫓아낼 수 있는지, 그리고 당신이 그런 식으로 몸에서 떠나게 되었을 때, 어떻게 당신의 참자아가 당신의 시스템을 이끌기 더 어려워지는지가 상당히 흥미로웠다. 그래서 나는 '참자아의 체현'이 IFS에서 중요한 목표라는 것을 발견하였다. 참자아가 좋은 리더가 되기 위한 충분한 자격을 갖기 위해서는 몸 안에 있어야 하며, 참자아가 체현되지 않을 때 부분들은 위로해주는 참자아의 존재를 감지하기가 어렵다. 그럴 경우에는, 부모 없는 자녀들처럼 부분들은 끊임없는 불안감에 휩싸이고 점점 더 극단적이 된다. 참자아가 몸으로 표현되면, 마치 부모가 집으로 돌아온 것과 같아, 자녀들은 긴장을 풀고 아이들다워질 수 있다.

어느 누구도 이 문제들을 수잔보다 더 많이 탐구한 사람은 없으며, 이 책에는 수잔이 '참자아의 체현'을 성취하기 위해, 그리고 몸을 사용하여 부분들을 찾아내고 치유하기 위해 그녀가 발견하였던 작업이 담겨 있다. 그녀가 지금까지 자주 말했듯이, 우리가 우리 몸을 벗어나면 우리는 이 세상에서, 서로에게 폭력만 행사하게 된다. 그래서 체현은 사회운동과 변화를 위한 함의를 갖는다.

IFS는 커다란 개념적 우산이 되었고, 부분들의 신성함과 참자아의 존재에 대한 믿음을 가지고 있는 한, 이 개념 아래서 많은 접근법과 관점들이 잘 들어맞고 있다. 나는 이 우산 아래서 자신들의 열정을 쏟는 많은 재능 있는 사람들을 갖게 되는 축복을 받았다(지난해 IFS 컨퍼런스에서 나는 이러한 워크숍이 스물 두 개나 개최된 것으로 알고 있다―IFS EMDR, 요가, 12단계, 명상, 호흡 작업, 인종차별 반대, 별자리 치료 등). 소매틱 IFS는 이러한 귀한 통합의 목록 중 가장 윗자리를 차지한다. 그리고 나는 수잔이 우리에게 이 매우 중요한 선물을 주고 있다는 사실에 깊은 감사를 드린다.

리처드 C 슈워츠 박사
내면가족시스템치료 및 IFS 연구소 설립자

차례

서론

1 소매틱 IFS 소개 및 체현된 참자아로 나아가는 작업

2 신체적 인식 : 몸 이야기 읽기

3 의식적 호흡 : 내면세계와 외부세계 통합하기

4 근본적 공명 : 관계 영역을 강화시키기

5 마인드풀 동작 : 흐름을 복원시키기

6 섬세한 터치 : 윤리적 터치의 힘을 탐구하기

7 체현된 참자아 : 내면시스템의 체현

0

서론

마음과 몸을 통합하는 나의 여정

치료에서 언어적 이야기와 함께 몸 이야기를 포함하면 어둠 속에 가려졌던 것이 빛을 받아 깨어난다. 빛에 놀란 우리 몸의 야생 동물은 어두운 구석에 숨으려고 허둥지둥 달아날 수도 있다. 우리의 몸이 갈망하는 터치, 자양분, 동작은 과거 방치와 트라우마 사건 아래 묻혀 있을 수 있다. 우리는 우리의 몸이 우리를 배신했다고 느낄 수도 있다. 우리는 우리 몸을 향한 객관적인 태도를 내면화했을 수도 있다. 신체 조직 가운데 자리잡고 있는 개인의 상처와 집단적인 사회적 짐은 용기와 긍휼의 빛이 우리 내면 깊은 곳에 비쳐, 우리를 우리 존재의 본질로 이끌어주기를 기다린다.

내면가족시스템(IFS) 치료사이자 트레이너로서 나는 우리 정신세계 내면 거주자들의 소매틱 측면에 빛을 비추는 작업에 최선을 다하고 있다. 나는 다섯 가지 작업으로 구성된 소매틱 IFS를 개발하였다. 이것은 IFS 모델과 결합되고 내면 바디마인드 시스템과 함께 작업함으로써 체현된 참자아 에너지를 해방시킨다. 이 책은 서구 문화가 분리시켜 놓으려 했던 교차점에서의 나의 여정으로 시작한다. 그리고 이 책은 IFS란 나무의 가지 중 하나로 묘사된 소매틱 IFS의 다섯 가지 작업을 심층적으로 탐구한다. 다른 IFS 치료사들뿐만 아니라, 소매틱 치료사, 교육자, 바디워커, 요가 전문가 및 신체적-정서적 웰빙과 관련된 모든 사람들이 이 가지의 열매를 탐구해오고 있다. 소매틱 IFS의 작업—인식, 호흡, 공명, 동작 및 터치—은 온전함을 갈망하는 우리 모두가 바디마인드의 기름진 영역으로 안전하게 들어갈 수 있도록 지도를 제공한다.

나는 발 하나는 마음의 세계를, 다른 발은 몸의 세계를 딛는 작업 경로를 걸어왔다. 나의 전문가로서의 여정은 신체 장애—근 디스트로피 뇌성마비, 이분척추, 청각 및 시각 장애—가 있는 아동들을 가르치는 것으로 시작하였다. 그들이 갖고 있는 동작의 제약은 그들의 인지적·정서적 발달에 영향을 미쳤다. 나의 상담분야로의 입문은 시카고의 첫 가정폭력 쉼터 문이 열렸을 때 시작되었다. 많은 여성들 하나 하나가 용기와 패배의 독특한 이야기를 가지고 학대로부터 피할 곳을 찾아, 얼어붙은 얼굴을 한 어린 자녀들을 데리고 왔다. 그들의 몸과 마음에 입은 상처에 대한 이야기를 들으면서, 나는 쉼터 가정이 그 여성들로 하여금 자신들과 아이들을 위한 새로운 삶을 세울 수 있게 해주기를 바랐다. 하지만 나는 그들 대부분이 자신들을 학대했던 사람들에게로 되돌아가는 것을 보면서 신체적·정서적 트라우마의 치명적인 영향에 대해 내가 얼마나 이해하지 못하고 있었는지 깨달으면서 겸손해질 수밖에 없었다. 나는 그 여성들의 상황, 서류 작업, 그리고 스태프들의 내분 등으로 인한 복잡한 상황에 압도되었다. 알 수 없는 신경 근육의 신체적 증상이 내 몸에 나타났을 때, 처음에는 그것들을 무시했다. 증세는 더욱 악화되었다. 내가 찾아냈던 다양한 모든 대중요법과 대체요법 건강 전문가들은 빠른 효과를 제시하지 못하였다. 이윽고 나는 내 몸이 필요로 하는 것은 나와의 다른 관계라는 것을 깨달았다. 쉼터에 있는 여성들처럼, 나는 내 몸을 객관화시키는 수동적인 관계 속에 사로잡혀 있었다. 내 몸은 혹사와 방치로 인해 유지 보수와 수리를 위해 입고시킬 수 있는 자동차처럼 대할 수는 없었다.

　나와 내 몸의 증상들과의 관계 변화는 두려움과 좌절에서 호기심과 다정한 배려로 옮겨갔다. 나는 속도를 늦추었다. 나는 귀를 기울였다. 나는 너무 많은 것을 생각하는 작업을 중단하였다. 나는 몸 조직의 맥동, 톤, 진동에 대해 알게 되었다. 나는 실험을 하였다. 나는 내 몸에 좋은 호흡과 동작 작업을 찾았다. 나의 몸 동작과 감각은 나를 두려움과 비통함, 분노로 이끌었다. 나는 몸을 떨며 흐느꼈다. 나는 나의 인식, 행동, 믿음이 어떻게 내 몸의 구조와 기능을 형성해가고 있는지 이해하기 시작하였다. 쉼터 거주자들처럼, 나의 신체적·정서적 상흔은 서로 뗄래야 뗄 수 없는 것이었다. 그것들을 보듬음으로써 내 마음과 몸 둘 다 치유되었다. 나는 '내가 몸을 가지고 있다'기보다는 '나는 나의 **몸이다**'라는 것을 이해하게 되었다.

우리 문화가 우리로 하여금 우리 몸을 '밖에서 안으로' 보도록 만들었다는 것이 분명해졌다. 역사를 파고들면서, 나는 이러한 문화적 믿음이, 마음과 몸에 대해, 마음과 영혼은 거룩하고 숭고하며, 몸은 죽을 수밖에 없는 부차적인 살덩어리로 간주하는 400년 동안의 이원적 관점으로 인해 형성되었다는 것을 알게 되었다. 우리는 패러다임의 변화를 맞이해야 할 운명에 처한 것으로 보였다.

마음과 몸을 통합한 자료들을 찾다가, 나는 마침내 지금은 고전으로 여겨지는 바디마인드(Bodymind)라는 제목의 책을 발견했다.[1] 두 단어 사이에 공백이 전혀 없지 않은가! 나는 또한 소매틱스(Somatics) 분야를 개척하고 있던 철학자이자 교육자인 토마스 한나에 대해 알게 되었다.[2] 그는 고대 그리스어 소마(soma)에서 '소매틱스'라는 용어를 지었다. 나의 많은 배움과 실험은 나로 하여금 계몽주의 이후 서구 문화를 지배해온 몸의 기계론적 관점을 뒤집고, 우리는 우리 몸을 객관화시키는 라틴어 코푸스(corpus)를 벗어버리고, 우리 몸을 보다 더 주관적으로 바라보는 단어인 이 소마를 보듬을 수 있다는 확신을 갖도록 만들었다. 우리는 우리 몸을 '안에서 밖으로' 보며, 몸을 영이나 생명력을 위한 안내와 그릇의 원천으로 존중해줄 수 있었다. 우리 자신을 바꿈으로써 문화를 바꿀 수 있다!

몇몇 교사들과 석학들의 지도를 받으며, 나는 나의 내면 — 나의 **뼈**, 근육 및 내장 — 에 귀를 기울이는 법을 배웠다. 춤, 무술이나 요가 같은 다른 형태의 동작, 다양한 종류의 바디워크, 그리고 다른 유형의 대체 치유, 이 모든 것이 내 몸이 건강한 상태로 되돌아갈 수 있도록 도와주었다. 나는 이런 형태의 치유를 다른 사람들에게 전하기 위해 바디워커가 되기로 결심하였다.

비키 도드가 지도하는 바디워크 반에 참석하면서, 나는 시카고에서 가장 뛰어난 바디워커반에서 유일한 초보자였다는 것을 알게 되었다. 비키는 내가 도예가일 뿐만 아니라 상담가이기도 하다는 것을 알고, 내가 이 새로운 분야에 발을 들여놓으면서, 쉼터의 여성들에게 귀를 기울이는 법을 배웠던 나의 가슴과, 점토에 귀를 기울이는 법을 배웠던 나의 손을 믿으면 되겠다고 나를 안심시켰다. 우리에게 스트로크나 기법을 가르치는 대신에, 우리는 상호성에 대해 배웠다. 우리는 우리가 테이블 위에 있는 우리의 파트너에게 손길을 주면서 우리의 턱과 엉덩이 근육에 힘을 주면, 우리의 파트너의 몸은 그 손길에 저항한다는 것을 발견하였다. 우리가 마음을 가라앉히고, 마음을 모아 중심을 잡으며 긴장을 풀면, 우리 파트너의 몸은 열려 우리의 손길을 받아들였고, 우리의 손은 피부와 그 밑의 근육 및 근막에 귀를 더 잘 기울일 수 있었다.

나의 구조적 바디워크 교사들은 몸의 중력과의 관계에 대한 내담자들의 인식을 증대시키기 위해 그리고 내담자들의 몸에 보다 더 일관성을 가져오기 위해 내게 결체조직에 대해 작업하는 법을 가르쳐 주었다. 그들은 신체 구조, 기능, 그리고 핵심 신념 사이의 관계를 강조하였다. 근막의 변화는 종종 감정의 해방을 가져왔다. 감정이 표현될 준비가 되지 않았을 때는 근막이 그 변화에 저항하였다.

두개천골요법(cranial sacral therapy)은 좀 더 부드러운 손길을 제공하여 깊은 근막 작업과 통합할 수 있었다. 내가 두 손으로 뇌척수액의 미묘한 율동적인 파도에 귀를 기울이는 동안, 내 내담자들은 엄청난 편안함을 느끼게 되었다. 리듬의 작은 이상 징후를 바로잡기보다, 나는 그것들을 따라 그대로 흉내를 내었다. 나는 그 사람의 핵심에 있는 깊은 흐름을 이해하고 수용하는 것이 그 사람의 내면시스템에 내재하는 치유력에 접근하는 것임을 알게 되었다. 우리 몸의 타고난 지능은 몸의 자연스러운 리듬을 회복시켜 뇌, 척수, 그리고 자율신경계에 영향을 준다. 임상가로서, 나는 회기 중에 나의 내담자와 유사한 상태로 들어가서 내담자와의 깊은 연결을 경험하였다. 그것은 때로 신비스럽게 느껴졌다.

구조요법의 접지 작업과 두개천골요법의 물의 영역을 결합시키는 작업은, 물이 점토가 형태를 취할 수 있도록 해주면서, 점토를 물레 중앙으로 모으는 작업과 유사하였다. 점토를 가지고 하던 것처럼, 나는 몸체를 미세하게 조절하며, 최종적으로 만들고 싶은 모양을 알아내고 있었다. 이 대조적이지만 상호 보완적인 두 가지 바디워크는 만족스럽고, 때로는 심오하며 지속적인 효과 ─ 신체적으로 그리고 정서적으로 둘 다 ─ 를 많이 가져다 주었다. 내게 온 내담자들 역시 자신들의 몸이 주는 메시지를 계속 무시할 수 없는 삶의 지경에 이르렀던 이들이었다. 그들의 고통은, 마치 포장된 도로에 덮인 채 깊이 뿌리내린 잡초처럼, 갈라진 틈을 찾아 뚫고 나가고 있었다. 그들을 압도했던 고통은 그들의 몸속에 갇혀 있고, 증상은 신체적이든, 정신적이든, 행동적이든 누군가 자신의 이야기를 듣고 경감시켜달라는 고통의 시도였다. 내가 내담자들의 신체 조직에 손길을 보낼 때 떠오르는 감정과 생각을 내담자들이 이야기하면서, 나는 몸의 조직과 체액 안의 좁은 장소들이 얼어붙은 감정과 기억을 간직하고 있다는 것을 알게 되었다. 많은 감정적인 방출이 나의 바디워크 테이블 위에서 일어나고 있었으며 그것은 내 손 아래에서의 방출과 관련이 있는 것으로 보였다. 몸이 수년간 간직해왔던 것을 내려놓으면서 마음도 역시 그렇게 되었다.

치유에 대해 많이 배우면서, 나는 훨씬 더 많은 질문을 갖게 되었다. 내 손이 스킬과 민감도를 높여가며 신체 조직을 탐색하고 체액 리듬을 목격하는 동안, 내 마음은 어떻게 하면 최적의 안도감과 치유를 가져다줄 수 있을까 궁금하였다. 어떻게 변화가 일어나고, 어떻게 변화가 고착될 수 있을까? 내담자의 바뀌고자 하는 마음의 준비 상태인 타이밍이 주된 요소인가? 그것은 막힌 부분을 뚫어주고, 긴장을 풀어주며, 구조를 변화시키는 기법 — 스트레치, 동작 또는 특정한 종류의 터치 — 이 될 것인가? 그것은 손으로 근막을 해방시키거나 에너지를 보내는 것인가? 아니면 치료적 관계가 변화의 주된 요인인가? 인식이 열쇠인가? 두개천골요법은 내담자의 인식을 우회하고 있는가? 내 인식만으로도 충분한가, 아니면 내 내담자의 인식을 포함시키는 것이 중요한가? 구조요법은 침습적인가?

몸을 치유하는 것에 대한 질문 외에도, 나는 내 바디워크 내담자들의 정서적·인지적 측면을 무시할 수 없었다. 불행하게도 우리 문화에는 폭력이 만연해 있기 때문에, 몸에 도움을 받기 원하는 내 내담자들의 대부분 — 특히 여성 내담자들 — 은 성적, 신체적, 정서적인 학대를 안고 있었다. 근육, 근막, 관절, 장기에 손길을 보내며, 나는 그들의 트라우마를 만지고 있다는 것을 깨달았다. 내 내담자들이 말과 눈물로 자신들의 이야기를 나눌 때 그 조직들은 고통을 드러낼 가능성이 있다. 혹은 그들의 고통은 근막의 짧아짐과 보호 가운데, 혹은 리드미컬한 에너지 흐름의 방해 가운데 갇혀 있을 가능성도 있다. 종종 나의 내담자들은 나의 손길에 완전히 의식을 집중하지 못하였다.

때때로 내 내담자의 정서적 삶뿐만 아니라 그들의 몸의 경험을 염두에 두면서 나는 마음이 불안하였다. 나의 접근 방식이, 자신의 감정과 생각에 도움을 얻기 위해서는 치료사에게 기대고, 그리고 나서 몸의 문제는 바디워크 임상가에게 기대는 문화로부터는 지지받지 못하였다. 별도의 시설 규제 기관과 함께, 마음과 몸의 이러한 문화적 이혼은 우리 대부분이 겪는 내적 분열을 강화시킨다 — 그것들이 반응훈련 때문이든, 트라우마 때문이든, 아니면 둘 다 때문이든 간에.

나는 하코미 훈련이 시카고에서 시작되었을 때 마음과 몸을 통합하는 방법에 관해 내가 필요하였던 지침을 찾게 되었다. 론 커츠(Ron Kurtz)가 개발한 이 소매틱 심리치료법은 불자의 마인드풀니스(mindfulness, 마음챙김) 작업에 뿌리를 두고 있다. 현재의 순간에 우리 신체와 감정에서 경험하고 있는 것에 의식을 가져옴으로써 우리의 행동, 인식, 감정을 구성하는 핵심 요인을 부드럽고 안전하게 알아낸다. 의식은 선택의 가능성을 가져다준다. 나는 이 핵심 요인의 변화와 재구성을 촉진하는 경험적 접근법을 배웠다. 우리가 우리 자신을 움직이고 품고 있는 방법들은 암묵적으로 우리가 품고 있는 믿음 및 감정을 드러내고, 그들과의 직접적인 대화를 가능하게 한다. 나는 입으로 하는 말뿐만 아니라 제스처, 속도, 자세, 목소리의 질, 에너지 변화, 호흡 패턴에 귀를 기울이는 법을 배웠다. 하코미 방법의 원리는 나의 삶과 작업의 근간이 되었다. 나는 하코미 교사가 되었다. 나는 당시 하코미 트레이너였던 패트 오그든(Pat Ogden) — 나중에 감각운동 심리치료(Sensorimotor Psychotherapy)를 개발함 — 과 함께 공부하며 몸을 통한 트라우마 작업에 대해 더 많은 것을 배웠다. 나는 하코미의 원리와 방법을 내 바디워크 작업에 포함시켜 변형시켰으며 바디워커들에게 하코미 훈련을 개발하고 가르쳤다.

하코미의 내면 관찰적 접근은 나를 불교로 이끌어, 나의 마인드풀니스 작업을 심화시켰다. 선불교는 내 몸의 감각과 내면세계에 대한 나의 인식을 증가시켰다. 비록 불교에서도 다른 종교에서와 같이 비슷한 정도로 몸

이 무시되고 부정될 수 있지만, 부처가 가르친 대로의 마인드풀니스 작업은 몸을 포함한다. 부처에 대한 이야기 중 내가 가장 좋아하는 것 하나는 깨달음을 얻는 순간 그리고 깨달음을 주장하는 자신의 권위가 인정받지 못할 때, 부처의 반응은 자신의 오른손을 뻗어 땅에 손을 대었다는 이야기였다. 나는 그가 땅바닥에 앉아 있으며 자기 몸 안에서 얼마나 완전히 그 순간을 경험하고 있었는지가 머릿속에 그려진다. 그의 인식은 웅변적인 설법이나 설득력 있는 변론보다 더 강력했다. 그 제스처로 그의 깨달음의 마지막 장애물은 사라졌고 싯다르타는 부처—깨달음을 얻은 자—가 되었다.

선사 바비 로우즈(Bobby Rhodes)—일명 관음 선학교의 성향—가 나의 교사가 되었다. 한 번에 며칠씩 침묵 속에 앉아 있던 나는 다리와 등의 무감각과 고통, 그리고 내 마음을 뒤덮는 판단과 비판의 행렬을 피할 수 없었다. 나의 정신적·육체적 장애물은 결국 사라지면서, 놀랍게도 침묵 속에 나와 함께 앉아 있는 다른 사람들과 연결되어 있는 느낌을 남겨주었다. 매 인터뷰 때마다 바비는 내게 혼란스러운 역설적인 이야기나 반응을 필요로 하는 상황을 제시하곤 하였다. 나는 그 질문에 마룻바닥을 치며 "모르겠다"고 대답하기로 되어 있었다. 이 행동은 내 마음이 올바른 답을 찾아내려고 애쓰는 것을 멈추게 하였다. 내 손으로 마룻바닥에 치는 것과 수년간 학교에서 배운 반응훈련을 잘라버리는 말들은 내가 선문답의 핵심으로 들어가도록 도와주며 좀 더 직관적인 반응이 출현하도록 해주었다. 부처의 깨달음에 대한 이야기에서와 같이, 선문답에 대한 대답은 종종 몸 동작이나 제스처의 형태를 취하였고, 그것은 제시된 상황과 나의 직접적 개인 관계의 본질을 표현하였다.

내가 탐구하고, 배우며, 가르치고, 내 자신과 다른 사람들의 치유에 관여하는 세월 동안, 리처드 슈워츠는 결혼 및 가족치료로 박사학위를 받고, 일리노이대학과 노스웨스턴대학 두 군데서 부교수로 재직하면서 가족치료 교재를 저술하는 데 몰두하고 있었다. 그는 열린 가슴, 호기심 있는 마음, 그리고 훈련된 구조적 가족치료사의 귀로, 내담자의 내적 몸부림과 갈등에 대한 묘사에 귀를 기울면서, 가족 내에서의 상호관계를 바라보는 시각과 비슷한 방식으로 그들의 내면세계를 개념화하였다. 그는 내담자들이 감정, 인식 및 신념 시스템을 갖고 있는 자신들의 '부분'을 말하는 것을 들었다.

슈워츠가 내담자들의 정신세계의 이러한 측면에 귀를 기울일 때, 그것들은 실체가 없이 흐릿한, 희귀한 원형이나 외부 인물의 내면화된 표현 그 이상으로 보였다. 이러한 소인격체들이 누군가가 자신들을 보고, 듣고, 마치 자신들이 하나하나의 사람들인 것처럼, 관계를 갖는다고 느낄 때 그들은 오랫동안 누군가가 자신들을 보고 들어주기를 바랐다고 이야기해주었다. 그는 내담자들의 내면세계에 대한 설명을 들으면서, 이 부분들이 실제 사람들처럼 감정, 역사, 목적, 관점, 신념, 행동의 범위를 드러낸다는 것을 깨달았다. 그들은 내담자의 성별과 무관하게 어떤 성별이든 어린 사람으로 가장 자주 나타난다.

이러한 인격(personality)의 다중성에 대한 개념은 심리치료 모델, 시인 또는 정치인들에게도 새로운 것이 아니다. 그러나 슈워츠는 여느 가족 관계만큼이나 복잡한 내담자의 시스템에서, 이러한 부분들이 다른 부분들과 관계를 갖고 있다는 사실을 알게 되면서, 자신이 개발하는 모델에 시스템 측면을 추가하였다. 부분들은 보호적이며 비판적이고, 의존적이며 반항적이고, 또는 돌보기도 하며 원망하기도 한다. 그가 가족 구성원들에게 접근했던 것과 같은 방식으로 이 부분들에 접근하면서, 그는 그들의 행동이 결국 덜 극단적이 되고 그들의 상호 관계가 더 협력적이 된다는 것을 발견했다. 그의 내담자들은 종종 자신들을 치료 현장으로 이끌어왔던 그 증상이 깊이 해소되는 경험을 하였다.

부분들이 안전과 존중의 분위기 가운데서 긴장이 풀려 내담자들 인격의 또 다른 측면이 자유로워질 수 있도록 공간을 만들면서, 그의 모델의 또 다른 매우 중요한 한 부분이 통합되었다. 슈워츠의 내담자들은 이 상태—이 전에 슈워츠에게 있었던 지혜와 긍휼의 마음을 내담자들이 가진 상태—가 자신들이 발견했던 어떤 부분들과도 구별된다고 묘사하였다. 그의 내담자들은 이 상태를 부분이 아니라 단순히 '나의 참자아'라고 불렀고, 그래서 그는 각 사람 안에 있는 이 핵심 본질을 나타내기 위해 이 단어를 채택했다. 그는 자신의 작업, 연구, 저술을 통해 독특한 치료 접근법을 개발하면서, 자신의 내담자들의 용어인 '부분들(parts)'과 '참자아(Self)'를 차용하였고 자신의 모델을 '내면가족시스템(Internal Family Systems)' 혹은 IFS라 부르게 되었다.

만약 인격의 다중성에 대한 개념이 어떤 사람들에게는 도전적이라 하더라도, 모든 사람이 참자아를 가지고 있다는 가정은 상당히 급진적인 개념이다. 모든 개인의 중심에는, 모든 여분의 것이 벗겨질 때 이 사랑하고, 창의적이며, 지혜롭고, 용기 있는 본질적인 상태가 존재한다. 이 가정은 그 자체가 치료의 개입이다. 이는 치료사의 역할을 통역자, 분석자 혹은 문제 해결자로부터 내담자의 본질적인 참자아를 찾아내어주는 사람으로 바꿔준다. 치료사와 내담자의 참자아 에너지는 변화의 주체가 된다. IFS 치료의 목적은 이 내재적인 선함과 지혜를 모호하게 만들고 있는, 고립되어 고통스러워하며 신뢰하지 못하는 부분들과 친구가 됨으로써, 이 내재적인 상태를 해방시켜 올바른 리더십의 자리에 오르게 하는 것이 되었다. 참자아에 대한 부분들의 신뢰가 회복될 때 시스템의 모든 부분들은 자신들의 극단적이고 생존 지향적인 역할들을 내려놓고 협력적이고 조화로운 관계들로 재구성되도록 도움을 받을 수 있다. 일단 내담자의 참자아가 내면시스템에서 도움을 줄 수 있는 상황이 되면, 내담자는 더 이상 치료사의 참자아에만 의존하지는 않게 된다.

슈워츠는 참자아의 비강제적이고 협력적인 리더십 스타일을 훌륭한 오케스트라 지휘자의 그것에 비유한다. 때때로 관찰하며 목격하는 역할을 하며, 그리고 어떤 때는 활동적이며 긍휼히 여기는 의식 상태로서 역할을 하는 참자아 에너지는 빛 광자가 입자와 파동 둘 다로 존재할 수 있는 방식과 비슷하다. 그는 참자아의 두 측면을 이렇게 설명한다. "하나의 실체로서, 참자아는 경쟁하는 관점을 듣고, 영양분을 공급하며 문제 해결을 위해 도움을 줍니다. 하나의 파동으로서, 참자아는 우주 및 다른 사람들과 하나가 됩니다—마치 그 수준에서 모든 파동들이 궁극적인 공통성 안에서 중첩되듯이."[3] 그는 점점 더 자신의 임무는 내담자의 참자아가 출현하였을 때 길을 내어 주며, 내담자의 시스템 안에 있는 치유의 주체로서의 내담자 참자아를 지원하는 것으로 보았다. 치료실에서 참자아의 엄청난 힘으로, 내담자의 치유는 비약적인 발전을 가져온다.

IFS 치료사인 잰 멀른(Jan Mullen)과 함께 참가한 최근 컨퍼런스 기조 연설에서, 잰은 자신이 갖고 있는 IFS의 초창기에 대한 회상을 나누었다. "IFS 모델은 정신분석과 자기심리학 같은 이론에 근거하여 치료사의 인지 분석에 의존하던 시절 무대에 등장하였고, 지금까지 보다 전인적이고 직접적으로 경험적인 치료법의 최첨단을 걸어왔습니다. 인간에 대한 지배적이며 획일적인 시각에 도전하여 자연스런 인간 마음의 다중성을 주장하는 것은 오르막길을 오르는 것과 같은 힘든 과정이었습니다."

슈워츠는 다소 조용하고 겸손한 사람이지만, 자신의 모델에 대한 열정은 전염성이 있었다. 마치 자석처럼, 그는 자신의 모델에 흥미를 느끼고 IFS

개발에 기여할 수 있는 방법을 찾고자 열심인, 비슷한 생각을 가진 사람들을 끌어당겼다. 슈워츠는 시카고 근처에 살며 IFS와 하코미 사이에 상당한 공명이 있음을 발견하면서, 결국 우리의 길은 일치하게 되었다. 나는 이러한 연결이 다음 25년 동안 (이 글을 쓰는 시점에서) 나의 전문직 삶을 바꿔 놓을 것이라 예견할 수는 없었다. 나는 처음에 그의 성실함, 겸손함, 개방적임, 그리고 자기 자신의 치유에 대한 헌신에 끌렸다. 나는 그가 자신의 구조적 가족 치료 훈련을 보류하고 내담자들에게 귀를 기울임으로써 자신의 새로운 모델이 등장하도록 허용하는 용기를 가지고 있다는 사실을 특히 높이 평가하였다. 친구들과 동료들은 슈워츠를 '딕'이라고 부르고 있는데, 나도 그들 중 한 명이 된 것을 영광으로 여겼다. 딕과 이 새로운 접근법에 끌려 내 상담실 마룻바닥에 앉아 있던 몇몇 사람들에 의해 그 초창기에 IFS 모델과 조직이 형성되었다.

새로운 치료 모델을 찾기보다는 자문에 대한 나의 필요가 이 인생을 바꾸는 길로 들어서게 만들었다. 나는 하코미로 상당한 결과를 얻고 있었고 심리치료와 바디워크 커뮤니티 모두에게 이 모델을 가르치는 것을 즐겼다. 내 내담자가 약물 과다복용으로 거의 죽을 뻔하였을 때 나는 딕의 자문 그룹에 참여하였다. 자문 그룹은 나를 지원하는 것 외에도 그가 개발 중인 치료 접근법을 배울 수 있는 기회를 주었다.

이 그룹에서 나는 우리의 부분들의 일부가 우리의 버려짐이나 트라우마의 고통스러운 감정을 품고 있으며('추방자'로 일컬음) 또 다른 부분들은 이 취약한 부분들을 보호하거나 더 이상 상처받지 않도록 시스템을 보호하도록 강요당하고 있다는 것을 알게 되었다. '관리자'라고 불리는 보호적인 부분들은 비판적이고 통제적인 전략과 같은 다양한 행동을 보이는 반면, '소방관'이라고 불리는 것들은 취약한 감정이 등장할 위험이 있을 때 충동적으로 반응한다. 대부분의 이 부분들은 그 사람의 나이보다 훨씬 어리다. 이 부분들의 내면 가족은 서로 반대되는 전략을 채택하여 시스템을 경직된 역기능적 관계로 고정시킨다. 보호자들은 과로한 상태에 있고, 고립되어 있으며, 둘러싸여 포위된 상태에 있다. 취약한 부분들은 전형적으로 추방된 상태에 있다. 그들은 절망적인 상태이고, 외로우며, 궁핍한 상태에 있다. 이들은 자신들을 보호하려고 시도하는 부분들에 의해 내면적으로도 외부적으로도 계속해서 상처를 받고 있다. 내면시스템은 흔히 말하는 Catch-22(역자주 : 미국인 작가 조지프 헬러의 소설 제목이며, 순환논리적 모순이며, 진퇴양난의 상황을 가리키는 표현임)에 갇혀 있다. 보호자들은 취약한 자들이 안전하게 보살핌을 받을 때까지 자신들의 위치를 버릴 수 없지만, 취약한 자들은 보호자들이 자신들의 손아귀 힘을 빼기 전까지는 보살핌을 받을 수 없다.

　IFS 치료사가 된다는 것은 고대 유물을 샅샅이 뒤지고 그것들이 어떻게 들어맞는지를 알아내며 그들이 드러내는 역사를 발견하는 고고학자와 약간 비슷하다. 이 부분들은 누구인가? 그들은 무슨 일을 하는가? 그들은 얼마나 오랫동안 이것을 하고/느끼고/믿고 있었는가? 그들은 친구들인가 혹은 적들인가? 그들은 갱단을 형성하고, 은신하며, 지배하고, 보호하는가? 내 임무는 내담자가 이 부분들을 찾아내고, 짐을 짊어진 부분들 아래 묻혀 있는 참자아 에너지를 발굴하도록 돕는 것이었다.

　IFS는 내 내담자의 보호자 부분들에 대해 긍휼히 여기는 관점을 제공하였다. 그들이 비판적이든, 통제적이든, 격분으로 가득하든, 교묘하게 조정을 하든, 아니면 단순히 진실하지 못하든 간에, 보호자들은 가까워지기 어려울 수 있다. 치료에 '저항'하는 부분들은 치료 세계의 골칫거리이고, '경계선'이라는 꼬리표는 우리들 중 많은 사람들을 움찔하게 만든다.

비록 그들의 행동이 종종 엄청나게 비극적이고 가슴이 미어지는 결과를 초래하지만, 나는 이 보호자 부분들이 보통 아주 어린 나이에 극단적인 역할을 하도록 강요받았다는 사실을 이해하게 되었다. 그들의 행동이 꽤 비극적인 결과—아이러니하게도 종종 그들이 막으려고 애썼던 바로 그 결과—로 이어진다는 사실에도 불구하고, 그들은 모두 좋은 의도를 가지고 있다. 그들의 해로운 행동은 자신들의 왜곡된 인식에 바탕을 두고 있으며, 이는 다시 자신들의 내면 및 외부 시스템 내에 있는 짐(burden)과 압력에 의해 채색된다. 보호자들은 요새를 지키는 것이 자신들에게 달려 있다고 믿는다. 거의 모든 내 내담자들은 보호자들이 극단적으로 부지런하다고 할 정도로 어린 시절에 상처를 입었다. 나는 이제 내 내담자들의 자기 파괴적인 행동이 어리고 잘못되었지만 의도는 좋은 부분들의 행동이었음을 이해한다. 이러한 용맹스러운 보호자들은 자신들이 보호하고 있는 부분들이 안전하다—내면으로나 외부로나—는 것을 일단 확신하면 비로소 진정으로 변화된다.

태어날 때 참자아 에너지가 내재되어 있기는 하지만, 상처를 예방하거나 치유할 수 있는 신체적·신경학적 또는 경험적 능력이 아직 발달하지 못하였다. 어떤 경우에는, 참자아 에너지는 자기 자신을 보호하기 위해서 시스템에서 밀려난다—마치 질서가 회복될 때까지 망명할 수밖에 없는 통치자처럼. 그러나 이제 이 핵심적이고 본질적인 참자아는 명료함, 용기, 지혜, 자신감을 갖고 있으며, 보호자들은 실제로 자신들의 짐이 되는 역할을 내려놓을 수 있기를 간절히 바라고 있다. 내담자들은 자신들의 부분들이 좀 더 많은 신뢰감을 느끼게 될 때까지 초반에는 치료사의 참자아 에너지에 의존하는 것이 일반적이다.

치료사나 내담자의 참자아 에너지를 감지하면서 내담자의 보호자들은 자신들이 왜 그런 일을 하고 있었는지, 그리고 가능하다면 지금의 하는 일 대신에 하고 싶은 일이 무엇인지 나눈다.

보호자들이 자기 입장에서의 이야기를 하는 동안, 자신들이 보호하고 있는 취약한 부분들이 드러난다. 이 어린 부분들은 안도와 구원을 얻고자 필사적으로 그리고 비극적으로 백방으로 알아보며, 진정으로 의지할 수 있는 유일한 원천, 참자아를 기다린다. 창문에 코를 대고 구세주를 찾는 어린아이처럼, 그들은 단지 돌아서기만 하면 구세주가 그 방에 자기들과 함께 있는 것을 보게 된다. 우리는 그들이 얼어붙었던 혹은 감옥에 갇히게 되었던 때와 장소에서 그들을 데리고 나올 수 있다. 그들은 참자아와의 관계 가운데서 안전과 치유를 찾는다. 그들의 억압되었던 이야기를 들어주는 동안, 그들은 자신들의 상처로부터 누적된 짐들—감정, 감각, 생각, 행동—을 내려놓을 준비가 된다. 그들은 종종 자신들의 짐을 내려놓는 창의적인 방법을 발견한다. 빛으로 보내거나, 땅속 깊이 묻거나, 절벽에서 던지거나, 신성한 못에 녹여버리는 것들이 그 예다. 짐은 사라지고 부분은 남아, 시스템에서 자신의 내재적인 고유 역할로 회복된다.

우리 내면시스템의 생태학은 다음과 같다. 심지어 한 부분이라도 자신의 역할을 왜곡시켰던 제한적인 신념을 내려놓을 수 있을 만큼 참자아 에너지를 신뢰할 수 있으면, 내면시스템의 다른 부분들도 변화를 일으킬 수 있다. 우리 내면의 방 가구들을 좀 더 편안하고 조화로운 패턴으로 재배치할 수 있다. 그 부분을 더 이상의 손상으로부터 보호하려고 애써왔었던 부분들, 즉 시스템에서 약간의 외관적 균형을 유지하려고 애써왔던 부분들은 자신들이 수십 년간 기울여온 노력을 마침내 내려놓을 수 있다는 것을 깨닫는다. 그들은 자신들이 선호하는 역할을 기억하거나 재발견하거나 때로는 만들어낸다. 부모 역할을 맡은 관리자들은 참자아가 이끌고 있다는 것을 알면서 안전감에 쉴 수 있게 된다. 해리시키거나, 충동적이며 반응적인 소방관들은 장난기 많고 창의적이 될 수 있다. 나는 모든 부분들이 참자아뿐만 아니라 서로 간에 조화와 협력의 관계로 연결될 수 있음을 보았다.

내가 자문 그룹에서 자살시도 내담자에 대해 이야기를 나누었을 때 나는 이 모델의 파워를 개인적으로 알게 되었다. 나는 딕이 이 모델을 이 상황에 적용하는 방법을 가르쳐 주기를 기대했었다. 하지만 그는 내 안에서 어떤 일이 일어나는지 보기 위해 내면을 들여다보고 귀를 기울여보라고 하였다. 내 몸, 나의 이미지, 생각, 감정에 주파수를 맞추면서, 나는 내담자를 실패케 했다고 비난하는 보호자와, 내 내담자가 자신의 삶을 다시는 끝내려 시도하지 않도록 확실히 해주기 위한 어떤 방법이 있나 두루 알아보고 있는 또 하나의 보호자를 찾았다. 나의 취약한 부분들은 두려움과 무력함을 품고 있었다. 딕은 내가 이 부분들에게 존중하며 감사하는 마음으로 귀를 기울이라고 코치하였다. 나는 이 부분들이 어리다는 것을 깨달았다―내 치료사 의자를 장악하고 이 어린 여성을 도우려고 애쓰기에는 너무 어렸다. 그들은 매우 기뻐하며 내가 내 자리를 되찾도록 허락해주었다.

다음에 내담자를 만났을 때 나는 그녀 자신의 삶을 끝내고 싶어하는 부분들에 대해 깊이 평온하게 귀를 기울일 수 있었다. 나는 그녀가 알코올 중독자였던 어머니를 돌보고 있다가 여덟 살에 어머니가 돌아가시자 언니와 형부―그녀를 자신의 정부로 삼았던―에 의해 길러졌다는 사실을 알게 되었다. 그녀가 자기 가족에게 이 학대에 대해 이야기하였을 때 가족들은 그녀에게 등을 돌리고, 비난하며 피하였다. 그녀의 자살시도 부분은 죽음만이 자신의 고통을 끝내는 유일한 길이라고 보았다. 그녀의 자살시도 부분을 관리하려고 애쓰는 것이 아니라, 내가 그 관리자에게 긍휼의 마음을 갖자, 그 부분은 마음을 열고 그녀의 고통을 줄일 수 있는 또 다른 방법이 있을 수 있다고 생각하였다. 이것은 성적 학대로 인한 수많은 짐을 안고 있는 부분들뿐만 아니라, 그녀가 죽기를 원하지 않는 그녀의 부분들의 이야기를 들을 수 있는 공간을 만들어주었다.

IFS를 내 치료 작업에 통합하는 것은 상당히 매끄럽게 진행되었다. 그 모델은 내게 직관적이고 지적인 감각을 주었다. 내 내담자 중 많은 수는 내면에 주의를 기울이면서 자신들의 내면세계를 탐구하고 있었다. 그들 중 일부는 이미 '부분'이라는 단어를 사용하고 있었다. 왜냐하면 이것은 꽤 흔한 표현법이기 때문이다. 한 내담자는 안도의 한숨을 내쉬며 "나는 내가 생각했던 분노에 찬 악랄한 괴물이 아니네요. 내가 화난 부분을 가지고 있을 뿐이네요." 그는 자신의 부분이 컴퓨터 바이러스처럼 화난 바이러스를 자기 안에 박아 놓은 것 같다고 하였다. 그의 삶에서 힘든 일들이 그의 어린 부분의 순수성을 부패케 하였고, 이 바이러스는 자신의 행동을 바꿔버리는 악성 프로그램 같았다. 그는 우리가 바이러스를 제거하고 자신의 내면 운영 시스템을 복원시킬 수 있다는 말을 듣고 안도하였다.

IFS는 내가 더 많은 긍휼의 마음을 가진 치료사가 되도록 도와줄 뿐만 아니라 내 자신을 치유하는 또 하나의 도구를 제공해주었다. 극단적인 행동이나 감정으로 고통받는 내담자와 마주한 나는 참자아 에너지가 분명하지 않을 때 구름 낀 날 태양처럼 단순히 뒤덮여 있고 내 안의 거리 두는 부분들, 지나치게 공감하는 부분들, 구조하거나 돌보는 부분들이 긴장을 풀고 있다는 것을 기억할 수 있었다. 나는 내가 내담자 치유의 원천이 되는 것이 아니라, 참자아 에너지 상태를 유지하려고 노력하는 것으로 내 책임을 바꾸었고, 그리하여 나는 내담자들이 자신들의 참자아 에너지를 알아내도록 도울 수 있었다. 나는 바디워크와 하코미 배경에 기원을 두고 있으면서도 IFS 모델에 확고한 기반을 두게 되었다. 이 모델들을 통합함으로써 나는 내담자들이 자신들의 깊은 개인적 여정을 통과할 수 있도록 돌보며, 내 자신의 부분들뿐만 아니라 내담자의 부분들과 작업하며 참자아 리더십을 따뜻이 맞아들이는 환경을 준비할 수 있게 해주었다.

첫 번째 책 내면가족체계치료(Internal Family Systems Therapy)[4]가 나온 직후, 딕은 나에게 시카고에서 곧 시작하는 트레이닝에 참가하도록 격려하였다. 나는 트레이닝받는 것을 결정하지 않다가 어떤 꿈을 통해 내 미래를 결정짓게 되었다. 꿈에서 나는 긴 테이블에 앉아 있었는데, 하코미 동료들이 이쪽 끝에, 딕은 맞은 편 끝에 있었다. 꿈속에서 나는 다가오는 시카고 IFS 트레이닝에 대해 물어보고 싶었던 것을 기억하며, 그에게 다가갔다. 그는 내게 대답하기를, 두 번의 트레이닝이 있는데, 하나는 30명 정도여서 이미 꽉 찼다고 하였다. 다른 하나는 4명이었고 이 작은 그룹이 그가 내가 들어갔으면 하는 것이었다. 거기에서, 음악이 연주되기 시작했고 딕과 나는 춤을 추기 시작하였다. 내가 이끌고 있었다. 그는 나를 향해 큰 미소를 지으며 내게 말했다. "나는 혼자서 내내 이끌 필요가 없어서 좋아요." 내가 딕에게 그 꿈에 대해 이야기하였을 때, 그는 나에게 네 명으로 이루어진 그룹이 무엇을 의미하는지 이해한다고 하였다. 그는 나에게 자신의 훈련 계획은 모든 시간 동안 전체 그룹을 이끌되, 하루의 마지막 두 시간은 네 명의 조교가 소그룹을 이끌며, 모델을 시연하고, 경험적인 연습과 논의를 이끌도록 할 계획이라고 설명하였다. "난 할 수 있어요!" 나는 대답했다. "좋아요, 들어오세요."라고 그가 말했다. 그는 아내와 춤을 추면서 자신이 내내 이끌 필요가 없는 것이 좋다고 시인하면서 우리는 함께 웃었다.

얼마 지나지 않아 나는 그 꿈의 결말이 얼마나 예언적인 것인지 알게 되었다. 이 모델은 정말 인기가 있었다! 우리나라의 중심부를 너머, 동서부의 치료사들이 IFS 트레이닝을 요청하고 있었다. 딕이 IFS를 배우기를 열망하는 모든 사람들을 훈련시킬 수 없다는 것이 곧 명백해졌다. 나는 본격적으로 모델에 대한 그의 강의와 함께, 나와 다른 조교들이 강의적 요소들을 보완하기 위해 개발하고 있었던 경험적 요소를 기록하기 시작했다. 나는 우리 중의 어떤 사람들이 트레이닝을 이끌기 위해 곧 나서야 할 필요가 있다는 것을 깨닫게 되었다. 이 꿈으로부터, 그리고 춤을 리드하고자 하는 나의 자원하는 마음에서 나는, 부분적으로는 내가 기록하였던 것을 기반으로, 학생과 트레이너들을 위한 트레이닝 과정을 개발하였다. 이 첫 번째 IFS 트레이닝 매뉴얼에는 보다 경험적이고 몸을 기반으로 하는 트레이닝 접근 방식을 교육 과정에 포함시켰다.

보다 몸 중심적인 이 접근 방법은 추방자로부터 출현하여 나의 내담자들과의 작업으로 다시 스며들기 시작하였다. 모델의 모든 단계에 몸을 좀 더 완전히 포함시키면, 잠재적인 파워를 가져올 수 있겠다는 유혹이 내 상상의 끝자락에 숨어 있었다. 마치 어둠 속에서 태어나기를 기다리는 무언가처럼 소매틱 접근법은 나로 하여금 그것에 숨을 불어넣고, 때때로 빛을 향하여 그것을 밀어내게 하였다. 나는 내 내담자들이 하는 말을 그들이 말하는 방식과 연결시켰다. 나는 그들이 경험하고 있는 감각에 오래 머물기 시작하였다. 감각이 핵심이었다. 단어, 이미지, 감정이 감각으로부터 튀어나왔다. 신체적 감각을 유지하면서 감각이 우리를 이끄는 곳을 따라가면 언어적 단어 뒤에 있거나 그것과 함께 하는 이야기들―몸 이야기들―을 드러내 주었다. 우리는 그것들을 언어적 이야기와 통합하기 시작했다. 내게는 심리치료가 생리학이라는 것을 다시 깨닫게 되었다. 내담자들과 함께 심리치료 프로세스에 관여하는 것은 호흡하고, 출산하고, 사망하는 것에 못지않은 생리적 관련성의 몸 상태를 철저히 파헤치는 것이다. 나는 내 귀만으로는 들을 수 없었다. 나는 내담자의 제스처, 자세, 얼굴 표정, 동작을 추적하면서 눈으로 귀를 기울였다. 나는 긴장, 흐르는 에너지, 오싹함, 떨림, 따뜻함, 무거움, 그리고 호흡의 변화를 감지하며 내 몸으로 그리고 내 몸에 귀를 기울였다. 나는 신체 접촉에 개방적인 내담자들과 함께 손으로 귀를 기울였다. 내담자의 내면세계에 대한 정보가 내 눈, 내 몸, 손을 통해 내 안으로 흘러 들어오고 있었다.

딕은 마음을 열고 더 많은 몸 중심의 접근법을 치료에 가져오도록 하였다. 비록 그는 몸에 대한 인식이 대부분 축구장이나 농구 코트에서의 사용에 한정되어 있다는 것을 인정하였지만, 그는 내면 가족과 작업하는 데 몸을 포함시키는 것이 갖는 가치를 인식하였다. IFS는 프로세스의 두 단계에서 몸을 포함시킨다. 예를 들어, 내담자가 어떤 부분을 파악할 때 그것이 생각이나, 감정, 또는 이미지로 나타나는 것에 관계없이, 우리는 내담자에게 몸 어디에서 그 부분을 느끼는지 묻는다. 우리는 또한 짐을 지고 있는 감정이나 신념을 몸 안에서 파악할 수도 있다. 우리가 미국에서 그리고 국제적으로 가르쳐 왔듯이, IFS 모델은 더 포괄적인 몸 요소가 없어도 불완전하거나 효과가 부족한 것은 아니다. IFS는 증거 기반 모델로서의 지위를 얻었다. 내가 이 모델을 가르치고 수년에 걸쳐 이 모델의 발전에 기여한 것은 영광이었다. 그것은 마치 IFS가 내 뼈의 골수에 흡수되어 내 모든 체액에 녹아 있는 것과 같다.

내 IFS 학생들은 내가 작업하는 것을 보면서 나의 IFS 접근 방식이 뭔가 다르다는 것을 감지했다. 그들은 이것을 좀 더 '여성적인' 접근법이라고 묘사하였다. 즉 보다 우뇌적이고 여전히 구조적이기는 하지만 덜 선형적이며, 어떤 면에서는 보다 더 관계적이고 직관적인 접근법이라는 것이었다. 그들 중 다수는 이런 작업 방식에 동조하며 훈련을 더 해달라고 요청하였다. 많은 내담자, 학생, 그리고 치료사들은 IFS에 몸을 더 포함시키는 것에 관심을 가졌다. 그들 중 일부는 요가, 춤, 바디워크와 같은 것을 통해 자신들의 삶에서 소매틱 작업에 푹 빠져 있었다. 다른 사람들은 주로 운동학적으로 진행하였다. 많은 사람들이 소매틱 경험하기, 하코미, 감각운동 심리치료 같은 몸 중심적인 접근법을 공부하였다. 그들은 이러한 가치 있는 접근방식들을 IFS와 통합시켜 주는 방편으로 소매틱 IFS를 바라보았다. 아마도 그들은 이 치료양식들에 통합시키기 위해 IFS에 대한 기본적인 이해만 가지고 있던 것 같다. 다른 사람들은 그들이 트라우마나 문화적 종교적 영향 때문에 자신들의 신체적인 능력을 추방시킨 부분들을 가지고 있다고 생각하였다. 그들은 '자신들의 머릿속에 너무 많은 것들이 들어있어' 그러한 불균형을 바로잡기 위해 지원과 훈련을 받고 싶다고 하였다. 이 사람들은 몸을 IFS 모델에 더 완전하게 가져오면 어떤 이점이 있는지 탐구하기 위해 내게 접근했었다.

내 경험을 통해 나는 모든 치료의 문제가 우리 내면시스템의 몸의 측면을 통합시킴으로써 유익함을 얻을 수 있다는 확신을 가졌다. 몸을 기반으로 한 개입은 우리가 꼼짝 못하는 교착 상태 부위에 도움을 준다. 소매틱 IFS에서는 참자아가 완전히 표현되기 위해서는 체현되어야 함을 강조한다. 소매틱 IFS는 그리로 나아가는 길을 제공한다. 개개인이 자신들의 체현된 참자아들을 해방시키면서, 변화의 물결이 퍼져 나가 400년 동안 마음과 몸의 분리로 인해 영향을 받아온 우리 문화 속의 다양한 제도들에 영향을 주게 된다. 아마도 이것은 우리의 체현 역량을 잘라버린 사회적 세력—우리 몸을 평가절하하고 심지어 악마로 만드는 종교 기관, 어린이들에게 한 번에 몇 시간씩 줄지어 앉고 조용히 걷도록 요구하는 학교, 신체적 인식을 방해하는 우리의 소비주의자와 미디어 중심 문화—에 대항할 수 있을 것이다. 소매틱 IFS는 많은 다른 바디마인드 접근법과 함께 이러한 문화적 영향에 대한 해독제로서 기능한다.

내담자들에게 귀를 기울이면서 IFS를 개발한 딕 슈워츠의 프로세스로부터 영감을 받아 소매틱 IFS는 우리가 내면시스템을 탐구하면서 내 몸과 내담자의 몸에 귀를 기울이는 것으로부터 발전하였다.[5] 나의 소매틱 IFS 개발은 또한 체현된 참자아 에너지를 찾아내고 유지하도록 도움을 준 소매틱 작업뿐만 아니라 몸 중심 심리치료 분야의 많은 선구자들의 노력이 자양분이 되어 왔다. 별도의 모델을 만드는 것이 아니라, 나의 연구와 경험으로 나온 것은 이 뻗어가는 튼튼한 나무의 한 가지라고 할 수도 있고, 다른 이들이 제안하듯이, 동일한 분야에서 자라고 있는 잡종나무라 할 수도 있다. 나는 이 가지(혹은 이 나무)를 '소매틱 IFS'라고 부른다. 이는 다중성, 그리고 참자아의 변화 에너지로부터 나온다는 동일한 가정에 뿌리를 두고 있다.

다양한 방법, 모델, 접근법을 합성하여 가르침으로써, 나는 다섯 가지 핵심 상호의존적 작업에 초점을 맞추었는데, 이것은 IFS 모델에 통합되어, 체현된 참자아 상태로 이어진다. 이 책에서는 이러한 각각의 작업이 심도 있게 기술되고 탐구되고 있다. 기본적인 작업은 **신체적 인식**이다. 신체적 인식은 자연스럽게 **의식적 호흡**으로 이어진다. 호흡은 근본적 공명의 작업과 함께 관계 영역으로 연결되는 다리라 할 수 있다. **마인드풀 동작**의 작업으로 우리는 자발적인 움직임을 인식하고, 모델의 각 단계를 촉진시키기 위해 구체적인 동작을 시작한다. 모든 작업은 **섬세한 터치**를 지원하는데, 이것은 부분들과 참자아 사이에서 안전하지만 종종 등한시되는 커뮤니케이션 경로를 제공한다.

책의 구조는 몸의 조직과 비교될 수 있다. IFS 모델이 소매틱 IFS의 골격이며 작업을 위한 뼈대를 제공하지만, 이 다섯 가지 작업은 뼈에 붙어있는 몸과 같이 별개지만, 서로 관련된 시스템으로 볼 수 있다. 마치 살, 내장,

신경계 및 순환계는 별개의 몸 시스템으로 간주되지만 상호 관련되고 상호 의존적인 몸의 측면으로 기능한다고 간주되듯이, 소매틱 IFS의 다섯 가지 작업 각각은 유사하게 기능한다.

제1장은 소매틱 IFS에 대한 개관을 제공하고 소매틱 접근법이 IFS 모델의 모든 단계에 어떻게 통합될 수 있는지를 설명한다. 이어지는 장에서는 소매틱 IFS의 작업 각각을 살펴본다. 각각의 작업을 깊이 탐구하면 독자들은 소매틱 작업을 자신들의 임상 및 전문적인 작업에 어떻게 통합시킬 것인가에 대한 이해를 높일 수 있다. 연습과 사례 연구는 각 작업의 이론적 측면과 잘 엮여 있어 경험적·임상적 응용을 제공한다. 특정 몸 시스템은 각 작업과 연관되어 있어, 독자가 개념적 내용을 체현하고 바디마인드의 시스템적 본질을 충분히 이해할 수 있도록 도와준다. 소매틱 IFS는 최근의 과학적인 연구로부터 도움을 받고 있지만, 또한 많은 치유 및 종교적 전통에 기원을 두고 있다. 각 작업은 고전적인 요소와 연관되어 있다. 흙, 공기, 물 및 불을 각 작업의 탐구에 통합함으로써 소매틱 IFS를 이러한 전통과 연결시키며, 인간 유기체―마음, 몸, 영―를 이러한 요소들로 이루어진 우주체와 연결시킨다.

소매틱 IFS는 몸을, 살덩어리(corpus)처럼 추방된 상태에서 살아 숨 쉬는 변화된 하나의 실체로 대하면서, 우리는 추방자를 다루듯이 조심스럽게 몸과 작업한다. 우리는 외부 현실이 실제로 체현으로의 복귀를 허용할 정도로 충분히 정말 안전한지 평가한다. 우리는 내담자의 부분들뿐만 아니라 우리 자신의 부분들과도 작업하면서 우리 내면시스템의 소매틱 측면을 따뜻이 맞아들일 환경을 준비한다. 내 희망은 이 책에 집약된 마음과 몸 치유 작업에 대한 내 평생의 탐구가 비슷한 치유의 길을 걷고 있는 다른 이들을 위한 초대와 가이드가 될 수 있기를 바라는 것이다. 나는 이러한 소매틱 작업이 다양한 치료 문제—만성 질환, 중독, 트라우마, 애착 상흔, 성 및 관계 문제—를 가진 내담자와의 작업을 촉진시켜 준다는 사실을 알게 되었다. 내 내담자들은 자신들의 몸뿐만 아니라, 자신들의 몸과 다른 이들의 몸과의 관계를 변화시켰다. 소매틱 IFS는 IFS 모델과 몸 중심 심리치료 분야의 선구자 모두에게 깊은 감사를 표한다.

내가 활기—이것은 종종 말로 표현할 수 없는데—를 불어넣기 위해 말을 만들려고 애쓰고 있는 아이러니를 피할 수 없다. 말로 표현하거나 설명하거나 묘사하고자 시도할 때는, 어두운 구석에 다시 숨으려고 허둥지둥 달아나게 만들 수도 있다. 내가 몇 시간 동안 컴퓨터에 앉아서 타이핑하고 모니터를 볼 때는 이 소매틱 IFS 작업을 해야 할 필요가 있다는 것을 알게 되었다. 등이 심하게 불편하기 시작할 때, 나는 토마스 한나의 책 소매틱스 (Somatics)를 다시 찾았다. 그 운동은 결국 내 몸의 건강과 편안함을 회복시키는데 도움이 되었다. 나는 내가 쓰고 있는 내용을 경험하고, 내가 경험하는 것을 쓰기 위해, 종종 마룻바닥에 누워 내면으로 들어간다. 이 책에 제시된 아이디어와 작업들이 당신과 당신 내담자들에게 어떤 효과가 있는지 발견하기 위해 시도해보기를 권한다.

이 책은 다른 사람들과 건강하고 치유적인 관계를 맺기 원하는, 몸과 마음의 접점에서 일하는 모든 사람들을 위한 안내서이다. 나는 이 책에 담긴 아이디어와 실제적인 잠재력이 시스템의 모든 수준에서 필요한 깊은 변화로 이어지기를 바란다. 다음 장에서는 소매틱 IFS에 대해 자세히 소개한다.

1

소매틱 IFS 소개 및
체현된 참자아로
나아가는 작업

$19$00년대 초, 클레버 한스라는 이름의 매우 특별한 말이 그의 지능으로 대중을 놀라게 했다. 그는 모든 종류의 수학적 계산을 하고, 시간을 볼 줄 알고, 독일어를 읽고, 철자를 알며, 이해도 할 수 있었다. 그는 발굽을 두드려서 질문에 정확하게 대답했다. 이 현상을 탐구하기 위해 특별한스위원회가 소집되었다. 과학자들은 결국 한스가 질문자로부터 무의식적으로 전달되는 비언어적 단서, 즉 동작, 긴장감, 얼굴 표정 등에 반응하고 있다는 것을 깨닫게 되었다. 클레버 한스는 처음에 추측했던 것만큼 수학을 잘하지는 못했지만, 그의 비범한 민감성은 연구자들이 비이중맹시험(non-double blind test)을 진행할 때 무의식적인 신호에서 오는 편견을 이해하는 데 도움을 주었다.

무엇이 이 말로 하여금 자기 주인의 비언어적 단서를 포착할 수 있도록 하였는가? 그가 자기 주인과 특별히 공명적인 관계를 가져, 주인의 얼굴 표정, 몸의 긴장, 호흡이나 동작의 미묘한 변화에 대한 감각 의식이 날카로워졌는가? 촉각이 개입되었는가? 주인이 자신도 모르게 굴레를 잡는 방법의 미묘한 변화를 통해서 정답을 전달했는가? 이 말이 대중을 놀라게 한 이후, 어떤 이유에서인지 인간과 의사소통을 할 수 있는 뛰어난 능력을 보여준 다른 종의 동물들이 있었다. 이들의 이야기는 우리가 비언어적으로 그리고 대부분 무의식적으로 전송되는 방대한 양의 정보를 받을 수 있는 선천적인 능력을 다른 동물과도 공유하고 있다는 사실을 상기시켜 준다. 수렵-채취하였던 우리 조상들의 삶은 이 능력에 의존했고 구어가 진화하기 전에는 그것만을 사용하였다. 오늘날 우리는 말하는 방식보다 말하는 내용에 훨씬 더 의존하고 있다.

소매틱 IFS의 다섯 가지 작업

소매틱 IFS 치료사들은 소매틱 작업으로 자신들의 민감성을 연마하고 자신들의 '말 감각'을 향상시키는데, 모두 내담자들의 치유를 위한 것이다. 마음을 열고 내담자들과 깊고 진심 어린 연결을 가지면서, 그들은 내담자들이 지금 하고 있는 말을 어떻게 말하고 있는지에 귀를 기울인다. 그들은 목소리의 실, 얼굴 표정, 그리고 근육 톤의 약간의 변화에도 주의를 기울인다. 그들은 내담자의 호흡과 자신도 모르는 자신들의 동작을 의식한다. 만약 터치가 관계의 한 측면이라면, 악수나 허그조차도 그 터치를 통해서 전달되는 정보에 귀를 기울인다.

소매틱 IFS 치료사는 신체적 인식, 의식적 호흡, 근본적 공명, 마인드풀 동작 및 섬세한 터치의 작업을 개발하고 이러한 작업을 IFS 모델의 모든 단계로 가져온다. 다음 장에서는 이러한 작업 각각을 그 작업이 어떻게 IFS에 통합되는지 예를 들어 자세히 살펴본다. 이러한 작업은 어느 정도 순차적이어서, 후속 단계의 완전한 경험을 위해 바로 전 작업에 의존한다. 이것들은 또한 상호의존적이다. 예를 들어, 의식적 호흡은 신체적 인식에 의존한다. 왜냐하면 사람들은 인식 없이는 자신들의 호흡을 의식할 수 없기 때문이다. 의식적 호흡은 인식에 의존하며 또한 신체적 인식의 작업으로 자신의 기능을 향상시킬 수 있다. 공명은 인식에 의존하며, 호흡에 의해 촉진되고, 동작을 그대로 따라 하거나 터치를 사용하여 공명을 향상시킬 수 있다. 이 책에서는 어떻게 각 작업과 그 모든 것이 합하여 체현된 참자아 에너지의 경험으로 이어지는지, 그리고 어떻게 그것들이 모두 어느 정도의 체현된 참자아 에너지가 작업에 관여하기를 요구하는지 살펴본다.

우리 내담자들의 말은 중요하지만, 그들의 자세, 동작 및 목소리 톤이 우리에게 영향을 미치고 있으며, 우리의 그것들도 내담자들에게 영향을 미치고 있다. 우리는 우리의 신체 언어를 통해 무수히 많은 방식으로, 그리고 대체로 무의식적인 방법으로, 서로에게 영향을 주고 있다. 치료실에서 일어나고 있는 의사소통의 70%가 비언어적인 것인데, 우리가 몸의 언어에 주의를 기울이면, 비언어적 의사소통에 대한 우리의 인식을 증가시켜 준다. 간단히 말해, 이 책의 내용인 소매틱 IFS의 다섯 가지 작업은 우리의 주의력 감각 습관을 개발 유지시키고, 클레버 한스가 뛰어난 말인 것처럼 우리도 탁월한 치료사가 될 수 있도록 도와준다.

소매틱 IFS는 심리치료 분야에서 주로 몸과 마음의 간극을 메우고자 하는 많은 치료사들과 임상가들로 인해 등장하였다. 몸이 IFS 트레이닝에 어느 정도 포함되지만, 소매틱 IFS의 의도는 모든 임상 문제에 대해 작업하는 치료 프로세스 모든 단계에 몸과 소매틱 작업을 포함시키는 것이다. 우리는 소매틱 작업을 IFS의 모든 단계에 통합시킬 뿐만 아니라 어떻게 몸이 각 단계에 참여하고 있는지에 대한 우리의 인식을 심화 확장시킨다. 능력을 부여해주는 강력한 IFS 모델은 보다 3차원적이 되어 인지적, 정서적, 영적, 생리적 프로세스가 살아 숨 쉬게 된다. 딕 슈워츠가 책 내면가족체계치료(*Internal Family Systems Therapy, 2/e*)에서 나를 인용한 바에 의하면,

> 부분들은 평생에 걸쳐 짐을 짊어지므로, 신체의 인식, 호흡 패턴, 타인과 공명하고, 쉽게 우아하게, 자유롭게 움직이며, 터치를 주고받는 능력은 모두 나쁜 영향을 받는다, [그러나] 몸에 생긴 신체적 상처뿐만 아니라 정신적 상처도 몸에서 치유될 수 있다.[1]

소매틱 IFS는 IFS 모델을 사용하여 다섯 가지 작업을 통합시켜 몸에 있는 부분들의 짐을 치유한다. IFS를 가르치는 과정에서 우리는 치료 프로세

를 순차적인 단계로 설명하는 것이 도움이 된다는 것을 알게 되었다. 내 내담자 팀과의 회기를 예로 사용하여 우리는 어떻게 소매틱 IFS가 IFS 모델의 각 단계에 통합되는지 알 수 있다.

소매틱 IFS의 단계

치료사는 내담자의 외부 상황을 평가한다

첫 번째 단계는 치료사가 내담자의 외부 상황이 내담자가 내면 작업 프로세스에 참여할 수 있도록 허락하는지를 평가하는 것이다. 내담자의 안전은 종종 그들의 몸이 가진 기본적인 신체적 필요성으로 귀결된다. 그들은 음식, 피난처, 그리고 적절한 의료 서비스를 받고 있는가? 그들은 신체적 해로부터 안전한가? 내담자는 내면 작업을 지원할 수 있는 적절한 사회적 자원을 가지고 있는가? 그렇지 않은 경우, 치료사는 먼저 이러한 기본적인 필요성에 주의를 기울이고 내담자의 외부 신체적 환경을 안정시킨다.

팀이 첫 회기를 위해 내 치료실로 들어온다. 그의 스포츠 코트의 어깨가 귀 근처까지 올라가 있다. 그는 내 맞은편 의자에 털썩 주저앉아 자기 두 손을 바라보고는 손가락을 마주 대고 문지른다. 나는 그가 최근 기업 세계에서 성공적이었던 전문직을 떠났으며 다음 단계를 고려하는 동안 퇴직금을 보충하기 위해 잡일을 찾고 있다고 전화로 이야기한 것을 기억한다. 그래서 우리 작업에 영향을 주는 분명한 외부 제약은 없는 것으로 보인다. 팀이 안전하다고 느끼는 것 같지는 않지만, 나는 이것이 그의 내면에서 일어나고 있는 일과 더 관련이 있다고 추측한다.

치료사는 참자아 에너지를 체현한다

치료사 역할 가운데 있다는 사실이 우리의 취약한 부분들이 올라오도록 만들 수 있다. 비록 치료사가 치료적 관계에서 더 많은 힘을 가지고 있고 내담자가 더 취약한 위치에 있지만, 우리 치료사들은 특히 새로운 내담자나 도전적인 내담자를 마주할 때, 무서워하는 부분들을 가질 수 있다. 우리는 우리 몸에서 두려움을 찾는다. 긴장을 풀려고 애쓰며 긴장 부분에 한 층의 부분들을 더하기보다는 우리는 긴장감을 감지하는 것으로 시작한다. 그러고 나서 우리는 무서워하는 부분을 잠깐 긍휼히 여기는 마음으로 안심시켜준다. 우리가 실마리를 풀어갈 만한 우리 몸 안의 한 장소—우리의 척추나 심장, 또는 마주 앉아 있는 내담자들과 연결할 수 있도록 열려 있는 느낌의 장소—를 찾아낼 수 있도록 긴장감을 내려놓는다.

> 바닥에 놓여 있는 내 신발의 무게감이 감지된다. 나는 팀을 바라보면서 척추를 늘리며 숨을 들이쉬고 내쉰다. 내 가슴 윗부분이 약간 꺼지는 느낌을 갖는다. 내 심장은 평소보다 더 빨리 뛰고 있다. 나는 몇 번 더 숨을 들이쉬고 내쉬면서 내 가슴의 빈 공간을 채운다. 나는 배에 에너지를 모은다. 나는 좀 더 편안해지고 중심이 잡히는 느낌이 들기 시작한다. 이 몇 초 동안, 나는 팀의 눈이 방 안을 재빨리 둘러보는 것을 감지하고 있다. 나는 그것이 궁금하고 그가 어떤 상태인지 더 많이 알고 싶어한다.

치료사는 치료실에서 내담자의 안전에 주의한다

일단 치료사가 내담자가 그들의 가정 환경에서 물리적으로 안전하다는 것을 알게 되면, 치료사는 치료실에서 내담자의 안전에 주의를 기울인다. 내담자는 치료실의 물리적 공간을 어떻게 인식하고 있는가? 가능한 한, 치료사는 물리적 환경 가운데 안전하게 안겨 있다는 느낌을 방해할 수 있는 실내 가구, 방 안 온도, 조명 및 어떤 물건이라도 이동/변화시키고 싶은 내담자의 욕구에 주의를 기울인다.

나는 팀에게 우리 사이의 거리가 그에게 어떤 느낌인지 체크해보라고 요청한다. 그는 자기 의자를 멀리 옮겨 방의 가장 먼 구석으로 가져간다. 내 내담자들 중 많은 수가 의자를 좌우로 몇 센티미터 정도 옮기기는 하지만, 그렇게 멀리 앉기로 한 사람은 팀이 처음이다. 나는 놀랐고 호기심이 생긴다. 나는 내가 경각심을 가져야 하는지 궁금하다. 하지만 팀은 큰 한숨을 내쉰다.

팀 : 있잖아요, 지금까지 내가 여기서 안전하게 느끼냐고 제게 물어본 사람이 아무도 없었습니다.

나는 내 온몸의 긴장이 풀리는 것을 느낀다. 나는 팀에게 미소를 보낸다.

치료사는 내담자와 계약한다

치료사와 내담자는 어떻게 작업하고 어떤 것에 관해 작업할 것인지에 대해 합의한다. 소매틱 IFS 치료사는 비언어적 의사소통뿐만 아니라 언어적 의사소통에 귀를 기울인다. 이 계약 단계에 관련하여 치료사는 내담자가 무엇을 말하고 있는지와 어떻게 그것을 말하고 있는지 사이의 불일치에 귀를 기울인다. 계약은 시간이 지남에 따라 변경해야 할 수도 있다. 내가 IFS 치료사들에게 슈퍼비전을 제공할 때, 이 단계는 종종 어려움의 뿌리가 된다.

팀은 나에게 자신의 음주를 제한하고 싶다고 말한다. 그는 직장에서의 스트레스 때문에 술을 마셨지만, 몇 주 동안 일을 하지 않은 지금도 자신이 술을 훨씬 더 많이 마시고 있다는 것을 깨닫고 있다. 이 말과 함께, 그는 시선을 돌렸고 그의 목소리는 가라앉는다.

> SM : 물론이에요. 우리는 당신의 음주행동에 대해 작업할 수 있어요. 하지만 먼저 저는 당신에게 음주제한에 대해 주저하거나 염려하고 있는 점이 있는지 알고 싶습니다.
> 팀 : 글쎄요, 저는 과거에 이것을 해보았고, 제한하기도 하고 끊기도 했지만, 그리 효과가 없었습니다. 다시 시도하기가 두렵네요. 아마또 실패할 거예요.
> SM : 음주와 작업하기 위한 길을 닦기 위해서 먼저 그 부분과 작업을 하고 싶습니다. 어떠신가요?

팀이 내 눈을 잠시 쳐다보다가 고개를 끄덕인다. 나는 내가 '부분'이라는 단어를 사용하는 것을 그가 반대하지 않았다는 것에 주목한다.

치료사는 보호자 부분들과 '6F'로 작업한다

우리가 IFS 모델을 가르칠 때, 우리는 보호자 부분들과의 작업에 여섯 단계를 제공하여, 보호자들은 참자아가 취약한 추방자들과 작업하는 것을 신뢰하게 된다. 각 단계에 F를 포함하는 단어를 사용하여 기억하기 쉽게 한다. 첫 세 단계는 내담자가 부분의 감정과 신념이 자기 자신과는 분리되어 있음을 알 수 있도록 돕는 것이다. 부분을 찾아(Find), 초점을 맞추고(Focus), 거기에 살을 붙인다(Flesh out). 마지막 세 단계는 '체현된 참자아'와 부분과의 관계를 확립하도록 해준다. 즉 내담자에게 그 부분을 향하여 어떤 느낌이 드는지 묻고(Feel), 그 부분과 친구가 되며(beFriend), 그 부분의 두려움에 접근한다(Fear). 이 여섯 단계는 엄격한 공식이 아니며 반드시 순차적인 것도 아니다. 그것들은 치료사가 회기를 끌어 나가는 데 도움이 된다.

소매틱 IFS는 프로세스의 흐름을 유도하기 위해 이와 동일한 여섯 단계를 약간 변형하여 사용한다. 팀의 사례는 6F의 렌즈를 통해 소매틱 IFS의 각 단계를 보여준다. 이어지는 장에서는 신체적 인식, 호흡, 공명, 동작 및 터치가 이 단계들을 어떻게 촉진시키는지 명확하게 설명한다.

1. 부분을 찾기

IFS 치료사는 "당신의 몸 안이나 몸 주변 어디에서 이 부분을 찾을 수 있습니까?"라고 질문하도록 훈련받는다. 아이러니하게도 소매틱 IFS 치료사는 이 질문을 하지 않는다. 우리는 내담자가 처음에 몸 안이나 몸 주변에서 그 부분을 찾을 수 있다고 가정하지 않는다. 내담자는 그 부분이 자신에게 말하는 것을 들을 수 있거나, 내담자가 부분의 입장에서 말할 수 있다. 내담자는 부분을 자기 자신으로 볼 수도 있고, 자신의 어릴 적 모습으로 볼 수도 있다. 내담자는 어릴 적 경험의 특정한 기억을 떠올릴 수도 있다. 내담자는 분명히 부분에서 오는 생각을 가질 수도 있고 또 다른 부분에서 오는 그 부분에 대한 생각을 가질 수도 있다. 내담자는 부분의 표현인 행동을 보여줄 수도 있다. 그는 어떤 감정을 인지하고 그것에 딱지를 붙일 수 있지만, 자기 몸 안에 있는 그 부분을 인식하지 못할 수도 있다. 내담자는 우리가 부분이라고 부르는 것에 대해 희미한 의미 정도만 가지고 있을 수 있지만, 이 정도 희미함이라도 내담자가 자신과 자신의 다른 부분 사이의 차이를 경험하기 시작하기에 충분하다.

소매틱 IFS 치료사는 내담자의 경험에서 그 부분이 어떻게 처음 나타나는지에 주목한다. 내담자가 어떻게 반응하더라도, 치료사는 자신의 몸의 경험뿐만 아니라, 내담자의 비언어적 의사소통을 인식하여 그 부분이 어떻게 처음 등장하였든 간에 내담자가 주의를 내면으로 돌려 그 부분과 연결되도록 도와준다.

> SM : 팀, 과거에 그리 효과가 없었기 때문에 음주를 제한하려고 시
> 도하는 것을 두려워하는 부분, 당신이 방금 이름 붙인 그 부분을 찾
> 을 수 있나요?

팀은 처음에 자신의 주의를 내면으로 향하지 않는다. 그는 외부로 내게 초점을 맞
추고 있다. 그는 나에게 자신의 과거의 음주에 대해 말하고, 음주를 제한하려고 시도
했다가 실패한 이야기를 자세히 하기 시작한다. 나는 그의 말에 귀를 기울이며 그의
몸뿐만 아니라 내 몸도 주의 깊게 보고 있다. 그는 의자에 똑바로 앉아 있으며 목이
뻣뻣하게 고정된 것처럼 보인다. 내 목도 역시 약간 뻣뻣한 느낌이 있고 내 허리 부
분이 뭉치고 있다. 나는 숨을 들이쉬고 내쉬며, 내쉬는 동안 내 배꼽을 배 쪽으로 가
져간다. 나는 어떻게 하면 그의 관심을 내면으로 돌리도록 할 수 있는지 궁금해한다.
두 번째 F단계는 보통 '부분에게 초점을 맞추기'이지만, 설명하는 부분에 초점을 맞
추거나, 그의 신체적인 긴장감에 집중하라고 요청하는 것이 그의 호기심을 끌지는
잘 모르겠다. 나는 건너뛰어서 '부분에게 살을 붙이기'를 하기로 결심한다. 아마도 그
의 호기심을 자극하는 것이 그가 내면으로 들어가는 데 도움이 될 것이다.

2. 부분에게 살을 붙이기

'살 붙이기'는 부분의 한 가지 이상의 측면을 알아가는 것을 의미한다. 하지
만 어떤 부분이 먼저 나타나더라도, 일단 우리가 그 부분을 하나의 감각 이
상, 혹은 감정 이상의 것으로 알기만 하면 이 소인격체가 역사, 행동, 희망
을 가진 한 사람으로서 우리가 관계 맺을 수 있는 부분이라는 인상을 갖게
된다. 치료사는 질문을 하거나 내담자의 참자아에게 부분에 대해 질문을
하도록 코치함으로써, 가능한 한 부분에 대해 완전하게 알아가도록 유도한
다. 소매틱 IFS 치료사는 부분의 생각과 신념이, 감각 및 동작 충동과 함께

인식 가운데 유지되는 동안, 하향식과 상향식 프로세싱을 통합하는 것을 알고 있다.

나는 내면으로 들어가는 첫 단계로서 그가 말한 치료 목표에 대해 두려움을 가지고 있는 부분에 대해 팀의 호기심을 끌어들일 수 있을지도 모르겠다고 생각한다. 아마도 일단 우리가 그 부분에 대한 신체적 감각의 감을 갖게 되면, 팀은 그 부분에 좀 더 쉽게 초점을 맞추게 될 것이다.

> SM : 팀, 당신의 음주에 대해 더 듣고 싶긴 하지만, 무엇보다 먼저, 다시 시도하고 싶지 않은 이 부분을 더 잘 알아가며 그 부분을 돕는 방법을 알아보지요. 당신이 이 말을 하면서 당신 몸 안에 어떤 일이 일어나고 있는지 감지할 수 있습니까?

> 팀은 놀라서 나를 쳐다보고, 눈을 감고, 턱을 치켜들고, 다시 나를 본다.

> 팀 : 좀 초조한 느낌이에요.

3. 부분에게 초점을 맞추기

이 단계는 부분과 관계를 수립함으로써 부분을 참자아와 구별하는 프로세스다. 내담자가 부분에 초점을 맞추어 계속 주의를 기울일 수 있도록, 우리는 그 부분의 위치, 그 부분과 관련된 감각의 질 및 시간이 지남에 따라 그 감각이 어떻게 변하는지를 질문할 수 있다.

나는 그의 몸에서 어떤 일이 일어나고 있는지 듣지 못했지만, 팀의 대답은 감정을 포함시키기 위해 그 부분에 살을 붙였다. 감정은 우리 몸의 감각과 떼려야 뗄 수 없는 관계이기 때문에, 나는 팀에게 그 초조해하는 느낌에 초점을 맞추어보라고 한다. 그는 눈을 감고 조용히 있다.

SM : 당신 몸 안의 어떤 것이 당신이 초조한 상태라는 것을 이야기 해주고 있습니까?

팀 : [자기 배에 손을 대며] 내 뱃속에 있는 것 같아요.

SM : 당신의 뱃속에 있는 감각을 그냥 유지해도 괜찮겠습니까?

팀 : 배 안이 꽤 뭉쳐 있어요…. 이 위쪽은 한층 더 뭉쳐 있어요. [자 신의 횡격막 부위에 손을 댄다.]

SM : 그 부분이 묵직한 느낌인가요, 아니면 팽팽하게 당기는 느낌인 가요?

팀 : 당기는 느낌이에요.

SM : 그 부분이 어떤 방향으로 당기고 있는지 알 수 있나요?

팀 : 네, 위쪽으로 당기고 있어요. 점점 더 뭉쳐지고 있어요. [그의 가 슴이 들려 올라가고, 호흡이 얕아진다.]

SM : 그게 불편해 보이네요. 지금까지 괜찮으신가요?

팀 : 네. 괜찮아요.

부분에게 살을 붙이기(다시)

이 단계를 반복하는 것은, 작업에서의 IFS 프로세스가 항상 선형적이지는 않고, 정확한 공식이라기보다는 내면시스템을 효과적이고 안전하게 작업 할 수 있는 가이드임을 보여준다.

SM : 당신이 배를 쥐고 있으면서, 배 안에 있는 이 부분에게, 이 뭉치 는 느낌과 어울리는 말이나 이미지가 있는지 물어보세요.

팀 : 이게 관련이 있는지는 모르겠지만, 십 대였을 때가 기억나요. 우 리가 웨스트빌에 살았을 때 그가 내 침실에 있는 것이 보이네요. .

SM : 초조해하는 부분에게 그 십 대가 초조해하고 있다는 것을 알려 주기 위해 당신에게 이 기억을 보여주고 있는 것인지 물어보세요.

팀 : 그 부분이 그렇다고 하네요.

이제는 팀이 이 부분에 대해 보다 더 잘 알게 되었다 — 그 부분이 초조하고 있고, 배에 긴장감으로 그리고 자신의 십 대 모습으로 나타나고 있다. 그 십 대는 (방에 고립되어 있는) 행동을 보이고 있으며 불안해하고 있다.

SM : 그는 자신이 무엇에 대해 초조해하고 있는지 당신에게 말해주거나 보여줄 수 있나요?

팀 : 그는 아버지를 무서워하고 있어요. 그는 또한 통제당하고, 신뢰받지 못하고, 자신이 하고 싶어하는 것을 할 수 없다는 것에 넌더리를 내고 있어요.

팀의 부분은 체현된 참자아 에너지 — 팀의 것이든 내 것이든 — 로부터 완전히 해결받을 준비가 되었다. 다음 단계에서는 팀의 참자아 에너지가 존재하는지 여부를 밝힌다.

4. 내담자가 부분을 향하여 어떤 느낌이 드는지 물어보기

네 번째 F는 내담자에게 부분을 향하여 어떤 느낌이 드는지 물어봄으로써 부분을 참자아 에너지로부터 계속해서 구별한다. IFS에서 치유의 주체는 내담자의 참자아와 부분 사이에 있다. 이 두 상태 사이의 관계는 치료사에 의해 촉진된다. 거기에는, 부분이 내담자의 시스템을 완전히 지배하지 않으며(IFS에서 부분이 섞여 있는 상황), 내담자의 참자아가 부분과 관계를 형성할 수 있는 공간은 있어야 한다는 조건이 있다. 이 질문에 대한 답변을 통해, 진행하기에 충분한 참자아 에너지가 있는지 또는 다른 부분이 존재하는지가 드러난다. 만약 그 부분이 뒤로 물러날 수 없고, 대신 내담자의 마음과 몸을 장악하고자 섞일 필요가 있다고 믿는 경우, 회기의 초점을 이 새로운 부분으로 옮긴 후, 그 부분이 옆으로 비켜서게 하여 내담자(내담자의 참자아)가 그 부분과 관계를 형성하도록 한다. 내담자의 무의식적 동작, 목소리 운율, 호흡에 대한 인식은 모두 '체현된 참자아'가 부분과 어느 정도 연결되어 있는지를 소매틱 IFS 치료사가 평가하도록 도와준다.

> SM : 당신 뱃속에 있는 이 불안해하는 십 대를 향하여 어떤 느낌이 드세요?
> 팀 : 물론 내 뱃속에 있는 이런 기분은 싫지요!

그의 두 손은 배를 떠나 의자의 팔걸이를 꽉 잡는다. 이 반응은 팀의 한 부분으로부터 나오는 것이 분명하다. 설명하며 이야기하는 관리자 부분들 대신에, 우리는 지금 십 대의 감정에서 벗어나고 싶어하는 부분의 이야기를 듣고 있다. 문제 없다. 나는 이 부분에 내 참자아 에너지를 불어넣는다.

> SM : 이해가 되네요 ― 정말 불편하겠어요. 아마 당신과 나는 당신의 배와 그 소년이 한결 더 나아지도록 도울 수 있을 거예요.

팀은 침묵 속에서 한 2분 동안 이것을 생각하는 듯하다. 그의 호흡은 느려지고 깊어진다.

> SM : 배의 긴장을 향하여 지금 어떤 느낌이 드세요?
> 팀 : [더 깊고 따뜻한 목소리로] 그것을 더 참고 있는 느낌이에요. 그 아이에게는 안 됐다는 느낌이 들어요. 그가 불쌍해요. 그는 정말 괜찮은 아이예요. 내가 술주정뱅이가 되는 것을 그가 원치 않는다는 것을 내가 알지요. 그는 단지 비판받고 통제받기를 원치 않을 뿐이에요.

그의 손이 다시 자기 배로 간다.

5. 부분과 친해지기

팀은 부분을 구별하는 프로세스에서 큰 발전을 하였다. 그는 십 대 보호자와 참자아의 이끎을 받는 관계를 수립하였다. 우리는 이 부분과 친해지기 단계에서 가장 중요한 관계를 심화시킬 수 있다. 우리는 그 부분에게 내담자를 향하여 어떤 느낌이 드는지, 내담자의 참자아가 자기와 함께 있다는 것을 인식하고 있는지 물어본다. 우리는 소매틱 IFS 작업을 가져와 이러한 관계를 신체적 현실에 고정시킨다.

> SM : 당신이 십 대를 발견했던 곳인 당신의 배 위로 두 손을 가져갔군요. 그는 당신의 손을 통해 당신이 함께 하고 있다는 것을 느끼나요?

팀은 고개를 끄덕인다.

> SM : 당신 손이 무언가 말하고 있는 듯한 감이 오나요? 당신의 장(gut)에게든지, 혹은 그 소년에게든지 아니면 둘 다에게든지?

팀은 뱃속 깊이 숨을 불어넣고 그의 손을 이리저리 움직인다.

> 팀 : 이제 배가 좀 나아진 느낌이에요… 내가 여기 있다는 걸 그 소년에게 알려주고 있어요.
> SM : 알기가 힘들 수 있겠지만, 그가 당신을 향하여 어떻게 느끼고 있는지 감이 오나요?
> 팀 : 아, 그가 나를 보고 있어요. 그는 내가 여기 있는 것을 기뻐하는 것 같아요.
> SM : 좋습니다. 그에게 마음껏 당신과 함께 있을 수 있다고 이야기 해주세요. 자기 침실에 당신이 함께 하고 있다는 것을 느끼면서.

팀은 다시 의자에 앉았다. 그의 어깨와 팔이 약간 바깥쪽으로 열린다. 나는 이 부분이 처음으로 팀이 자신과 함께 있다는 것을 깨달은 것이 아닌지 궁금하다. 나는 이 십 대 부분이 통제당하지 않으려고 저항하는 데에 자신의 모든 에너지를 사용하지 않아도 되어서 기쁘다. 나도 역시 편이 않는다. 나는 이 회기를 즐기고 있다.

6. 부분의 두려움 다루기

우리의 보호자 부분들은 인정하기를 꺼릴지라도 두려움에 의해 끌려 다닌 다. 우리가 그들의 두려움을 발견하면, 우리는 그들이 보호하고 있는 부분 들이나 그들의 임무 수행 능력을 위협하는 부분들에 대해 알게 된다. 그들 의 두려움은 몸의 여러 시스템에 뿌리를 두고 있다. 일단 그들의 두려움이 파악되고 충분히 이해되면, 부분과 참자아는 두려움을 다루는 방법에 대해 협상할 수 있다.

십 대 부분은 아버지에게 통제당하는 것을 두려워하고 있다고 이미 팀에게 이야기하 였다. 이 부분은 팀을 알아가면서, 팀은 자기 아버지와 달리 자신을 통제하고 수치감 을 불어넣는 것을 원치 않고 있다는 느낌을 갖기 시작할 수도 있다. 나는 이것을 확 인하고 싶다.

SM : 팀, 당신은 술버릇을 바꿀 수 있다고 상상해보세요. 정말로 당 신이 이 새로운 방식으로 하루 하루를 보내는 모습을 머릿속에 그려 보세요. 당신의 몸에 어떤 일이 일어나나요?

그는 다시 한 번 자신의 배의 윗부분을 가리켰다.

SM : 좋아요, 이 십 대는 여전히 이 아이디어에 반대할 가능성이 있 어요.
팀 : 네, 그는 우리가 또 실패할까 봐 걱정하고 있어요.

SM : 손을 당신이 가리켰던 곳으로 가져가 보세요. 그곳까지 숨을 불어넣으세요. 당신이 그 소년에게 하고 싶은 말이 있나요?

팀 : 우리는 지금 도움을 받고 있어. 나는 한 번 더 해볼 만한 가치가 있다고 생각해.

그의 숨이 뱃속 깊숙이 들어가고 그의 턱과 어깨가 약간 편안해지는 것이 보인다. 적어도 지금으로서는, 우리가 팀의 내면시스템에 대해 더 많이 알아가는 것이 이 청소년 부분에게는 문제가 없어 보인다. 이후의 회기에서는 이와 동일한 단계를 사용하여 여러 다른 보호자와 작업한다. 우리는 그를 치료실로 오게 만든 팀의 부분을 알아간다. 그리고 그 부분은 음주 습관을 가진 팀을 신뢰하게 된다. 그런 다음 우리는 술에 의지하는 부분과 그 부분이 두려워하는 사건, 달리 말하면 그 부분이 보호하고 있는 대상을 찾아내고 초점을 맞추고 살을 붙인다. 이 보호자들은 우리가 그의 고통을 품고 있는 취약한 부분들과 접촉할 수 있게 해준다.

소매틱 IFS에서는 IFS에서와 동일하게 부분들을 분류한다. 즉 관리자와 소방관을 포함하는 보호자 및 취약한 부분들이 그것이다. 후자는 대부분의 경우 자기 자신이나 시스템의 보호를 위해 추방되었기 때문에 추방자라고 불린다.

보호자 부분들과 몸

보호자 부분들은 자신의 임무를 완수하기 위해 주위에서 쉽게 얻을 수 있는 것은 어떤 것이든지 사용한다. 몸은 항상 존재하고 있어, 보호자들은 몸과 몸의 에너지를 사용한다. 중독적인 행동, 자해 행동, 체중 감소 또는 증가, 급성 또는 만성 질병, 근육 긴장, 해리, 통증은 닥친 위해로부터 시스템을 지키기 위해 단순히 최선을 다하고자 하는 보호자의 작업일 수 있다. 부분은 자기 자신이나 다른 부분들 혹은 내면시스템을 보호하기 위해 건강하거나 필요한 모든 행동(운동, 식사, 수면, 섹스, 터치, 호흡, 심지어 다른 사람에 대한 이타적인 보살핌)의 협조를 요청할 수 있다. 좋은 투자자들처럼 그들은 다각화시킬 수 있다. 미식축구 선수들처럼 그들은 전략적이다. 그들은 차단하기, 밀어내기, 달리기, 태클하기, 반격하기 및 패스를 할 수 있다. 그들은 창의적이다. 그들은 들어가지 못하게 하거나 감금하기 위해 효과적인 벽을 쌓는 법을 알고 있다. 그들은 관절에, 횡격막에, 허리 부분에서 에너지를 차단하거나 힘을 실어줌으로써 몸을 요새로 만들 수 있다. 그들은 우리의 내부 약품을 손에 쥐고 있다. 그들은 호르몬을 보내어 심박수와 호흡수에 영향을 준다. 그들은 개인이 다치거나 과거의 상처로 압도당하지 않도록 하기 위해 자신들이 해야 할 일을 한다. 치료사는 이러한 신체적 징후들 중 어떤 것이라도 보호자 부분의 행동을 가리키는 것일 수 있음을 염두에 둔다.

　IFS의 가장 독특하고 변혁적인 가정 중 하나는 모든 부분들이 긍정적인 의도를 가지고 있다는 것이다. 비록 그들의 임무 수행 결과가 그들 자신의 몸과 다른 사람들에게 극단적으로 파괴적일지라도 그들은 모두 좋은 뜻을 가지고 있다. 이 보호자들은 필요 때문에 생긴 것이다. 종종 그들이 채택한 행동들은 불가능한 상황에 대한 최선의 대응이었다. 그들은 엄청난 고통의 결과로 인해 발달하였고, 그들은 시스템이 살아남도록 도왔다. 체중 증가는 반복적인 경계 침범으로부터 연약한 핵심을 보호하거나, 혹은 원치 않는 성적 관심을 막기 위한 시도일 가능성이 있다. 체중 감량은 통제하고 있다는 느낌을 제공하기 위한 노력일 수 있다. 몸을 싫어하고 두려워하는 부분들도 있다. 그들은 몸에 해를 가하거나, 방치하거나, 판단하거나, 무감각하게 만들거나, 움직이지 못하게 할 수 있다. 몸의 강력한 에너지와 허기짐을 다양한 기능을 위한 자원으로 사용하는 부분들이 있으며, 필요할 경우 몸을 고갈시키거나 마모시키거나 죽일 수 있다. 성적 흥분, 과식, 그리고 자해는 추방자들이 다른 부분들을 압도하는 것을 막을 수 있다.

보호자 부분의 임무가 억제하거나, 억압하거나, 붙잡거나, 통제하는 것이라면, 근육과 근막을 사용할 수 있다. 그들은 경계 부분—관절, 골반 및 호흡기의 횡격막, 목구멍과 턱, 어깨 및 허리—에서 에너지를 더 쉽게 관리할 수 있다. 다른 보호자 부분들은 자신들의 임무를 행동으로 생각한다. 그들은 '싸우거나 도망가려고' 내분비계와 신경계를 활성화시켜 심박수와 호흡수를 증가시키고, 스트레스 호르몬을 방출한다. 또는 강렬한 감정으로부터 해리되거나, 주의력을 분산시키기 위해 자율신경계의 또 다른 측면을 사용하기도 한다.

보호자 부분들은 자신들의 기능을 수행하기 위해 신체적 증상이나 질병을 사용할 수 있다. 짐을 짊어진 우리의 부분들은 자신들이 우리를 병들게 할 수 있음을 인정하였다. 그들은 자신들의 임무를 수행하기 위해, 자신들의 이야기를 해주기 위해, 혹은 도움을 청하기 위해 우리의 생물학적 시스템에 의도적으로 영향을 줄 수 있는 것으로 보인다. 그들은 유전적 성향이나 장기의 약점을 이용할 수 있다. 부분들은 이것을 인정하며, 만약 그들이 질병이 사람의 생존에 중요하다고 믿으면, 심지어 약물 복용 효과를 방해하여, 분명히 그리고 역설적으로 위험에 빠뜨릴 수 있음도 인정한다. 그들은 너무 어려서 후속 결과를 이해하지 못한다. 그들은 우리의 비난이 아니라 도움이 필요하다. 우리가 그들을 도울 때, 만약 신체적 혹은 정신적 증상이 부분으로부터 온다면 그것은 개선되거나 치유된다. 만성피로 증세를 갖고 있는 한 내담자는 한 부분으로부터, 자기는 이 질병을 사용하여 추방된 부분을 위한 돌봄과 쉼을 얻고 있었다는 이야기를 들었다. 환경 질환을 앓고 있는 한 내담자는 한 부분이 그것만이 그녀를 사이비 종교로부터 보호할 수 있는 유일한 방법이라고 믿고 있음을 발견하였다. 그 부분은 질병이 그녀를 너무 아프게 만들어 그들이 그녀를 찾지 않도록 해주고 있다고 믿고 있다.

모든 신체 상태가 부분들의 역할과 인과 관계가 있는 것은 아니지만, 의료 개입이 성공하지 못할 경우 다음에 나오는 내담자 마르코의 사례처럼 내면시스템에서 부분들의 역할을 탐구하는 것이 중요하다.

마르코는 오랫동안 가슴 통증을 경험해오고 있다. 비록 30대 초반이지만, 그는 이러한 통증이 자신이 심장병에 걸렸다는 것을 의미할까 봐 두려워하고 있다. 의사는 그의 통증에 관한 어떤 의학적 원인을 찾지 못하여 그를 나에게 의뢰하였다. 과거 갱단의 멤버였던 마르코는 자신이 엄청난 노력을 계속하지 않으면 갱 문화로 쉽게 되돌아갈 수 있기 때문에 두려워하고 있다. 그는 심장의 강한 박동이 그 노력하는 부분이라고 느끼고 있다.

그의 부분들의 허락을 얻고, 나는 그의 가슴에 부드럽게 손을 얹는다. 그의 심장은 아주 강하게 뛰고 있어서 내 팔과 손 전체가 그 박동에 공명한다. 나는 그에게 자신의 심장을 대변해 달라고 부탁한다. 노력하는 부분 외에도, 마르코는 어머니와의 부드러운 관계에 대해 그리고 '마마 보이'라고 형들로부터 겪었던 수치와 조롱에 대해 이야기한다. 나는 그의 심장 이야기에 긍휼의 마음과 함께 말과 터치로 반응한다. 그의 심장박동은 정상적이고 부드러운 콩-콩 하는 소리로 바뀐다. 그도 역시 그것을 감지한다 — 자신의 심장 박동 소리가 그의 귀에는 들리지 않는다. 나는 그가 자신의 심장에 손을 대고 내가 손을 얹었을 때와 비슷하게 대화하도록 안내하려고 하지만, 그의 심장은 자신의 싸우는 보호자로부터 아직 벗어나지 못하여 극단적인 패턴을 다시 시작한다.

마르코의 심장은 부분들의 전쟁터이다. 그의 관리자들로서 그를 갱 문화에서 벗어나게 하려 애쓰는 부분, 심장 건강을 걱정하는 부분, 그리고 형들의 조롱을 피하려고 애쓰는 부분이 있다. 그의 소방관들은 그의 취약성이 시카고 서쪽 거리에서 살아남기에는 극단적인 위협이 된다고 보고, 그의 심장을 단단히 묶어 취약한 부분을 안전하게 잠가둔다. 마르코는 마치 심장마비를 겪고 있는 것처럼 이 싸우는 부분들을 경험한다. 어떤 면에서는 그것이 바로 그의 심장에 대한 공격인 것이다.

우리가 그의 보호자 부분들에게 이해와 긍휼의 마음을 가져올 때, 그의 심장 가운데 있는 부드러운 에너지는 수치심의 짐을 내려놓고 자유롭게 흐를 수 있게 된다. 그의 보호자들은 마르코가 강하고, 유능하며, 용감하다는 것을 알게 되고, 그가 더 많은 참자아 에너지로 자신의 삶을 살아가면서 그들의 노력 가운데 묶여 있었던 모든 에너지는 이제 마르코의 것이 된다. 그는 갱단에 복귀하려는 유혹에 저항할 수 있을 뿐만 아니라, 현재 60개 이상의 학교로 확대된 유색인종 청년들을 위한 고등학교 프로그램을 개발해 나가고 있다.

내담자와 치료사가 협력하여 보호자들에 대해 작업할 때 이 보호자들은 편안하고 중심 잡힌 자세, 눈 마주침, 목소리, 호흡 및 터치를 통해 체현된 참자아 에너지를 경험한다. 종종 '말보다 행동이 중요하다'와 '몸은 거짓말을 하지 않는다'라고들 한다. 그들을 충분히 이해한다고 말로 해주는 설명과 안심시켜 주는 것 말고도, 우리의 보호자 부분들은 자신들이 언제 안전한지 알아내기 위해 물려받고 적응력 있는 자신들의 '클레버 한스' 민감성을 사용하고 있다. 그들은 과거에 상처를 받은 적이 있기 때문에 어떻게 우리를 기쁘게 하고 어떻게 관계에서 상처받지 않도록 하는지를 결정하는 데 꽤 능숙하다. 그들은 자율신경계가 이제 안전하다고 인식할 때까지 자신들의 가장 깊은 치유의 열쇠를 쥐고 있는 취약한 부분들을 우리가 접근하지 못하도록 한다.

추방자와 작업하기

보호자들이 이해받고 있다고 느낄 때 추방자들은 종종 자발적으로 나타난다. 그들 자신과 전체 시스템의 보호를 위해 내면시스템의 외딴 구석으로 추방된 채로 있다가 이제 드디어 개방을 감지하고 추방자들은 뚫고 나온다. 그들은 필사적으로 자신들의 상처, 수치심, 충족되지 않은 욕구를 보여주고 이야기하고자 한다. 치료사는 이 추방자들의 짐을 내려놓도록 해주는 것이 시스템에서 참자아 에너지를 열어주는 열쇠라는 것을 알기에 이 부분들을 환영한다. 소매틱 IFS 치료사는 또한 추방자들과 작업하기 위해서는 다른 접근법이 필요하다는 것을 알고 있다. 보호자들이 자신들의 임무를 수행하기 위해 몸을 사용하는 반면, 추방자들은 직접적으로든 간접적으로든 자신들의 이야기를 하기 위해 몸을 사용한다. 이야기를 완전히 들어줄 경우, 추방자들은 시스템에서 자신들의 정당한 위치로 복원되어 전체 시스템이 재편될 수 있게 한다. 이 취약한 부분들과 작업하는 데 있어서 어려운 점은 그들의 감정과 감각의 강도이다. 체현된 참자아 에너지는 그들에게 안전하고 긍휼히 여기는 마음의 그릇을 제공한다.

이러한 취약한 추방자 부분들하고는, 보호자들과의 작업에서보다 훨씬 더 많이 소매틱 IFS 치료사가 비언어적 의사소통에 의존한다. 종종 관계적 트라우마로 인한 그들의 상처는 그들이 의식적으로 기억할 수 있는 능력을 갖기 전에, 그들이 말로 자신들의 이야기를 해주기 훨씬 전에 발생하였다. 만약 이러한 상처들이 수정부터 너댓 살 사이에 일어나게 되면, 고통이나 혼란에 관한 내담자의 이야기는 몸의 감각과 동작을 통해 그리고 감각과 동작의 혼란을 통해 표현된다.

추방자들의 이야기가 일관성 있는 언어적 내러티브로 되지 않는 이유가 더 있다. 가해자가 그들이 학대에 대해 말한다고 협박하면, 나중에 트라우마로 그들의 언어적 이야기와 심지어 이미지가 끊길 수도 있다. 남는 이야기는 불안감을 주는 몹시 거북한 신체적 증상과 그들 관계에서의 혼란뿐이다. 트라우마는 종종 우리 부분들의 다양한 측면을 파편화 시키고 뇌, 몸, 정신세계의 다양한 측면에 자리잡게 된다. 이 고통스러운 사건은 감각과 동작을 통제하는 파충류 뇌에 저장될 수 있다. 한 부분의 신체적 측면은 그 사건의 감정, 생각, 이미지로부터 단절될 수도 있다. 때때로 이미지와 생각들은 깊이 억압되어 왔고 단지 몸 이야기의 단편들만 생각나게 된다. 성적 학대의 많은 생존자들은 허리에서 자신들의 몸에 대한 인식를 단절시켰다. 그래서 그들은 학대로부터 오는 감각에 압도당하지 않는다. 한 내담자는 그녀의 성적 학대에 대한 후각적인 기억만을 가지고 있었고, 이러한 기억들은 그녀의 일상 생활에 파고들었다. 그 부분의 다른 측면들 ─ 정서적 또는 인지적 혹은 시각적인 것 ─ 은 신체적 부분을 긍휼의 마음으로 목격하고, 짐들을 내려놓으며, 정당한 역할로 복원되면서 비로소 출현하게 된다.

하지만 때로는 추방자들의 몸 이야기가 나머지 트라우마 이야기와 구분된다. 억압된 몸 이야기는 쇠약해지는 여러 신체적 증상에서만 분명하게 나타날 수 있지만, 트라우마는 감정적 폭발, 불안하게 만드는 이미지, 악몽 가운데서 발생할 수 있다. 추방자의 경험이 서로 다른 측면들로 파편화되었다는 것은, 치료사가 가장 쉽게 이용할 수 있는 경로로 작업하고 민감성과 섬세함으로 진행하여 감정, 생각, 이미지, 그리고 결국에는 해리된 몸 감각들을 통합함으로써 그 부분의 이야기를 완성하게 되는 것을 의미한다.

추방자들의 감정이 시스템을 뒤덮을 때, 감정과 언어적 서술에서 벗어나 오로지 몸 감각에만 초점을 맞추는 것이 종종 감정 조절에 도움이 된다. 마룻바닥에 발이 닿아 있고, 숨을 들이쉬고 내쉬는 것을 인식함으로써 감정은 가라앉게 된다. 추방자들은 압도하는 경향이 있다. 감정 조절은 그들이 잘 할 수 있는 영역이 아니다. 나는 때때로 학생들과 내담자들에게 다음과 같이 이야기해준다 ─ 추방자들은 켰다 껐다 하는 스위치만 가지고 있는

데, 우리는 그들이 조광 스위치를 가지고 있는지 볼 수 있도록 도울 필요가 있다고. 우리가 추방자들에게 강도를 줄여달라고 요청할 때 우리는 그들을 속여 지하실에 다시 집어넣으려 하는 것이 아니라는 것을 그들로 하여금 믿게 할 필요가 있다. 만약 추방자들의 감정과 행동이 너무 강렬하면, 보호자들이 개입하여 치료를 방해한다. 우리는 추방자들에게 그들의 이야기를 천천히 한 번에 퍼즐 한 조각씩 들려달라고 요청한다. 그래서 그들은 트라우마를 다시 이야기할 수 있게 된다. 우리는 그들이 모든 이야기를 안전하게 공유하도록 돕고 싶으며, 다시는 그들을 잊지 않겠다고 안심시킨다.

추방자가 상처가 발생했던 시간과 장소에 갇혀 있는 한 자신의 이야기를 나누는 것은 안전하지 않다고 느낄 수 있다. 추방자들은 끝없이 반복되는 테러, 격분, 수치심의 감정을 경험할 것이고, 세상과 사람들은 위험하며, 자신이 필요로 하는 자양분과 지원을 제공해줄 능력이 없고, 자기 자신은 무력하다고 계속해서 인식하게 될 것이다. 추방자는 과거로부터 현재로 혹은 안전한 장소로 데리고 나올 필요가 있다. 때때로 추방자는 참자아 에너지를 인식하여 자발적으로 내담자의 무릎으로 뛰어오르거나 조금씩 현재로 옮겨간다. 다른 경우에는 지하실에 갇혀 있거나 어릴 적 집의 벽장 속에 숨어 있는 곳으로부터 더 적극적으로 데리고 나올 필요가 있다. 그러고 나서야 추방자는 이야기를 나누고 자신들이 짊어지고 있는 트라우마의 짐들을 내려놓을 수 있을 만큼 시스템이 안전하다는 것을 알게 된다.

추방자와 관계를 수립하기

이 취약한 부분들에 대해서는 내면시스템의 보호자와 유사하게 작업하지만 몇 가지 중요한 차이가 있다. 여섯 가지 F 단계를 적용하여 내담자(혹은 치료사)의 '체현된 참자아'와 취약한 부분 사이의 관계 수립에 도움을 줄 수 있다. 우리는 추방자를 찾고, 초점을 맞추고, 살을 붙인 다음 추방자를 향해 그들이 갖고 있는 감정에 대해 질문한다. 그들이 한 발 물러서도록 협상하는 대신에, 추방자들이 시스템을 압도하지 않기 위해 그들과 협상할 필요가 있을 수 있다. 추방자들은 강한 감정으로 시스템을 장악하는 경향이 있다. IFS에서는 부분이 섞여 있다고 말한다. 추방자가 섞이면 보호자가 다시 뛰어들게 되는데, 이것은 참자아 에너지에 접근하지 못하도록 만든다.

웬디와의 회기는 그녀가 추방자의 몸 이야기를 목격할 수 있도록 추방된 부분에 체현된 참자아 에너지를 불어넣는 과정을 보여준다. 웬디는 턱에 고통스러운 긴장으로 고생해오고 있었고 그것은 자신의 성적 학대와 관련이 있을 가능성이 있다고 생각하였다. 턱의 통증으로 인해 유아울타리 안에 서서 크고 슬픈 눈으로 내다보고 있는 어린 소녀에게로 갔다. 내가 웬디에게 이 부분을 향하여 어떤 느낌이 드는지 묻자, 보호자들이 차례로 나타났다. 그녀의 보호자들은 우리가 이 어린아이와 연결되는 것을 허락하지 않았다. 그녀의 몸은 굳어져 있었고 얕은 숨을 쉬고 있었다. 그녀는 내가 터치와 동작으로 자신을 안내하여 자신의 보호자들을 달래줌으로써, 자신의 참자아 에너지가 활동하여 이 아이와 관계를 맺을 수 있도록 해주기를 원했다.

SM : 두 손을 배로 가져가서 뱃속으로 깊게 숨을 들이마시고, 거기서 움직임을 느껴 보세요. 이제 한 손을 조금 더 높이 들고, 횡격막 근처로 가져가세요. 이제 심장으로 가져가, 심장 박동과 폐를 느껴 보세요. 숨을 쉬면서 리듬에 따라 몸을 좌우로 흔드세요. 조금만 움직여보세요. 들이마시면서 당신 몸의 전면을 펴고, 확장시키고, 들어올리세요. 그리고 내쉬면서 원위치로 되돌아오도록 하세요. 그렇게 몇 번의 호흡을 하면서 부드럽게 좌우로 흔드는 것을 즐기세요.

웬디는 이 아주 작은 동작을 하면서 눈에 띄게 편안해지는 것 같다. 웬디의 눈이 감긴다.

> SM : 이 가볍게 좌우로 흔드는 동작을 할 때 어떤 느낌이 드나요?
> 웬디 : 기분이 좋아요.
> SM : 좋은 느낌에 대해 좀 더 말해주세요.
> 웬디 : 더 평온하고, 부드러우며 조용한 느낌이에요. 또한 어느 정도 슬픔도 느껴져요. 턱이 아직도 당기네요. 아파요.
> SM : 되돌아가 유아울타리에 있는 아기를 볼 수 있나요?
> 웬디 : 네, 그 아이가 보여요. 그 아이는 좌우로 흔드는 것을 좋아하네요. 지금 내가 그 아이를 안고 있어요. 하지만 그 아이는 훨씬 더 어린 느낌이 들어요. 나는 아기를 품에 안고 있는 기분이에요.

추방자 이야기를 목격하기

우리는, 이미 그녀의 품에 등장했기에 과거로부터 데리고 나올 필요가 없는 갓난아기 부분에 우리의 관심을 기울이기로 결정하였다. 당신은 내가 공명과 신체적 인식뿐만 아니라 동작을 계속 사용하고 있다는 것을 감지할 것이다.

웬디가 몸을 좌우로 흔들면서 아기를 계속 안고 있는 동안, 나는 내 자신이 그녀를 따라 좌우로 흔들고 있는 것을 발견한다. 나는 웬디가 이 아기와 이토록 잘 연결되어서 기쁘다.

나는 만족감을 느끼며 그녀와 함께 호흡하며 좌우로 흔든다. 그리고 나서 나는 그녀가 뒤로 몸을 젖히고 머리를 들 때 그녀 머리의 움직임에 끌린다. 그녀의 턱은 머리를 따라 움직이도록 고정되어 있는 듯이 보인다. 나는, 입과 턱과는 별도로, 젖을 빨 때는 아기들의 머리가 약간 오르내리는 것을 감지하면서 아기들이 젖 먹는 것을 바라보던 것을 기억한다. 나는 이것에 대해 호기심이 생기며, 이것이 갓난아기의 이야기에 깊이 들어갈 수 있는 기회가 될지 궁금해한다.

> SM : 내가 당신에게 이 질문을 했었는지 기억나지 않지만, 웬디, 엄마가 당신에게 젖을 먹였나요?
>
> 웬디 : 아니요, 난 꼼짝 못하고 젖병만 물고 있었어요.
>
> 비록 웬디는 자신이 필요한 영양분을 얻었지만, 그녀의 입 구조는 그들이 필요로 하는 것을 얻지 못했다.
>
> SM : 당신의 턱은 아기가 자신에게 중요한 무언가를 놓치고 있었다는 것을 보여주고 있어요.
>
> 웬디 : [눈물을 글썽이며] 나는 이 정도 얻은 것으로 견뎌야 해요.
>
> SM : 이 아기가 젖을 먹지 못했기 때문에 당신의 턱이 놓쳤던 동작을 경험하도록 도울 수 있는지 보지요.

비록 웬디의 갓난아기 부분이 과거 시간과 장소에 얼어붙지는 않지만, 그녀는 생리적으로 얼어붙어 있었고, 그녀의 턱의 긴장은 놓쳤던 발달 경험을 드러냈다. 아마도 웬디의 말 "꼼짝 못 하고 물고 있었다"는 것은 턱의 통증이 여전히 생리적인 경험을 기다리고 있는 한 갓난아이를 가리키고 있었다는 것을 드러내준다. 그녀의 턱은 움직임이 고정되어서, 머리와는 독립적으로 움직일 수 없었다. 몸의 다양한 횡격막들은 서로 연관되어 있으며, 연구개의 긴장은 호흡기 횡격막과 골반저의 긴장을 반영한다. 그녀의 하부 횡격막을 느슨하게 만든 호흡과 좌우로 흔드는 동작은 연구개와 턱의 긴장을 풀어주는 길을 열어주었다.

초기의 애착 상흔과 나중의 트라우마 상처는 잠재적으로 지워지지 않는 생리적인 자극을 남긴다. 생리적 징후는 부분들이 붙잡혀 있는 곳으로 되돌아갈 수 있는 빵 부스러기가 떨어져 있는 길이 되어, 우리가 생리적으로 회복될 수 있도록 이끌어준다. 일반적으로 생명에 위협을 주는, 압도적인 사건이 발생하는 동안, 신경계는 그 사람이 탈출하거나 도움을 받도록 해주기 위해 생화학적 폭발을 일으킨다. 그들의 행동이 실패할 경우 신경계는 폐쇄된다. 엔도르핀이 분비된다. 근육은 무너지고 움직이지 않게 된다. 혈압과 심장박동수는 떨어진다. 감각 기관은 무감각해진다. 메모리 접근과 저장 기능은 손상된다. 자율신경계의 교감 활성화로부터 분비되어 배출되지 못한 모든 생화학적 물질들은 몸 안에 잔류한다. 감각 기억은 체지각 침습으로 시스템을 뒤덮는다. 내담자의 인생 이야기에는 종종 이런 생리적인 순환 고리를 벗어나려는 추방자들의 헛된 시도들로 가득 차 있다.

이러한 신체적 증상들에 인식을 가져오는 행위에서 생리적 회복 프로세스는 시작된다. 치료자의 체현된 참자아는, 또는 내담자의 참자아와 함께, 긍휼의 마음으로 연결되어, 내담자의 신경계가 ─ 해리적 폐쇄로부터, 탈출 시도의 실패를 거쳐, 마침내 부분의 확실한 연결로 이어져 변연계의 잘못된 배선을 수리하고 건강한 생리를 복원시키는 ─ 변화가 일어날 수 있도록 해준다.

짐 내려놓기

보호자와 추방자 모두 상처의 결과로 감정, 감각, 행동, 그리고 신념을 받아들였다. 우리는 이것을 '짐'이라고 부른다. 이 짐들은 부분들이 자신들이 하고 싶어하는 일을 하지 못하게 한다. 추방자들의 짐이 벗겨져 그들의 두려움, 수치심, 고립감, 그리고 그들의 무가치함의 감정으로부터 해방될 때 비로소 보호자들은 자유롭게 자신들의 한계를 내려놓을 수 있음을 깨달게 된다. 추방자들의 짐 내려놓기는 종종 정해진 방식에 따라 특정한 단계로 일어난다. 짐은 몸 안이나 몸 주변에서 발견된다. 그러고 나서 부분들의 허락을 받고, 물, 공기, 흙, 불의 원소들에게, 또는 혹시 수평선이나 빛에게 짐을 내려놓는다. 추방자들의 원래 특성들이 초대되어 그 추방자에게 되돌아간다.

소매틱 IFS에서 우리는 이 짐 내려놓기 프로세스를 따르지만, 덜 규정된 프로세스도 허용한다. 게다가 우리는 신체적으로 자발적인 짐 내려놓기에 주의를 기울인다. 이것은 치료의 어떤 단계에서도 발생할 수 있으며, 우리는 회기 내내 이 짐 내려놓기를 다룬다. 우리는 자율신경계의 변화를 추적한다. 우리는 눈맞춤, 목소리 운율, 무의식적인 동작, 제스처, 그리고 자세 변화를 감지한다. 우리는 호흡수와 깊이를 감지한다. 짐 내려놓기는 내담자의 몸 상태 변화에서, 심지어 치료사의 몸에서, 혹은 이 두 사람 주변의 에너지 공간에서 관찰될 수 있다. 이러한 각각의 변화를 주목하고, 충분히 인정하고, 축하하며, 음미하고, 소매틱 작업으로 고정시킨다.

회기의 마지막 부분에서 나는 계속해서 자각, 동작 및 터치를 사용하여 짐 내려놓기를 지원한다.

나는 웬디에게 얼굴의 옆면을 붙들라고 지시한다. 나는 턱의 근육 및 턱과 두개골 사이의 관절에 붙어 있는 인대에 대해서 이야기한다. 그녀는 턱을 벌렸다 닫는다. 나는 그녀가 혀를 입천장을 대고 입맛을 다시게 했다. 그녀는 혀를 입 안에서 아래 쪽으로 내려놓는다. 그녀가 숨을 들이쉬고 머리를 뒤로 젖힐 때, 그녀의 두 손은 턱이 그 자리에 그대로 있도록 하며 머리를 따라가지 않도록 한다. 숨을 내쉬면, 머리는 턱으로 돌아온다.

웬디는 이 동작을 계속하면서 턱의 움직임과 부드러움이 더 많아지는 것을 느낀다. 그녀가 계속해서 좌우로 흔들며 숨을 쉴 때, 나는 그녀의 턱관절에서 더 많은 움직임을 감지한다. 나는 그녀의 몸의 부드러운 구조 ─ 입에서부터 소화계의 장기를 거쳐, 항문에 이르기까지 ─ 에 대해 조금 더 이야기한다. 나는 그녀가 굳어져 꼼짝 못하는 느낌일 때 몸의 이 부분이 가지고 있는 부드러움이 그녀로 하여금 자신의 부드러움에 접근할 수 있도록 해줄 수 있다고 말해준다. 그녀는 턱에 관한 이 문제가 완전히 해결되지 않았다고 느끼지만, 더 이상 꼼짝 못하는 느낌이 없고 온몸이 긴장을 내려놓게 되었기에 기뻐한다.

이 갓난아기에게서, 우리는 젖을 먹지 못하게 되었던 부분의 구체적인 짐을 말로 확인할 수는 없었다. 하지만 그 짐들은, 동작에 연결된 슬픔 감정과 함께 필요한 것보다 적은 양으로 견딜 수밖에 없다는 신념 속에서, 신경근육 패턴의 장애 가운데 있는 것은 분명하다. 웬디로서는 그녀의 몸이 더 평온해지고 부드러워지면서, 그리고 잃어버렸던 젖 먹는 패턴을 회복하기 시작하면서 짐 내려놓기가 프로세스 전반에 걸쳐 일어났다. 그녀가 턱의 건강한 신경근육 패턴을 회복하기 시작하면서, 짐을 짊어졌던 감정과 신념은 누그러졌다.

잃어버렸던 특성의 초대 및 복원

이 회기에서는 골반저에서 입까지 수직축을 따라 연결을 복원시켰다. 이 수직 정렬은 자궁에서 시작되며, 수평면에 있는, 신비롭고 종종 압도적인 관계의 세계로 옮겨 가기 위한 기초가 된다. 이 선의 끊김은 소매틱 IFS의 각 작업 ─ 인식, 호흡, 공명, 동작 및 터치(이 경우에는 그녀의 터치) ─ 으로 복구되었다. 젖 먹는 동작 패턴의 복원은 나중에 방치된 아이 부분과 성추행을 당했던 좀 더 나이 먹은 소녀와 작업하기 위한 기반을 마련하였다.

통합

나는 웬디에게 이 새로운 동작 패턴을 그녀의 몸에 고정시키기 위해서는 앞으로 몇 주 동안 그것을 연습하는 것이 중요하다고 이야기해준다. 우리는 어떻게 그녀가 머리를 뒤로 젖히는 동안 숨을 들이마시고 숨을 내쉬면서 턱으로 되돌아오는 이 미묘한 동작을 할 수 있을지에 대해 이야기한다 ─ 줄 서 있으면서, 차 막힐 때 기다리면서, 생각할 때마다 언제든지 연습한다. 그녀에게 만약 그녀가 약 3주 동안 이것을 매일 연습할 수 있다면, 신경근육 패턴은 다시 복원될 것이라고 이야기해준다. 웬디는 관계 속에서 자신이 원하는 것을 서슴없이 말하는 것이 더 쉬워지는 것을 발견하고, 자신의 힘, 순수함, 그리고 장난기 많은 유머 감각을 자신의 세계로 더 완전하게 끌어들이기 시작한다.

체현된 참자아

마지막 장에서 이것을 좀 더 깊이 다루겠지만, 이 책에서 탐구하는 소매틱 IFS의 다섯 가지 작업이 우리를 이 상태로 이끌기 때문에 체현된 참자아의 감각을 갖는 것이 중요하다. IFS에서 우리의 본질적이고 핵심적 본성을 우리는 단순히 '참자아'로 부르는데, 이는 많은 영적 전통이 신과 함께 하나된 상태로 인식하는 것과 비슷하며, 증상이 아무리 심각하더라도 예외 없이 모든 사람 안에 존재한다. 참자아 에너지는 몸, 마음, 정신을 치유하는 파워를 가지고 있으며, 한 연구가 그것을 증명하였다. 류머티스 관절염 환자의 무작위 대조 연구 결과는 IFS 기반의 개입이 통증, 우울, 불안의 증상을 감소시킨다는 것을 보여주었다. 환자의 신체적 기능이 개선되었고, 자기 연민도 개선되었으며, 이 모든 것들이 후속 관찰에서 지속되었다.[2] 이러한 발견으로 2015년에 IFS 모델이 증거 기반 작업으로 인정받게 되었다.

분명히 참자아가 이 파워를 충분히 표현하기 위해서는 몸으로 표현될 필요가 있다. 부분들이 몸 안에 거하고, 몸을 가지고 있으며 몸에 영향을 미치고 있듯이 참자아도 그러하다. 참자아 에너지는 몸에서 처음으로 가장 먼저 경험된다. 참자아 에너지의 경험은 흔히 다음과 같은 신체 감각으로 묘사된다. 따뜻하고, 짜릿하며, 탁 트였고, 널찍하며, 물 흐르듯 유연하고, 마음이 열려 있으며, 밝고 경쾌하고, 가라앉아 안정되어 있으며, 중심이 잡혀 있고, 평온하며 긴장하지 않은 편안한 상태다. 참자아 에너지 상태에 있는 사람을 묘사하는 특성들은 종종 C라는 글자로 시작하는 단어로 묘사된다 — 창의적이고(creative), 연결되어 관계를 맺으며(connected), 평온하고(calm), 호기심(curious)이 많으며, 긍휼의 마음(compassionate)을 갖고, 용기(courageous) 있으며, 자신감(confident) 있고, 명료(clear)하다. 이러한 각각의 특성이 몸에 뿌리를 두고 몸으로 표현될 때 체현된 참자아 에너지의 존재를 분명히 보여준다.

참자아 에너지는 연속선상에 있다. 우리가 피곤하거나, 아프거나, 도전을 받거나, 위협을 받을 때 우리의 부분들이 지배하면서 이들의 에너지가 시스템에 섞이거나 시스템을 뒤덮을 수 있다. 부분들이 무대 중심을 차지하면, 호기심과 긍휼의 마음이 차례를 기다리며 대기한다. 부분들이 한걸음 뒤로 물러서면 우리는 그들의 저질러 놓은 엉망인 상태를 깨끗이 치울 수 있을 만큼 충분한 참자아 에너지를 찾게 된다. 우리는 무관용에서 관용, 수용, 이해, 그리고 심지어 감사와 소중히 여김으로 연속선상을 따라 이동한다. 체현도 역시 몸을 떠난 상태로부터 완전히 몸으로 드러난 상태까지 경험의 연속선상에 있다. 우리는 체현된 상태로 시작하지만 많은 것을 잃는다. 개인적, 환경적, 사회적 힘은 참자아의 완전한 체현에 제약을 가하여, 체현 상태를 시시각각 변화시킬 수 있다. IFS 모델과 결합된 다섯 가지 작업은 참자아가 자신의 — 체현된 — 참된 본성으로 되돌아가, 인식과 수용으로 시작하여 긍휼과 호기심으로 나아가도 안전하다고 부분들이 인식하도록 도와준다. 체현된 참자아의 에너지는 다른 참자아 에너지들과 결합하면서 증폭되며 피부 너머로 확장되어 우주의 더 넓은 참자아 에너지 장과 연결된다.

참자아 에너지는 체현된 상태임이 명백한데, 왜 형용사('체현된')를 붙여 중복의 위험을 감수하는가? 언어가 생각에 영향을 미칠 정도로, 형용사 '체현된'을 추가하여 강조하는 것은 몸의 영역을 추방시키는 우리의 문화적 유산을 수정해주는 역할을 한다. 부분들과 참자아는 몸과 마음 모두에서 경험된다. '몸'과 '마음'이라는 용어는 분리할 수 없는 것을 분리시킨다. IFS 커뮤니티는 전형적으로 '참자아'를 가리키지만, 소매틱 IFS는 이 이원론적 패러다임을 초월하기 위해 '체현된 참자아'라는 용어를 사용하며, 나는 부분들과 참자아 둘 다가 경험되는 통일된 상태를 가리키기 위해 종종 '바디 마인드'를 사용하기도 한다.

소매틱 작업은 체현된 참자아를 어떻게 지원하는가

〈피너츠〉라는 만화는 우울한 생각을 갖고 있는 찰리 브라운을 보여준다. 그는 이렇게 말한다. "자세를 바로 하고 머리를 높이 치켜 드는 것이 가장 나쁜 겁니다. 그러면 기분이 좋아지기 시작하기 때문이에요." 소매틱 IFS 의 작업은 우리를 우울증에서 벗어나지 못하게 하는, 부분들의 이끔을 받는 신체 상태뿐만 아니라 모든 임상 문제도 다룬다. 그러면 우리는 기분이 좋아지기 시작한다. 인식, 호흡, 공명, 동작, 터치는 우리로 하여금 체현의 호(활 모양)를 따라 움직이도록 하며, 또한 완전한 체현 상태를 묘사하기도 한다. 완전히 체현된 우리의 몸은 인식으로 맥박이 뛴다. 우리의 편하고 완전한 호흡은 우리의 바디마인드가 서로 공명하는, 떼려야 뗄 수 없는 하나임을 드러낸다. 우리의 동작은 통합되고 물 흐르듯 유연하며, 우리의 터치언어는 민감하게 반응하고, 능수능란하며, 치유를 가져다준다. '인식', '의식적', '마인드풀(내면에 주의를 기울이는)', '섬세한', 심지어 '근본적인'과 같이 작업을 설명하는 대부분의 단어들은 순간마다 우리 바디마인드의 경험에 깊이 주의를 기울이는 것이 중요함을 가리키고 있다. 대부분의 시간 (어떤 연구에 따르면 80퍼센트)을 우리는 현재 순간에 있는 것이 아니라 과거를 한탄하거나 미래를 걱정스럽게 예상하며 준비하고 있다. IFS의 용어로, 우리는 짐을 짊어진 우리 부분들의 손아귀에 잡혀 있는 것이다. 현재 순간에 더 완전하게 있는 것이 참자아 에너지 상태인 것이다.

　신체적 인식은 체현된 참자아 에너지의 정도를 나타내는 간단한 지표이며 종종 참자아 에너지 상태로 되돌아가는 지름길이다. 내가 참자아 에너지 상태에 있을 때는 탁 트이고, 편안하며 깨어 있는 느낌을 갖고, 부분이 장악하고 있을 때는 움츠러들고, 긴장하며, 단절된 느낌을 갖는다. 내담자와 함께 앉아서, 나는 잠깐 신체적 인식 시간을 갖는다. 어깨에 긴장이 감지된다. 내가 긴장에 긍휼의 마음을 가져오자, 내 어깨는 내려앉는다. 나는 내 몸의 정렬된 상태를 감지한다. 발을 마룻바닥에 대고, 엉치뼈는 의자에 닿게 하며, 머리는 척추와 정렬시키면서, 중력에 거스르지 않는다. 내 척추가 1밀리미터 길어진다. 나는 더 많이 가라앉아 안정을 찾고 내 중심과 더 많이 연결된 느낌이 든다. 찰리 브라운이 예상했듯이, 나는 기분이 좋아지고, 내 내담자와 더 많이 함께 할 수 있을 것 같다. 비록 내 몸에 대한 인식이 회기 중에 변동하겠지만, 부분들의 등장을 가리키는 긴장, 꼼지락거림, 쓰러짐을 감지하기 위해 나는 몸에 대한 인식으로 되돌아간다. 나는 더 쉽게 충분히 숨을 쉴 수 있다. 나는 호흡이 좀 더 쉽게 드나들 수 있도록 내 자세를 약간 조정한다.

나는 내 신경계에서 어떤 일이 일어나고 있는지에 대한 단서로서, 그리고 '체현된 참자아'로 되돌아가는 경로로서 나의 호흡을 인식한다. 우리의 자율신경계가 활성화되면, 우리의 호흡은 빠르고 얕아진다. 우리가 어떻게 호흡하는지를 감지함으로써 우리의 호흡과 신경계 모두는 변화하기 시작한다. 나는 의도적으로 더 길고 더 느리게 숨을 내쉬는데, 이것은 내 폐를 비우고 숨을 들이쉴 공간을 더 많이 만들어준다. 호흡에 대한 의식은 나와 내담자를 둘러싼 공간과의 관계에 대한 나의 인식을 높여준다. 내가 숨을 들이마실 때, 참자아의 장으로부터 오는 에너지를 들이마서 내 몸 안의 모든 세포에로 전달하고, 나는 그 에너지를 우리 주위의 공간으로 내쉴 수 있다는 것을 나는 기억한다.

내 내담자를 나의 인식 안으로 가져올 때도, 나는 내 몸의 감각과 호흡을 계속해서 인식한다. 극단적인 부분들을 마주한 상태에서 참자아 상태에 있는 것은 치료사인 우리가 해야 할 가장 힘든 일일 수 있다. 많은 부분들의 감정과 행동은 우리 부분들에게 무섭고 역겨우며 혐오스러울 수 있다. 속임수를 쓰고, 훔치고, 의도적으로 상처를 입히는 부분들(또는 수동적인 형태의 쓰러짐, 의사 방해, 물러남)은 우리의 두려워하며 비난하는 부분들을 불러일으킨다. 우리 내담자의 부분들은 그들 몸에 나타나고 있으며 우리 몸은 그들과 공명하고 있다. 포유류로서, 우리는 생리적으로 공감할 수 있도록 되어 있다. 치료사로서 우리는 내담자들의 짐을 짊어진 부분들이 드러내는 감정과 행동으로부터 영향을 받지 않을 수 없다. 만약 우리가 이 공명을 부인한다면, 우리는 보호자들을 끌어다가 참자아 비슷한 통제라는 얇은 베니어 판을 깔아서, 단절하고자 하는 깊은 곳의 충동을 감출 수도 있다. 진정한 '근본적' 공명은 반드시 필요하다. 공명을 인정함으로써 우리의 긍휼의 마음과 호기심은 온전하게 유지된다. 우리의 가슴은 열린 채로 유지될 수 있다. 가라앉아 안정된 상태를 유지하면서 나의 몸은 강렬한 감각을 위한 피뢰침이 될 수 있다. 내 호흡은 활력을 불어넣고, 긍휼의 자리인 내 가슴을 열어준다. 내 자세, 바라봄, 그리고 목소리 톤은, 바디마인드 시스템을 치유하는 내담자의 프로세스를 지원하기 위해 체현된 참자아 에너지의 질을 전달하고 있기 때문에, 나의 공명하는 능력은 내담자와의 관계를 위해 사용되고 있는 것이다.

내담자의 짐으로 이어졌던 경험들이 동작을 통해 펼쳐지기를 기다리고 있다. 트라우마의 동작 이야기는 보호자 부분들에 의해 몸의 구조 가운데 얼어 있을 수 있다. 몸의 증상 및 많은 심리적 증상들을 방해 받은 몸 이야기로 바라보면서, 우리는 보호자들에게 인식, 호흡, 공명을 가져온다. 우리는 내면에 주의를 기울이면서, 얼어 붙어있거나 마비된 감각에 약간의 동작을 시도해보라고 초대한다. 이야기가 풀리면서, 내담자가 경험하였던 감정 표현과 좌절된 동작들이 몸을 통해 차례로 드러나며 치료사와 내담자의 참자아에 의해 목격된다. 초기 운동 발달의 장애는 마인드풀 동작의 작업을 통해서도 드러난다. 부분들은, 안전한 연결을 위해 손을 내밀거나, 탐구하거나, 목표를 향해 나아가거나, 삶의 경험에 동의한다고 말할 수 있는 능력에 영향을 미쳤을 수 있다. 혹은 동작 — 제스처, 걸음걸이, 무의식적인 동작 — 이 외면하거나, 멀어지거나, 아니라고 말할 수 있거나, 경계를 설정하는 능력이 방해받고 있다는 것을 드러낼 수도 있다. 이렇게 억제되거나 고정되거나 중단된 동작에 마인드풀 인식을 가져오면 그 동작들을 더 편안하고 행복한 상태로 복원시킬 수 있다. 동작은 복원된 것을 통합시킬 수 있다. 나의 체현된 참자아는 대부분 의식적 인식 수준 아래, 내담자와의 우뇌 —우뇌 의사소통에서 동작으로 표현된다.

심리치료에서 터치의 사용은 논란의 여지가 있다. 심리치료사들은 종종 내담자에 터치를 사용하는 것에 겁을 먹고 제대로 준비가 되지 않았다고 느낀다. 그들과 규제 기관들 또한 친밀감을 심화시키는 터치의 힘을 두려 워한다. 그러나 나머지 소매틱 IFS 작업들을 기반으로, 터치는 치료자의 치 료법에 추가적인 강력한 도구가 될 수 있다. 터치는 직접적이고 즉각적이 다. 그것은 체현된 참자아 에너지의 모든 특성들을 체내에 거하고 있는 부 분들에게 직접 전달한다. 그리고 IFS의 모든 단계를 지원한다. 비록 바디 워크 배경을 가지고 있는 나조차도 터치에 관하여 조심스런 부분들이 있지 만, 특별히 손으로 듣는 말없는 이야기, 말이나 감정이나 이미지로 표현할 수 없을지도 모르는 이야기들에 대해서는 이 치료양식을 감사하게 생각한 다. 섬세한 터치는 궁극적인 우뇌, 몸 대 몸의 의사소통이다. 그것은 해로운 터치의 영향 및 필요한 터치의 결핍을 치유하는 능력을 가지고 있다.

이 '체현된 참자아' 섹션을 쓰면서, 나는 멈춰서 내가 체현된 참자아의 연속선상 어디에 있는지 감지한다. 음. 하단에 더 가깝다. 내가 소매틱 IFS 를 사용하여 이것을 옮길 수 있을까? 길고 느리게 숨을 내쉬면서 나는 내 주의를 내면으로 돌려 내 몸의 감각을 스캔한다. 내가 주목하는 모든 감각 들—글쓰기로 인해 얼굴과 팔에 약간의 긴장—중에서, 나는 좌측 상부 천 골관절의 약간의 통증에 끌린다. 처음에는 방 안에서 나는 소리에 주의가 분산된다. 그러나 내가 다시 초점을 맞추면서 나는 척추에서 팔 쪽으로 에 너지의 물결이 느껴진다. 내 척추가 지금 움직이고 싶어한다. 움직이면서, 오른쪽 뒤의 중간 지점이 꼼짝 못하겠다는 느낌이 감지된다. 내가 그 지점 의 깊이와 경계를 탐구하면서, 또 다른 에너지의 큰 흐름이 뒤따른다. 내 몸통 전체가 더 넓어진 느낌이고 몸통 모양에 대한 감각이 확장되고 경계 가 흐릿해진다. 에너지가 내 목 뒤로 휙 지나간다. 내 어깨뼈가 등 뒤로 더 내려온다. 내 호흡이 점점 길어지고 느려지며 척추는 호흡과 함께 움직이기 시작한다. 눈 뒤와 목 아래쪽에서 긴장이 감지된다. 나는 그 긴장감을 유지하면서, 마치 내면 샤워 같이 에너지 물결이 내 등을 타고 골반으로 흘러 다리 뒤로 내려가는 느낌을 갖는다. 나는 계속해서 내 호흡의 물결을 탄다. 나는 더 많은 생기와 더 많은 공간이 느껴진다. 나는 '나'라고 말하지만, 감각과 움직임이 시시각각 변하는 감각과 동작의 경험은 '나'의 개념이라기보다는 현실이다.

소매틱 IFS의 다섯 가지 작업에 대한 서론

이어지는 장에서는 이 각각의 작업을 탐구하고 IFS와 통합하여 생리와 몸에서의 의미 있는 느낌을 통해 내면시스템을 조사한다. 우리는 경험이 어떻게 뇌와 몸을 형성하는지 그리고 증상, 몸 구조, 그리고 몸 프로세스가 어떻게 부분들을 드러내는지 본다. 우리는 우리의 사회적 두뇌가 어떻게 애착 상흔을 치유하는지 배운다. 나는 좀 더 완전하게 체현된 참자아가 시스템을 더 완전하게 살아가는 삶으로 이끄는 자원이라는 사실을 이해하도록 해주었던 경험을 설명하고자 한다. 우리는 소매틱 작업의 개념적 측면 ㅡ이유와 방법ㅡ을 포함한다.

　IFS의 목표가 개인의 참자아를 해방시켜 내면시스템을 이끌도록 하는 것인 것처럼, 소매틱 IFS의 목표는 체현된 참자아를 복원시키는 것이다. 기초가 되는 도구가 **신체적 인식**이다. 소매틱 IFS의 로고는 마치 이 작업이 나머지 작업들을 낳고 있는 듯이 이 작업이 나머지 모든 것을 포용하고, 지원하고 있음을 보여주고 있다. 실제적으로 이야기한다면, 몸에 대한 인식은 자연스럽게 호흡에 대한 인식으로 이어지기 때문에, 다음 작업은 **의식적 호흡**이다. 그 위에 근본적 공명이 있다. 여기서 우리는 보다 완전히 관계 영역으로 옮겨 간다. **마인드풀 동작**은 관계 장의 맥락 안에서 탐구될 수 있으며, **섬세한 터치**는 정점에 있어, 가장 적은 공간을 차지하지만 어떤 면에서는 가장 강력하다. 각 작업은 상호의존적이다. 각각 하나의 작업만으로도 체현된 참자아 상태로 이어질 수 있지만, 다섯 가지 작업의 순서와 상호작용은 각 작업의 효력을 증폭시킨다.

이 다섯 가지 작업을 따로 따로 고려하더라도 선들이 흐려지고 어떤 경우에는 선들이 존재하지 않는 것이 명백해진다. 신체적 인식은 우리가 다른 작업으로 옮겨가면서 사용하다 폐기하는 작업이 아니다. 오히려 다른 모든 작업의 기초가 된다. 겉으로 보기에 별개의 작업으로 보이는 나머지

모든 것들에 대해서도 같은 이야기를 할 수 있다. IFS 모델의 별도 단계들과 우리의 내면세계를 관리자, 소방관, 추방자 및 참자아로 구분 짓는 관행과 함께, 소매틱 IFS의 다섯 가지 작업은 바디마인드의 신비로운 영역을 항해하는 데 유용한 지도를 제공한다.

각 작업은 고전적인 그리스 사상으로부터 온 원소－흙, 공기, 불, 물－와 연관이 있다. IFS 치료사는 짐 내려놓기 단계에서 이미 이러한 고전적인 원소들을 익숙하게 사용하고 있다. IFS 프로세스의 이 단계에서, 치료사는 내담자의 부분들에게 짐을 내려놓기 위해 어떤 원소들을 사용하고 싶은지 질문한다. 소매틱 IFS에서 짐 내려놓기는 덜 규정되어 있지만, 이러한 기본적인 원소들은 몸과 모든 물질 세계의 본성과 복잡성을 이해하는 한 가지 방법이라고 할 수 있다. 고전적인 원소들은 우리의 몸과 외부 세계와의 관계를 생각해볼 수 있는 하나의 렌즈를 우리에게 제공한다. 이것은 치료에 필수적이다. 그것들은 또한 가장 근본적인 수준에서 그 작업을 경험할 수 있는 기회를 제공한다.

소매틱 IFS 작업에 대해 설명하는 각 장에서 특정 몸 시스템도 탐구한다. 몸 시스템은 바디마인드의 시스템적 본질을 충분히 이해하는 것뿐만 아니라 몸의 복잡성을 이해하는 또 하나의 방법이기도 하다. 모든 몸 시스템은 모든 작업과 마찬가지로 상호의존적이다. 몸 시스템을 깊이 이해한다고 하여 임상적으로 즉시 적용될 수는 없지만, 나는 해부학과 생리학 그리고 심지어 발생학에 대한 연구가 나의 바디마인드 치료적 개입에 관련이 있으며, 또한 매우 중요한 뒷받침이 된다는 것을 발견하였다. 이것은 나의 사례에서 분명해진다.

고전적 사상에서 흙, 공기, 물, 불의 네 가지 원소는 모든 물질의 기초이며 창조의 원형적 힘이라고 여겨진다. 이 원소들은 수천 년 동안 의학, 철학, 과학의 기반을 제공했고, 많은 고대 치료 작업의 기초를 형성하였다. 수많은 인간의 질병을 완화하고 완치하기 위해 많은 문화에서 치료적 접근으로서, 이 원소들과 신체적, 감정적, 영적 증상과의 관계를 고려해왔다. 한 종으로서 우리의 생존에 기여해온 그들의 축적된 치유 지혜는 여전히 우리에게 많은 효과적인 치료 방법과 회복적 접근 방법에 대한 정보를 제공하고 있다. 비록 현대 과학이 우리의 치료 방법들을 크게 확장시켰지만, 이 원소적인 힘과 감각적 경험은 우리의 지금의 치료양식을 우리의 조상들의 치유 유산과 연결시켜 준다.

히포크라테스는 네 가지 원소를 네 가지 체액과 연관시켰다. 칼 융은 성격 유형에 관한 자신의 이론을 이 네 가지 체액으로부터 이끌어내어 성격 유형을 체액 유형과 연관시켰다. 흙, 공기, 불, 물의 네 가지 원소는 중세 연금술적 치유 작업(역자주 : 전인 치유를 위한 기능적 자연요법 의료 행위)의 초석이 되었다. 불교에서는 이 원소들을 감각적 경험의 범주로 여기고 고통을 이해하고 고통으로부터 우리 자신을 해방시키기 위한 기초로 본다.

IFS 치료사는 네 가지 원소를 사용하여 치료의 가장 혁신적인 측면, 즉 고통으로부터 우리의 부분들을 해방시키는 단계인 짐 내려놓기를 촉진시킨다. 내담자나 내담자의 부분이 감정, 인식 또는 신념의 짐을 내려놓을 준비가 되었을 때 네 가지 원소 중 어떤 것에게 그 짐을 내려놓고 싶은지 질문한다. 어떤 사람들은 그것이 분해될 수 있도록 땅 속 깊이 묻겠다고 대답한다. 다른 사람들은 짐이 우리 위 및 주변에 있는 무한한 공간으로 흩어질 수 있도록 공기 중에 내려놓는다. 어떤 짐들은 불에 타 재가 되기도 하고, 또 다른 짐들은 바다로 떠내 보내거나 폭포에서 씻기도 한다. 이러한 방식으로 원소들에게 내려놓게 되면, 개인의 본질적이고 부패할 수 없는, 영적인 측면이 해방되어 내면시스템에 출현한다. 부분들 사이의 균형과 조화는 우리가 '참자아'라고 부르는 초월적인 영적 본질에 의해 확립된다. 이러한 참자아 상태의 경험은, 공포의 이끎을 받는 생존 전략을 취하는 짐을 짊어진 부분들의 경험보다 실로 비약적인 발전이라 할 수 있다. 네 가지 원소의 원형적인 측면은 체현된 참자아 에너지에 대한 우리의 경험 가운데 스며들어 있다.

이 네 가지 원소는 소매틱 IFS에서 훨씬 더 큰 위치를 차지한다. 이러한 기본적인 원소들은 우리를 더 큰 우주—발 아래 흙, 우리를 둘러싸고 있는 공기, 생명을 주는 물, 우리의 가슴을 따뜻하게 하고 길을 밝혀주는 불—와 연결시켜 준다. 내담자들이 들려주는 가슴 아픈 이야기에 귀를 기울이면서 우리는 발을 느끼고, 창밖의 하늘을 바라보며, 차를 마시고, 촛불을 바라본다. 각 원소는 관련된 소매틱 IFS 작업에 대한 우리의 경험을 심화시킨다.

나는 나머지 모든 작업의 기반이 되는 신체적 인식을 흙의 요소와 연관시킨다. 우리는 우리 밑에 있는 바닥이나 의자에 우리의 의식을 가져와 땅과 연결시켜 우리의 에너지가 접지하며 중심을 잡도록 한다. 우리는 땅이 우리를 얼마나 풍성하게 지원해주었는지, 우리가 어떻게 평생 동안 씨앗을 심고 수확해왔는지 감사한다. 우리는 우리보다 먼저 땅을 걸어온 많은 사람들의 발자취를 따라 걷는다. 우리는 접지하여 그 길의 모든 발자국마다 지원을 받는다. 땅은 변화의 리듬과 사이클, 산의 높이와 동굴의 깊은 어둠을 안다. 땅과 계속해서 연결하면서, 우리는 혼란스러운 감정 에너지 면전에서 신뢰할 수 있는 앵커(어떤 심리 상태로 되돌아갈 수 있도록 몸 동작이나 소리를 연결시키는 프로세스)를 발달시킨다. 아마도 우리는 내담자들이 땅으로부터 안전과 지원을 찾고, 그들의 가장 깊은 비밀과 가장 어두운 공포조차도 부드러운 새로운 씨앗이 번성할 수 있는 비옥한 토양이 될 수 있다는 믿음을 갖도록 도울 수 있다. 우리는 홈베이스에 고정되어, 위의 무한한 하늘을 바라보며 기댄다.

의식적 호흡은, 이 대체로 무의식적인 행동에 우리의 의식을 가져올 때, 우리를 공기 요소와 연결시켜 준다. 공기 요소는 우리의 수직 정렬을 통해 우리를 땅과 그리고 하늘과 연결하고, 가장 기본적인 수준에서 우리는 대부분 빈 공간이라는 것을 보여준다. 넓은 공간은 참자아 에너지의 주요 서술어 중 하나다. 부분들의 손아귀에서 우리의 에너지는 뭉치고 좁아지며 밀도가 높아지고 더 많이 조여진다. 호흡기와 세포 호흡의 리듬은 우리의 몸과 마음 안에 평온하고 넓은 공간을 만들어낸다. 하나 하나의 들이쉼은 새로운 가능성, 새로운 삶을 가져다준다. 하나 하나의 내쉼은 우리가 더 이상 필요하지 않은 것을 떠나 보내고, 새로운 것을 위한 공간을 만들어준다. 호흡은 내적 세계와 외적 세계를 연결하는 다리다. 우리의 내부와 외부 시스템의 교환에 대한 인식은 우리를 전체 유산소적 삶의 세계와 하나로 만든다.

우리의 호흡은 우리를 근본적 공명의 관계 영역으로 이끈다. 물의 원소와 관련하여, 이 작업은 우리의 심장과 체액 시스템을 통해 다른 사람들의 경험과 공명하는 것이다. 물 요소는 감정, 유동적 동작 및 변화와 연관되어 있다. 물은 진정시키고, 영양을 공급하고, 깨끗하게 하고, 정화시킨다. 우리의 부분들은 우리의 순수함을 타락시키고 우리의 꿈을 말려버린 불공정을 긍휼의 마음으로 공명하며 목격해주기를 갈망한다. 치유하는 긍휼의 강은 우리의 심장과 마음으로부터 흘러 우리 내면 풍경의 메마른 땅을 적신다. 우리는 수영장의 깊은 곳으로 다이빙하여 들어갈 용기를 발견한다. 공명적인 관계는, 우리가 우리의 심장과 대체로 유동적인 우리의 몸을 통해 반향을 불러일으키며, 감정적인 물길을 항해하도록 돕는다.

마인드풀 동작은 우리를 불 요소와 연결시켜 준다. 불은 에너지, 성장, 그리고 변화와 관련이 있다. 내면에 주의를 기울임으로써 동작의 온기가 트라우마의 얼어붙은 동토(툰드라)를 녹인다. 감각으로 시작된 것은 동작 에너지에 의해 내면시스템의 몸 이야기로 전환된다. 몸 이야기는 긴장하거나 붕괴된 조직 안에서 얼어붙은 상태에 있어, 체현된 참자아 에너지의 해빙이 자발적인 그리고 비자발적인 동작을 통해 몸 이야기 전달을 점화시켜 주기를 기다리고 있을 수 있다. 그 동작은 작고 부드러운 불꽃일 수도 있고, 몸에 대한 커다란 표현적 이야기일 수도 있다.

섬세한 터치는 이 원소들을 통합시키고 흙, 공기, 물 및 불의 상호 작용을 포함한다. 터치가 안전한 상호 커뮤니케이션이 되도록 원소들의 모든 특성이 하나로 합쳐진다. 수직으로 정렬된 치료사는 심장과 연결된다. 신체 접촉을 통해 전해지는 따뜻한 긍휼한 마음은 조직에 울려 퍼지며 참자아가 함께 하고 있음을 전달한다. 학대와 터치의 무시로 인한 상처는 섬세한 터치로 치유될 수 있다. 신체적으로 체현된 참자아를 전달하기 위해서는, 그것이 확실한 심층 치유를 위한 도구가 될 수 있도록 모든 원소와 모든 작업이 필요하다.

아유르베다 의학과 전통적인 중의학이 몸, 마음, 영의 불균형을 진단하고 치료하기 위해 그 요소들 사이의 상호관계를 고려하는 것처럼, 소매틱 IFS와 관련된 원소들과 소매틱 IFS의 다섯 가지 작업은 역동적이고 상호관계적이다. 우리는 내담자와 함께 앉아서 땅과 연결되며 우리가 중력과 싸우지 않도록 우리의 자세를 변화시킨다. 땅으로부터 나온 에너지는 더 많이 이용할 수 있게 되어 우리를 통해 흘러간다. 우리는 숨 쉬고 있는 것을 감지한다. 배는 부드러워지고 호흡은 깊어지게 된다. 넓고 개방적일 뿐만 아니라 견고하게 접지된 느낌을 가지면서, 우리는 이제 수평면에 들어가 관계적 상호작용의 '흐름을 따라' 갈 수 있다. 만약 우리가 감정의 급류에 휩쓸려 간다면, 우리 체액과 연결함으로써 우리는 개울의 바위들을 능숙하게 돌아 흐를 수 있게 된다. 우리의 수용 시스템이 범람하게 되면, 우리는 감각과 호흡에 대한 인식을 통해 우리 자신들—우리와 하늘 및 땅과의 연결—로 되돌아온다. 동작의 불은 치료 프로세스에 따뜻함, 빛, 에너지를 가져온다. 동작이 가장 진실된 표현을 하기 위해서는 인식, 호흡, 그리고 공명에 의지한다. 내담자의 호흡, 동작, 혹은 터치가 내면시스템 탐구의 출발점이 될 수 있으며, 회기 중에 때로는 한 상호작용에서 모든 작업이 병합될 수도 있다. 네 가지 요소는 우리에게 균형과 상호의존성에 대한 필요성을 상기시켜 준다. 균형이 잡혀 있을 때, 우리는 무한한 참자아 에너지장에 연결된다.

다섯 가지 작업에 관련된 몸 시스템

특정 몸 시스템은 네 가지 각 원소와 함께, 소매틱 IFS의 다섯 가지 작업 각각과도 연관되어 있다. 물론 몸의 모든 부분—모든 몸 시스템, 모든 기관, 관절, 근육 및 신체 프로세스—은 바디마인드로 작업할 때 관련이 있다. IFS는 부분들과 참자아가 외부 환경과의 상호관계 및 상호의존성을 인식한다는 시스템 이론에 기초한다. 몸은 또한 호흡계, 소화/배변계, 신경계, 근골격계, 내분비계 및 심혈관계와 같이, 기능을 따라 조직된 세포, 조직 및 기관으로 구성된 몸 시스템의 일사불란한 집합체로서 이해되기도 한다. 이러한 시스템들은, IFS와 몸 둘 다에서, 모두 예측 가능한 행동을 하며 역동적이나, 제약도 있다. 각 시스템은 해야 할 임무가 있으며 다른 시스템들과도 교신한다. 시스템의 한 부분을 변경하면 다른 부분 또는 전체 시스템에 영향을 미친다. 각 시스템은 지능, 창의력, 회복탄력성과 같은 참자아 에너지의 특성을 가지고 있다. 부분들은 이 몸 시스템들을 사용하여 자신들의 임무를 수행하고 자신들의 이야기를 전달한다.

린다 하틀리(Linda Hartley)는 로베르토 아싸지올리(Roberto Assagioli)의 방법을 인용하면서 바디마인드 센터링 작업을 통해 이러한 해부학적 시스템의 경험에 대해 이야기한다. "해부학적 시스템은 내면의 '인물'들—우리 안에 공존하는 소인격체 혹은 에너지의 집단—을 체현하며, 모든 개인 나름대로의 패턴으로 서로 작용하고 상호작용하고 있다는 느낌이 든다. 이러한 패턴들은 때로는 고정된 채로 있을 수도 있고, 우리의 삶이 펼쳐지면서 새로운 관계로 변화하고 재편될 수도 있다."[3] 바디마인드 심리치료의 수장 아포시안(Susan Aposhyan)은 심리학적 관점에서 많은 몸 시스템들에 대해 다양한 글을 썼다.[4] 이러한 몸 시스템을 터치함으로써 부분들과 접촉하여 그들이 펼쳐지도록 초대한다. 그들의 감정, 신념, 그리고 역사는 인식과 동작을 통해 목격된다. 그것들이 충분히 목격될 때 시스템들은 더 큰 건강과 조화를 향하여 재구성될 수 있다.

비록 몸의 모든 시스템을 소매틱 IFS의 다섯 가지 작업 각각과 함께 생각해볼 수 있기는 하지만 어떤 것들은 각 작업과 강한 연관성을 갖는다. 신체적 인식에 관한 기본 작업으로, 우리는 골격계, 근막계 및 신경계를 생각한다. 뼈는 몸의 조직 중에서 가장 밀도가 높다. 우리는 엉치뼈와 발을 통해 땅과 연결된다. 근막은 우리의 전체 구조를 형성하며, 머리부터 발끝까지, 안쪽에서 바깥쪽으로 우리를 하나로 묶어준다. 신경계는 감각 정보를 전달하고 의미를 파악한다. 우리는 우리 몸의 이 부분들에게 의식을 가져와 우리를 접지시키고, 안정시키며, 우리를 우리 존재의 바닥과 연결시켜 준다.

의식적 호흡은 우리의 폐, 순환계, 그리고 호흡 근육을 포함한다. 좀 더 미묘한 호흡이 세포막을 통해 각 세포 내에서 일어나고 있다. 폐호흡과 세포호흡은, 둘 다 내부와 외부 간의 연결이라 할 수 있는 상호 교환을 포함하고 있다. 두 종류의 호흡은 모두 평온함과 명료함을 가져다주는 리듬 있는 사이클을 제공한다.

근본적 공명 작업은 우리의 중추신경계를 포함하며 우리의 자율신경계와 변연계 뇌 구조를 포함한다. 그것은 또한 심장을 단순히 우리의 피를 위한 기계적인 펌프가 아니라 뇌보다 훨씬 더 강력한 전자기장 방출기라고 생각한다. 관계에서 긍휼의 열린 가슴과 마음은 다른 사람들의 가슴과 마음을 바꿀 수 있는 힘을 갖는다. 근본적 공명은 몸의 체액 시스템 — 혈액, 림프, 세포막을 통과하는 모든 세포를 둘러싼 세포외 기질, 그리고 관절 내의 체액 — 에 관여하며, 뇌와 척수를 둘러싸고 있다. 우리의 체액에 채널을 맞추면서, 우리는 봉쇄, 경계, 그리고 상호연결의 흐름에 관한 지혜를 발견한다.

마인드풀 동작는 우리의 근육계, 우리의 체신경계, 그리고 우리의 자율신경계를 포함하여 미묘한 것으로부터 중대한 것에 이르기까지 우리의 동작 충동의 신체적 근원들을 포함한다. 우리의 자발적이고 무의식적인 동작은 우리의 조직에 저장된 감정들에 의해 자극을 받은 의도와 욕망에서 생겨난다. 우리의 근육계는 창의성, 용기, 그리고 자신감의 특성을 몸으로 표현한다. 마인드풀 동작 작업은, 잘못된 동작 패턴들의 짐 내려놓기에 대한 근원으로서뿐만 아니라 하나의 본보기로서, 자궁 내 몸의 배아 발달을 포함한다. 비교적 고요한 상태의 몸은, 호흡, 뇌척수액, 혈액, 소화 과정 등의 흐름에 따라 리드미컬하게 수축하고 확장하면서 움직이고 있다.

섬세한 터치는 체감각 시스템을 구성하는 피부와 감각 신경에 관여한다. 우리 피부 표면으로부터, 정보는 다양한 감각 수용체와 뉴런을 통해 척추 반사로, 그런 다음 무의식적인 뇌줄기로, 그리고 마지막으로 피질의 인식 영역으로 보내진다. 이 시스템은 양방향 도로로 정보가 양방향으로 동시에 흐른다. 몸 조직은 내담자, 치료사 또는 두 사람 모두의 손을 통해 암암리에 전달되는 체현된 참자아의 특성을 인식하고 수용하며 반응한다.

몸의 각 시스템은 다중성을 반영한다. 가장 단순한 분자에서 몸 전체로, 각각의 측면은 끊임없이 발전하는 기능 지능, 어마어마한 창의력, 그리고 놀랍도록 효과적인 의사소통과 협력을 드러내 보인다. 몸은 다양한 부분들 사이에 항상성을 유지하기 위해 노력한다. 힘 — 내면적인 것과 외부적인 것 — 은 그러한 균형을 깰 수 있다. 부분들의 양극화 및 반대 입장은 근골격계 구조의 불균형이나, 조절이 잘못된 신경계, 또는 억제되거나 균형을 잃은 내분비 기능에 반영될 수도 있다.

체현된 참자아 에너지에 이르는 길 — 소매틱 IFS의 목표 — 은 이 다섯 가지 작업과 관련 원소 및 몸 시스템을 연습함으로써 성취된다. 각 장 말미에는 해당 장에선 다루는 주제들을 경험하기 위한 연습이 있다. 각 연습 다음에는 당신의 경험에 대한 성찰을 위한 제안이 나온다. 대부분의 연습은 개인적으로 행하도록 하였으나, 두 가지 정도는 파트너가 필요하다. 이 연습의 의도는 소매틱 작업의 체현하는 것에 대한 안전한 경험을 제공하는 것과, 특정한 작업을 통해 당신의 내면시스템 안에 있는 부분들과의 연결을 심화시키는 것이다. 연습을 하면서 당신은 부분들의 활성화 수준에 주의를 기울이고 싶을 것이다. 만약 당신의 보호적인 부분들이 주의를 분산시키거나, 지루하게 만들거나, 비판하게 만들면, 혹은 당신의 취약한 부분들이 자신들의 감정이나 신념으로 당신의 시스템을 뒤덮기 시작한다면, 당신은 체현된 참자아 에너지에 접근하도록 도와주었던 이전의 연습으로 되돌아 갈 수 있다. 일단 당신이 자신의 '체현된 내면가족'에 대한 인식을 촉진시켰던 연습에 익숙해지면, 이 작업들을 당신의 임상 작업에 통합시킴으로써 내담자와 환자들은 자신들의 체현된 참자아 에너지를 심화시킬 수 있게 된다.

연습

몸 안에 있는 부분들

목적 : 몸 안에 있는 부분들을 찾는다. 그들이 짐을 짊어지고 있다면 그 짐은 무엇인지 파악한다. 그들이 보호자 부분인지 취약한 부분들인지 파악한다.

설명

1. 눕거나 앉아서, 몸 안의 경험에 의식을 가져온다.
2. 당신의 몸 안에 있는 이 장소에 초점을 맞춘다. 그 감각을 유지한다.
3. 그 감각을 유지하면서, 그것과 어울리는 단어들이 있는지 생각해본다. 만약 그 부분이 당신에게 말을 할 수 있다면, 뭐라고 말할 것 같은가? 그 부분은 무엇을 원하는가?
4. 이 감각의 중심에 있는 듯한 감정이나 그 단어들과 연결되는 듯한 감정이 있는가? 어떤 느낌(감정)인가?
5. 만약 이러한 감각, 단어, 감정의 경험이 어떤 한 부분으로 이어진다면, 아마도 그 부분도 당신이 자기를 보며, 자기 나이, 성별, 어디에 있는지를 알아주었으면 할 것이다.
6. 당신이 이 부분을 향하여 마음을 열고 호기심을 느끼는지 자문해본다. 만약 그렇다면, 당신이 이렇게 느낀다고 말로, 당신의 몸 에너지로, 당신의 터치로 그 부분에게 이야기해준다. 만약 그렇지 않다면, 당신의 몸 안에 있는 이 부분을

찾아 2단계에서 다시 시작한다.

7. 그 부분이 반응하며 당신과 이야기를 나눌 의향이 있다면, 당신이 귀를 기울이고 있다는 것을 그 부분에게 이야기해준다.

8. 부분의 이야기를 들으면서, 당신은 그 부분의 범주에 대한 감을 잡을 수 있다. 만약 그 부분이 당신의 몸을 사용하여 자신의 임무를 수행한다면, 그것은 보호자다. 만약 몸을 사용하여 자신의 이야기를 당신에게 들려준다면, 그것은 취약한 부분이다.

9. 기꺼이 당신과 공유해준 것에 대해 그 부분에게 감사한다.

성찰 (일기쓰기, 그리기 또는 파트너와 나누기)

1. 감각은 어떤 것이었는가?
2. 그것은 당신 몸 안 어디에 있었는가?
3. 그것이 부분으로 이어졌는가? 만약 그렇다면, 당신은 그 부분을 향하여 어떤 느낌이 들었는가?
4. 그 부분에 대해 어떤 것을 알게 되었는가?
5. 그 부분이 보호자였는지 혹은 취약한 부분이었는지 구분할 수 있었는가?
6. 그 부분이 당신에게서 무엇을 필요로 하는지 감이 오는가?

6F를 통해 보호자 부분들과 작업하기

우리가 체현된 참자아 에너지 상태에 있을 때는, 내담자에게 할 말이 쉽게 떠오른다. 하지만 우리가 처음 배울 때는, 추천 대사를 사용하여 내담자가 소매틱 IFS 치료의 6F을 헤쳐나가도록 할 수 있다.

1. **부분을 발견하기**

   이 추천 대사와 질문은 내담자가 자신들의 내면시스템으로부터 전달되고 있는 정보를 향하여 주의를 기울이도록 돕기 위한 것이다. 치료사는 내담자의 말로 하는 언어 및 말로 하지 않는 언어에 귀를 기울이고 반응한다.

   • 생각에 대해 : "당신의 한 부분이 _____을 (생각하고 있는/믿고 있는) 것처럼 들립니다."

- 신체적 감각에 대해 : "당신 몸 안에 있는 이 _____ 감각이 당신의 관심을 필요로 하는 부분이라고 할 수 있나요?"
- 자세, 제스처, 동작에 대해 : "제 눈에 _____이 띄네요. 이것이 부분이 바로 지금 우리와 소통하고 있는 방법인지 궁금하네요."
- 감정에 대해 : "당신의 한 부분이 _____ 느낌을 갖고 있는 것으로 들리(보이)네요."
- 기억/이미지에 대해 : "이 이미지가 당신의 한 부분으로부터 온 것인가요?" "당신의 한 부분이 이 기억을 당신에게 보여주고 있나요?"

2. 부분에게 살을 붙이기

이 단계의 의도는 내담자가 부분을 몸, 감정, 신념, 행동을 가진 소인격체로서 가능한 한 완전히 알 수 있도록 돕는 것이다. 내담자의 반응에 따라, 치료사는 자신의 소매틱 경험과 내담자의 비언어적 의사소통에 의지하여 질문을 하거나 관찰을 함으로써 내담자가 부분에 대한 보다 철저한 경험을 얻을 수 있도록 돕는다. 일반적인 아이디어는 내담자가 자신들의 부분을 더 완전히 알아가기 시작하도록 돕는 것이다. 보호자들은 종종 몸 – 몸의 시스템들, 에너지, 행동 – 을 사용하여 자신들의 임무를 수행한다. 따라서 부분의 감각과 동작 충동을 포함하는 것이 중요하다.

- 처음에 생각으로 나타나는 부분들에 대해서 :
  - "이 생각에 귀를 기울이는 동안, 그것에 따라오는 어떤 감정 같은 것이 있는지 주목해보세요."
  - "당신의 생각을 큰 소리로 말하고 몸 안에 어떤 변화 같은 것이 있는지 주목해보세요."
  - "이 부분이 이런 말하는 것을 들을 때, 당신의 심장 주위의 벽에 어떤 일이 일어나나요?"
  - "당신 말을 들으면서, 저는 당신의 몸 안에서 _____이 일어나고 있다는 것을 인식하고 있어요."
- 처음에 신체적 감각 및 동작으로 나타나는 부분들에 대해서 :
  - "이러한 동요를 유지하는 동안, 그것에 따라오는 어떤 생각(단어/감정/이

미지/기억) 같은 것이 있는지 주목해보세요."

- "당신 몸의 이런 마비가 말할 수 있다면, 그 부분은 뭐라고 말할 것 같은 가요?"
- "당신 턱의 긴장감이 움직이거나 말하고 싶어하나요?"

- 처음에 감정으로 나타나는 부분들에 대해서:
  - "당신의 몸 안 어디에 이 두려움이 있나요?
  - "이 화난 부분이 움직이고 싶어하나요?"
  - "이 느낌은 어떤 말/기억/이미지를 갖고 있나요?"

- 처음에 메모리/이미지로 나타나는 부분들에 대해서:
  - "이 이미지를 유지하며 당신의 몸 안에서 무슨 일이 일어나고 있는지 주목해보세요."
  - "이 이미지를 보는 동안, 당신은 어떤 감정 같은 것이 인식되나요?"

3. 부분에게 초점을 맞추기

이 단계는 '살 붙이기'보나 앞설 수 있다. 진술은 지시사항이지만 "당신은 ___ 할 의향이 있나요?"와 같은 질문으로 고쳐 말할 수 있다. 진술 또는 질문의 의도는 부분에 대한 내담자의 열린 마음과 호기심 많은 관심을 계속 이어가도록 지원하는 것이다. 특히 신체적 감각에 초점을 맞춘 상태를 유지함으로써 종종 내담자는 강렬한 감정으로부터, 그리고 이야기를 들려주며 분석적인 보호자 부분들로부터 분리될 수 있게 된다.

- "그것에 대해 더 듣고 싶은데, 당분간 가슴에 무거운 돌을 품은 상태를 유지할 수 있겠어요?"
- "투사의 이미지를 계속 보고 계세요. 그의 얼굴이 보이나요? 그는 무엇을 입고 있나요?"
- 배의 긴장감이 주로 겉에 있나요, 아니면 등에까지 가나요? 그것의 가장자리가 분명한가요 아니면 흐릿한가요? 긴장 가운데 움직임이 있나요, 아니면 정지 상태인가요?"
- "이런 식으로 계속 움직여 보세요, 그리고 어떤 일이 일어나는지 주목해보세요."

4. 내담자가 부분을 향하여 어떤 느낌이 드는지 물어보기

이 단계는 부분과 참자아를 구별하는 데 도움을 준다. 이 단계는 프로세스 초기에 올 수도 있다.

- 부분을 드러낸 내담자의 답변:
  - "그 부분이 싫어요. 없어졌으면 좋겠어요."
  - "그 부분이 안 됐네요." (이것은 동정하는 부분을 가리킬 수도 있지만 또한 긍휼의 마음을 가리킬 수도 있다.)
  - "그 부분은 _____ 하는 것을 결코 멈추지 않을 거라고 생각해요."
  - "그 부분은 오래전부터 있었어요."
  - 말로 하지 않는 언어(비자발적 동작, 자세, 목소리 운율, 호흡, 얼굴 표정)는, 말로 한 답변과 다르게, 참자아 에너지 대신 부분의 존재를 드러낼 수도 있다.
- 치료사는 부분에게 뒤로 한 발짝 물러날 수 있는지 물어본다. 그렇지 못한 경우, 이 부분이 뒤로 물러날 수 있을 때까지 새로운 '표적' 보호자 부분이 된다.
- 참자아 에너지를 드러내는 답변:
  - "그 부분을 더 잘 알아가고 싶어요."
  - "그 부분이 나를 신뢰하도록 해주고 싶어요."
  - "이 부분의 이야기를 듣게 되어 기뻐요."
  - "그를 향해 따뜻한 마음이 느껴져요."
  - "마음을 열고 그 소녀의 이야기를 더 많이 듣고 싶어요."
  - "그 소년이 쉴 수 있기 위해 나한테서 필요로 하는 것이 무엇인지 궁금하네요."

5. 부분과 친해지기
- 참자아-부분의 관계에 대해 (부분을 향한 내담자에 관하여) 치료사는 다음과 같이 물어본다:
  - "당신의 몸 안 어디에서 이 긍휼의 마음이 느껴지나요?"
  - "당신의 몸 안 어디에서 이 따뜻함이 느껴지나요?"

- "당신의 몸 안의 어떤 것이 당신이 궁금해한다는 사실을 말해주나요?"
- 치료사는 내담자에게 이 참자아 에너지 감각을 부분에게 보내라고 지시한다.
- 부분–참자아의 관계에 대해 (내담자를 향한 부분에 관하여) 치료사는 다음과 같이 물어본다:
    - "그 부분이 당신을 인식하고 있나요?"
    - "그 부분은 당신이 신뢰할 만한 사람인지 아닌지를 알아볼 의향이 있는 것 같나요?"
    - "당신이 그 소년을 마음으로부터 따뜻하게 감싸면 그에게 무슨 일이 일어날까요?"
    - "그 소녀는 당신이 자신(그 소녀)를 더 잘 알아주었으면 하나요?"
    - "당신이 그에게 그런 말을 하니, 그 부분이 당신을 쳐다보고 있나요?"

6. **부분의 두려움들을 다루기**

   우리의 보호자 부분들은, 자신들이 인정하기를 꺼릴지라도 두려움의 조종을 받는다. 그들은 만약 자신들이 임무를 수행하지 않는다면 어떤 일이 일어날까 봐 두려워하며, 또 다른 부분들이 자신들로 하여금 임무를 수행하지 못하도록 할까 봐 두려워한다.

   - 치료사는 그 부분에게 물어보거나, 내담자에게 다음과 같이 부분에게 물어보도록 지시한다. "당신이 _____을 하지 않으면 어떤 일이 일어날까 봐 두려워합니까?"
   - 그 부분의 반응은 자신이 보호하고 있는 취약한 부분이나 자신과 양극화된 또 다른 보호자를 가리킨다.
   - "당신의 몸 안 어디에 그 두려움이 있나요?"
   - 그 부분의 두려움이나 염려사항을 들으면서, 치료사나 내담자는 그 부분에 대해 공감하며 충분히 이해하는 자세로 반응한다.
       - "알겠습니다. 동의합니다. 그런 일이 일어나면 좋지 않을 거예요."
       - "당신은 자신의 임무를 오랫동안 열심히 해오고 있었네요, 결코 포기하지 않고."
       - "당신은 내가 그렇게 말하는 것을 들을 때 당신 몸 안의 그곳에서는 어떤

일이 일어나나요?"

- 보호자 부분과 협상하기:
  - "우리가 그 부분(취약한 부분)을 돌봐주거나, 방해하는 부분이 멈추도록 해준다면 괜찮겠어요?"
  - "우리가 그 문제를 해결할 수 있다면, 당신이 하고 싶은 일(혹은 되고 싶은 모습)이 있나요?"
  - "당신이 그렇게 될 수 있다면, 어떤 기분일지 상상할 수 있나요?"
  - "당신이 우리를 신뢰할 수 있기 위해서 나(우리)에게서 무언가 필요한 것이 있나요?"
  - "곁에서 지켜보다가 필요하다면 개입할 수 있어요."

2

신체적 인식 :
몸 이야기 읽기

체현된
참자아

터치

동작

공명

호흡

인식

내가 갓 태어난 손녀를 품에 안자 아기는 젖이 나오는 가슴을 찾아 여기 저기 헤집는다. 아기의 눈은 감겨 있고, 코는 불쑥 나왔다 들어갔다 하며, 왼쪽, 오른쪽, 위아래로 찾는다. 내 몸에서 점심거리를 찾지 못하자, 아기는 하품을 하고 재채기를 하며 한숨을 내쉰다. 아기는 자신의 주먹을 입에 대고 힘차게 빤다. 아기는 눈을 뜨고 내면으로 집중하고 있는 것 같다. 나는 아기를 친숙한 태아 자세로 따뜻이 안자, 아기는 내 품에 편히 안긴다. 나는 아기의 감긴 눈꺼풀을 바라본다. 아기의 몸무게와 따뜻함이 내 몸에 느껴진다.

나는 아기가 코, 피부, 귀, 눈을 통해 어떻게 새로운 세상을 경험하고 있는지 궁금하다. 아기의 소매틱 경험 ― 따뜻한 물속 세계에서 수영하다가 땅 위에서 척추와 팔다리를 움직이는 것으로 바뀌면서 느끼는 주관적인 몸의 감각 ― 은 어떤 것인가? 아기는 배우고, 성장하며, 욕구를 충족시키기 위해 신체적 인식에 관한 자신의 생득권을 어떻게 행사하는가? 태어난 지 몇 분도 안 되어 아기는 몸무게와 치수를 재었다. 아기의 생명 기능이 의료진에 의해 평가된다. 관찰하고 측정하는 몸에 대한 이러한 객관적인 접근과는 달리, '소매틱'이라는 용어는 한 사람의 주관적인 신체 경험을 가리킨다.

일 년 넘게 내 손녀는 방대한 양의 몸 경험을 축적하여 두 다리를 가진 동물로서 헤쳐나가는 법을 배우게 되었다. 아기는 시원하고 단단한 나무 바닥에서 아장아장 걷는다. 잠시 멈추더니, 이내 부드럽고 빽빽한 양털 깔개 위에 발을 올려놓고는 다시 멈추어 자신의 감각이 수신하고 있는 모든 정보를 처리한다. 나는 아기가 자신의 세계를 감지하고 이해하려는 노력에 대해 성찰해본다. 이 행성 위에서 몸을 가진 존재로서 아기 앞에 놓인 것이 무엇일지 나는 곰곰이 생각해본다. 아기의 완전한 체현을 위한 지원이 있을까? 아기는 자신이 몸의 즐거움에 눈을 뜨고, 배고픔을 인식하고, 이 행성 위 어디를 여행하더라도 자신의 몸 안에서 편안함을 느낄 수 있다는 것을 알게 될까? 아니면 외부 세계와의 상호작용이 아기의 부분들이 자신의 타고난 신체적 인식을 무디게 만들까? 나는 이 취약한 존재를 보호하기 위해 가슴이 벅차오름을 느낀다.

아기에 비해 내 감각은 둔해졌다. 내가 그토록 열심히 내 발바닥의 감각에 주의를 기울인 것이 언제가 마지막이었는지 궁금하다. 대신 나는 어디로 가고 있고 거기까지 가는 데 얼마나 걸릴지에 초점을 맞추고 내 신발 때문에 아프면 내 발만 생각한다. 관리자 부분들은 내 몸을 내가 가야 할 곳으로 나를 데려다주는 물건으로 본다. 나는 내 부분들에게 내가 매 순간마다의 몸 감각에 더 많이 깨어 있게 해달라고 부탁하겠다고 약속한다.

나는 내담자들의 고통스러운 삶의 경험이 그들의 주관적인 몸 경험과의 연결을 무디게 만든 내담자들을 생각한다. 그들은 방치되고 버림받고 학대받아 왔다. 때로는 짧은 순간일지라도 그들의 몸의 감각에 집중하게 되면 압도적인 고통이 찾아온다. 사용되어야 하는 물건이나 잘못 사용된 물건으로 취급되어 왔던 내담자들은 뜯겨지고 뒤집어진 자신들의 몸을 알아갈 수 있는 생득권을 가지고 있다. 우리의 인식 능력을 개발함으로써 참자아 에너지뿐만 아니라 우리의 건강과 행복에 대해서도 예측할 수 있기 때문에 대니얼 시걸(Daniel Siegel)은 이 작업에 대해 책 한 권을 썼고, 제목을 적절하게 알아차림(Aware)이라고 붙였다.[1] 그는 우리의 인식 능력 강화가 우리의 마음, 몸, 관계의 건강을 향상시키며, 면역력과 심혈관 기능 향상과 유전자의 후생적 조절 강화까지도 포함하는 것을 보여주는 연구결과를 인용하고 있다.

나는 내담자들이 자신들의 몸 인식을 회복하도록 돕는 것에 전념하면서, 이를 위해서는 민감성과 적절한 타이밍, 인내와 끈기가 필요하다는 것을 깨닫는다. 내 자신의 신체적 인식 능력은 몸 이야기를 차단하고 있었던 보호 부분들의 신뢰를 얻는 프로세스에서 매우 중요하다. 그래야 그 이야기가 안전하게 펼쳐지고 존경과 존중의 마음을 품을 수 있게 된다. 이러한 신체적 인식 작업은 보다 완전하게 체현된 참자아 에너지를 위한 핵심적인 기초가 된다.

인식은 어떠한 치유 프로세스에서도 중요하다. 신체적 인식은 자신의 몸 감각이 시시각각 펼쳐질 때 그에 마음을 열고, 초점을 맞추고 주의를 기울이는 것을 포함한다. 우리는 감각과 감각의 부족에 주목한다. 우리가 감각을 거부하거나 비판하는 부분들을 분리하고, 우리의 인식을 유지할 때 몸 이야기는 드러난다. 이야기를 목격하고 짐을 내려놓으면서, 우리 **몸**에 대한 인식, 우리 **몸** 안에 대한 인식을 증가시킨다. 우리는 우리 몸 안에 살고 있다. 우리는 몸을 갖고 있는 것이라기보다 몸으로 존재하는 것이다. 신체적 인식은 체현된 참자아 에너지를 복원시키고 배양하는 것으로 이어진다.

소매틱 IFS의 다섯 가지 작업의 이미지를 보면, 우리는 맨 아래에 신체적 인식이 있고, 나머지 작업들이 따라오도록 틀이 짜여 있음을 알 수 있다. 소매틱 IFS 치료 회기는 체현된 참자아에로의 보다 완벽한 접근이라는 목표를 향하여, IFS 모델의 모든 단계마다 이 각각의 작업을 사용한다. 호흡, 공명, 동작, 터치의 나머지 작업들을 신체적 인식이라는 이 작업이 지지하고 감싸고 있다. 소매틱 IFS의 다섯 가지 작업 하나 하나는 서로에서 나오며, 서로 의존하고 있다. 그것들은 순차적이고 모든 것이 인식으로부터 유기적으로 흐르지만, 상호의존적으로 기능한다. 각 회기에서는 신체적 인식이라는 이 기본적인 작업을 반복적으로 되짚는다.

신체적 인식은 치료 프로세스의 시작이다. 우리 몸 안에 있는 감각에 의식을 가져오면서, 우리는 호흡을 의식하게 된다. 우리 몸 안팎으로 공기를 교환함으로써 우리의 내부 감각과 외부 환경은 연결된다. 이 같은 연결은 관계적인 영역으로 안내하는데, 그곳에서 우리의 신체적 인식과 우리의 함께하는 호흡이 우리의 공명 능력을 다듬어준다. 몸의 감각을 이용하여 임무를 수행하거나 자신의 과거 이야기를 나누는 부분들에 대해 긍휼의 마음을 갖고 인식을 유지하면서 목격한다. 몸 이야기가 동작으로 전달되면서, 감각은 몸 전체를 지나간다. 객관화시키는 세계로부터 얻은 부분들의 짐이 발견되고, 몸 깊이 얼어붙어 있던 곳으로부터 해방된다. 몸 안에서의 자유는 활력, 우아함, 연결, 힘의 회복으로 뚜렷이 나타난다.

분명한 것은 만약 우리가 말로 하는 이야기에만 귀를 기울이고 있다면, 우리는 이야기의 대부분을 놓치고 있는 것이다. 우리의 내담자들은 자신들이 명쾌하게 기억하는 개인적인 과거사에 대해서는 일관된 언어적 묘사를 할 수 있겠지만, 그들이 언어를 갖기 전의 과거사에 대해서는 어떤가? 추방되고, 억압되고, 자신들의 의식적인 기억으로부터 지워진 자신들의 삶의 사건들에 대해서는 어떤가? 이 이야기들은 감각과 동작 충동을 통해 전해지기를 기다리고 있다. 우리의 내담자가 치료를 받고자 찾아오도록 만드는 좌절된 경험, 압도적인 트라우마, 또는 잘못된 애착은 그 내담자가 말하려고 입을 열기도 전에 드러난다.

의사소통 전문가들은 의사소통의 70~80%가 비언어적이고, 목소리 톤, 얼굴 표정, 제스처, 자세 등을 통해 전달된다고 우리에게 알려준다. 만약 이 퍼센트를 통상적인 인간의 의사소통에 적용한다면, 우리 정신세계의 깊이, 암묵적 기억, 그리고 말하기 전의 애착 트라우마는 얼마나 더 몸을 통해 전달되겠는가? 많은 내담자들에게 몸에 대한 인식은 부분들과 그들의 이야기를 전할 수 있는 유일한 통로다. 어떤 부분들에게는 말이 몸 이야기를 동반할 수도 있다 — 마치 외국 영화의 자막처럼. 몸은 과거사에 의해 조각되어 말로 하는 이야기에 3차원을 제공한다. 만약 부분의 신체적 측면이 분명하지 않다면, 만약 부분이 생각, 이미지 또는 감정으로서 먼저 우리에게 자신을 드러낸다면, 우리는 그 부분이 살이 붙여진 완전한 형태로 모습을 드러내도록 초대한다. 부분의 몸 이야기를 놓치는 것은 쇼의 대부분을 놓치는 것이다.

내가 이 글을 쓰고 있는 동안 상담실 문 밖에 서 있는 한 내담자로부터 전화를 받는데, 그녀는 우리 회기가 약속되어 있는 것으로 생각하였다. 나는 내가 출타할 거라고 이야기했다고 생각하였는데 십중팔구는 내가 잘 못하였고 어찌할 도리가 없다. 나는 그녀가 내가 문을 열고 맞아주기를 문 밖에서 기다리고 있는 모습을 그린다. 그리고 그녀의 목소리에 담겨 있는 실망과 짜증이 들린다.

내 가슴 윗부분에 무거운 무게가 안쪽으로 누르고 있는 것 같은 감각이 느껴진다. 나는 그것을 무시하고 내 글쓰기를 계속한다. 그러나 그 무게를 무시하기 힘들다. 다시 한 번 나는 묵직함으로부터 벗어나 그 감정들에 이름 붙일 수 있는 단어들을 생각해내고자 애쓴다. 마침내 나는 그냥 묵직함을 유지한다. 주의력을 분산시키는 부분들에게 내가 그 감각과 함께 있게 해달라고 요청한다. 그 부분들은 내가 컴퓨터 작업을 중단하고 내 몸에 귀를 기울여도 괜찮다고 한다. 묵직한 느낌이 내 머리를 끌어내리고 가슴 윗부분의 묵직한 느낌이 내 코어를 타고 배쪽으로 내려간다. 무언가 꽃을 피우고 싶은 느낌이 있다. 눈 뒤에 따끔거리는 느낌이 느껴진다 — 마치 눈물이 나오기 시작하려는 듯이. 또 다시 나는 주의력을 분산시키는 부분을 감지하는데 내게 이렇게 이야기한다. 됐어. 나는 써야 할 책이 있잖아. 나는 그 부분에게 이야기해준다. 이 느낌이 나의 관심을 필요로 하는 한 그 느낌을 유지하는 것이 내게 중요해.

무겁고, 어둡고, 뭉친 느낌이 가벼워지기 시작한다. 그리고 이 부분이 나보고 깨어진 관계를 복구할 수 있는 방법을 찾으라고 재촉하는 소리가 들린다. 이 관계는 나에게 매우 중요하다. 다음 회기를 무료로 제공할 생각을 한다. 그 아이디어로, 내가 내면의 샤워라고 묘사하는 감각들이 내 팔과 두뺨을 따라 흘러내린다. 내 들이마시는 숨은 내 가슴과 머리를 들어올린다. 나는 컴퓨터로 다시 몸을 돌려 그녀에게 문자를 보낸다. 그리고 내면 샤워는 다시 흐른다. 그녀가 내 제스처를 받아들이자, 나의 모든 세포들이 내몸 위아래로 물결치듯 반짝거리고 있다고 느껴진다.

몸에 대한 인식 및 몸 안에 대한 인식

소매틱 IFS 워크숍이 시작될 때 내가 하는 간단한 경험적 연습으로, 내재된 인식이 밝혀지기를 기다리고 있다는 사실이 드러난다. 나는 참가자들에게 자신들의 손 하나를 주목해보라고 한다. 피부, 근육, 손의 뼈에 대한 감각에 몇 분 동안 주의를 기울인 후, 우리는 그 손을 다른 손과 비교한다. 참가자들은 그들이 인식하였던 손을 더 따뜻하고, 더 크고, 더 짜릿하고, 더 편안하고, 더 민감하고, 기민하다고 묘사한다. 그들은 밖에서 자신들의 손을 관찰하는 것이 아니라 안에서 손 가운데 살고 있었다. 이것은 **몸**에 대한 인식이 **몸 안**에 대한 인식으로 이어지는 것을 보여주는 간단한 방법이다. 참가자들은 다른 손, 심지어 그들의 온몸도 이런 식으로 느끼고 싶어한다. 인식만으로도 변화를 가져온다. 그것을 IFS와 결합시키면 삶을 변화시킨다.

우리 몸을 인식하는 능력의 함양은 평생을 기울여야 할 노력이다. 치료사로서 우리는 부분들을 찾아내기 위해 물론 우리 자신의 감각 경험에 대한 인식으로 시작함으로써 체현된 참자아 에너지 상태로 돌아갈 수 있게 된다. 우리는 주의를 우리의 몸 감각으로 돌린다. 우리가 감각에 주목하면서, 일반적으로 부분들 ― 우리의 경험을 평가, 판단하거나 바꾸고 싶어하는 부분들 ― 이 즉각적으로 올라온다. 하지만 만약 우리가 이러한 몸의 감각을 인지할 수 있고, 우리의 주의를 감각 내면으로 집중시킬 수 있다면, 그 인식 자체가 변화를 가져온다. 감각 내면에 대한 인식은 우리 몸의 모든 세포와 시스템 내면에 대한 내재된 인식을 드러낸다. 이 작업은 우리가 우리 몸 안에 완전히 살며, 우리가 우리 몸 안에 있고, 우리의 몸으로 존재하도록 도와준다.

내담자와 함께 앉아, 우리는 그들의 강력한 언어 이야기에 귀를 기울인다. 그리고 또한 시시각각 펼쳐지는 또 하나의 이야기 ― 몸 이야기 ― 가 있음을 본다. 의도적으로 주의를 기울이지 않으면 우리는 그것을 놓칠 수 있다. 우리가 비언어적인 이야기를 언어 이야기만큼 몰입하여 귀를 기울이는 동안, 몸 이야기는 동작으로 혹은 동작을 하지 않으므로 자세와 입장으로, 무수한 얼굴 표정으로, 그리고 호흡과 피부색 및 동공의 크기의 미묘한 변화로 전해질 수 있다. 호기심과 긍휼의 마음으로 엄청난 정보를 받게 된다. 몸이 한 가지 이야기를 하는 동안, 입으로는 그와 반대되는 이야기를 할 가능성도 있다. 몸 이야기를 읽는 것은 외국 영화를 보는 것과 같다. 몸 이야기는 배우들의 행동과 사운드트랙이고, 언어 이야기는 자막이다.

내담자의 몸 이야기를 관찰하는 것이 우리의 참자아라는 사실은 매우 중요하다. 만약 한 부분이 관찰을 하고 있다면, 우리는 우리가 보고 있는 것을 분석하거나, 비교하거나, 비판하거나, 해석하고 있을 수 있다. 거리를 두는 관리자는 억누르거나 고쳐야 할 필요가 있는 렌즈를 통해 내담자의 몸을 바라보고 있을 수 있다. 긴장감, 아픈 부위를 잡기, 신체적 불편함, 그리고 우리의 인식 밖의 우리 몸의 영역을 인식하면서, 우리는 우리의 부분들을 찾고, 그것들에 초점을 맞추며, 마침내 우리의 참자아 에너지를 해방시켜 관찰자가 되게 한다.

소매틱 IFS 치료사로서, 우리가 관찰하고 있는 것을 분석하거나 해석하지 않는다면, 우리는 이 모든 정보를 가지고 무엇을 하는가? 물론 답은 경우에 따라 다르다. 때로는 단순히 메모하고 저장하면서 이 데이터를 언어 정보와 통합한다. 만약 내 내담자의 프로세스에 도움이 될 것이라는 감이 오면, 나는 다음과 같이 말할 수도 있다. "당신이 말하는 동안 당신의 오른쪽 어깨가 계속 치켜 올라가는 것이 감지됩니다. 그것에 당신이 호기심을 가지고 있나요?" 또는 "당신이 그 이야기를 할 때는 당신의 몸이 약간 축 처지는 것 같아 보이네요. 당신이 그것을 느낄 수 있나요?" 나는 회기 어느 시점에서든 자신들의 몸에서 어떤 일이 일어나고 있는지에 주의를 기울여 보라고 보다 일반적으로 제안할 수도 있다. "당신이 다음에 어디로 갈지 결정하고자 할 때 당신의 몸은 당신에게 뭐라고 말하고 있나요?" "당신의 부분은 어떤 느낌인지 우리에게 이야기해주기 위해 당신의 몸을 어떻게 사용하고 있습니까?"

감각들을 초대하고, 그들을 따뜻이 맞아들이고, 감각적인 경험을 심화시킴으로써 IFS 프로세스의 6F를 촉진시킨다. 우리는 관찰하는 참자아 에너지가 있는지 여부를 결정하는 데 도움이 되는 다음과 같은 질문을 한다. "이 감각을 향하여 어떤 느낌이 드는가?" 우리가 하는 질문은 우리의 호기심을 충족시키는 것이 아니라 내담자가 집중을 유지하고 자신들의 경험을 심화시킬 수 있도록 하기 위한 것이다. 나는 감각의 종류, 형태, 크기, 깊이에 대해 물어볼 수도 있다. 긴장이나 아픈 부위를 잡아당기는 방향이 있는지 물어볼 수도 있다. 그 대답 자체보다, 그것들이 내담자가 감각과 관여를 유지하도록 도와주는지 여부가 더 중요하다. 의미는 몸 이야기에서 자연스럽게 드러나고 감각적인 경험에 통합된다. 그 의미를 통해 부분의 경험뿐만 아니라 시스템 내에서 부분의 역할을 구성하고 있는 믿음, 행동, 감정에 대한 정보를 더 깊이 이해할 수 있게 된다.

　나의 내담자는 그 감각이 너무 강렬하다고 생각할 수 있다. 만약 이런 일이 일어난다면, 보호자들은 신체적 인식을 방해하여 감각들을 방해하거나 마비시킨다. 이 부분들은 우리가 언짢은 기분이 드는 것을 원치 않는다. 그들은 우리가 나쁜 감정의 구덩이를 절대로 벗어나지 못할까 봐 두려워한다. 그들은 자신들의 이야기를 확실히 들어 달라고 하기 위해 통증의 강도를 높이며, 시스템을 장악하고, 참자아가 함께 하는 능력을 없애 버리는 우리의 또다른 부분들과 균형을 유지하려고 애쓰고 있는 중일 수도 있다. 몸 이야기를 가진 부분이 더 절박해져 볼륨을 한층 더 크게 하면서 양극화는 고조될 수 있다. 이 비극적이 아이러니는 반복되는 경향을 보인다. 신경의 발화가 신경 연결이 되기 때문이다. 내담자는 극단적으로 감각이 오락가락 하는 현상 가운데 갇혀 있게 된다. 우리는 보호자에게 우리를 믿어 달라고 요청하며, 그 감각이 참을 만한 범위 안에 들어갈 수 있는지 알아본다. 우리는 그 감각을 줄여달라고 요청할 수 있다. 우리는 몸 이야기를 가진 부분에게 신호가 더 낮아지면, 우리는 귀를 한층 더 잘 기울일 수 있다는 것을 이야기해준다. 만약 그 부분이 볼륨을 낮출 수 없는 경우, 우리는 그 부분에게 그렇게 하기 위해서는 무엇이 필요한지 우리에게 이야기해달라고 요청한다.

　감각들이 압도적이지 않을 때는, 우리가 감각을 완전히 흐를 수 있도록 허락하는 것이 종종 부분에게 중요하다. 몸 이야기를 목격하는 프로세스는 감지하기로 시작하여, 수용하기, 관찰하기, 초점 맞추기, 심화시키기, 허용하기, 그리고 마지막으로 감각으로 존재하여, 우리의 의식을 채우도록 허용하는 순서로 진행한다. 감각을 통해 소통하고 있는 우리의 부분들은 더 이상 고립되어 있지 않다. 그들은 자신들을 목격해주고, 존중해주는 느낌을 갖게 되어, 혼자 있으면서, 무시당하며, 시스템의 다른 부분들의 비난으로 인해 품게 된 고통의 많은 부분이 해소된다. 체현된 참자아 에너지의 흐름이 복원된다.

내가 앞서 묘사하였던, 내담자를 바람맞혔던 상황은 이 순서를 잘 보여주고 있다. 나의 차단하는 보호자들은 다시 긴장을 늦췄고 나는 그 감각을 감지하고, 수용하고, 관찰하였다. 나는 무거운 감각에 계속 초점을 맞추었고 그것은 심화되고 확장되었다. 나는 모든 무게와 어둠 가운데 있는 그 무거움을 바라보았다. 저변에 있는 슬픔은, 참자아의 이끎을 받는 반응과 함께 나타나, 내 몸에 매우 즐거운 감각을 가져다주어 내담자와의 관계는 회복되고 깊어지게 되었다.

인식은 다른 종류의 지각을 포함한다

서로 다른 종류의 인식은 내수용감각(interoception), 외수용감각(exteroception) 및 고유수용감각(proprioception)과 같이 '-ception'이라는 접미사를 가진 단어로 설명된다. 신체적 인식 작업은 이 모든 것들을 포함하며, 우리의 바디마인드를 알아가는 이런 서로 다른 방법들이 의식을 개발하고 더욱 강화시킨다. 신체적 인식은 또한 이러한 감각 능력이 트라우마에 의해 방해받고 왜곡될 수 있으며 소매틱 IFS를 통해 회복될 수 있다고 생각한다.

'내수용감각'은 우리의 주관적 신체 경험에 대한 인식 — 치료사와 내담자가 자신들의 감정 상태를 파악하기 위해 자신들의 내적 몸 감각에 채널을 맞추는 것 — 을 가리킨다. 우리는 우리 몸의 다양한 감각과 동작 충동에 적응하기 위해 내수용감각적 인식을 사용한다. 감각신경종말은 우리의 장, 심장 및 우리 부분들의 감정, 기분, 생각에 영향을 주는 다른 내장 기관들과 몸 조직으로부터 신호를 받으며, 우리 자신에 대한 주관적인 감각의 기초가 된다. 많은 정서 신경과학자들은 내수용감각적 인식을 정서적·인지적 프로세스와 연관시키고 있으며 내수용감각을 바디마인드를 이해하는 데 핵심요소로 보고 있다. 내수용감각적 인식과 내수용감각적 민감성의 혼란은 정서적·신체적 질병에서 볼 수 있다. 증강된 내수용감각은 공황 장애와 불안 장애에서 볼 수 있는 반면, 억제된 내수용감각은 외상후 스트레스 장애와 우울증에서 볼 수 있다.

내수용감각 능력을 계발시키면 우리의 참자아 에너지로 더 많이 접근할 수 있게 해준다. 섬유근육통 환자와 내수용감각에 대한 연구는 정확하고 무비판적으로 몸 감각을 감지할 수 있는 것이 이러한 환자들이 더 많은 착지감을 갖고 마음을 모아 자신감을 가지고 자신들의 기능성과 삶의 질을 향상시키는 데 도움을 주고 있음을 시사한다. 댄 시걸은 많은 연구가 내수용감각 능력을 더 많이 가진 사람들이 '정서적 균형과 직관뿐만 아니라 통찰력과 공감 능력을 더 많이 가지고 있음'을 시사한다고 말한다.[2] 신체적 인식의 내수용감각적 측면을 발전시킴으로써 우리는 더 나은 치료사와 더 나은 사람이 될 수 있다.

치료사와 내담자가 서로 그리고 자신들의 환경을 관찰하는 것은 우리의 외부 환경에 대한 민감성과 지각을 의미하는 '외수용감각'이다. 우리는 우리 주위의 세상에 대한 정보를 얻기 위해 보고, 듣고, 만지고, 냄새를 맡고, 맛을 보는 우리의 감각을 사용한다. 우리는 감각 기관을 통해 감각 데이터를 받고 그 감각 인상을 해석한다. 우리는 이 데이터에 의미를 부여하는데, 이것은 우리 자신과 다른 사람들, 그리고 세상을 향한 우리의 행동과 태도를 알려준다. 치료사들은 외수용감각을 내담자의 내면시스템에 대한 실마리로 사용한다. 그리고 자신들이 관찰하는 것에 주목하고, 그 의미에 대해 호기심을 유지하려고 노력하면서 자신들의 해석을 인식하고 조심한다. 내담자들은 자신들의 안전을 측정하기 위해 외수용감각을 사용하고, 그들의 지각과 해석이 그들의 행동을 안내한다.

신체적 인식에서 고려되는 우리의 내면시스템에 대한 또 다른 종류의 인식인 '고유수용감각'은 우리가 눈을 감은 채 코를 만지고 발을 보지 않고 걸을 수 있게 해주는 피부, 근육, 관절에 위치한 감각 수용체를 사용한다. 그것은 우리의 균형, 민첩성 및 조정력을 포함하고 있으며, 우리 몸의 부분들의 서로 간 및 외부 세계와의 관계도 포함하고 있다. 우리의 고유수용감각기관들은 공간에서의 우리의 위치, 우리가 어떻게 세상을 헤쳐 나가는지에 대한 감각을 제공해준다. 그것들은 우리가 움직일 때 사용하는 힘이나 노력을 통제할 수 있게 해준다. 우리는 우리 몸의 긴장과 근육 장력의 힘과 방향을 감지한다. 고유수용감각기관은 대체로 우리의 의식적 인식보다 아래 쪽에서 기능한다. 그것들은 질병, 트라우마, 노화 같은 많은 요소들에 의해 영향을 받을 수 있다. 우리의 근육, 우리의 동작, 그리고 우리의 행동에 대한 인식은 우리가 우리의 부분들에 접근하고, 그들의 이야기를 목격하며, 몸의 조직에 있는 기억들이 해방되도록 해주어, 고유수용감각적 능력을 증가시킨다. 우리는 우리 몸과 우리 주위의 공간과의 관계에 인식을 가져와 새로운 동작과 자세를 실습 하면서 우리의 고유수용감각적 능력을 향상시킬 수 있다.

나는 나의 몸 작업 훈련에 이 세 가지 감각 프로세스를 개발하였다. 구조적 통합을 공부하면서, 나는 몸 작업 전과 후에 고요히 그리고 동작 가운데 있는 실습 내담자를 관찰함으로써 나의 외수용감각 능력을 개발시켰다. 나는 눈에 띄는 보상 패턴, 불균형, 잘못된 정렬, 자세와 걸음걸이의 특이점을 다루는 기법을 배워, 내담자들이 좀 더 편안하고 건강한 삶으로 옮겨갈 수 있도록 해주었다. 그러나 나의 스승인 앨런 데이빗슨(Alan Davidson)은 이 접근 방식의 주된 목표는 인식, 즉 내담자의 몸과 그들의 중력과의 관계에 대한 인식 — 달리 말하면, 그들의 내수용감각과 고유수용감각 — 을 증대시키는 것이라고 강조하였다.

이것은 치유 관계의 본질에 대한 중요한 교훈이었다. 내가 내담자들이 자신들의 몸의 모든 시스템을 감싸고, 지지하며 안정화시키는 자신들의 피부 바로 아래에 놓여 있는 거대한 결체 조직의 네트워크와 연결되도록 도와줄 때 나의 '고치는' 부분은 뒷자리에 물러나 앉았다. 나는 언제 조직들이 마음을 열고 내 손길을 받아들여 변화할 수 있는지, 그리고 언제 내가 뒤로 물러설 필요가 있는지, 나에게 이야기해주는 조직들에게 주파수를 맞추면서 나의 민감성과 촉진 기술을 개발하였다. 나는 내 손길에 대한 내담자의 매 순간 반응을 추적하였다. 나는 내담자가 감지하고 그들이 신체적으로 정서적으로 감지한 것을 묘사하도록 자주 멈추어 변화를 통합시켰다. 나의 내담자는 자신들의 치유에 적극적인 참여자가 되었다. 그들의 인식은 자신들이 할 수 있는 변화를 지지하였다. 그들은 회기가 끝난 후에도 자신들의 감각과 자세를 더 많이 의식하게 되면서 그들의 몸에 대한 주의력은 상담실 너머로 확장되었다.

우리 몸이 신체적인 스트레스뿐만 아니라 정서적인 스트레스에 의해 형성된다는 것을 이해하면서, 나는 두 가지를 모두 다루기 위해 하코미 치료로 눈을 돌렸다. 하코미는 외수용감각 — 내담자의 몸의 자세, 정렬 및 동작에 대한 의식 — 을 사용하여 구조적 문제보다는 발달적·심리적 문제를 고려할 수 있도록 도와주었다. 하코미 치료사로서 나는 나의 내수용감각 —

내 장과 가슴 안에서 무슨 일이 일어나고 있는지에 대한 마인드풀니스(내면 관찰 작업)—을 더욱 발전시켰고 내담자들이 자신들의 내면 사건에 귀를 기울이도록 도와주었다. 나는 이야기의 내용만큼 이야기의 전달 방식에 초점을 맞추기 위해 계속해서 주의를 기울였다. 해석보다는, 나는 내가 주목하고 있는 것에 호기심을 기울였고, 내담자에게 어떻게 그들의 몸이 고통에 대한 이야기나 고통에 대응하기 위해 취한 전략을 드러낼 수 있는지 마인드풀 탐구해보자고 초대하였다. 우리는 함께 그들의 몸의 상하 좌우, 앞뒤의 차이를 탐구하여 묻혀 있던 핵심 믿음, 적응 전략, 그리고 놓쳤던 경험으로 나아가는 문을 열었다.

IFS를 통해 나는 내수용감각적, 외수용감각적, 고유수용감각적 인식에서 부분들이 하는 역할을 이해하게 되었다. 부분들의 짐은 인식, 민감성, 해석 및 행동에 영향을 미친다. 외부 환경에 대한 인식은 부분들을 통해 여과되며, 내부 바디마인드 시스템은 내수용감각이 반응을 촉진하듯이, 정보를 처리하고 유입되는 이 데이터에 반응한다. 내담자와 치료사 부분들은 모두 외부에서 오는 위험, 판단, 강요의 징후를 경계하고 있다. 이러한 데이터의 대부분은 의식적 인식에는 미치지 못하지만 행동을 촉진한다.

우리는 순간순간 보고, 듣고, 냄새를 맡는 것이 누구인지—부분들인지 참자아인지—궁금해할 수 있다. 짐을 짊어진 부분들은 감각 기관을 통해 지각하고, 그들의 짐은 지각과 그들이 지각한 것에 대한 해석을 왜곡시킨다. 짐은 자극에 대한 인식과 민감성을 무디게 하거나 증가시키고 반응성의 상승 사이클을 유도할 수 있다. 예를 들어, 치료실의 벽 색깔을 내담자 부분이 위험하다고 인식하면 내면시스템이 활성화된다. 내담자는 심장이 뛰는 것을 감지하고 자신들에게 뭔가 문제가 있다고 걱정한다. 내담자의 내면시스템은 외부나 내부에서 안전을 찾지 못하여 자신들의 주의력을 분산시키며 회피하는 부분들을 활성화시켜 스스로를 위축시키고 마비시킨다. 치료사는 차단당하고 비효율적인 느낌을 갖게 된다. 내담자는 치료사의 좌절감을 듣고 보면서 더욱 뒤로 물러난다. 이러한 지각-해석-활성화 행동 사이클이 이 내담자에게 습관이 될 가능성이 있다. 잠시 멈추어 감각에 대한 무비판적 인식을 가져옴으로써 이 사이클을 중단시킬 수 있다. 조건화된 뉴런 발화가 중단된다. 초점을 맞춘 인식으로 인해 만들어진 일시정지 상태에서, 짐을 짊어진 부분을 참자아의 눈, 귀, 감각을 통해 보고 듣고 감지하도록 초대한다. 부분들의 매개 반응에 대한 인식을 높이는 것이 신체적 인식의 한 측면이며, 더 많은 선택적 행동으로 이어지도록 한다.

나의 내담자 오드리는 자신의 신체적 인식의 발전이 어떻게 자신의 부분들을 비켜서도록 하였는지에 대해, 대부분 아프리카계 미국인 사회 운동가들로 이루어진 모임에 백인 여성으로서 참여한 경험을 예로 들었다. 그 모임에 발을 들여놓으면서, 그녀는 팔에 찌릿함과 심장에 따뜻함이 느껴졌다. 그리고 나서 그녀의 부분들은 자신이 환영받지 못한다는 의미로 해석한 몇몇 징후들을 감지하였다. 그녀는 벽이 자신의 심장 위로 무너져 내리고, 자신의 에너지가 안쪽으로 끌어당겨지며, 주목받고자 밀어붙이는 반대되는 충동을 느꼈다. 그녀는 이러한 감각과 해석에 인식을 가져왔으나 그것에 따라 행동하지는 않았다. 그러한 감각은 줄어들었고, 그녀는 더 자유로이 모임 가운데로 다니며, 저항 시위 행진 계획에 기여하면서 다시 한 번 그녀의 팔과 심장을 통해 에너지가 흐르는 것을 느꼈다.

트라우마와 애착의 상처로 고통당한 우리의 내담자들은 이러한 모든 감각 능력에 장애를 가지고 있을 수 있다. 이러한 장애는 많은 정신 질환의 증상인 것이다. 트라우마 생존자들은 감각 자극 처리에 관여하는 뇌의 부분들의 활동이 적거나 지나치게 많다. 우리가 다치거나 학대를 당하거나 감각 정보의 과부하를 경험하고 있을 때, 신체적 인식을 차단하는 것은 대부분 우리의 통제에서 벗어난 내재적 행동이며, 우리의 감정들의 롤러코스터를 조절하기 위해 학습된 반응이다. 외수용감각 인식―다가오는 발자국 소리나 술냄새를 감지하는―의 발달은 생존에 매우 중요했을 수 있다. 상처를 주는 경험들이 우리의 지각 능력을 왜곡하고 손상시키듯이, 소매틱 IFS의 작업은 이러한 감각 경로를 안전하게 기르고 이러한 다양한 지각 모드를 복원시켜 줄 수 있다.

스티븐 포제스(Stephen Porges)는 외부 환경 가운데 신경 안전을 지각하는 능력뿐만 아니라 몸 안과 사람들의 신경계 사이에 귀를 기울이는 능력을 의미하는 '신경수용감각(neuroception)'이라는 용어를 만들었다.[3] 그의 다미주신경 이론(polyvagal theory)은 상황이나 사람이 안전한지, 위험한지, 생명을 위협하는지를 구별하기 위한 자율신경계의 작용에 관한 것이다. 치료사가 체현된 참자아 에너지 상태에 있을 때, 그리고 상담실 환경이 안전한 장소로 인식될 때는, 내담자의 신경계가 부교감 상태―내담자가 내면 세계를 탐구하는 작업에 관여할 만한 외적 안전이 지각되는 상태―의 최적 '사회적 관여' 측면을 향하여 나아갈 수 있는 가능성이 높다. 치료사의 신경계 또한 내담자의 목소리, 눈맞춤, 제스처, 자세에 대한 지각에 의해 잠재적으로 활성화된다.

신체적 인식은 흙 요소와 연관되어 있다

내 학생 하나는 자신의 발을 땅에 붙이는 단순한 행동이 갖는 가치를 발견하였다. "저는 잠자리에서 일어나야 하는 것을 매우 싫어하였습니다. 나는 마지막 순간까지 미루었고 그리고 나서 준비를 서둘러야 했으며, 하루 종일 나는 내 몸과 접촉하지 않았습니다. 그러다 나는 침대에서 일어나면서 먼저 발을 땅에 붙이기로 결심하였습니다. 내 발이 땅에 연결되어 있음을 느끼며 하루를 시작하는 것, 그것이 하루 종일 나에게 변화를 가져다주었습니다."

우리 모두는, 지금 우리 모습처럼, 우리가 소속되어 있다고 알고 있는 곳에 서 있을 안전하고 견고한 장소, 우리가 쉴 장소, 우리가 떠나갈 장소가 필요하다. 어릴 적 관계 트라우마가 확고하고 안전한 소속감으로의 연결을 끊어 놓았을 수도 있다. 우리는 전례 없는 어려움—놀라운 속도로 파괴되는 기후, 자동화 및 인공지능으로 변화하는 작업장, 폭발적인 기술, 변화하는 규범, 개인적인 상실 및 격변 등—을 안고 있는 세상에 살고 있다. 우리가 놀라고 두려워할 때마다 우리의 어깨는 자동적으로 위로 올라간다. 우리는 우리의 모든 에너지가 위로 올라간다고 느끼고 우리는 땅을 딛지 못한다. 우리는 그것을 다시 찾아서 고정시킬 필요가 있다.

우리는 글자 그대로 땅이나 바닥에 눕거나, 앉거나, 서 있는 것으로 시작한다. 우리의 첫 번째 착지 장소는 우리가 자궁 안에 있는 동안 우리의 배꼽을 통해서였다. 우리는 척추를 늘리고, 구부리며, 비틀고, 돌리며, 팔다리를 우리의 코어와 조화시키는 것을 배우듯이, 우리가 방향을 바꾸고 기어 다닐 때, 우리의 배꼽은 우리가 움직이는 중심점을 유지한다. 우리 골반의 엉치뼈는 우리가 땅과 연결되는 우리 몸의 두 번째 장소가 된다. 마지막으로 우리가 발을 통해 착지하면서 두 발로 서는 모험을 하며 균형을 잡고 동작하는 법을 배우면서 균형과 연결을 잃기도 하고 유지하기도 하는 춤을 탐구한다. 이 부위에 채널을 맞추면서 우리는 안전한 연결에 어려움이 있었던 부분들을 발견한다. 우리는 두려움과 버려짐에 대한 그들의 몸 이야기에 귀를 기울인다. 이 부분들은 영양을 공급받고 안전한 연결을 경험하며 근거지를 찾을 수 있는 새로운 가능성을 발견한다.

　우리 몸에 있는 이 세 부위들은 모두 우리가 땅의 중심부에서 나오는 에너지 및 특성들과 연결되도록 해준다. 내담자의 어머니에 대한 애착이 어떤 방식으로든 차단되었을 경우에라도 그들은 이러한 에너지가 배꼽 혹은 골반저나 발에 있는 에너지 센터(차크라, chakra)를 통해 들어올 때 생명을 유지하는 땅 에너지와 연결될 수 있다. 라틴어 어근, *mater*는 '어머니'를 의미하며 영어 단어 'matter(물질)'의 파생어이기도 하다. 우리는 우리 몸에 있는 모든 물질뿐만 아니라, 우리 몸에 있는 이 착지점들—우리 몸에서 발견되는 가장 밀도 높은 형태의 에너지—을 통해 전형적인 대지와 연결될 수 있다.

　우리의 몸을 통해 땅에 안전하게 연결된 다음에, 우리는 거미가 거미줄을 만들 때 실을 내듯이 뿌리를 보내기 시작하며 공통 기반을 갖고 있는 다른 사람들을 찾을 수 있다. 이러한 신체적 인식 작업은 우리를 지구상의 다른 사람들과 연결시켜 준다. 우리 발 밑의 땅과 연결되어 미국 안에 있는 우리는 또한 땅의 소유권에 대한 문제를 건드릴 수도 있다. 우리는 누구의 땅 위에 서 있는가? 우리가 빼앗은 땅의 원주민들과, 우리가 이주시킨 동물들과, 그리고 인류 문명의 결과에 의해 압도당하고 있는 행성과 연결되면서, 우리는 우리 몸 안에서 깊은 슬픔과 사과와 더 나은 방법으로 사랑하겠다는 맹세를 발견할 수도 있다. 우리가 몸이 가진 흙의 속성에 접촉하듯이, 포용과 치유를 위해서는 용기와 일체감을 필요로 한다는 어두운 진실을 발견한다.

신체적 인식과 관련된 몸 시스템

근막계

비록 우리 몸에 대한 인식은 몸의 모든 시스템―골격, 혈액, 신경, 기관―에 대한 인식을 포함하지만 근막계는 특히 이 작업과 관련이 있다. 근막계는 몸에서 가장 큰 시스템이며, 다른 모든 시스템과 닿아있는 유일한 시스템이며, 서로 관통하고 그것들을 모두 둘러싸서 통합된 방식으로 기능할 수 있게 한다.[4]

우리의 근막은 공간 가운데 있는 우리 몸에 대한 인식과 우리 몸 안에서 일어나는 모든 일에 대한 인식에 중심이 된다. 이 결체 조직은 글자 그대로 우리 몸 전체를 둘러싸고 감싸며, 세포, 뼈, 근육, 장기, 뇌, 신경, 동맥, 정맥과 온몸을 하나의 단위로 연결하고 안정화시키며 지지하고 보호한다. 이 근막 시스템은 거미줄이나 촘촘히 짠 스웨터처럼 생겼고 몸의 모양, 형태, 그리고 응집력을 제공한다. 그것은 피부 바로 밑과 몸의 가장 깊은 층에 존재한다. 액체로 채워진 섬유질 조직의 이 연속적인 피복이 우리 몸 안에 있는 이 모든 구조물에 붙어 하나의 통합된 전체로 그것들을 둘러싸고 연결하고 있다는 인식은 체현된 참자아 에너지의 구체적인 표현이다. 우리의 마음을 형성하는 부분들의 짐들은 또한 근막의 제한이라는 형태로 우리 몸을 만든다.

근막은 가장 풍부한 우리의 감각 기관 중 하나로 생각할 수 있다. 근막은 우리의 피부보다 더 많은 감각신경 종말을 가지고 있다. 뼈와 함께, 근막은 우리의 균형과 정렬―우리의 중력과의 역동적인 관계, 땅과의 연결―을 촉진시킨다. 근막 안에 묻혀 있는 감각신경 종말은 내수용감각(우리 내면에서 어떻게 느끼는가)과 고유수용감각(공간 가운데 있는 우리 몸에 대한 인식) 모두에 기여한다. 따라서 우리가 우리 몸 안에서 어떤 일이 일어나고 있는지 알아내기 위해 '내면으로' 들어갈 때, 우리 근막 안에 있는 감각신경의 내수용감각 능력은 위가 조인다고 하거나, 턱이나 발가락이 오므라든다고 하거나, 허리가 아프다고 우리에게 이야기한다. 우리는 우리의 자세, 균형, 그리고 중력에 대항하는 동작을 감지할 때 고유수용감각을 사용한다. 우리는 근막에 채널을 맞추고, 우리 몸 이야기에 귀를 기울이며 우리 몸과 외부 환경과의 관계를 이해한다. 그것은 우리의 내면을 외부와 연결시켜 준다.

한 내담자가 자신의 몸의 긴장을 몸의 모든 조각들을 함께 묶고 있는 두꺼운 철사로 시각화하였을 때, 나는 근육과 내장 기관을 연결하고 감싸고 안정화시키는 근막을 생각하였다. 그녀가 초점을 맞추어 긍휼의 마음을 가지고 인식하면서, 긴장감과 자신의 몸의 결체조직을 유지하자, 그것은 느슨해지고 풀리기 시작하였다. 몸이 부드러워지는 것을 느끼면서, 그녀는 심각하게 방치되어 있던 갓난아기 부분을 발견하였다. 동작에 필요한 터치와 기회가 없다면, 갓난아기의 고유수용감각은 정확한 몸 지도를 개발하지 못한다. 신경은 몸을 안정시키기 위해 얼마나 많은 노력과 힘이 필요한지 혼란스러워진다. 묶기용 철사는 내담자의 시스템에 큰 피해를 주지 않기 위해 이 상처입은 갓난아기를 묶으려 애쓰고 있다는 것을 내담자는 분명히 알게 되었다. 그 갓난아기를 돌보면서 그리고 자신의 관계 트라우마로부터 얻게 된 파편화를 돌보면서, 그녀의 근막은 변하기 시작했다. 그녀는 좀 더 느슨해진 것을 느꼈으나 여전히 함께 묶여 있었다. 움직이고 춤을 추고 싶은 충동을 느끼면서, 그녀는 일어나서 아기를 안고 우아하고 유연하게 방안을 춤을 추며 돌았다.

우리의 근막이 자유로워지면, 우리의 몸이 우아하고 힘차게 움직일 수 있게 된다. 그것이 묶여있을 때는 고통과 동작 제한이 따른다. 바디워커로서, 나는 이 얇은 막에 손을 대어 그것이 자유로운 장소인지 제한된 장소인지 감지하였다. 내 내담자들은 자신들의 고통과 제한된 기능을 묘사하였다. 손으로 내담자가 자신의 몸을 사용하는 역기능적 방식을 강화시키고 고착시켰던 고통스러운 접착 부위를 만져보았다. 눈으로는 이러한 제한이 어떻게 그들의 기능에 영향을 미치는지 관찰하였다. 적절한 양의 압력과 동작으로 접착제로 붙여 놓았던 제한은 해소될 수 있었다.

근막 움직임의 제한에는 여러 가지 원인 — 몸의 오용이나 남용, 구조 및 기능적인 문제, 얼어붙은 감정 — 이 있다. 이러한 제한과 접착은 의료 전문가에게 많은 함의를 가지지만, 바디마인드 인터페이스와 관련된 심리치료사와 다른 전문가들에게도 관련성이 있다. 구조적 바디워커로서의 나의 작업에서 감정이 이 결체 조직망에 붙들려 있는 것으로 보였다. 내담자의 조직에 손을 대면서 나는 슬픔, 분노, 두려움의 깊은 우물들이 만져졌다. 그 조직들은 압도적인 고통에서 벗어나려 시도했지만 실패하였던 기억을 가지고 있는 듯하였다. 터치와 동작을 통해 인식을 가져오자 기억과 감정의 홍수를 이루었다. 어느 바디워커나 카이로프랙터라도 많은 내담자들이 조정 상태를 유지하는 데 어려움을 겪고 있다는 것을 안다. 나는 우리가 신체적 제약과 정서적 제약을 통합하고 내담자의 몸에 대한 인식을 증대시킬 수 있을 때, 내담자가 그들의 근막 시스템과 내면가족 시스템 모두의 변화를 지속시킬 수 있도록 만들어주는 것을 발견하였다.

근막에 대한 과학적인 연구는, 비록 여전히 대부분 무시되고 있지만, 고통, 동작, 그리고 유연성에서의 역할에 초점이 맞춰져 왔다. 의사들은 이제 근막이 요통, 섬유근육통, 만성피로증후군에 핵심적인 역할을 한다는 가설을 세우고 있다. 내 동료들 중 여럿은 근막이 몸의 통신망이라고 생각하고 있다. 항레트로바이러스 약제가 등장하기 전, 유행병 초기에 나는 다른 바디워커들과 함께 침술사와 더불어 에이즈 클리닉에서 일하였다. 두 치료양식 모두 환자의 에너지 흐름을 자유롭게 하고 많은 증상을 완화시켰을 뿐만 아니라 사회적 지원을 제공하였다. 구조요법을 중국 전통 의학과 우연히 결합하며 환자들이 안도감을 느낄 수 있기를 바라기보다는, 우리 임상가늘은 우리의 삭업을 통합시기기 위해 노력하였다. 우리는 근막이 환자의 쇠약해진 증상을 완화시키기 위한 동서양 접근법 사이의 연결 고리일 가능성이 있다는 가설을 세웠다. 우리는 자오선을 따르는 기의 흐름이 이 네트워크를 따라 이동한다고 가정하였다. 연결 조직에 대한 인식과 충분한 이해를 통해 서로 다른 접근 방식을 통합하고 팀을 통합하였다. 우리의 접근법들 간의 연결을 탐구하면서, 우리는 바이러스가 귀중한 생명을 파괴하면서 우리 모두를 묶어 놓았던 치유 응집력 에너지망의 일부라는 것을 깨닫게 되었다.

우리가 어떠하고, 우리의 부분들이 어떠하며, 매 순간 우리가 누구인지에 대한 정보를 주는 근막의 메시지를 우리가 무시하고, 대신 TV 시청, 인터넷 서핑, 대화 및 분석으로 우리 주의력을 분산시킬 때 이러한 감각 신경들은 활동을 하지 않는다. 신체적 인식을 작업할 때 우리는 몸 깊이 그리고 내면에서 어떤 일이 일어나고 있는지 주목하기 위해 내면으로 들어간다. 신체적 인식을 작업할 때 우리는 우리가 외부 세계와 어떻게 관계를 맺고 있는지 주목한다. 신체적 인식을 작업할 때 우리는 그러한 정보를 우리에게 제공하는 근막의 고유수용감각 신경을 깨우고 있는 것이다. 신체적 인식 작업은 근막을 포함하고 신경 경로를 강화시켜, 우리가 우리 자신을 아는 것뿐만 아니라 우리 개개인을 넘어 더 넓은 세계의 에너지와 연결될 수 있게 한다.

우리가 우리 몸을 통해 말하는 우리의 부분들에게 귀를 기울일 때 우리의 근막 네트워크에 묻혀 있는 말초신경계의 감각신경으로부터 나온 정보가 중추신경계로 보내져, 여기서 이 입력된 정보가 처리되고, 해석되고, 반응을 유도한다. 우리 몸에서 일어나고 있는 사건에 우리가 채널을 맞출 때 우리는 배쪽 중앙 전두엽 피질과 중앙 전두엽 영역의 다른 부분들을 결합시킨다. 뇌의 이 부분들은 변연계 뇌를 조절해주며, 우리 자신의 감정과 다른 사람들의 감정을 인식하도록 도와준다.

대니얼 시겔의 내면 관찰 두뇌 이론에 따르면, 몸에 대한 인식은 전두엽 피질과 변연계 뇌 사이에 새로운 신경 경로를 형성한다. 그가 자신의 책 알아차림(Aware)에서 이야기하듯이, "주의를 기울이는 곳에, 신경 발화가 흐르며, 신경 연결이 자란다."[5] 이 새로운 신경 연결들은 우리가 IFS에서 참자아 에너지라고 기술한 특성에 접근할 수 있게 해준다. 그는 인식과 주의에 대해 쓰고 있는데, 뇌를 형성하고 마음을 강하게 하는 별도의 두 프로세스와 서로 다른 두뇌 회로들이 관련되어 있기 때문이다.[6] 신체적 인식 작업에는 두 가지 프로세스가 모두 포함되어 있다. 소매틱 IFS에서 우리가 신체에서 부분을 찾을 때 '인식'과 관련된 뇌 회로를 사용하고, 우리가 감각에 초점을 맞출 때 '주의'에 관련된 회로를 사용한다.

신체적 인식 작업은 부분에 접근하고 그 위치를 찾는 데 도움을 줄 뿐만 아니라, 참자아 에너지에 대해 더 큰 신경 지원을 제공한다. 특히 트라우마는 몸 인식에 관련된 신경 경로를 방해한다. 트라우마 연구와 치료의 최고 전문가 중 한 명인 베셀 반 데어 콜크(Bessel van der Kolk)는 자신의 책 몸은 기억한다(The Body Keeps the Score)에서 회복으로의 경로뿐만 아니라 신경계에 미치는 트라우마의 해로운 영향을 멋지고 전문가답게 기술하였다. 그는 "트라우마 피해자들은 그들의 몸에 있는 감각에 익숙해지고 친해지기 전까지는 회복할 수 없다."고 쓰고 있다.[7] 신체적인 자신으로부터 여전히 단절된 채 언어적 서술의 기억만으로는 트라우마의 완전한 회복으로 이어지지 않는다. 그는 몸에 대한 인식이 출발점이라고 믿고 있다. "신체적 자각은 과거의 폭압을 해방시키는 첫 단계다."[8]

트라우마의 상처로부터 회복하는 길은 신체적 인식 작업에서 시작된다. 소매틱 IFS 치료사는 내담자가 몸의 분리로부터 신체적 감각들을 견딜 수 있고, 마침내 그들과 친구가 될 수 있기까지 나아가도록 도와준다. 신체적 인식에 의해 확립된 새로운 신경 경로는 결국 트라우마 관련 경로를 대체한다. 신체적 인식은 뇌를 변화시킨다.

우리의 근막과 신경계는 모두 우리 몸의 상호 연결된 본질을 드러낸다. 안토니오 다마시오는 우리의 몸 감각과 우리의 감정을 이해하는 데 있어서 신경계의 협력적인 역할을 다음과 같이 요약한다. "이 영역과 시스템은 한 편의 앙상블로서 프로세스에 참여한다. 다시 말하지만, 뇌의 그 두 영역은 혼자 일하지 않는다. 그들은 몸 자체와 강하게 협력하며 작동한다."[9] 우리의 모든 바디마인드 시스템은 서로 의사소통하고, 협조하고, 협력하고 있다. 그들 각각은 우리의 몸을 인식하는 능력과, 이러한 인식을 통해 우리가 체현된 참자아에 도달하도록 돕는 능력에 관여하고 있다.

트라우마 생존자와 함께 하는 신체적 인식

타냐와의 작업은 신체적 인식 작업이 IFS의 모든 단계를 어떻게 촉진시킬 수 있는지를 보여준다. 타냐는 트라우마의 이력을 가지고 있었고, 많은 치료사들을 만나 본 후, 소매틱 접근법이 자신의 치유에 도움이 될 수 있기를 바랐다.

타냐는 내 맞은편에 앉아 자신의 몸을 긴장 상태로 유지하고 있다. 그녀는 의자 가장자리에 걸터앉아, 머리는 앞으로 기울이고, 이마는 주름이 져 있다. 그녀도 역시 나를 체크하고 있는 것 같아 보인다 — 아마 나보다 훨씬 더 잘하는 것 같다. 어쩔 수 없이, 트라우마를 경험하였던 내담자들은 외수용감각을 과도하게 발달시키고 아마도 내수용감각은 덜 개발시켰을 수도 있다. 나는 긍휼의 마음과 자신감 있는 존재임을 타냐에게 비언어적으로 전달하여, 타냐의 '신경수용지각'이 안전 장치의 하나가 될 수 있도록 하고 싶다.

우선 나는 일차적으로 내 몸에 초점을 맞춘다. 나는 의자나 바닥에 닿는 내 몸의 부위들과 연결한다. 나는 체중을 옮겨 골반의 엉치뼈에 앉는다. 나는 의식적으로 내 체중이 내 밑에 있는 표면에 실리도록 한다. 이것으로, 내 하체가 더 밀도 있게 느껴지기 시작한다. 내 생각이 장악을 하면 내 에너지가 올라가는 경향이 있다는 것을 알기 때문에, 이런 식으로 회기를 시작하는 것이 내가 안정 상태가 되어 내 코어와 연결될 수 있도록 해준다. 나는 내 뿌리 차크라와 정수리 차크라 사이의 수직선에 초점을 맞춘다. 골반과 척추가 머리를 받치도록 하여 목 뒤쪽이 늘어난다. 나는 어깨의 긴장을 풀면, 얼굴의 익숙한 긴장도 풀릴 수 있다는 것을 상기시켜 준다. 내가 그것에 초점을 맞추면서 나의 호흡은 자연스럽게 깊어진다. 나는 내 가슴에 숨을 불어넣고 내 맞은편에 앉아있는 타냐에게 마음 문을 완전히 열도록 용기를 불어넣는다.

내담자의 보호자 부분들 발견하기

IFS에서 부분을 알아내기 위해 일반적으로 우리는 "이 부분이 당신 몸 어디에 있습니까?"라고 묻는다. 하지만 트라우마 생존자들과 시스템 장애의 위험이 있는 내담자들은 자신들의 몸 안에서 어떤 일이 일어나고 있는지 주목해보라는 치료사의 제안에 마음의 담을 쌓을 수도 있다. 나는 이 질문을 다음과 같이 표현한다. "당신의 부분이 당신의 몸 안에서 자신을 어떻게 드러내는지 이야기해준다면 어떨 것 같습니까?" 나는 또한 내담자들이 아무렇지도 않거나, 편안하거나, 최소한도 좀 더 견딜 만하다고 느끼는 몸의 영역을 파악하도록 돕고, 그들이 짧은 시간 동안만이라도 자신들 몸의 그 부위와 함께 있고 싶은지 물어본다. 하지만 타냐의 경우에는 이러한 접근법들 중 어느 것도 그녀의 보호자들이 인정하지 않았다.

비록 타냐가 나의 소매틱 접근법 때문에 특별히 나와 작업하고 싶어했지만, 그녀의 보호자들은 다른 생각을 가지고 있다. 타냐는 자신의 몸을 무시하며 통제하는 것과 고통스럽고 성가신 몸 증세로 인해 압도되는 것 사이를 오가며 자신의 삶 대부분을 보냈다. 그녀는 만성 통증, 소화기 문제, 불면증 등 뚜렷한 생리학적 근거가 없는 많은 몸의 증세를 가지고 있었다. 그녀는 자신의 트라우마가 자신의 건강에 영향을 미치고 있으며, 그것이 자신이 소매틱 접근을 원하는 이유라는 것을 깨달았다. 그러나 그녀의 보호자들은 이 계획에 동참하지 않고, 줄을 서서 '소매틱 IFS'를 막고 있다.

한 부분은 타냐의 주의를 분산시키고, 또 다른 부분은 내 말을 듣지 않고 내가 한 말을 되풀이 해달라고 한다. 또 다른 부분은 그녀를 너무 졸리도록 만들어 그녀는 거의 눈을 뜨지 못하고 있다. 그렇지만 대체로 그녀는 대화를 한다. 그녀는 아마도 우리 회기가 고통스러운 영역으로 들어가지 않도록 하기 위해, 대화함으로써 회기를 통제하고 싶어하는 관리자 부분의 입장에서 이야기하고 있다는 느낌이 든다. 그녀는 말할 때 나를 보지 않고 대부분 다른 곳을 바라본다.

나는 다음과 같이 제안해 본다. "감각에 초점을 맞추고 이야기를 잠시 뒤로 미루는 것이 당신이 현재에 집중할 수 있도록 해주는지 보세요." 그러나 그녀는 내 말을 무시한다. 나는 이 보호자들에게는 소매틱 채널에 맞추는 것이 공포를 재연하는 위험을 무릅쓰는 것임을 이해한다.

보호자들은 취약한 부분들의 몸 이야기가 조직 안에 저장되어 있다는 것을 안다. 그래서 그들은 압도적인 감각에 의해 다시 짓밟히는 위험을 무릅쓰고 싶어하지 않는다. 그들은 자신들의 몸 감각이 자신들을—압도하는 감각 회상과 그에 동반되는 거슬리고 위험한 생각과 감정이 있는—망각이나 절멸 상태의 토끼굴로 데리고 들어갈까 봐 두려워한다. 그들은 고통이 사라지기를 원한다. 그들이 그것을 제거할 수 없다 하더라도, 적어도 그것을 억압하고 무시할 수는 있다. 이 보호자들은 우리가 수천 년 동안 생존할 수 있도록 도와주었던 우리 신경계 변화의 도움을 받고 있다. 우리의 보호자들은 자신들이 위협을 감지했을 때 손 댈 수 있는 많은 정신의약품들을 숨겨놓은 곳에 쉽게 접근한다. 그래서 우리는 이 보호자들을 반대하려고 하지 말아야 한다.

타냐에게는 대화가 자신의 감정을 조절하고 안정시키기 위한 방법이었다는 것을 깨달으면서, 나는 그녀의 이야기하고 있는 보호자들을 내버려둔다. 그들은 내가 그들을 변화시키려 하지 않는다는 사실을 알 필요가 있다. 고도로 발달된 그녀의 언어적 부분은 두려움, 수치심, 혐오감, 그리고 신체에 갇혀 있는 다른 모든 불안한 감정과 기억으로부터 그녀를 보호하고 있다. 나는 그녀의 부분들이 갖고 있는 선별 능력에 대해 비난보다는 긍휼의 마음을 전달하고 싶다. 나는 '소매틱 IFS를 하자'는 의제를 갖고 있는 나의 조급한 부분과 작업한다.

나는 트라우마가 몸이나 몸의 일부가 되어, 해리되거나 의식으로부터 차단된다고 이해한다. 베셀 반 데어 콜크가 지적하였듯이, "트라우마 피해자들은 부정적인 몸 이미지를 가지는 경향을 보인다—그들 입장에서는, 그들이 자신들의 몸, 그리하여 자신들의 내적 감각에 주의를 덜 기울이면 덜 기울일수록 더 낫다."[10] 타냐의 보호자들은 자신의 몸 인식을 폐쇄시키며,

자신들로 하여금 달리 해보려는 어떠한 시도도 차단시켜버리기로 결심한다. 나는 그들이 그녀를 잘 섬겼으며, 아마 그들의 노력은 여전히 매우 중요할지도 모른다는 것을 기억할 필요가 있다.

보호자와 친해지기

내가 타냐의 보호자들과의 관계를 발전시키는 데 도움을 준, 우리의 보호 시스템에 대한 적절한 비유가 있다. 아기를 보호하는 대문 앞의 경비견 비유이다. 그 개는 그럴 만한 이유로 그곳에 있다 — 처음에는 개만이 알고 있다. 그는 자기 임무를 잘 수행하고 있으며 죽을 때까지 그 일을 할 것이다. 아기 곁에 있으려고 대문을 들어서려고 하는 낯선 사람을 그 개는 신뢰하지 않는다. 그 개는 등을 두드리거나 가짜 뼈에 속지 않으며 힘에는 훨씬 더 큰 힘으로 대항한다. 경비견에게는 아기가 비명을 지르거나 놀라고 굶주려 몸을 웅크리고 누워 있는 것보다, 아기가 더 이상의 위험으로부터 안전해야 하는 것이 더 중요하다. 이 경비견과 친해지고, 그 개를 이해하며, 고마워해야 할 필요가 있다. 그러면 개는 자신이 보호하고 있는 아기를 잠깐 엿볼 수 있도록 허락하고 자신이 무엇으로부터 아기를 보호하고 있는지에 대한 의미를 제시할 수도 있다. 이 잠깐의 엿보기를 통해, 낯선 사람은 개가 자신의 지각을 바꾸고 오히려 이 사람이 도움을 줄 수도 있는 사람이라는 것을 깨닫도록 도와줄 수 있다. 개 등에 섰던 털이 눕혀지고, 꼬리는 머뭇거리면서 흔든다. 개는 킁킁거리며 냄새를 맡으나, 아무 두려움도 맡지 못한다. 개는 그 사람의 눈을 똑바로 쳐다보고 친절한 목소리에 마음이 진정된다. 개는 이제 이 사람이 아기를 안전하게 잘 지킬 수 있다고 인식하고, 자유로이 자신의 배를 긁도록 허용하거나 공을 쫓아간다.

점차 타냐의 보호자들은 우리가 그들을 알아가는 것에 진정으로 관심이 있다는 것, 즉 우리는 타냐의 보호자들이 어떻게 몸을 사용하여 그녀가 트라우마에 압도당하지 않도록 보호했는지 듣고 싶어한다는 것을 이해하기 시작한다. 그들은 기분전환 약제, 흡연, 술, 그리고 여러 가지 자해 행동을 하여 그녀의 고통을 분산시키고 달래 왔었다. 그녀의 보호자들은 그녀의 체형과 크기의 안전선을 찾기 위해 체중 증가와 감량 사이를 오갔었다. 타냐와 내가 그들을 비난하기보다는 존중하는 마음으로 수년간에 걸친 그들의 노력에 귀를 기울이는 것을 깨닫자, 그들은 긴장을 풀기 시작한다. 그들은 자신들이 보호하고 있는 부분들을 도와주려고 우리가 그들과 작업하고 싶어한다는 이야기를 듣자, 우리를 신뢰하기 시작한다.

보호자와 협상하기

타냐의 보호자들은 자신들의 행동이 미치는 영향을 생각해보라는 요청보다, 먼저 그들의 노력을 인정해주는 것에 잘 반응한다. 보호자와 관계 맺기 작업은 수십 년 된 적응적 생존 전략에 헌신하였던 그들을 존중하고 인정하는, 섬세한 기교 넘치는 춤이다. 동시에 그들이 자신들의 노력이 자신들이나 시스템에 미쳤던 대가를 고려해볼 의사가 있는지도 알아본다.

그 대가는 우리가 감각적인 경험으로부터 단절될 때, 우리는 우리의 가장 깊은 앎으로부터, 감각적인 즐거움으로부터, 다른 사람들 및 자연 세계와의 관계로부터 단절된다는 것이다. 우리의 코어에서, 우리는 우리의 몸 경험과의 친밀감을 되찾고, 조직, 내장, 뼈, 그리고 체액과의 복잡한 전달 체계를 탐구하고자 갈망한다. 하지만 처음에는 타냐의 보호자들이 관심이 없었다. 그들은 이렇게 말했다. "사업하는 데 그 정도의 비용은 들지요."

그녀의 보호자들은 아마도 자신들의 두려움이 시대에 뒤떨어진 것일 수도 있어, 아마도 이제 타냐가 그녀의 몸 감각을 잠시나마 느끼도록 해주는 것도 가능할 수 있겠다고 생각해본다. 나는 그들에게 내가 이에 대해 많은 경험을 가지고 있다고 이야기해준다. 나는 그들이 어느 순간이라도 타냐가 안전하지 않다고 믿는다면 다시 뛰어들라고 초대한다. 그녀가 자신의 하체 감각에 채널을 맞추자, 피부에 '섬뜩한' 감각이 느껴진다. 이것은 그녀의 부드러움, 곡선, 여성의 생식기를 역겨워하는 부분으로 이어진다. 우리는 그 섬뜩한 감정과 함께 있을 수 있도록 그 감정을 누그러뜨려 달라고 요청한다. 우리는 오직 그녀의 피부에서 느껴지는 감각하고만 있다. 그녀의 보호자는 우리가 그 고통스러운 경험을 기억하거나 이야기하는 모험을 하지 않는 것을 고맙게 여긴다.

그러자 다른 보호자가, 필요성을 느끼면 다시 뛰어들어오라는 내 초대에 반응한다. 그 부분은 그녀를 즉시 잠들게 한다. 그녀를 깨어있도록 하기 위해 몇 가지 방법을 시도한 후에, 내가 이 신체적 인식 작업을 중단하겠다고 하자 비로소 타냐는 즉시 정신을 차린다. 그 부분은 그녀가 '너무 활기가 넘치게 되는' 것이 두렵다고 우리에게 이야기한다. 트라우마를 이해하려고 애쓰는 그 부분은 그녀의 활기를 탓하였다. 그녀가 활기가 넘칠 때는 매력적이다. 그녀가 매력적일 때는 학대자의 주의를 끈다. 이해받는다고 느끼자, 이 부분은 타냐가 잠깐 몸의 감각에 주목해보겠다는 의지가 있는 듯이 보인다. 타냐는 이 부분과 접촉을 유지하면서 잠깐 인식을 실험해본다. 그녀는 온도, 압력, 긴장감, 짜릿한 느낌, 심지어 무감각 같은 일련의 감각을 견디고 받아들이기 시작한다. 그녀의 부분들은 어떤 나쁜 일도 일어나지 않을 것이라고 믿기 시작한다.

트라우마를 경험한 추방된 부분들과 작업하기

타냐의 취약하고 정신적 충격을 받은 부분들은 이 보호자 무리 뒤에 갇혀서 자신들의 감정을 표현하고 들려주고 싶어 점점 더 안달이 난다. 그들은 추방상태로부터 나와, 소방 호스에서 쏟아져 나오는 물처럼 분출할 만반의 태세를 취한다. 이것은 물론 그녀의 보호자들을 재배치시켜 과각성-저각성을 오가는 사이클을 강화시킬 뿐이다. 타냐가 참자아 의식 상태를 유지하도록 돕는 것은 매우 중요하다. 그리해야 취약한 부분들이 그녀의 시스템을 뒤덮지 않게 된다. 그렇지 않으면, 카타르시스를 통한 재외상화 현상 가운데, 우리가 힘들게 얻은 보호자들의 신뢰를 잃게 만든다.

우리 회기에서, 나는 타냐의 신체에 정서적인 조절 장애의 징후가 있는지 면밀히 추적한다. 나는 그녀의 피부 톤, 호흡, 목소리 톤, 높이와 속도의 변화, 그리고 체온의 변화를 관찰한다. 나는 내 몸을 추적하여, 약간 어지럽거나, 내 몸이나 타냐로부터 단절된 느낌의 징후가 있는지 살핀다.

타냐가 세 살짜리 부분과 접촉하고 자신이 보고 있는 것을 공유하기 시작하면서, 나는 타냐가 조절 장애를 목전에 두고 있다는 것을 알 수 있다. 나는 언어적·시각적 이야기를 중단시키고 타냐가 자신이 느끼는 몸 감각에만 초점을 맞추도록 지시한다. 나는 부분에게 자신이 받아들여질 수 있을 때까지 자신의 이야기는 보류해달라고 요청한다. 나는 우리가 모든 이야기를 듣고 싶지만, 그 이야기를 들을 수 있기 위해서는 천천히 진행해야 한다고 타냐의 부분들에게 이야기해준다. 이러한 방식으로 우리는 파편화된 외상적 경험을 천천히 다시 연결하고 모든 부분들이 참자아 에너지 가운데 안겨 있는 느낌이 들도록 돕는다.

트라우마를 경험한 그녀의 취약한 부분들로부터 나오는 몸 이야기들은 종종 그녀의 보호자들에게는 너무 과한 경우가 있다. 내가 세심하게 추적함에도 불구하고, 어느 날 타냐는 흐느끼며 소리친다. "나는 끔찍한 사람이에요! 죽고 싶어요! 나는 태어나지 말았어야 했어요!" 그녀는 주먹 쥔 손으로 배를 움켜쥐면서 몸을 바짝 웅크린다. 그녀의 눈은 감기고, 그녀의 흐느끼는 소리와 높이가 강렬해진다.

나는 타냐의 시스템이 진정되도록 도와야 할 필요가 있다는 것을 안다. 나는 그녀에게 자신의 배 안에서 어떤 일이 일어나고 있는지 주목할 수 있는가 물었다. "언짢은 느낌이에요!"라고 그녀가 외친다. 그녀는 이 느낌에서 벗어나고 싶어한다. 그녀는 더 나빠질까 봐 두려워한다. 나는 그 언짢은 느낌에게 느낌의 볼륨을 조절할 수 있도록 우리가 조광 스위치를 달아줄 수 있다고 말한다. 그것은 이 개념과 잘 어울리는 것으로 보인다. 타냐가 그것에 집중할 수 있을 만큼 감각은 줄어든다. 그녀는 토하고 싶은 충동을 느낀다. 나는 그녀에게 토하고 싶은 충동에 대해 어떻게 느끼는지 물어본다. 그 감정이 압도적이지는 않을 것이라 안심이 되어, 그녀는 그 부분을 향한 호기심을 어느 정도 유지할 수 있게 된다.

그녀가 계속해서 감각에 초점을 맞출 수 있도록 도와주기 위해서, 나는 그녀에게 다음과 같은 질문을 한다. 나쁜 것들은 어디서 시작되고 끝나는지, 그 경계는 어떤지, 그리고 그녀가 그 느낌을 유지하면서 시간이 지남에 따라 그 느낌에 어떤 일이 일어나는지를 물어본다. 그녀가 그것들에 초점을 맞추면서 배에서의 감각은 가라앉는다. 타냐의 목소리와 호흡은 점점 더 평온해져 낮아지고 느려진다.

타냐는 세 살짜리 어린 소녀에게 돌아가, 그녀를 보며, 언짢은 느낌을 갖는다. 타냐는 자신의 따뜻한 심장과 짜릿한 느낌의 팔에 안겨있는 소녀를 향해 긍휼의 마음이 느껴진다. 그녀는 이 감각을 어린 소녀에게, 그녀 뱃속에 있는 언짢은 느낌에게 보낸다. 타냐는 자신이 할아버지에게 성추행을 당했다고 오랫동안 의심하였다. 비록 이 세 살짜리는 어떤 이미지도 공유하지 않지만, 그녀는 "그건 내 잘못이야."라고 하며 흐느낀다.

신체적 인식으로 짐 내려놓기

타냐는 어린 소녀가 자신의 팔에 안겨 무릎 위에 앉아 있는 것을 감지한다. 타냐는 소녀에게 그 아이에게 일어난 일은 결코 그 아이의 잘못이 아니었다고 말한다. 그것은 할아버지의 잘못이었다. 타냐는 소녀에게 뱃속의 모든 나쁜 것들, 태어나지 말았어야 했다는 신념, 상처는 자기 자신의 잘못이라는 신념을 떨쳐버릴 수 있다고 이야기한다. 소녀는 그것이 모두 사라졌다고 말할 때까지 계속해서 그것으로 입 밖으로 내뱉어 하늘로 흩어버린다.

이러한 짐 내려놓기를 한 다음, 타냐의 배는 평온하고 따뜻해진다. 그녀의 얼굴과 눈은 열려 있다. 그녀의 입은 편안하고 미소를 띠고 있다. 그녀는 나를 바라보고 기뻐 웃는다. 나는 그녀와 함께 웃으며, 배 안의 평온하고 따뜻한 감정과 품에 안긴 이 어린아이에 대한 감각을 유지하도록 초대한다. 어린아이는 무릎에 누워있고 타냐는 그 아이 곁에 있어서 너무 기쁘다고 말한다. 나는 그녀가 뱃속 깊이, 그녀가 나쁜 것들을 내뱉었을 때 남겨진 공간으로 숨을 불어넣도록 독려한다. 우리는 함께 심호흡을 하며, 함께 긴장을 풀고, 그녀가 더 이상 나쁘고 잘못되었다는 느낌을 품지 않는 것을 축하하고, 심지어 기분이 좋지 않을 때에도 그녀의 몸의 감각에 주목할 수 있도록 새로워진 능력에 대해 즐거워한다. 불쾌한 경험들이 그녀를 이 소중한 세 살짜리로 이끌었다. 우리는 그녀의 트라우마를 다음과 같이 다시 해석하고 있다. 즉 그녀를 안전하게 지키기 위해 더 이상 그녀를 몸으로부터 단절시킬 필요가 없으며, 오히려 그녀의 추방자들로 나아가는 시작점인 동시에 안전과 안정의 원천이 될 수 있다. 그녀의 몸과 이루어진 이 새로운 관계는 강화될 필요가 있다.

타냐는 계속해서 할아버지에게 성추행을 당했던 경험을 털어놓았다. 시간이 지나면서, 그녀는 감정이 계속해서 꼬리를 물고 확대되지 않도록 하기 위해 자신의 몸 감각에 초점을 맞출 수 있었다. 소화 기능도 개선되었다. 수면제도 끊었다. 계속해서 자신이 즐겼던 감각, 동작, 그리고 심지어 터치까지도 발견하였다. 그녀는 자기 몸의 부드러운 곡선미를 즐기기 시작했다. 회기의 안전함 가운데서 이것을 탐구한 후에, 회기가 끝난 후에도 새로워진 활기는 계속되기 시작하였다. 살사댄스 교육반에 등록하고 데이트를 시작했다. 쾌감을 참는 법과, 쾌감을 즐길 수 있게 해주었던 터치를 요청하는 법을 배웠다. 그녀는 조셉 캠벨이 '살아있는 것의 환희'—트라우마로 인해 상실한 몸 인식의 생득권—이라고 묘사한 것 이상을 회복하였다.

짐 내려놓기를 한 후, 나는 내담자 시스템에서 자동적으로 발생하는 변화를 감지하고 고정시키는 회기 시간을 갖는다. 나는 계속해서 내담자의 신체적인 모습을 추적하며, 그들의 에너지, 자세, 근육 톤, 얼굴 표정, 호흡의 자발적인 변화를 감지한다. 나는 그것들에 주목하고 이름을 짓고 내담자에게 차이점을 주목해보라고 초대한다. 많은 이들이 자신들의 지각 변화를 감지한다. 듣는 것, 보는 것, 또는 냄새가 더 생생해질 수 있다. 그들이 움직이고 싶은 충동을 감지할 수도 있다. 나는 이러한 것들이 트라우마 때문에 잘려 나간 특성이라고 이해한다. 짐 내려놓기 후의 이 순간들, 심지어 며칠 및 몇 주간이 귀중한 시간이다. 우리의 시스템은 변화 — 심지어 긍정적인 것이라도 — 에 저항하는 경향이 있다. 부분들은 익숙함 가운데서 안전감을 발견한다. 내담자가 몇 주간 새로운 행동으로 자신들의 세계로 들어갈 때 그 변화를 고정시키고 몸과 행동으로 통합시키지 않는다면, 오래된 패턴들이 다시 자기 주장할 가능성이 있다. 인식은 닻을 제공한다.

변화가 있었던 것 — 그것이 부분의 완전한 짐 내려놓기이든 아니든 간에 — 을 통합하기 위해 우리의 부분들이 회기 말미에 10분에서 15분 정도를 내는 것이 쉽지는 않다. 나는 바디워크 경험과 요가로부터 이 시간의 중요성을 배웠다. 나는 내 바디워크 내담자들이 테이블에서 내려올 때 그들의 몸 구조에 커다란 변화가 있는 것을 감지하곤 하였다. 그러고 나서 그들은 약간 몸을 흔들어, 자신들이 치료실에 도착했을 때 모습처럼 되는 것을 보았다. 요가에서는 마무리 자세가 바닥에 등을 대고 눕는 사바사나 자세이다. 요기들은 우리에게 '아무것도 하지 않는' 10분 정도의 시간이 모든 '동작'들 중 가장 중요하다고 말한다. 그러나 교육반의 어떤 학생들은 그 순간을 이용하여 전화를 확인하고, 자기 매트를 말고는 슬그머니 빠져나간다.

회기 말미에 우리의 인식을 단순히 가져오는 것이 갖는 힘은 아무리 강조해도 지나치지 않다. 존재보다 행위를 서구 특권의 산물로 여기는, 나의 성향은 우리 회기의 마지막 1/4에서 혹시나 좀 더 성취할 만한 것이 있는지 보기 위해 약간의 시간을 빌려쓰는 쪽으로 쉽게 흘러간다. 하지만 나는 변화를 경험한 내담자와 함께 하기 위해 최소한 15분 동안을 남겨두는 것이 가치 있는 것임을 배우고 있다. 우리는 등장했다가 참자아를 충분히 신뢰하고 기꺼이 물러섰던 부분들과 용기를 존중한다. 이 짧은 시간 동안에 우리는 3/4 분기에서 일어나기 시작한 변화가 펼쳐질 수 있도록 시간을 허용한다. 넓은 공간은 꽃이 피기 시작한 것을 더 꽃피울 수 있는 기회를 열어준다. 아마도 내담자는 앉아있는 것으로부터 서 있는 것으로, 다시 공간을 헤쳐가며 자신들의 세계에서 그 변화를 적용해보는 실험을 할 수도 있다. 혹은 내담자가 회기 시작 시점에서 설명한 원래의 힘든 상황을 머릿속에 다시 그리면서 몸 감각에 주목할 수도 있다. 우리는 신체적 인식으로 회기를 시작하고 종료한다.

결론

이러한 신체적 인식 작업으로 나머지 작업과 IFS의 모든 단계를 실행하기 위한 확실한 토대가 마련되었다. 소매틱 IFS 치료사들은 신체적 인식을 차단할 필요가 있다고 믿고 있는 내담자의 보호자들 영역을 능숙하게 항해하면서 땅을 자신들의 몸 인식과 연결한다. 순간마다 펼쳐지는 몸의 감각에 주의를 기울이더라도 압도하거나 상처 주는 것으로 이어지지 않는다는 것을 신뢰하게 되면서, 그들은 더 이상 인식을 두려워하지 않는다. 인식 자체가 변화를 가져온다. 내담자의 감각 능력이 깨어난다. 그들의 몸과의 관계가 변화하기 시작한다. 몸 안에 이야기가 갇혀 있는 취약한 부분이 출현할 수 있다. 암묵적 기억과 말하기 전의 애착 트라우마는 몸을 통해 전달된다. 치료사는 그 이야기를 들을 뿐만 아니라 자세와 얼굴 표정을 통해 전달되는 몸 이야기를 읽을 수 있다. 그 부분들의 언어적 이야기와 몸 이야기는 하나의 일관성 있는 서술이 되어 치료사와 내담자에 의해 충분히 목격된다. 짐으로부터 해방되어, 내담자는 자신들의 몸에 좀 더 완전히 거주할 수 있게 된다. 그들의 몸에 대한 인식은 그들의 몸 안에 대한, 몸의 모든 세포와 시스템에 대한 인식으로 이어진다. 신체적 인식은 체현된 참자아 에너지를 복원하고 배양하는 것으로 이어진다.

객관화시키는 습관에서 주관적인 내적 몸의 경험을 발전시키는 것으로 옮겨가는 신체적 인식 작업은 내담자들이 실제로 자신들에게 즐거움을 주는 것이 무엇인지를 재발견하도록 해준다. 내담자들은 자신들의 몸 감각에 채널을 맞춤으로써, 운동과 마인드풀 식사가, 흡연, 패스트푸드나 단 것을 먹는 것, 소파에 쓰러져 TV를 보는 것보다 더 깊고 오래 지속되는 만족감의 원천이라는 것을 발견한다. 고통스런 감정을 위로하거나, 달래거나 억제하기 위해 약물을 습관적으로 사용해온 부분들이 우리를 기꺼이 신뢰하는 경우, 우리는 그들이 지금까지 보호해온 부분들, 즉 대부분의 고통을 안고 있는 취약한 부분을 다룰 수 있게 된다. 몸의 조직과 장기 안에 갇혀 있던 통증이 해방되면, 그들의 몸은 더 많은 활기를 찾게 된다.

신체적 인식은 나머지 네 가지 소매틱 IFS 작업을 지원하고 포용한다. 우리는 이 작업으로 시작하여 그것을 엮어가며 회기의 태피스트리를 만들어간다. 신체적 인식은 우리 치료사들이 더 많이 체현되도록 해주며, 따라서 우리는 내담자들의 보다 더 완전한 체현을 북돋워줄 수 있다. 우리는 땅과 연결되어 내담자의 내면세계의 혼란에 안정과 안전을 가져다준다. 우리의 근막을 인식하며, 우리는 안기고, 지지받고, 연결되어 있는 느낌을 갖는다.

우리의 감각신경은 우리의 내면과 외부에 무엇이 있는지를 감지하는 데 도움을 준다. 우리는 내담자가 치유와 해방을 얻기 위해 자신들의 부분들 이야기에 대한 몸 감각에 채널을 맞추도록 돕는다. 짐을 내려놓으면서, 더 많은 몸 인식이 가능해진다. 신체적 인식은 필연적으로 호흡, 즉 두 번째 작업인 의식적 호흡으로 이어진다.

이제 단단한 땅에 견고하게 착지한 상태에서, 이 다음 작업으로 우리는 위로부터 오는 에너지가 우리를 통해 순환하는 것을 느낄 수 있다. 우리의 수직적 정렬은 참자아의 이끎을 받는 관계를 위해 필요하다. 우리는 이 수직성과의 연결, 우리의 가장 깊은 내면의 자아와의 연결을 좀 더 복잡한 관계의 세계에서의 닻으로 사용한다. 우리는 체현된 참자아 에너지의 수직적 코어가 불확실한 느낌, 두려운 느낌, 다른 사람의 에너지에 의해 압도당한다는 느낌을 갖는 부분들로 인해 흔들리기 시작할 경우 다시 그 닻으로 되돌아간다. 우리가 우리 몸의 코어를 통해 이 참자아 에너지의 수직선 안에 완전히 거주할 때 우리는 위아래의 연결장치가 된다. 이와 같이 우리는 내담자의 내면세계에 자신 있게 들어갈 수 있는 용기와 자원을 갖고 있다.

신체적 인식에 마음 문 열기

목적 : 변화를 추적하기 위해 기준선을 세운다. 몸에 채널을 맞추고, 감각에 주목하는 능력의 수준을 측정하며 그 능력을 실행하고 발전시킨다. 감각들을 언어로 묘사하는 능력을 개발한다.

설명

1. 당신이 이것을 처음 접하는 경우, 5분으로 시작하여 15분까지 점차로 시간을 늘릴 수 있다. 만약 언제라도 당신이 졸리거나 주의력이 분산되기 시작한다면, 그냥 이것에 당신의 인식을 가져온다. 이 연습을 하는 데 옳고 그른 방법은 없다.

2. 바닥에 눕는다. 가능한 한 편안한 자세를 취한다. 당신의 몸 감각에 집중하여 인식을 가져오고자 하는 당신의 의도에 대해 염려하는 부분들이 있는지 체크하고, 그들이 당신에게서 어떤 것을 필요로 하는지, 그리고 그들이 뒤로 물러설 의향이 있는지 알아본다. 일단 그들이 의향을 가지고 있다면, 당신은 계속 진행한다.

3. 당신의 인식이 어디로 가고 있는지 주목한다. 당신의 인식은 몸에 대한 전반적인 감각으로 가고 있는가? 고통이나 즐거운 기분의 영역으로 가고 있는가? 어떤 영역이 연결하기가 더 쉬운가? 어떤 영역이 느끼기가 더 어려운가? 상상이든 실제든 당신의 몸에 대한 지도를 만들어 이 영역들을 표시하고 감각의 표지를 붙인다.

4. 초점을 맞추고자 하는 당신 몸 안의 한 부위를 선택한다. 그 감각을 유지하며 시간이 흐르면서 당신의 인식에 어떤 일이 일어나는지 주목한다. 당신 몸의 이 부위를 향하여 어떤 느낌이 드는지 감지한다.

성찰

1. 당신이 이 연습을 할 수 있도록 어떤 부분들이 뒤로 물러설 수 있었는가? 그들은 지금 어떤가?

2. 당신 몸의 윤곽을 그리고, 몸 여러 부위에 그 감각들을 묘사하는 단어들을 적은 다음, 당신이 초점을 맞추었던 몸의 부분을 표시한다. (다음의 감각 단어 목록을 보라.)

3. 당신 몸의 이 부분을 향하여 어떤 느낌이 들었는가? 몸 그림 위에 그 느낌을 적는다.

4. 당신의 인식이 당신 몸의 이 부위에 어떤 영향을 끼쳤는가?

감각 단어 : 안김, 무감각함, 긴장, 짜증, 흐름, 떨림, 추움, 따뜻함, 무거움, 가벼움, 팽팽함, 헐거움, 평온함, 화끈거림, 쑤심, 움직임, 과밀함, 고요함, 편안함, 활기, 안절부절 못함, 가려움, 따끔거림, 가로막힘

땅과 연결하기

목적 : 발과 골반을 통해 땅과의 연결에 대한 감각을 경험한다. 이 연결을 강화하거나 복원한다.

설명

각 단계가 끝난 후 잠시 인식의 시간을 갖는다. 당신은 이 연습을 밖에서 하거나 창문을 내다보며 하기 원할 수도 있다. 이 연습은 15분에서 30분 정도의 명상 가운데 행하거나 회기와 회기 사이에 약식으로, 또는 회기 시작할 때 내담자와 함께 할 수도 있다.

1. 선다. 마루나 바닥을 딛고 있는 발에 의식을 가져온다. 발가락을 들어 꼼지락거린다. 발가락을 쉬게 한다. 발뒤꿈치를 들어올린다. 부드럽게 발뒤꿈치를 들었다 놓았다 한다. 발을 쉬게 한다. 다시 발뒤꿈치를 들었다가 바닥에 탁 소리 나도록 발을 내려놓는다. 여러 차례 반복한다. 당신의 온 몸이 흔들거릴 것이다. 이것을 몇 번 더 한다. 이 흔들기를 통해, 당신 몸의 나머지 부분에 있는 불필요한 습관적인 긴장이 풀리도록 한다. 발에 느껴지는 감각에 주목한다.

2. 당신의 체중이 몸의 하반신으로 내려가도록 한다. 모래시계에 들어있는 모래처럼 당신의 발을 향하여 천천히 내려가는 모습을 상상한다. 당신의 발이 바닥과

섞이게 한다.

3. 선한 청지기들은 자신들이 더 이상 필요하지 않은 것들을 재활용하므로, 당신이 더 이상 필요로 하지 않아, 땅으로 보내고 싶어하는 긴장, 감정, 신념 혹은 태도가 있는지 알아본다.

4. 당신의 발에서 나온 뿌리가 땅과 바위의 층들을 뚫고 아래로 자라는 것을 머릿속에 그린다. 당신의 부분들이 필요로 하는 특별한 특성으로서, 당신 발 아래 있는 땅이 제공할 수 있는 것들이 있는가? 당신의 발에서 나온 뿌리가 이 선물들을 흡수하는 모습을 머릿속에 그린다. 이 선물들이 수액처럼 당신의 몸을 통해 올라오는 것을 머릿속에 그린다. 당신의 골수는 통로가 된다. 당신의 발의 뼈로부터 시작하여, 다리의 뼈(정강이, 대퇴골), 엉치뼈, 척추 뼈, 당신의 두개골에 이른다.

5. 이 명상의 시간 동안 당신이 받은 선물로부터, 그리고 당신이 태어나기 전부터 땅이 당신에게 준 모든 선물을 생각해보면서, 당신이 몸 어디에서 감사함을 느끼는지 주목한다. 당신의 감사하는 마음을 이 부위로부터 아래로 땅의 핵심부를 향하여 보낸다.

6. 앉는다. 수직 정렬을 지지해주는 의자를 고른다. 여기서 당신의 엉덩이는 무릎보다 약간 높게 하고, 발은 마룻바닥에 놓는다. 골반저도 역시 착지 부위이다. 골반저가 의자 좌석에 똑바로 놓여 당신의 뼈를 통해 위로 흐르는 땅의 에너지와 연결되도록 초대한다.

7. 잠시 쉬면서 당신 몸의 감각에 주목한다.

성찰 (일지를 쓰거나 파트너와 공유한다.)

1. 지금 당신 몸은 어떤 느낌을 갖고 있는가? (이전 연습에서 나온 감각 단어를 참조한다.)

2. 이 안내 명상 시간 동안 당신은 어떤 생각, 기억, 이미지, 통찰, 감정을 경험했는가? 이러한 경험들이 부분들이나 참자아 에너지를 가리키는가?

3. 어떤 것이 땅으로 방출되었는가?

4. 땅으로부터 어떤 것을 받았는가?

5. 어떤 단계에서 어려움을 겪지는 않았는가?

6. 우리 몸을 통해 땅과의 연결을 회복하는 것은 뇌와 자율신경계, 내분비계, 면역계의 영역을 활성화시킨다고 말한다. 당신은 이러한 변화를 어떻게 감지하는가?

3

의식적 호흡 :
내면세계와 외부세계 통합하기

체현된
참자아

터치

동작

공명

호흡

인식

우리의 몸에 주목하면서, 우리는 우리의 호흡을 인식하게 된다. 우리의 호흡에 대한 인식은 우리를 공기 요소인 하늘 및 광활한 우주와 연결시켜 준다. 소매틱 IFS의 두 번째 작업은 신체적 인식으로 시작한 수직선을 완성한다. 이 수직선을 통해 우리는 위아래로 연결된다. 견고하게 뿌리내린 식물처럼 우리는 태양과 별들을 향해 손을 뻗는다. 우리는 발이나 골반저에서 나와 정수리를 거쳐 그 너머에 이르는 에너지 선과 연결된다. 하늘은 **행위**의 남성적인 요소와 연관되어 있지만, 땅은 종종 **존재**의 여성적인 요소와 연관되어 있기에 이 수직 정렬로 우리는 여성적인 것과 남성적인 것, 존재와 행위, 주는 것과 받는 것, 하늘과 땅, 몸과 마인드, 내부와 외부를 하나로 묶는다. 아래 땅과 연결된 상태에서, 공기와 위 공간에게 의식을 가져오면서, 우리는 고대 신화와 현대 심리학 가운데 담겨 있는 영혼의 여정을 도와 이 겉보기에 양극화된 특성들을 결혼시키고, 격동의 시대에 우리의 닻이 되는 수직축을 세운다.

쉴 때 평균적으로 우리는 매 시간마다 약 1,000번의 숨을 쉬는데, 그중 대부분은 우리가 의식하지 못하고 있다. 운이 좋게도 우리의 삶은 우리가 호흡을 의식하는 것에 달려 있지 않다. 그것은 우리의 뇌간 깊숙한 곳에 놓여 있는 구조가 책임지고 있다. 이 대체로 무의식적인 행위에 의식의 빛을 비추는 것은 치유 프로세스를 돕는 엄청난 잠재력을 가지고 있다. 우리의 삶이 전적으로 의지하고 있는 이 불수의적 행위에 의식을 가져오는 것은 우리의 내면시스템의 상태로 통하는 관문이면서 드러나기를 기다리는 이야기들로 통하는 관문이기도 하다.

내담자와 함께 앉아 땅과 연결하면서, 나는 내 호흡에 대해 호기심이 생기기 시작한다. 내가 숨을 들이쉬고 내쉬면서 어떤 감각에 주목하는가? 지금 나의 호흡률은 얼마인가? 내가 숨을 들이쉬고 내쉴 때 내 몸의 어떤 부위가 움직이고 있는가? 나를 고정시키는 땅과 하늘 사이의 에너지 수직선을 느낄 수 있는가? 이 에너지가 자유롭게 흐를 수 있도록 내 정렬에 약간의 변화를 가져올 필요가 있는가? 나는 내 초점을 확장시켜 나와 내 내담자를 품고 있는 공간, 우리가 숨을 들이쉬고 내쉬는 공간을 포함시킨다. 내 폐 사이에 아늑하게 자리잡고 있는 나의 심장이 내담자를 향해 열린다.

한 번의 호흡으로도 내담자가 내면적으로 자신들의 인식을 변화시키도록 해줄 수 있다. 어떤 내담자들은 자신들의 온몸에 대해 보다 더 일반적인 질문을 하는 것보다는 자신들의 호흡에 주목하며 신체적 탐색을 시작하는 것이 더 쉽다고 한다. 보호자들과 취약한 부분들은 모두 들어오고 나가는 리듬 안에 안기어 부드럽게 흔들리는 느낌을 갖는다. 참자아 에너지는 들이쉴 때 부분들에게로 보내질 수 있다. 내쉬는 숨을 통해 짐들은 떠나갈 수 있다. 새로운 특성은 들이쉴 때 들어온다. 감정이 시스템을 뒤덮기 시작할 때, 호흡의 율동적인 파도는 폭풍이 몰아치는 감정의 바다에 닻이 될 수 있다. 치료사는 특수 호흡 기법을 사용하여 고도로 활성화되어 있거나 너무 느린 자율신경계에 영향을 줄 수 있다.

호흡 패턴에 대한 집중 인식은 호흡에 영향을 주는 부분들을 드러낼 수 있다. 호흡에 인식을 가져오기 위해서는 다양한 피질 구조가 관여한다. 여기서 우리는 참자아 에너지와 연관되는 인식의 종류와 아울러, 우리의 호흡을 평가하며 그것을 바꾸고 싶어하는 부분들을 발견한다. 이 보호자들이 올바른 호흡에 대한 자신들의 지식을 확보해 놓을 수 있기 때문에 더욱 호흡의 신체적 구조 가운데 박혀 있는 부분들이 드러날 수 있다. 참자아 에너지는 호흡하는 것만큼 쉽게 그들에게 보내질 수 있다. 그것은 한 번의 호흡만으로도 충분하다.

의식적 호흡은 공기 요소와 연관되어 있다

공기 요소에 대한 인식은 식물과 동물 사이의 산소–이산화탄소 교환에서 우리는 상호의존하고 있음과 균형 잡힌 상호주의가 필요함을 우리에게 일깨워준다. 모든 들숨은 집안의 식물로부터 브라질 열대우림에 이르기까지 광합성에 의해 방출되는 산소라는 선물을 가져다준다. 모든 날숨은 우리의 세포 호흡의 폐기물인 이산화탄소를 보내 나무, 숲, 밭의 물결치는 곡물을 먹인다. 동물들과 식물들은 우리가 삶을 위해 의존하고 있는 공기의 질을 보존하기 위해 서로를 필요로 한다. 우리가 이 귀중한 자원을 얼마나 잘 보존하는가가 오랜 세월 동안 생명체에 영향을 미치게 된다. 우리가 호흡하는 리듬은 이 상호적인 관계를 반영한다. 아마도 공기를 들이마시고 내쉬는 리듬이 상처 많은 환경으로부터 독성을 가진 짐들을 흡수한 부분들을 진정시키고, 좀 더 안전한 환경을 지각하면서 더 이상 필요로 하지 않는 것을 내쉬게 할 수 있다.

공기의 요소는 또한 형이상학적 연관성을 가지고 있고 참자아 에너지의 특성에 기여한다. 연금술에서 공기는 물리적인 세계에 영적인 특성들을 가져다준다. 점성술에서 공기 요소는 정신적인 프로세스와 지적 추구를 강조한다. 공기는 빛과 연결되어 있고, 상상, 직관, 그리고 영감에 관한 우리의 능력과도 연결되어 있다. 우리가 마음 문을 열고 위의 무한한 공간을 대하면서, 우리는 마음 문을 열고 우리의 치유 관계에 필요한 이 모든 잠재적인 특성들을 대하는 것이다.

공기 요소와의 연결은 또한 우리가 마음 문을 열고 우리 주변의 무한한 공간으로부터 오는 선물을 받을 수 있게 한다. 탐사보도 저널리스트인 린 맥타가트는 이 진동하는 공간이 궁극적인 치유력이라고 주장하는, 패러다임을 바꾸는 책을 썼다. 그녀는 이 장(field)을 에너지 교환의 네트워크 안에서 우주의 모든 것을 연결하는 광활한 에너지 바다라고 묘사한다.

> 우주와 관련하여 우리 몸에는 '나'와 '나 아닌 것'의 이중성은 없고 근본적인 에너지장 하나만이 있다. 이 장은 우리 마음의 고도의 기능, 즉 우리 몸의 성장을 이끄는 정보의 근원에 대한 책임을 지고 있다…이 장은 병균이나 유전자가 아니라, 우리가 건강한지, 병들어 있는지를 최종적으로 결정하는 힘, 즉 치유하기 위해 사용되어야 하는 힘이다.[1]

거의 아무것도 아닌 것처럼 보이는 이 공간은 실제로 거의 모든 것일 가능성이 있다. 이 공간의 광활함은 우리의 감각으로는 비어있는 것처럼 보이지만 양자역학의 탄생 이래로 물리학자들은 빈 공간이 실제로 비어있는 것이 아니라는 것을 알게 되었다. 이 이론에 따르면, 입자의 주변 공간은 수많은 '가상' 입자로 채워져 있다. 작은 먼지들이 한줄기 햇빛에 의해 드러나듯이, 우리는 아무것도 없는 것이 무언가를 포함하고 있음을 배운다. 겉보기에 '비어있는 것'이 나타났다 사라지는 에너지와 입자들로 가득 차 있다. 명상가가 우주와 하나된 느낌을 묘사하는 사마디(Samadhi) 상태는 물리적 현상의 실제를 반영하는데, 그것은 가장 근본적인 수준에서 주로 빈 공간이다. 아마도 명상가들이 경험하고 맥타가트가 설명하고 연구한 이 장이 소매틱 IFS에서는 우리를 둘러싸고, 정보를 제공하고, 영양을 공급하는 참자아 에너지의 장이라 할 수 있다.

상담 그룹 및 교육 프로그램에서 나는 참가자들에게, 사례를 공유하는 동료들에게 새로운 방식으로 귀를 기울이라고 가르친다. 우리는 몇 번의 숨을 쉬는 것으로 시작한다. 날숨에 드는 습관을 의식적으로 버리고, 들숨에 새로운 접근을 향해 마음의 문을 연다. 나는 그들에게 발표자의 내용뿐만 아니라 자신들의 몸에, 내면시스템에, 그리고 이 참자아의 장에 귀를 기울이라고 요청한다 — 생각, 단어 또는 이미지로 자신들에게 오는 어떠한 정보도 수용하면서. 각 참가자는 자신이 주의를 기울였던 측면을 발표자와 공유한 다음, 발표자는 공유된 이 모든 정보에 반응한다. 꽤 자주, 참가자들이 그 장에서 듣는 겉보기에 별로 관계없는 정보가 사례를 공유하는 치료사에게는 가장 도움이 된다.

우리 몸 역시 대부분이 공간이다. 우리는 비록 지각의 수준에서 우리의 몸이 대부분 체액, 뼈, 조직으로 이루어져 있지만, 원자보다 작은 수준에서는 우리의 몸이 대부분 빈 공간이라는 것을 알고 있다. 99.9999%는 비어있다. 우리의 피부를 스치는 공기를 느끼고, 공기를 들이마시며, 우리 주위의 공간에 마음의 문을 열면서, 우리는 겉보기에 단단해 보이는 우리의 몸 안에서 넓은 공간을 경험할 수 있는데, 이것을 우리는 자주 참자아 에너지와 연관 짓는다. 우리의 부분들이 장악할 때, 우리의 몸은 넓은 느낌보다는 뭉쳐져 있고, 빡빡하며, 밀도 있고 무거운 느낌을 갖는다. 종종 단 몇 번의 호흡만으로도 탁 트인 광활함을 열어주므로, 이것이 우리가 부분들을 구별할 수 있는 공간을 만들어준다. 드넓은 하늘은 구름처럼 우리 부분들의 고통을 안아줄 수 있고, 짐들이 대기 중으로 녹아 사라지게 해준다.

나는 공기 요소를 — 아무것도 없는 것에서 나오는 것처럼 보이는 — 안내의 원천과 연관 짓는다. 내가 무엇을 해야 할지 모를 때, 내가 무언가 일어나게 할 필요가 있다는 생각(즉 의제)을 가지고 있을 때, 나는 내 주위의 공간, 다시 말해 나와 내담자를 품고 있는 공간에 마음을 연다. 내 주위와 내 안에 있는 공간의 공허는 내가 긴장을 풀고 알지 못하는 상태, 알 필요가 없는 상태가 되도록 해준다. 나는 마음 문을 열고 나의 의식적 앎 너머에서 오는 놀라운 지혜를 얻을 수 있다. IFS는 부분들과 참자아 외에도 치료 프로세스에서 치료자와 내담자의 참자아 에너지를 지원할 수 있는 가이드를 인정한다. 이러한 가이드들은 따뜻이 맞아들이고 초대받을 때 나타난다. 때때로 그들은 사람의 모습으로, 또 어떤 때는 생각이나 말로서 나타난다. 초창기 치료사 시절에 말이나 생각이 들렸으나, 처음에는 아무런 관계가 없어 보이거나 방해가 된다고 생각하여 나는 그것들을 무시하였다. 하지만 그들은 끈질겼다. 나는 그들의 조언이 항상 도움이 된다는 것을 알게 되었고, 이제 나는 이 음성들을, 우리 주변의 무한한 공간으로부터 오는, 내 자신보다 더 큰 원천으로부터의 지혜로 여기며 신뢰한다.

의식적인 호흡은 다리이다

의식적 호흡은 신체적 인식과 근본적 공명의 작업, 개인 내적인 것과 개인 간의 것, 무의식과 의식, 우리 각자와 다른 모든 살아있는 것, 그리고 영적인 영역을 연결한다. 그것은 우리를 계속해서 현재의 순간으로 되돌려 놓는다. 우리의 부분들이 우리를 후회스러운 과거와 두려운 미래로 데려갈 때, 우리의 숨에 주목하는 단순한 행위는, 우리를 참자아 에너지를 발견할 수 있는 유일한 장소와 시간인, 우리 몸과 현재의 순간으로 되돌려준다.

무의식과 의식 사이의 가교로서, 숨에 주의를 기울이는 것은 심리치료에서 중요한 도구이다. 우리가 대체로 무의식적인 호흡 패턴에 의식을 가져올 때, 우리는 우리의 의식적 인식 밖에 놓여 있던 부분들에 인식을 가져온다. 빠른 호흡은 두려워하며 활성화된 부분을 가리키는 반면 얕은 호흡은 해리나 우울증과 관련이 있을 수 있다. 들숨과 날숨 사이의 차이는 실존적 믿음, 출생의 트라우마, 또는 감정을 통제하려는 보호적인 부분들과 관련이 있을 수 있다. 때때로 숨에 의식적인 인식을 가져다주는 단순한 행위가 변화를 가져온다. 깊고 느린 숨은 우리를 불안에서 흥분된 기대감으로 이끄는 다리일 수 있다.

의식적 호흡은 모든 생명체들에게 다리이다. 이 행성의 모든 인간들뿐만 아니라 하늘을 나르는 매, 나뭇잎 사이로 깡충깡충 뛰어다니는 다람쥐, 대양의 표면을 가르는 혹등고래 모두가 동일한 공기에 의지하며 숨을 들이쉬고 내쉬고 있다. 이 생명을 지탱시켜 주는 기체에 대한 우리 모두의 필요는 아마도 우리의 하나됨을 가장 분명하게 보여준다. 우리의 호흡은 우리의 의식을 초월적인 영역으로 확장시켜 준다. 우리는 우리를 둘러싸고 있는 공기가 우리 안에 있는 공기와 같다는 것을 알게 되고, 우리 안에 있는 참자아 에너지는 우리 주위의 참자아 에너지와 같다는 것을 알게 된다. 이러한 상호 시너지를 가져다주는 기체와 에너지의 교환은 우리의 본질적인 하나됨과 상호의존성을 보여주는 보편적인 춤이다.

우리의 숨은 물질과 비물질 영역을 연결한다. 숨과 참자아/영/영혼 사이의 연결은 많은 문화에서 증명되며 그들의 언어에 반영되어 있다. 영어 단어 '영(spirit)'은 숨을 의미하는 라틴어 스피리투스(spiritus)에서 유래되었다. 헬라어 프쉬케(psyche)는 숨과 영혼을 의미하고, 프뉴마(pneuma)는 숨과 영을 의미한다. 히브리어 루아흐(ruah)와 산스크리트어 프라나(prana)는 또한 숨과 영 모두를 의미한다. 베단타(진리를 추구하는 힌두 현자들의 초월적 경험) 철학에서 프라나는 숨을 통해 들어와 몸의 모든 부분으로 이동하는 생명력이다. 다양한 호흡 기법들인 프라나야마(pranayama)는 요가 작업의 핵심적인 측면이며 의식적 호흡 작업에서 사용된다.

고대로부터 숨에 대한 인식은 명상 작업의 핵심이었다. 호흡 작업을 통해 깊은 의식, 즉 사마디의 상태에 도달할 수 있다. 과거와 미래에 대한 생각은 사라지고, 개인과 우주는 서로의 거울이고 서로를 포함한다. 선사들은 우리의 이러한 마음과 몸의 상태를 구름이 생겼다 없어질 수 있는 맑은 하늘에 비유한다. 이 상태에서 우리는, 아마도 가장 흔하고 만연한 우리의 짐이라고 할 수 있는, 이원론의 환상을 초월한다. 슌류 스즈키(Shunryu Suzuki)는 책 스즈키 선사의 선심초심(Zen Mind, Beginner's Mind)에서 우리의 숨이 어떻게 고통의 핵심에 있는 이 신념의 짐을 내려놓도록 할 수 있는지 설명한다.

> 우리가 숨을 들이쉴 때 공기는 내부 세계로 들어온다. 우리가 숨을 내쉴 때 공기는 외부 세계로 나간다… 당신의 마음이 이 동작을 따라갈 수 있는 정도로 순수하고 평온할 때 아무것도 존재하지 않는다. '나'는 없고 세상도 없으며, 마음도 없고 몸도 없다. 단지 전후좌우로 흔들리는 문만 있을 뿐이다.[2]

자신의 호흡에 주목하라는 지시에 싫증이 나게 된 명상가에 대한 유명한 이야기가 있다. 그는 자기 스승에게 깨달음을 얻기 위해 온 것이지 끝없이 자기 호흡에만 집중하기 위해 온 것이 아니라고 불평하자, 스승은 제자의 머리를 물통에 처박고, 숨 쉬는 행위를 진정으로 고마워할 수 있을 때 그를 놓아주었다. 최근 호흡기 바이러스는 제한받지 않는 호흡이, 우리의 체현된 참자아 에너지에 접근할 수 있는 우리의 능력에 얼마나 중요한지를 내게 매우 구체적으로 보여주었다. 2주 동안 나는 숨을 쉴 때마다 심한 기침 발작을 일으켰다. 글자 그대로 나는 제 정신이 아니었다가 내 기관지가 깨끗해져서야 내가 완전히 숨을 쉴 수 있게 되었다. 그리고 나서 나는 독감이 유행하는 동안 내게 생겼던 새로운 제한된 호흡 패턴을 일부러 잊어버려야 했다. 그 명상가처럼, 나는 숨을 충분히 들이쉬고 내쉬는 능력을 되찾게 된 것을 즐겼다.

부처에 대한 이야기는 숨 쉬는 단순한 행위가 어떻게 기쁨으로 가는 다리가 될 수 있는지를 보여준다. 부처가 인도 북부에서 가르치다가 한 달 동안 사라졌다고 한다. 그가 돌아왔을 때, 그의 제자들은 그가 아나파나사티(anapanasati, 호흡에 대한 완전한 인식)를 작업하면서 수련하고 있었다는 사실을 발견했다. 그들은 당혹스러웠다. "선생님은 이미 깨달음이 있는데, 왜 그런 기본적인 작업을 수련하는 것에 시간을 보내십니까?" 그들은 물었다. 그는 매우 간단하게 대답했다. "왜냐하면 그것은 훌륭한 삶의 방식이기 때문이다."

의식적 호흡 작업은 우리가 통제하거나 바꿀 수 있는 것과 우리가 그렇게 할 수 없는 것을 연결한다. 수의적인 동시에 불수의적인 프로세스인 우리의 호흡은, 우리의 부분들이 우리의 기분과 행동을 통제하고 있다고 느낄 때 우리가 변화를 가져오도록 해준다. 숨은 불수의 신경계에 영향을 줄 수 있는 몸의 유일한 수의적인 기능으로 여겨진다. 호흡계는 수의 신경과 근육, 그리고 불수의 신경과 근육을 모두 가지고 있다. 숨은 우리의 자율신경계의 자연적인 균형을 드러내주며 우리가 활성화에서 긴장완화로 매끄럽게 다리를 건널 수 있도록 도와준다.

호흡의 해부학

호흡에 대한 우리의 의식을 증대시키기 위해서는 호흡 프로세스의 생리학과 서로 다른 많은 몸 시스템, 그리고 이러한 대부분 불수의적 행위 가운데 협력하는 세포 미세구조에 대해 아는 것이 도움이 된다.[3] 뼈, 근육, 세포, 순환계, 그리고 신경계와 좀 더 친밀해질수록 의식적인 선택의 가능성을 높여준다. 의식은 부분들을 드러내고 참자아 에너지로 되돌아가는 길을 제공한다.

대기로부터 산소 분자가 세포로 이동하는 프로세스—세포 내에서는 미토콘드리아가 산소를 이용하여 세포에 생명을 불어넣는 작업을 한다—는 뇌간에서 시작된다. 여기서 연수라 불리는 구조가 자동적으로 혈액 내 이산화탄소와 산소의 레벨을 감지한다. 이 원시적인 뇌 구조는 횡격막의 근육에 신경 자극을 보내며 호흡의 불수의적 측면을 책임진다. 몸에 산소가 필요하면, 횡격막이 수축하여 흉강 내부에 진공 상태를 만들고, 비강을 통해 공기를 끌어들인다. 공기는 후두를 통해 기관으로 이동하며, 두 개의 기관지로 갈라져 폐로 들어간다. 이 공기는 점점 더 작아지는 미세한 가지들로 방향을 바꾸어 마침내 폐포라고 불리는 작은 주머니에 도달한다. 여기서 세포막을 통해 모세혈관으로 산소 분자를 확산시킨다—한 번에 적혈구 하나씩. 연수가 이산화탄소의 축적을 탐지하면, 그 기체는 모세혈관으로 방출되어 폐포로 이동한다. 횡격막 근육은 이완되어 흉강 내 정상적인 압력을 회복하고 폐에서 공기를 밀어낸다. 건강한 성인은 이 과정을 우리의 원시 두뇌에 의해 거의 무의식적으로 1분에 10번에서 20번 정도 반복한다.

횡격막은 호흡의 주요 근육 운동 선수이다. 그것은 크고 얇은 돔 모양의 근육으로, 아래쪽 흉골에서 뒤쪽으로는 요추골, 그리고 측면으로는 7번째에서 12번째 늑골에 붙어있다. 그것은 마치 성당의 천장과 같아, 소화기관의 장기가 들어 있는 복강과 심장 및 폐가 들어 있는 흉강을 분리시킨다. 산소가 필요하다는 메시지를 뇌간으로부터 전달받으면 우리 복부의 많은 기관들 위에 놓여 있는 이 근육은 아래로 수축한다. 돔 모양은 가운데가 아래로 내려가면서 평평하고 넓어져 접시 모양이 되어, 밑에 있는 기관을 부드럽게 누른다. 횡격막이 아래로 밀려 내려가며, 가장자리가 위로 올라가 위에 있는 흉강이 확대되어 공기가 폐로 들어간다. 횡격막이 이완되어 원래의 돔 모양으로 돌아오면 흉벽이 탄력적으로 움츠러들어 이 부위를 수축시켜 폐에서 공기를 밀어낸다. 목과 흉부의 다른 근육들도 호흡의 작용에 관여한다. 횡격막은 입의 연구개뿐만 아니라 골반 가로막과도 관계를 공유한다. 이 모든 근육들은 우리의 뼈 ― 갈비뼈, 흉골, 쇄골, 척추, 두개골과 골반 뼈 ― 에 붙어서 상호작용한다.

우리의 자율신경계(ANS)는 호흡과 관련된 또 다른 주요 시스템이다. 우리가 들이쉴 때, 우리는 교감 신경계(SNS)를 활성화시킨다. 이것은 우리를 인식된 위협에 반응하도록 활성화시키는 생리적인 가속기와 유사하다. 우리가 내쉴 때, 자동차의 브레이크에 비유되는 부교감 신경계(PNS)는 교감 신경계를 억제한다. SNS는 우리의 숨을 빠르게 하고, PNS는 느리게 한다. 다미주신경 이론에 따르면, 우리가 위험을 인식할 때, 우리의 SNS가 동원되어 싸우거나 도망간다. 만약 우리가 성공적으로 안전한 상태로 돌아오면, 진화적으로 좀 더 최근에 발달된 PNS 부분이 우리의 교감적 활성화에 제동을 걸어, 우리는 평온하고 안전감을 느낀다. 만약 우리가 성공하지 못한다면, 우리의 좀 더 원시적인 PNS 부분이 장악하여, 우리는 닫아버리고 무너지고 분리된다. 호흡 패턴은 SNS 가동으로 인해 빠르고 높은 숨으로, PNS 분리로 인해 좀 더 느리고 얕은 숨으로 고정되어 있을 수도 있고, 혹은 이 두 극단 사이에서 마구 오락가락할 수도 있다.

우리의 부분들은 ANS가 가속기에 발을 계속 올려놓도록 하거나, 혹은 심지어 가속기와 브레이크를 동시에 밟도록 하여, 차가 쉽게 마모되듯이 우리의 시스템을 마모시킨다. 그러나 의식적인 프로세스에 의해 통제될 때는, 호흡이 우리의 맥박, 혈압, 소화 그리고 신진대사와 더불어 ANS의 가속기와 브레이크 페달을 조절할 수 있다. 숨은 내담자와 치료사 모두에게, 분리된 PNS 상태에서 가동된 SNS 활성화를 거쳐, 마침내 더 진화한 PNS

사회적 관여 상태에 이르는 경로가 될 수 있다.

호흡에 대한 의식을 함양하기

호흡과 관련된 해부학적 구조에 인식을 가져오는 것은 호흡 프로세스에 대한 의식을 확장시켜 내면시스템의 부분들에 이르는 관문과 체현된 참자아에 이르는 길을 제공한다. 우리는 흉곽의 움직임의 정도를 감지할 수 있다. 앞, 양 옆, 뒤에 호흡기 근육이 붙어있는 뼈와 근육의 유연한 바구니에 터치와 인식을 가져오면 흉부 부위가 부드러워져 보다 완전한 들숨과 날숨이 가능해진다. 갈비뼈는 앞쪽의 흉골에 붙어있다. 우리가 들이쉴 때 흉골에 손을 얹으면, 우리는 이 뼈가 위쪽과 바깥쪽으로 움직이는 것을 느낀다. 손을 흉골 바로 아래 부분으로 가져가면, 우리 손이 들이쉴 때 바깥쪽으로, 내쉴 때 안쪽으로 움직인다. 우리의 빗장뼈(쇄골)와 어깨와 팔에 붙어있는 모든 뼈와 근육은 흉곽 위에 떠 있다. 배에 다른 손을 대면, 우리는 배가 리듬감 있게 늘어나고 줄어드는 것을 느끼게 된다. 이 아래쪽에 있는 손을 등으로 가져가면, 우리는 숨이 들어가고 나가면서 횡격막이 편평해지는 것을 느끼게 된다. 우리의 손을 갈비뼈의 옆쪽으로 가져가면, 우리는 횡격막과, 흉곽을 올리고 내리는 늑간 근육의 움직임을 따라가게 된다. 겨드랑이에 손을 대면, 우리는 폐의 상엽이 공기로 가득 차고 빠지는 것을 느끼게 된다.

　이러한 움직임에 대한 인식은 즉시로 더 넓은 범위의 움직임과 호흡의 변화를 가져올 수도 있다. 우리는 머리와 목, 어깨와 팔, 척추와 골반저에서 미묘한 움직임을 감지할 가능성이 있다. 우리의 호흡은 더 느리고, 더 깊고, 더 완전해질 수 있다. 호흡의 변화와 함께, 우리는 참자아 에너지의 몇 가지 특성이 증대되는 것을 경험할 수도 있다. 부처가 그랬듯이, 우리의 숨에 주의를 기울이는 것이 훌륭한 삶의 방법이라는 것을 발견하게 될 수도 있다. 그렇지 않으면 우리는 호흡의 제약을 더 의식하게 될 수도 있고, 초보 명상가처럼 이 단순한 행위에 집중하는 것을 지루해할 수도 있다.

많은 사람들에게, 호흡하는 행위에 인식을 가져옴으로써 부분들을 촉발시킬 수 있다. 호흡 패턴에 대한 의식은 삶과 죽음을 향한 태도와 관련된 실존적인 문제를 활성화할 수 있다. 우리의 숨에 귀를 기울임으로써 우리의 신경계에 내재된 우리의 이야기를 드러낼 수 있다. 트라우마 생존자들은 숨에 집중함으로써 압도당할 수 있기 때문에 호흡에 관련된 자율신경계의 역할을 고려하는 것이 중요하다.

내 친구이자 동료인 데브 다나(Deb Dana)는 호흡을 ANS와 연관시키면서, 의식적 호흡 작업에 대한 나의 이해를 최근에 확장시켜 주었다. 그녀의 책 치료 현장에서의 다미주신경 이론(The Polyvagal Theory in Therapy)은 우리의 ANS 상태를 평가할 뿐만 아니라, 우리의 ANS 흐름과 친해짐으로써 그 상태를 조절하고 만들기 위해 우리의 호흡 패턴을 추적하고 감지하고 이름 짓는 자신의 방법을 설명한다. 일단 특정 ANS 상태가 인식되면, 다나는 관계 연결 및 안전을 복원하고 경험을 제공할 목적으로 신경계 활동 상태를 형성하기 위한 호흡 작업을 몇 가지 제안한다.

> 일반적으로 느린 호흡, 길어진 날숨 및 저항성 호흡은 부교감 활동을 증가시킨다. 들숨과 날숨을 일치시키는 것은 자율 균형을 유지시키는 반면, 빠른 호흡, 불규칙한 호흡, 그리고 갑작스러운 들숨과 날숨은 교감 활동을 증가시킨다.[4]

호흡에 대한 우리의 의식은 치료사로서 우리가 우리의 ANS 상태를 평가하고 형성함으로써 우리가 안전한 연결을 제공해주어, 내담자들이 그들의

ANS를 감지하고 형성할 수 있게 된다. ANS 에 대한 이러한 공동 조절 프로세스를 통해, 짐을 짊어진 부분들이 안전하고 신뢰할 수 있는 분위기로 맞아들여지게 되어, 거기서 자신들의 이야기를 보여주고 들려줄 수 있게 된다. 내담자들과 치료사들은 자신들의 호흡이 자신들의 생리적인 상태와 어떻게 관련이 있는지, 그리고 자신들의 생리적인 상태가 어떻게 심리적인 이야기를 만들어내는지 깨닫게 된다.

　호흡의 행위에 주의를 기울이면서 위험 신호를 보낼 경우, 내담자의 ANS를 변화시킬 수 있는 호흡 작업은 많이 있어, 내담자들은 자신들 이야기를 하고 있는 부분들에게 안전하고 긍휼한 마음의 연결을 할 수 있는 에너지를 가져다줄 수 있다. 정사각형 호흡법(넷 셀 때까지 내쉬고, 넷 셀 때까지 숨을 참은 다음, 넷 셀 때까지 들이쉬고, 넷 셀 때까지 숨을 참는 호흡 사이클로 알려진 균형 잡힌 호흡법)은 불안을 관리할 뿐만 아니라, 호흡 작업을 안전하게 진행하는 한 가지 방법이 될 수 있다고 다나는 말한다. 불의 호흡(정상적으로 들이쉰 다음, 배 근육을 수축시키며 강하게 내쉬는 호흡법)이나 기쁨의 호흡(리드미칼하게 몸과 팔을 움직이며 심호흡을 촉진시키는 방법)과 같은 요가 호흡은 무너지고 얼어붙은 상태에 더 많은 에너지를 가져다줄 수 있다. 내담자는 날숨이나 들숨을 점차적으로 증가시켜 어떤 것이 가장 편안하고 안도감을 주며, 안전한지 실험해볼 수 있다. 다나는 또한 내담자의 날숨에, 그 날숨에 동반되는 자동적인 한숨에 주의를 기울일 것을 제안한다. 이것은 자신들의 시스템을 조절하기 위해 작동하는 자율신경계 고유의 지혜를 인정하는 하나의 방법이다. 마찬가지로 나는 숨을 들이쉬면서 하품하고, 내쉬면서 한숨 쉬는 소리를 내보라고 하는데, 이것은 ANS를 교감 활성화 상태에서 부교감 배쪽 미주신경계 상태로 전환하기 위한 방법이다.

우리의 호흡에 대한 의식적 인식이 부분들에게 접근할 수 있듯이, 의도적 호흡 작업은 우리가 부분들을 분화시키고, 그 숨을 통해 그들에게 참자아 에너지를 가져다줄 수 있게 해준다. 숨이 프라나를 척추를 통해 몸 어느 곳으로든 운반한다고 요기들이 믿는 것처럼, 의식적 호흡 작업에서 우리는 숨과 함께 참자아 에너지를 우리 몸 어디로든지 — 폐로부터 얼마나 멀리 떨어져 있든지 — 보낼 수 있다. 우리는 호기심이나 긍휼의 마음 같은 참자아의 특성을 발견하고 그 부위에 숨을 불어넣는다. 그 숨은 참자아 에너지의 흐름을 깨우고 생기를 불어넣는다. 그리고 거기서부터 우리는 그 숨을 우리 몸 어디로든지 향하게 할 수 있다.

소매틱 IFS에서의 체현된 화법

부분들이 자신들의 이야기를 할 필요가 있을 때, 의식적 호흡은 부분들이 자신들의 고통을 입밖에 내도록 도울 수 있다. 종종 부분들은 자신들의 감정과 욕구에 대해 소통할 수 있기 전에 짐을 짊어지게 되었다. 그들의 진실을 입밖에 낼 수 있는 허락을 받지 못했을 수 있다. 그들의 이야기를 아무도 듣거나 믿지 않았을 수도 있다. 그들의 고통이 잘려나가 조직에 묻힐 수도 있다. 말로는 그들이 묻힌 곳을 찾지 못할 수도 있다. 다른 부분들이 이야기를 하려고 시도할 수도 있다. 언어적 표현은 그 단어가 태어난 몸의 부위와 단절되어 있는 느낌을 준다. 충분히 이야기하고 싶어하는 진실은 호흡 및 말하기에 관련된 근육과 장기에 갇혀서 목소리가 인위적이거나, 부자연스럽거나, 단조롭거나, 쉰 소리가 되도록 만든다. 그 이야기들은 아직 체현된 언어로 전달할 수 있는 방법을 찾지 못했다. 때때로 진실이 태어나기 전에, 진실이 말이 되기 전에, 진실은 소리, 한숨으로 시작된다. 그 한숨은 아마도 안에 감추어진 어떤 것, 태어나기를 기다리는, 단어가 되기를 기다리는 어떤 것의 첫 속삭임일 수 있다. 날숨은 한숨으로 이어지고 이것은 다시 우리의 진리와 연결된 소리와 말로 이어지면서 우리의 언어가 체현되도록 해준다.

요가에서 나온 한 가지 호흡 기법은 내담자가 자신들의 목소리를 찾도록 도와준다. 우자이 호흡(Ujjayi, 횡격막 호흡법으로서, 먼저 공기를 아랫배에, 그리고 흉곽 아래쪽을 거쳐 마침내 가슴 위쪽과 목까지 채운다. 모든 들숨과 날숨은 코로 이루어진다)이라고 불리는 이 기법에서는 내쉴 때 후두의 근육은 수축되어 들숨에 대한 저항력을 더해준다. 날숨이 만들어내는 소리가 바다의 파도와 같아서 때때로 대양 호흡이라고도 불린다. 이 호흡 작업은 많은 신체적, 정서적, 영적 유익을 제공한다. 혈액 내 산소를 증가시키고, 내부 열을 만들며, 독소를 제거하며, 면역 체계를 향상시켜 준다. 후두의 진동은 부교감 신경계에 신호를 보내는 감각 수용체를 자극하여 심박수를 늦추고 혈압을 낮춘다. 우자이 호흡은 평온함, 자신감, 명료함 같은 체현된 참자아 에너지와 연관시킬 수 있는 많은 특성을 가져올 수 있다. 그것은 또한 내담자 주디와의 회기에서 있었던 것처럼 내담자가 자신의 목소리를 찾을 수 있는 기회를 제공해준다.

주디는 몸이 떨리는 느낌이다. 그녀의 숨은 얕다. 그녀는 가슴 속에 무언가가 자신을 적에 맞서 버티게 해주고 있는 것 같다고 말한다. 나는 그녀가 이 대양 호흡을 시도하며 소리를 주목해보라고 권한다. 몇 번의 호흡을 할 때까지는, 내가 그녀가 괜찮다고 느끼는 만큼만 들이쉬고, 이 대양 호흡으로 내쉬면서 소리에 귀 기울이도록 안내한다. 그녀는 자신의 날숨 소리에 편안해지고 심지어 그 소리에 위안을 느끼게 된다.

몇 번의 숨을 쉬고 나자 그녀의 떨림이 줄어든다. 그녀의 들숨은 더 편해지고 완전해진다. 그녀는 계속해서 자신의 숨소리에 귀를 기울이니, 곧 그 소리는 한숨이 된다. 처음에는 그 한숨이 공포와 긴장감이 줄어들었다는 안도의 한숨이다. 그리고 나서 그녀는 그 한숨이 슬픔의 감정으로 바뀐다고 말한다. 슬픔은 두려움 밑에 깔려 있다.

주디는 나타난 슬픔을 유지하면서, 자신의 눈이 뜨거워지는 것을 느낀다. 그러나 눈물이 나오지는 않는다. 나는 그녀에게 슬픈 한숨이 처음 나왔던 몸의 부위에 채널을 맞추라고 요청한다. 나는 그녀에게 슬픈 부분이 안에서 내는 소리를 들을 수 있는지 물어본다. 그녀가 확실하지 않다고 하자, 나는 몇 가지 다른 소리를 시도해보라고 제안한다. 그녀가 약간 자의식을 느끼는 듯이 보이면, 그녀가 다양한 모음 소리와 다른 음높이로 실험할 때 내가 부드럽게 함께 한다. 우리는 '아아아아'와 '오오오오'를 시도한다. 우리는 다른 음높이와 음량으로 이 소리를 낸다. 마침내 주디의 입에서 부드러운 고음의 '우우우우'가 나오며, 그 부분이 흘리고 싶었던 눈물이 쏟아진다.

쉼쉬기, 한숨 쉬기, 그리고 소리내기를 통해 주디는 자신의 취약한 부분들의 목소리를 해방시켜 그들의 이야기와 감정을 표현하고 있는 것이다.

부분들은 음색, 톤, 억양, 리듬, 음높이, 속도 같은 목소리의 특성에 영향을 미치며, 부분들의 이끎을 받는 화법이 체현된 화법은 이러한 차이로 인해 확연히 드러난다. 내가 내담자와 전화로 이야기할 때 나는 음색, 톤, 그리고 목소리의 속도에 귀를 기울이며 그들의 몸의 상태와 신경계를 평가한다. 바디마인드 센터링과 심리치료를 통합하여 바디마인드 심리치료를 만든 수잔 아포시안은 목소리로 우리 자신을 표현하려는 우리의 타고난 성향을 해방시키는 작업이 종종 치료에서 등한시되고 있다고 적고 있다.

> 인간이 자신의 내면 프로세스를 다른 사람들로부터 감추기 위해 노력하면서, 우리는 우리의 목소리 표현을 억압하는 경향을 습관화시켰다. 한숨 쉬거나, 신음하고, 투덜거리거나, 소리 지르고, 울거나, 웃기보다는, 우리는 우리의 모든 발성 자극이 신경 메커니즘을 거치도록 하여, 이 자극들의 사회적 수용성 여부를 검열한다.[5]

이 목소리 표현들은 말 그대로 몸 이야기들의 영화음악이다. 많은 사람들이 큰 소리로 말한다고, 화내며 말한다고, 비명을 지른다고 모욕을 당하거나 벌을 받았다. 그리고 보호자 부분들은 검열관이 되어야 했다. 어떤 말은 금기시되었을 수도 있다. 때때로 어떤 회기에서 억제하는 보호자들을 무시하면, 소리나 말이 자연스럽게 튀어나온다. 보호자들을 안심시키고, 추방된 부분의 목소리 표현을 환영하고 독려해줄 필요가 있다. 소리에 인식을 가져오고 마인드풀하게 그것을 반복함으로써 치유의 길을 열어줄 수 있다.

IFS는 카타르시스 모델이 아니다. 핵심은 감정을 정화시키는 것이 아니라 침묵을 강요당하고 추방된 부분들에게 목소리를 회복시켜 참자아가 그들의 이야기를 듣도록 하는 것이다. 많은 사람들은 조용히 울기만 할 것이다. 말을 할 수도 있기는 하지만, 진정한 감정은 그 내용에서 빠져 있다. 화난 메시지가 달콤한 어조로 전달될 수도 있고 사과의 말로 표현될 수도 있다. 화법의 체현화는 "난 네가 싫어!"라는 말을 먼저 내면적으로 듣는 것으로 시작할 수도 있다. 우리는 몸이 그 소리에 어떻게 반응하는지 주목한다. 그런 다음 부분들에게 내담자가 그 말을 하거나 내면에서 들린 소리를 입 밖에 내더라도 괜찮겠는지 묻는다. 이 프로세스는 침묵을 강요당하고 모욕을 당했던 부분들에게는 엄청나게 힘을 실어준다. 우리는 그 말이 몸 안 어디에서 시작되었는지 발견한다. 보호자들로부터 허락을 받아, 우리는 그 소리가 코어 근육의 지지를 받으며, 날숨의 파도를 탈 수 있도록 허락한다.

부분들은 목소리를 통해 자신들을 드러낸다. 우리는 내담자들이 말하는 것에 귀를 기울이면서, 내용뿐만 아니라 목소리의 특성에도 주목한다. 목소리 특성이 바뀔 수도 있는데, 그것은 다른 부분이 방금 나타났음을 암시한다. 우리는 아이의 목소리를 들을 수도 있다. 우리는 내담자에게 다음과 같이 물을 수도 있다. "지금 말하고 있는 부분은 누구입니까?"

알렉스와의 회기에서 나는 그가 자신의 어린 부분에게 일어났던 일은 그 아이의 잘 못이 아니라고 안심시키는 그의 목소리 톤에 충격을 받았다. 그의 말은 좋았으나, 목 소리는 안심시켜 주지 않고 있었다. 목소리는 높고, 조이는 느낌이며, 흔들렸다. 그의 어린 소년 부분이 그의 몸—적어도 그의 성대—과 섞여 있는 듯 보였다. 나는 알렉 스가 겁에 질린 어린 소년 입장에서가 아니라, 그의 체현된 참자아 입장에서 말하도 록 어떻게 도와야 할지 궁금하였다. 나는 그가 이 에너지에 접근할 의사가 있는지 결 정하기 위해 질문하였다.

> SM : 알렉스, 이 어린아이를 향하여 어떤 느낌이 드나요?
> 알렉스 : 그 아이가 안 됐다는 느낌이에요. 긍휼의 마음인 것 같아요.

어조와 말 둘 다 그가 아직 충분히 준비되지 않았다는 것을 암시하였으나, 나는 우 리가 그것을 기반으로 진행할 수 있다고 생각하였다.

> SM : 당신은 몸 어디에서 이 긍휼의 마음이 느껴지나요?
> 알렉스 : 내 심장에서요.
> SM : 당신 심장에 숨을 불어넣으세요. 날숨이 당신의 심장에서 오는
> 긍휼의 마음을 목구멍까지 운반하게 하세요. 당신의 말이 가슴으로
> 부터 나오게 하세요.

몇 번의 숨을 쉬고 나서, 알렉스의 목소리는 느려지고, 음높이는 낮아졌으며, 그가 어린 소년에게 아무것도 그의 잘못이 아니라고 말할 때 더 많은 울림이 있었다.

치료사의 체현된 화법은 체현된 참자아 에너지의 존재를 전달하며 입 밖 으로 내는 말보다 더 중요하다. 치료사의 목소리는 내담자의 내면 상태를 변화시키는 악기와 같다. 더 느리고 부드러운 톤은 내담자가 천천히 내면 으로 들어가도록 지지할 수 있다. 목소리의 음높이는 자율 상태에 영향을 미친다. 다미주신경 이론은 주파수가 너무 낮은 언어는 포식자의 존재를 알리는 신호가 될 수 있는 반면, 단조롭고 높은 음은 고통과 위험을 전달한

다고 말한다. 억양, 톤, 음높이, 그리고 언어의 리듬을 포함하는 운율은 위험에 대한 신호일 수도 있고, 사회적 관여라는 안전한 배쪽 미주신경 상태로의 초대일 수도 있다.

치료사는 내담자에게 열린 마음이나 심문, 긍휼의 마음이나 판단을 전달하는 음높이와 음색을 가지고 질문할 수 있다. 우리의 목소리 톤만큼 우리의 부분을 드러내는 것은 없다. 우리가 말할 때는 우리의 어조를 의식하지 못할 수도 있다. 우리는 내담자들을 추적하여 우리의 언어 톤, 음높이, 음량, 리듬이 사회적 관여의 배쪽 미주신경 상태를 초대하고 있는지 아니면 혹시 내담자 부분들의 ANS 각성을 활성화시키고 있는지 측정할 수 있다. 나는 나의 한 부분이 시간에 대해 염려할 때 내 속도가 빨라지는 것을 인식하게 되었다. 상대방이 나를 이해하고 있다는 느낌이 들지 않을 때, 나는 소리를 더 크게 내어 십중팔구 좌절감을 전달한다. 아랫배에 숨을 가져오고, 그렇게 하여 내 목소리를 지원함으로써 내가 체현된 화법의 궤도로 되돌아올 수 있도록 도와준다.

소매틱 IFS에서의 의식적 호흡 작업

수피 신비주의자이자 시인인 루미는 호흡법에 대해 이렇게 썼다. "수치심과 제약으로 가득 찬 한 가지 호흡법이 있다. 그리고 또 다른 방법이 있다. 당신을 무한대 끝으로 데려가는 사랑의 호흡이다." 소매틱 IFS는 루미가 지적한 두 가지 호흡 방법을 모두 다룬다. 대부분의 경우, 나는 단순히 호흡에 인식을 가져온다. 호흡 패턴의 제약, 중단, 불규칙성에 주목하면서, 우리는 수치심, 두려움, 슬픔, 절망 또는 격분의 짐을 짊어진 부분들에게 접근할 수도 있다. 나는 또한 '사랑의 호흡'—자율신경계가 주로 미주신경 통제하에 있으므로, 나의 내담자를 데리고 무한대까지는 아니더라도 좀 더 체현된 참자아 에너지를 향하여 가는 특별한 호흡기법 — 을 사용한다.

의식적 호흡은 치료적 관계를 지원한다

IFS 치료 프로세스, 그리고 물론 소매틱 IFS 치료 프로세스는 치료사가 자신의 부분들이 허락하는 만큼의 체현된 참자아 에너지 상태에서 시작한다. 우리의 호흡 패턴은 우리의 참자아 에너지 정도를 드러낼 수 있는데, 그것을 변화시키면 참자아 에너지를 증대시킬 수 있다.

내담자 케빈과 처음 만나면서, 나는 내 숨이 좀 빠르다는 것을 감지한다. 내 심장박동도 그러하다. 분명히 나의 한 부분이 불안해한다. 나는 들숨으로 내 배 깊이 들이마셔 아랫배에 더 많은 의식을 가져온다. 나는 날숨에서 더욱 천천히 내쉰다. 내 몸통 안이 더 넓어진 느낌이 든다. 나는 마음이 더 열린 느낌이 든다. 내 몸 안뿐만 아니라 내 인식도 더 열린 것 같다. 나는 나와 케빈 주위의 공간을 인식하게 된다. 나는 이 에너지를 내 심장으로 들이마신다. 나는 어떤 이유로 케빈과 내가 함께 하게 되었는지 궁금하다. 한두 번의 숨이 지나기도 전에 나의 심박수와 숨은 느려진다. 나는 의식적으로 내 심장에서 나온 에너지를 나와 내 내담자 케빈 주위의 공간으로 내쉰다.

케빈은 내가 도와주기를 바라는 자신의 문제들을 재빨리 쏟아 놓는다. 케빈이 말하고 있을 때 나는 그의 턱이 긴장되어 있음을 감지한다. 나는 그의 가슴과 배가 오르락내리락 하는 것을 지켜본다. 그 움직임의 대부분은 그의 가슴 윗부분에서 일어나고 있고, 그의 아래쪽 몸통에는 약간의 제약이 있다. 그의 숨은 지금의 내 숨보다 빠르다. 몇 번의 숨을 쉬면서, 나는 그의 호흡 패턴을 그대로 따라 하며 그와의 공명을 증가시킨다. 나는 그의 한 부분이 불안해하는지 궁금하다. 나는 그것이 그가 이야기하는 것과 관련이 있는지 아니면 이것이 그의 숨 쉬는 습관인지 궁금하다. 나는 내 자신의 호흡 패턴으로 돌아가 한두 번의 숨을 쉰다.

그러고 나서 나는 그의 불안을 들이마시고 내 심장에서 나오는 에너지를 내쉰다. 나는 회기 중에 내 호흡법을 체크할 것을 염두에 둔다.

일단 케빈과 내가 우리 회기의 초점에 대해 감을 잡은 후, 나는 그의 주의를 내면으로 돌려 자신의 내면세계를 탐구하도록 한다. 케빈은 이 변화를 힘들어한다. 그가 지난 번 치료사와의 작업을 바탕으로 데이터를 전달하여 내가 정리하여 해석과 안내를 제공함으로써 변화의 프로세스가 일어난다고 가정한 것은 아니었는지 궁금하다. 또한 그는 다른 많은 사람들처럼, 외부에 초점을 맞추어 이야기함으로써 압도적 감정에 휩싸이는 것을 막아 주는 것을 알게 되었고, 아마도 그것이 습관적인 보호 방식이 되었을 가능성이 있다.

혹시나 케빈과 내가 잘 맞지 않는 것 같다는 생각에 내 횡격막이 조여온다. 아랫배에 숨을 불어넣으니, 배의 긴장이 풀린다. 나는 내 앞에 있는 이 사람을 알아 가고 싶은 호기심이 느껴진다. 나는 그의 해결사가 되도록 끌려들어가지 않으면서 어떻게 그를 도울 수 있는지 궁금해하고 있다. 나는 케빈에게 나의 일하는 방식을 설명하고, 그가 주의를 내면에 기울이게 하여 이 문제들에 관련한 그의 부분들을 찾도록 도와주려고 하는데, 허락해줄 의향이 있는가 물어본다. 그는 기꺼이 응한다.

> SM : 이 문제들과 연관된 당신의 부분들은 먼저 감정, 단어, 이미지, 또는 몸 감각으로 나타날 가능성이 있습니다. 당신의 숨에 주목하는 것으로 시작해보시지요. 특별한 방법으로 호흡을 할 필요는 없어요. 단지 당신의 숨이 들어오고 나가는 것에 주의를 기울이세요.
>
> 케빈 : [웃으며] 숨이라고요?
>
> SM : 맞아요. 공기가 들어오고 나갈 때 당신 콧구멍에서의 감각으로 시작해봅시다. 이제 당신 가슴의 아주 작은 움직임도 주목해보세요. 당신의 두 손을 갈비뼈 위에 올려놓으세요.
>
> 케빈 : 내 숨은 그리 깊지 않은데요.
>
> SM : 당신 턱의 긴장을 풀 수 있는지 보시고, 당신이 숨을 들이쉬고 내쉬고 있다는 것에 계속 주목하세요.

나는 그가 여전히 꽤 얕고 빠르게 호흡하고 있음을 본다.

SM : 당신의 날숨이 끝날 때 잠깐 쉬도록 하세요.

케빈은 나를 약간 회의적인 시각으로 바라보지만, 이것이 그의 숨을 좀 더 늦추고 깊어지게 하자, 그는 더 평온함을 느끼며, 좀 더 신뢰의 눈길로 나를 바라본다. 그는 눈을 감고 우리 회기에서 초점을 맞추고 싶어하는 것을 찾기 위해 기꺼이 내면에 귀를 기울인다.

의식적 호흡이 부분들에 접근한다

호흡 패턴의 속도, 흐름, 리듬을 관찰하는 것만으로도 부분들의 전체 세계에 접근할 수 있다. 관리자 부분들은 입과 턱뿐만 아니라 몸통과 횡격막의 근육과 근막을 조임으로써 감정을 통제하는 법을 배웠다. 자세는 가슴이 조이거나 무너질 때 영향을 받으며 고정된 자세는 더 완전한 호흡을 가로막는다. 다른 관리자 부분들은 '올바른' 호흡 패턴을 배워 이 초기 보호 패턴들을 덮어씌우며, 자신들의 유도 제한 호흡을 보상 심호흡으로 대체했을 수도 있다. 또 다른 보호자 카테고리인 '소방관들'은 내면적으로나 외부적으로 위험이 존재하는 것을 인지할 때 반응한다. 그들의 호흡 패턴은 빠르고 얕은 SNS 활성화나 분리된 PNS 활성화의 호흡 패턴과 유사할 수 있다. 신념 시스템은 습관적인 호흡 패턴에서 드러난다. 들숨을 제한하는 부분들은 자신들이 받을 만한 자격이 없다고 믿을 수도 있다. 날숨을 제한하는 부분들은 내려놓는 것에 대한 두려움, 죽는 것에 대한 두려움, 또는 포기하고 다시는 들이쉬고자 하지 않으려는 깊은 욕망을 가질 수도 있다.

케빈이 탐구하고자 하는 문제 중 하나는 자신의 담배 중독이다. 그는 심호흡의 즐거움을 인식하면서, 들숨이 주는 편안함과 휴식을 자신이 얼마나 필요로 하고 있는지, 그리고 흡연이 자신이 심호흡을 할 수 있게 해준다는 것을 깨닫고 있다. 그는 자신이 담배를 피우고 싶은 충동을 느낄 때 잠시 멈추기로 약속하며, 그리고 그 멈추는 동안에 깊이 들이마신다. 이것은 그에게 담배에 불을 붙일 것인지 혹은 담배 피우지 않고 숨 쉬기를 계속 할 것인지 선택할 수 있는 공간을 준다.

케빈이 숨 쉬기 작업을 하지 않고 담뱃갑에 손을 뻗어 담뱃불을 붙이는 순간들이 하루 동안에 많이 있다. 그러나 점차 그는 호흡법이 담배를 줄이는 데 도움이 된다는 것을 알게 된다. 이것은 금연을 향한 그의 첫걸음이다. 그는 깊고 느린 호흡법에 따라오는 평온함을 즐기기 시작한다. 그는 또한 얼마나 자동적으로 자신의 습관적인 빠르고 얕은 호흡법이 장악하고 있는지 감지한다.

케빈은 자신의 호흡 패턴에 인식을 가져온다. 그는 들이쉴 때 배에 약간의 긴장감을 감지하는데, 이것이 그가 짧은 숨을 쉴 때 편해진다.

그는 호기심이 생겨서 긴장한 부위로 들이 쉬어 거기에 무엇이 있는지 본다. 그는 10살 정도의 소심한 어린 소년을 발견하고 놀란다. 그는 자라면서 종종 괴롭힘을 당했다고 내게 말하기 시작한다. 그의 학교 친구들은 그를 게이라고 놀렸는데 그는 심지어 그것이 무엇인지 알지도 못하였다. 그는 자신이 왠지 당해도 싸다고 할까 봐 두려워 그 일을 아무에게도 말하지 않았다. 그가 학교에서 집으로 돌아오는 길에 괴롭힘을 당했던 특별한 경험 하나를 나와 나누기 시작하면서 케빈은 동요하기 시작한다. 그의 숨이 빨라지고 그의 눈은 방 주위를 재빨리 둘러보기 시작한다.

부분들이 장악할 때

많은 초보 IFS 치료사들은 자기 내담자들의 (혹은 자신들의) 부분들이 방에서 참자아 에너지를 모두 빨아내고 있는 것처럼 보일 때 힘들어한다. 우리의 부분들이 자신들이 장악해야겠다고 믿는 이유는 많이 있다. 때로는 보호자들이 취약한 부분들이 추방된 상태를 유지하고 있는지 확인한다. 만약 보호자들이 그것이 시스템의 이익을 위한 것이라고 믿는다면, 그들은 기발한 창의력뿐만 아니라 엄청난 양의 파워와 통제력을 동원할 수 있다. 그들은 참자아를 신뢰하지 않는다. 그들은 참자아가 자신들을 압도하려는 또 다른 부분이라고 생각한다. 그들을 속이거나 그들과 논쟁하거나 그들을 강요하는 것은 결코 효과가 없다. 취약한 부분들은 또한 자신들의 감정으로 시스템을 뒤덮을 수 있다. 그들은 두 가지 선택—자신들의 이야기를 들려주고 도움을 확실히 받을 수 있도록 완전히 장악하든가, 아니면 자신들이 고립되어 희망 없는 곳에 다시 갇히든가—이 있다고 믿는다.

괴롭힘을 당했던 케빈의 추방된 경험이 표면 위로 올라오기 시작할 때, 감정적이고 신체적인 표현이 너무나 강력하게 분출되어 그는 취약한 어린 소년 곁에 있을 수 없다. 그 부분은 섞여서, 그의 시스템을 SNS 활성화의 모든 생리학적 징후들로 뒤덮는다.

나는 그 어린 소년이 나타나서 기쁘다. 그리고 나는 그와 그의 고통스러운 이야기가 참자아 에너지—나의 참자아 에너지뿐만 아니라 케빈의 참자아 에너지—와 만나길 원한다. 내 몸에서도 SNS 활성화가 약간 반향되는 것이 감지된다. 나는 내 횡격막에 채널을 맞추고 숨을 길게 내쉰다. 그리고 추방자가 분리될 수 있도록 날숨에 초점을 맞추라고 케빈에게 지시하기로 결심한다. 나는 일부러 목소리를 가라앉힌다.

> SM : 당분간 그 이야기는 중단하고 당신의 숨으로 되돌아가시지요. 날숨에 초점을 맞추세요. 숨을 내쉬면서, 당신이 담배 연기를 내뿜을 때 하는 것처럼 입술을 오므리세요. 천천히 그리고 완전히 숨을 내쉬세요. 날숨에 초점을 맞추세요.

나는 케빈과 함께 이 오므린 입술로 여러 차례 호흡을 진행하였다.

> SM : 지금 당신의 숨과 배에서 어떤 것이 감지되고 있나요?
> 케빈 : 긴 날숨이 내 호흡을 늦추는 데 도움이 되는 것 같아요. 나는 내 복부로 더 많이 들이쉬고 있어요. 더 평온한 느낌이에요.

케빈의 트라우마는 턱에서 횡격막까지의 호흡 근육이 얼어붙어 그의 호흡 패턴을 통제하고 있었다. 그는 호흡법—자신의 자연스런 호흡법뿐만 아니라, 특정한 호흡 기법에도 주의를 기울이는 두 가지 것—이 자신의 트라우마와 연결된 과다각성과 저각성의 사이클을 헤쳐나가는 효과적인 작업이라는 것을 발견한다.

그의 감정이 조절되고 나와의 안전한 연결이 회복되면서, 그는 이제 이 참자아 에너지를, 학교에서 집으로 돌아오는 길에 여러 명의 아이들에게 폭행과 놀림을 당한 사연을 갖고 있는 자신의 어린 부분에게로 가져갈 수 있게 되었다. 그 어린 소년은 참자아 에너지의 존재에 위안을 받고 안도감을 느껴, 자신의 고통스러운 이야기를 공개적으로 꺼낸다. 이 부분이 케빈과 연결되어 있는 느낌이 들면서, 자신의 고립과 두려움의 짐이 녹는 듯하다.

짐 내려놓기에서의 의식적 호흡

케빈의 어린 부분은 학대가 자신의 잘못이라는 짐을 짊어지게 되었다. 그의 부분은 자신이 그런 대우를 받아 마땅할 정도로 나쁜 사람임에 틀림없다고 믿었다. 다른 소년들은 매를 맞지는 않았지만 그는 맞았다. 나쁜 것은 게이라는 것과 관련이 있었다. 동성애 혐오 사회에서 성장하면서, 그는 사는 동안 내내, 특히 자신의 가족 중 일부가 자신의 성적 지향성을 받아들일 수 없었을 때 이 짐으로 인해 고통을 받았다.

케빈의 부분은 우리에게 자신이 나쁘다는 이 신념을 내려놓고 싶다고 말한다. 그는 그 짐이 배와 복부에 쥐어뜯는 느낌으로 다가오는 것을 발견한다. 내가 케빈에게 어떻게 이 나쁜 것을 내려놓고 싶은지 물으니, 그는 의자에서 일어나 두 다리를 벌리고 서서 눈을 감고 주먹을 쥔다.

케빈 : [소리 지르며] 그만 좀 해! 날 좀 가만히 내버려 둬! [그는 숨을 크게

내쉰다.] 나쁜 것이 내 숨을 통해 나오고 있어요.

SM : 계속하세요. 잘하고 있어요. 그 모든 것을 내려놓으세요.

케빈은 잠시 쉬고 나서 발을 더 구르며 소리를 지른다. 그가 자신의 참자아와 연결된 것으로 보이기에, 나는 그에게 이 모든 나쁜 것들을 몸에서 내보내라고 용기를 북돋워준다.

케빈 : [목소리를 약간 낮춰] 내 몸에서 나가. 네가 내 말을 듣지 않으면 그건 네 문제야!

SM : 당신 몸 안에 모든 쥐어뜯는 것, 모든 나쁜 것들, 그것들을 내보내세요. 당신의 발을 구르고, 당신의 말, 당신의 숨과 함께.

케빈은 숨을 크게 들이마시고는 완전히 내쉰다. 그의 호흡은 차츰 느려진다. 그의 얼굴은 편안해 보이고 가슴은 더 당당해 보인다. 그는 자신의 몸에 진동 모터가 켜져 있는 느낌이라고 내게 말한다. 나는 그가 진동의 감정을 유지하고 방을 돌아다니며, 게이가 되어도 괜찮은 세상에서 호흡하는 느낌을 즐기라고 용기를 북돋워준다.

게이로 있는 것이 아직 안전하지 않은 장소와 사람들이 있으므로, 케빈은 자신의 현재 삶의 상황이 자신을 자극할 때, 자신을 진정시키기 위한 한 가지 방법으로 호흡에 초점을 맞출 수 있다는 것을 발견하였다. 평온함을 한두 번의 호흡만으로 얻을 수 있다는 사실이 그에게는 위안이 된다.

의식적 호흡의 사례

해소되지 못한 슬픔을 위한 공간 만들기

나의 내담자 나오미는 요가와 명상 작업에 전념하고 있다. 그녀는 명상과 프라나야마 작업을 하는 동안 들숨보다 날숨이 더 어렵다는 것을 알게 되었고, 그래서 그녀는 우리 회기를 이용하여 그것을 알아내고 싶어하였다.

나오미는 숨 쉬는 행위에 초점을 맞추고는 즉시 자신의 호흡법을 판단하고 그것을 바꾸고 싶어하는 부분을 발견한다. 그 부분이 기꺼이 옆으로 비껴 선다. 그녀는 이제 호기심이 생긴다. 그녀는 숨을 들이마실 때 폐 가운데가 확장되는 느낌을 갖는다. 그리고 숨을 내쉴 때 어떤 제한이 감지된다. 그 제한을 연구한다. 그녀는 배꼽에 약간의 긴장감이 있음을 발견한다. 그때 슬픈 감정이 그녀의 목구멍으로 치밀어 오르기 시작한다. 긴장감은 배꼽 부분을 더욱 강하게 움켜쥐고 있으나, 나오미는 슬픔과 긴장감을 향하여 평온함과 호기심을 유지한다.

> SM : 배꼽의 조이는 느낌에게로 숨을 들이쉬세요. 마치 당신의 숨이 부드럽게 인사하듯이.
> 나오미 : 긴장감이 슬픔을 억제하고 있어요. 우리가 긴장감을 내려놓으려 애쓰고 있는데, 그러면 슬픔이 너무 클 것이라 생각하고 있어요. 슬픔이 나를 휩싸버릴 거예요.
> SM : 우리가 그 부분(긴장감) 편에 있다고 이야기해주세요. 우리는 당신이 슬픔에 휩싸이는 것을 원치 않아요. 슬픔이 당신이 감당하기에는 너무 컸기 때문에 슬픔을 억제하는 것이 그동안 중요했다고 생각해요. 긴장감에게로 숨을 들이쉬면서 당신의 숨에 이 메시지를 담아 보내세요.
> 나오미 : 이제 내 날숨이 조금 더 깊어지네요. 약간의 슬픔이 올라오는 것이 느껴지기는 하지만, 아직까지는 견딜 만해요.
> SM : 슬픔을 느끼는 이 부분은 당신 몸 어디에 있나요?
> 나오미 : 여기 두 번째 차크라예요. 어린 소녀가 감지되고 있어요. 7살 정도예요. 그 아이가 울고 있어요. 아빠를 그리워하고 있어요. 부모님들이 이혼하신 후, 아빠는 이사를 가서 다른 가정을 꾸렸어요. 그 후로는 아빠를 별로 만나지 못했어요.

나오미는 배로 숨을 들이쉬면서, 들숨에 이 어린 소녀에 대한 환영과 사랑을 담아

보낸다. 그녀는 아이에게 날숨에 자신의 슬픔을 담아 내보내라고 초대한다. 나오미는 이런 식으로 더 많은 숨을 쉬며, 눈물을 흘리면서, 더욱 깊은 심호흡을 하니 더 평온해진다. 그녀는 명상 중에 호흡법을 통해 이 관계를 계속 유지하기로 결심한다.

성적 상처를 치유하는 숨과 소리

강간 생존자인 마사는 그녀의 성관계에 어려움을 겪고 있었다. 두 번째로 결혼한 그녀는 남편을 피하고 있었고 자신의 해소되지 않은 트라우마가 이 관계를 망칠까 봐 두려워하였다.

우리는 남편과의 섹스를 두려워하는 부분부터 시작하기로 한다. 그녀가 최근에 남편과 친밀하고자 몇 번의 시도를 하였지만, 실패한 사건에 대해 이야기할 때, 나는 그녀의 호흡이 빠르고 얕다는 것을 감지한다.

마사 : [긴장된 목소리로] 나는 그가 두려워요.
SM : "당신의 한 부분이 그를 두려워해요."라고 말해도 괜찮을 것 같은가요?
마사 : 네, 그것이 단지 나의 한 부분임을 기억하게 해주네요.
SM : 이 두려워하는 부분이 당신 몸 어디에서 감지되나요?
마사 : 내 코어 전체에서요. 나 역시 내가 숨을 깊이 쉬지 않고 있다는 사실을 알고 있어요.
SM : 당신 몸의 코어에게로 숨을 들이마시고, 당신의 숨이 계속해서 얕은 숨을 쉬도록 하고 있는 부위에 닿도록 하는 것이 도움이 되는지 봅시다. 그리고 그 부분이 자신의 두려움에 대해 이야기할 의향이 있는지 주목해보세요.
마사 : 이 아이는 13살이에요. 그 아이는 모든 남자들이 위험하다고 생각하고 있어요. 그 아이는 자기가 두려움을 포기하면, 작은 강아지

푸들로 변해 다시 강간당할 수 있을까 봐 두려워해요.

마사의 호흡이 다시 빨라지고 얕아지며, 그녀의 가슴 윗부분으로만 이루어진다. 나는 그녀와 내가 그녀의 호흡법에 주의를 기울이는 동안 그 부분에게 기다렸다가, 자신에 대한 더 많은 이야기를 해달라고 요청한다. 마사는 숨을 들이마시면서 13살 짜리 부분에게 자신이 그 아이 곁에 있다고 이야기해준다. 그녀는 의식적으로 길고 느리게 숨을 쉬며, 아이 부분에게 이제는 안전하다고 말해준다.

> 마사 : 지금 도망가고 싶어하는 한 소녀가 보여요. 하지만 그 부분에 게 한 걸음 뒤로 물러나라고 요청하겠습니다.
> SM : 당신이 그렇게 하기 전에, 도망가고 싶어하는 그 부분에게 13살 짜리 소녀인가 물어보세요.

마사가 그렇다고 하자, 나는 그녀에게 이 소녀가 안전한 곳으로 달려가도록 격려해주라고 말해준다. 그 소녀는 마사의 뒷마당으로 달려간다. 마사도 그 소녀 곁에 있고, 함께 그들은 마사의 뒷마당에서 광경, 소리, 냄새를 감지한다.

> SM : 지금 몸의 코어에서 어떤 일이 일어나고 있나요, 호흡은?
> 마사 : 내 코어는 시원하고 너른 느낌이며 흰 빛으로 가득 차 있어요. 하지만 내 어깨는 여전히 긴장되어 있어요. 내가 숨 쉬기가 아직 힘 들어요.
> SM : 당신의 숨을 그냥 유지하면서, 숨 쉬는 것을 힘들게 하는 것과 들이쉬고 내쉬는 감각, 즉 당신이 감지하는 움직임에 주목해보세요. 시원하며, 희고 너른 코어에게로 숨을 들이마시고, 숨을 내쉴 때는 입술을 오므리세요. 당신의 숨이 후두를 통과할 때, 소리를 내고 싶 은지 보세요. 아마도 공기가 후두를 통과하며 진동할 때 당신이 내고 싶은 톤이나 모음 소리가 들릴 거에요.

처음에 마사가 내는 소리는 거칠고 걸걸하지만, 그녀가 다른 톤과 모음 소리로 실험을 계속하면서 자신이 흉골과 어깨의 진동을 즐기고 있다고 이야기한다. 몇 분 동안 그녀는 오므린 입술의 호흡법으로 소리를 번갈아 낸다. 마사는 나에게 그 소녀도 그 소리를 좋아한다고 말해준다. 마사의 어깨가 편안해진다. 마사는 소녀에게 안전한 장소에 있으니, 모든 두려움을 내려놓을 수 있지 않겠느냐고 묻는다. 그녀는 자신의 두려움을 우주로 방출한다.

이같은 짐 내려놓기 후에, 마사는 소녀에게 아직도 남편과 섹스를 하는 것을 두려워하는지 묻는다. 그 소녀는 남자는 자신에게 상처를 주었으나, 자기 남편은 자신에게 상처를 주려고 한 적이 없다고 말한다. 마사는 자신의 부분에게, 섹스를 할 때 남편이 섹스를 하고 있는 대상은 13살짜리가 아니라 성숙한 마사가 섹스를 하고 있는 것이라고 말해준다. 마사는 그 소녀가 이 말을 들을 때 편안해하며, 자신의 어깨가 한층 더 편해졌고, 숨 쉬기가 더 쉬워진 것 같다고 내게 말해준다.

숨과 소리를 통해 분노를 변화시키기

소피아는 3일간의 소매틱 IFS 세미나에 참여한 참석자였다. 그녀는 그룹 앞에서 소매틱 IFS 시연을 위한 내담자가 되기를 자원했다. 내가 그녀 앞에 앉아, 우리 모두는 잠시 동안 땅과 그리고 우리 주변의 공간과 연결하였다. 우리는 눈을 감고 우리의 심장에게로 숨을 들이마시고 소피아를 참자아 에너지로 품고자 마음을 먹었다.

내가 눈을 뜨자, 소피아가 매우 활성화되어 있는 것이 보인다. 그녀의 두 손은 무릎 안쪽에 꼭 쥐고 있고, 그녀의 숨은 빠르고 얕다.

SM : 좋아요, 소피아. 당신 몸에서 무언가 일어나고 있는 것이 보이네요. 그것으로 시작해도 괜찮을까요?
소피아 : [손가락으로 가리키며] 내 목 뒤부터 목구멍까지 긴장의 끈이 있어요.
SM : 이 긴장을 향하여 어떤 느낌이 드나요?

소피아 : 그것에 대해 알고 싶어요.

SM : 좋아요, 그 긴장감에게 이렇게 물어보세요. 그 부분(긴장감)이 여기에 없다면, 어떤 일이 일어날까 봐 두려워하는가?

소피아 : 나는 격분할 거예요.

SM : 그 부분은 우리에게 당신이 격분하게 되면 어떤 것이 위험한지 우리에게 보여주거나 이야기해줄 수 있을까요?

소피아 : [웃으며] 내가 누군가를 때려 눕힐 가능성이 있어요.

SM : 당신이 누군가를 때려 눕혔던 때가 있었나요?

나는 그녀의 반응에 놀랐다. 소피아는 그렇다고 하며, 고개를 흔들고 한층 더 동요하기 시작한다. 그녀는 코를 풀고, 집에 돌아와 아버지가 다시 술에 취해 집 입구 계단에 누워있는 모습을 발견하고는 아버지에게 아주 비열한 말을 쏟아내었던 이야기를 신속하게 풀어낸다. 나는 내가 프로세스를 늦춰야 할 필요가 있으며, 그렇지 않으면 그녀의 시스템은 폭발하고자 하는 감정으로 곧 완전히 뒤덮일 것이라는 것을 알고 있다.

SM : 나머지 이야기를 듣고 싶지만, 지금 당장은 잠시 멈추고 당신이 말하고 있는 동안 당신의 몸에서 어떤 일이 일어나고 있는지 감지하면 좋겠어요.

소피아 : 지금은 내가 더 많은 긴장감이 느껴져요. 마치 내 목과 어깨 주위에 목줄이 있는 것 같아요. 숨 쉬기가 힘들어요. 내 몸을 움직이는 것 자체가 힘들어요. 몸이 얼어붙은 느낌이에요.

그녀의 몸에서 이러한 긴장감이 보인다. 그녀의 목과 어깨는 압력솥 뚜껑처럼 보이고, 나는 밑에서부터 에너지가 분출하고 싶어하는 것을 감지한다. 그녀가 이 긴장감을 향하여 어떻게 느끼는지 나는 물어볼 필요도 없다. 나는 그녀에게 이용 가능한 참자아 에너지가 거의 없다는 것을 알 수 있다 — 그녀는 감정적으로 그리고 육체적으로 뒤덮이기 시작하고 있고, 이야기를 계속하고 싶은 강한 충동에 이끌린다.

SM : 잠깐 내 눈을 보세요. 지금은 어때요?

소피아 : 조금 진정되네요.

SM : 좋아요. 조금만 더 평온을 찾읍시다. 당신은 우리가 신경계를
　　진정시키기 위해 오므린 입술로 호흡하는 것에 대해 이야기했던 것
　　을 기억하나요? 지금 나를 보면서 그걸 해보시겠어요?

소피아가 이렇게 하니, 평온이 어느 정도 회복되는 것이 보인다. 나는 그녀에게 술
에 취한 아버지를 발견했을 때 몇 살이었는지 묻는다. 자기가 18살이었다고 이야기
해준다. 소피아는 다시 이야기 속으로 뛰어든다.

소피아 : 그날은 정말 더 이상 참지 못하겠더라고요. 나는 아버지의
　　몸을 뛰어넘고, 아주 더러운 욕을 한 다음, 침을 뱉었어요.

나는 소피아에게 18살의 소녀가 말하고 있을 때, 그 이야기에 진정으로 공명하는
것이 중요하다고 말해준다. 나는 소피아가 강한 감정을 품고 있는 그 소녀 곁에 있어,
소녀가 이 분명히 압도적인 이야기를 소화시킬 수 있도록 도와주기를 원한다.

SM : 18세 소녀에게 평온을 유지할 수 있도록 때때로 이야기를 멈추
　　어 달라고 요청해도 괜찮은지 좀 물어보시겠어요?
소피아 : 네, 그 아이는 당신의 도움을 받는 것을 기뻐해요.
SM : 이 이야기의 테이프를 되감아, 당신이 문 앞 계단에 쓰러져 있
　　는 아버지 몸을 뛰어넘고 싶은 충동을 느꼈던 때로 되돌아갑시다. 몸
　　어디서 그런 충동을 느끼나요?
소피아 : 바로 여기요. [자신의 손을 횡격막으로 세게 밀어 넣으며]
　　돌덩어리 같아요.
SM : 좋아요. 그 돌 덩어리를 유지하세요. 거기에 초점을 맞추세요.
　　당신의 숨이 거기에 닿도록 하세요. 더 이상 참을 수 없었다는 것을
　　당신이 이해한다고 그 부분에게 이야기해주세요.
소피아 : 네, 부드러워지고 있어요. 더 이상 돌덩어리처럼 느껴지지
　　않네요.

나는 우리가 18살의 소녀를 현재로 데리고 나와, 이 강한 감정의 짐들을 내려놓도록 도와주겠다고 막 제안하려는 참이다.

소피아 : 그리고는 아버지가 죽었어요.

나는 충격이 내 몸을 꿰뚫고 지나가는 것을 느낀다. 나는 그것을 내 숨으로 내보낸다. 나는 수직 연결을 다시 추스른다. 그러고 나서 나는 그녀에게 내 눈을 다시 보라고 요청한다.

SM : 소피아, 아버지에게 분노가 터져 나왔던 그 끔찍한 날을 재연해 볼 수 있을까요? [그녀가 승낙하자, 나는 계속한다.] 좋아요, 우리 둘 다 그 장면으로 들어가 그 아이 곁에 있겠습니다.

소피아는 계단 위에 엎어져 있는 아버지와 열 여덟 살짜리 사이의 집 앞 계단에 앉는다. 나도 역시 그녀 곁에 앉는다. 그녀의 부분은 우리에게 자신은 어린 시절이 없었다고 말한다.

SM : 그 소녀는 상황이 어떻게 달라지기를 바라나요?
소피아 : 그 아이는 내가 자기를 대신해서 아버지에게 이야기해주었으면 해요 — 비록 그가 들을 수 없더라도.

소피아는 아버지에게 아버지의 실수, 자신의 분노, 그리고 자신의 어린 시절을 잃은 슬픔에 대해 낮고 절제된 목소리로 말하기 시작한다. 그녀는 아버지에게 아버지는 아주 많은 실수를 저질렀다고 한다. 그녀는 이 말을 할 때 목소리가 부자연스러워 보인다. 나는 그녀에게 분노가 어디에서 시작되는지 느껴보라고 하니 그녀는 다시 자신의 횡격막을 가리킨다.

SM : 분노가 있는 부위에게로 깊게 숨을 들이마셔보세요. "아버지는 많은 실수를 했어요."라고 하면서 당신의 목소리가 거기에서 나오도록 하세요.

이번에는 그녀의 목소리가 맑고, 강하고, 깊다. 그녀의 척추가 펴진다. 우리가 말에 그렇게 초점을 맞추지 않았더라면 표현할 수 있는 것이 더 많이 있을 수 있겠다는 느낌이 든다.

> SM : 이 분노에게로 다시 숨을 들이마셔보세요. 그리고 내쉴 때 그 분노를 표현하는 소리를 내보세요.

그녀는 몇 가지 다른 톤과 모음을 시도한다. 그녀는 어린 시절을 갖지 못한 것에 대한 슬픔에게로 숨을 들이마시고, 내쉬면서 다른 소리를 낸다. 소피아의 모습이 바뀐다. 그녀는 이제 평온하고 행복해 보인다. 그녀는 힘이 있어 보인다.

> 소피아 : 있잖아요. 아버지에 대한 사랑이 느껴져요. 비록 어떤 사람들은 내가 아버지를 사랑하는 것을 원하지 않지만, 나는 여전히 사랑하고 있어요.
> SM : 네, 당신이 그걸 느낄 수 있어서 기뻐요. 당신이 사랑을 느끼는 그 부위에게로 숨을 들이쉬고 그 입장에서 말을 해보세요.

소피아는 자기 아버지에게 사랑한다고 말한다. 그녀는 자신의 사랑 표현이 아버지와의 마지막 순간에 꼭 가졌어야 하는 경험인데 놓쳤다고 말한다. 회기가 종료되면서 목, 목구멍, 어깨, 배의 긴장감이 완전히 사라졌다고 말한다. 그녀는 해방감과 사랑을 느낀다.

의식적 호흡은 우리를 근본적 공명 작업으로 이끈다

여러 가지 면에서 다리 역할을 하는 호흡은 우리의 내면세계를 우리의 외부 세계와 결합시키고, 다른 사람들과의 연결로 나아가는 관문도 된다. 공기 요소와 연관되어, 호흡을 인식함으로써 우리 몸 안에 참자아 에너지의 넓은 공간이 만들어진다. 우리는 외부와 내부의 상호교류를 인식한다. 숨에 대한 의식이 우리 주위의 광활한 공간에 대한 우리의 인식을 증대시킬 때, 우리 모두는 더 큰 용기 안에 담겨 있다는 사실을 깨닫게 된다. 우리는 그것을 우리의 치료 작업에서 자원으로 삼는다. 우리가 숨을 쉴 때마다 생명을 주는 산소를 공급받는 것처럼, 우리가 마음을 열어 우리 주위의 공간을 대할 때 우리는 이 공허해 보이는 것으로부터 안내를 받을 수도 있다.

　내담자의 호흡법—속도, 패턴, 시간에 따른 변화—에 대한 인식은 내담자의 내면세계, 즉 그들의 자율신경계 상태에 대한 정보를 제공한다. 우리의 숨을 내담자의 숨에 맞춤으로써 내담자가 경험하고 있는 바를 내면으로부터 이해할 수 있게 해준다. 우리는 그들의 내면 상태를 들이쉬고, 그것에 공명하며 우리의 날숨에 긍휼의 마음을 보낸다. 내담자를 그들의 숨에 인식을 가져오라고 초대하는 것만으로도 변화를 가져올 수 있다. 게다가 IFS 프로세스의 모든 단계를 촉진시켜 줄 수 있는 많은 호흡 기법이 있다.

　우리의 호흡은 우리가 공유하는 이 행성을 둘러싸고 있는 깨지기 쉬운 공기층에 우리가 함께 의존하고 있다는 사실을 상기시켜 준다. 이 인식은 우리와 모든 생명—식물과 동물—을 하나로 만들며, 우리는 고립되어 있고, 서로 다르다는 우리 부분들의 가설은 사라진다. 우리가 숨을 들이마시면 우리의 몸은 팽창한다. 우리의 연구개, 우리의 횡격막, 그리고 우리의 골반 격막은 생명을 주는 에너지를 받을 공간을 만들어준다. 우리가 숨을 내쉬면 우리의 몸은 움츠러들고 공기는 나가 식물들을 먹인다. 들이마시고, 내쉬고, 들이마시고, 내쉰다. 단순한 인식이 변화를 가져온다. 우리의 신경계는 들이마시고 내쉬는 리듬에 의해 진정된다. 우리 호흡의 리듬은 우리 심장의 쿵쾅거리는 소리와 대위법의 선율을 만들어낸다. 폐 사이에 포근하게 자리잡고 있는 심장은 생명을 주는 공기를 받는 첫 장기이다. 산소와 우리의 폐에서 나오는 프라나 둘 다 심장에 영양을 공급하고 심장을 보호하는 보호자들을 마사지하며 안심시킨다. 심장과 폐 사이의 이 친밀한 관계로 우리는 근본적 공명의 관계 영역으로 부드럽게 진입한다.

신체적 인식이 자동적으로 우리를 이러한 의식적 호흡 작업으로 이끌듯이, 의식적 호흡은 다음 작업인 근본적 공명으로 이어진다. 신체적 인식을 통해 땅과 접하고 의식적 호흡을 통해 마음을 열어 우리 주위의 공간을 대하면서, 우리는 수직 정렬을 정돈한다. 우리는 위아래로부터 오는 에너지와 소통하고 조화를 이룬다. 이러한 연결은 우리가 치료 관계에서 에너지의 피뢰침이 될 수 있도록 해준다.

연습

호흡에 의식을 가져오기

목적 : 부분들에게 전근하기 위해 당신의 호흡법의 습관적인 패턴 ─ 질, 깊이, 속도, 리듬, 위치, 몸 동작 ─ 을 인식한다.

설명

1. '올바른' 호흡법에 대한 생각을 가진 부분들에게 감사하고, 이 연습을 하는 동안 긴장을 풀라고 이야기해준다. 이 연습의 목적은 당신의 습관적인 호흡 패턴에 단순히 인식을 가져오는 것이며, 그것들을 바꾸려는 시도를 하지 않는 것이다. 만약 어느 순간이라도 당신이 압도당하는 느낌이 들기 시작하면 이 연습을 중단하겠다고 다른 보호자 부분들에게 알려준다.
2. 숨을 들이쉬고 내쉬는 것에 인식을 가져온다. 코로부터 횡격막까지 공기를 들이마시고 내보내는 감각에 주목한다.
3. 몇 번의 숨을 쉬는 동안 호흡의 속도와 리듬에 주목한다.
4. 들숨과 날숨을 비교하며 작은 차이에 주목한다. 길이가 같은가? 어느 한쪽이 다른 쪽보다 더 쉽고 자유롭다고 느끼는가?
5. 당신이 숨 쉴 때 움직이는 몸의 부위 ─ 몸통의 위, 가운데, 아래 부분, 옆, 앞, 뒷

부분 — 에 인식을 가져온다. 움직임의 작은 차이에 주목한다.

6. 당신이 숨 쉴 때 자유롭게 움직이지 않는 몸의 부위에 인식을 가져온다. 시간을 갖고 당신의 몸 근육들이 어디에서 어떻게 더 완전한 호흡법을 제한하는 데 기여하고 있는지 연구한다.

7. 당신이 궁금해하는 호흡법의 한 가지 측면 — 속도, 리듬, 깊이 — 에 초점을 맞춘다. 몇 번의 숨을 쉬면서 탐구해본다. 이 측면을 약간 과장하거나 줄여보는 실험을 해볼 수도 있다.

8. 당신이 이 연습을 하면서, 당신의 호흡법, 당신의 인식, 그리고 당신의 감정에 어떤 일이 일어나고 있는지 주목한다.

성찰

1. 당신은 습관적인 호흡 패턴에 대해 무엇을 발견했는가?

2. 당신 호흡법의 어떤 특정한 측면이 흥미로웠는가?

3. 이 측면에 인식을 가져오는 것이 어떤 감정, 신념, 기억 혹은 이미지로 이어졌는가? 이것이 한 부분임을 가리키는가?

4. 만약 그렇다면, 이 부분을 따뜻이 맞아들이고 자신을 기꺼이 당신에게 알려주고 싶어하는지 알아본다. 만약 그 부분이 보호자인 것으로 보이면, 그가 갖고 있는 두려움, 역할, 그의 행동이 언제 시작되었는지, 그것이 달리 하고 싶은 것이 무엇인지, 당신에게 이야기해주고 싶은 것이 무엇인지, 당신에게서 필요로 하는 것이 무엇인지, 당신이 궁금해하는 모든 것을 물어본다. 만약 그 부분이 취약한 부분이라면, 아마도 그것은 당신의 호흡 패턴을 통해 무언가를 보여주고 있는 것이다. 바로 지금 당신의 부분들이 필요로 하는 것이 있는지 알아본다.

숨을 바꾸고, 마인드를 바꾼다

목적 : 자율신경계의 상태를 가리키는 숨에 인식을 가져온다. 감정 상태를 조절하고 ANS를 배쪽 미주신경 상태로 전환하는 호흡기법을 배우고 실습한다.

1. 먼저, 당신의 호흡법에 주목하거나, 당신의 감정을 인식하거나, 또는 두 방법을 함께 사용하여 이 순간 당신의 ANS의 상태를 파악한다. 만약 당신이 두렵거나, 동요하거나, 안절부절못하는 느낌이 있다면, 그것은 미주신경 교감신경 상태임을 가리킨다. 만약 여러분이 졸리거나, 어지럽거나 멍하거나, 쓰러지거나, 단절되는 느낌이 든다면, 그것은 등쪽 미주신경 부교감신경 상태임을 가리킨다.

2. 교감신경 활성화를 다루는 호흡 기법

   - 정사각형 호흡법 : 사각형의 첫 번째 변을 그리는 모습을 머릿속에 그리면서 넷을 셀 때까지 들이마신다. 두 번째 변을 그리면서 넷을 셀 때까지 호흡을 참는다. 세 번째 변을 그리면서 넷을 세는 동안 내쉰다. 그리고 네 번째 변을 그리면서 호흡을 참는다. 당신이 좀 더 평온함을 느끼기 시작할 때까지 반복한다.

   - 빨대 불기 : 빨대로 숨을 들이마시듯이 숨을 들이쉰다. 내쉴 때는 입술을 오므리고 길고 천천히 내쉰다.

   - 대양 호흡법 혹은 우자이 호흡법 : 내쉴 때 후두 근육을 수축시켜 날숨에 대한 저항을 더한다. 당신이 내는 소리는 대양의 파도처럼 들린다.

   - 날숨이 들숨보다 점차로 길어지게 한다. 날숨이 끝날 때 잠시 멈춘다.

3. 등쪽 미주신경 활성화를 다루는 호흡 기법

   - 몸통 전체로 숨을 깊이 들이마신 다음, 즉시 공기를 밀어내고, 공기가 다시 차오르는 것을 감지한다. 숨이 좀 더 빨라지고 리듬감 있으면서, 기관차 같은 소리가 날 수도 있다. 당신의 배는 척추 쪽으로 들어간다.

   - 만약 당신이 요가의 프라나야마에 익숙하다면, 당신은 불의 호흡을 해도 된다. 이것은 바로 전의 연습과 비슷하지만 좀 더 빠르다.

   - 팔을 옆으로 붙이고 선다. 숨을 들이쉬면서, 손바닥을 위로 향하게 하고, 천장을 향해 팔을 들어올린다. 숨을 내쉬면서, 손바닥을 아래로 향하게 하면서 팔을 내려 다시 옆으로 붙이고, 배꼽을 척추 쪽으로 끌어당긴다. 반복한다.

   - 숨을 내쉬면서, 당신이 내고 싶은 소리가 있는지 본다. 처음에는 내면에서 그 소리 ─ 모음 소리 혹은 심지어 단어 ─ 가 들릴 수도 있다.

   - 호흡을 정상으로 되돌린다. 당신 숨과 감정 상태에 어떤 작은 변화가 있는지

주목한다.

성찰

1. 당신의 ANS 상태에 대한 평가는 어땠는가? 교감신경 상태였는가 혹은 등쪽 미주신경 상태였는가?
2. 당신은 어떤 호흡 기법을 시도해보았는가? 효과는 어떠한가?
3. 이 연습들 중에 당신의 ANS를 몸에서 더 안전하고 더 평온하게 느끼는 배쪽 미주신경 상태로 전환시키는 데 특히 도움을 주는 것이 있었는가?
4. 만약 그렇다면, 의도적으로 그 기법을 연습하라. 그러면 당신이 활성화되었을 때 잊지 않고 실행할 가능성이 높아질 것이다.

숨을 통해 참자아 에너지를 부분으로 보내기

목적 : 숨을 사용하여 부분을 위한 공간을 만들고, 참자아 에너지를 부분에게 보내며, 짐 내려놓기에 도움을 준다.

설명

1. 편안한 자세를 취하고 몇 번의 숨에 인식을 가져온다. 숨을 들이마실 때마다 당신의 몸 안에 넓은 공간을 느껴본다. 숨을 내쉴 때마다 당신의 인식이 내면시스템으로 더 깊이 들어가도록 한다.
2. 깊어지면서, 당신은 이야기할 준비가 되어 있는 부분을 발견할 수 있다. 그 부분이 숨을 통해 만든 넓은 공간에서 당신을 만날 수 있도록 초대한다.
3. 당신이 부분을 향해 어떤 느낌이 드는지 감지한다. 당신의 숨이 당신이 어떻게 느끼고 있는지에 대해 체현된 단서를 줄 수도 있다. 참자아 에너지를 가리키는 것이 아닌 다른 반응을 느끼고 있다면, 그것은 또 다른 부분이다. 당신의 몸에서 그 부분의 위치를 확인하고 첫 번째 부분 대신에 그 부분을 넓은 공간으로 초대한다.
4. 만약 당신이 그 부분을 향하여 어느 정도 체현된 참자아 에너지를 느낀다면, 당신의 몸에서 어느 정도 참자아 에너지의 특성을 느끼는 곳으로 숨을 들이마시

고, 이 에너지를 당신의 몸에서 그 부분을 느끼는 곳으로 내쉰다. 몇 번의 숨을 이런 식으로 하며, 참자아 에너지로 숨을 들이미시고, 참자아 에너지를 그 부분에게 내쉰다. 그 부분은 당신의 숨 쉬는 리듬에 맞추어 부드럽게 흔들리는 느낌을 가질 가능성도 있다.

5. 호흡법을 계속하면서 숨을 내쉴 때 당신의 참자아 에너지에서 나오는 소리를 부분으로 보낸다. 서로 다른 소리를 시도하며, 어떤 소리가 그 부분에 닿는지 본다. '흐음음음'과 '아아아아아'를 해본다. 그 부분이 이러한 소리들에 어떻게 반응하는지 주목한다.

6. 호흡법을 계속하면서 당신의 숨과 함께 그 부분에게 언어적 메시지 ─ 이를테면 '알고 있어', '내가 여기 있어' 혹은 당신의 숨과 함께 그 부분이 들을 필요가 있다고 생각되는 다른 말들 ─ 를 보낸다. 그 부분이 노래를 원할 수도 있다. 당신에게 해줄 이야기를 갖고 있을 가능성도 있다.

7. 만약 그 부분이 자신이 짊어지고 있는 것 ─ 두려움, 수치심, 자신이 혼자라는 신념, 고통, 긴장감 ─ 을 내려놓을 준비가 되어 있다는 느낌이 들면, 당신은 그 부분이 날숨을 사용하여 이 짐을 공기로, 무한한 공간에 보내도록 초대할 수 있다.

8. 몇 번 더 숨을 쉬며, 이 부분과의 작업을 완료한다.

성찰 (일기 쓰기 혹은 나누기)

1. 당신이 만든 공간에 어떤 부분이 나타났는가?

2. 그 부분을 향해 참자아 에너지의 어떤 특성을 느끼는 것이 어려웠다면, 두려움이나 염려를 갖고 있던 그 부분은 어떤 부분이었는가? 그 부분은 당신 숨의 도움을 받았는가?

3. 당신이 참자아 에너지를 그 부분에게로 불어넣을 때 당신의 부분은 어떤 경험을 하였는가?

4. 그 부분은 짐을 내려놓을 수 있었는가?

4

근본적 공명 :
관계 영역을 강화시키기

신체적 인식이라는 땅의 기초에 뿌리를 내리고, 우리의 내면세계와 외부 세계를 연결하는 의식적 호흡의 공기에 의해 활기를 찾고 난 다음, 근본적 공명 작업은 우리를 수직면을 넘어 엄청난 복잡성을 갖고 있는 수평장에 대한 탐구로 나아가게 한다. 땅 및 하늘과 정렬되고, 위아래로부터 오는 많은 에너지에 의해 영양을 공급받고 강해진 수직 정렬은 우리가 관계로 가득 찬 이 영역에 과감히 뛰어들 때 우리의 버팀목이 되어 준다.

수직면으로부터 관계의 수평면으로의 전환을 돕기 위해, 어떤 내담자들은 짧은 걷기 명상으로 회기를 시작하는 것을 좋아한다. 내담자와 나는 나란히 선다. 몸을 이리저리 움직이고, 발가락을 꼼지락거리고, 뼈를 만지면서 땅과 연결한다. 호흡에 주목하고, 팔을 머리 위로 뻗음으로써 하늘 및 우리 주위의 공간과 연결한다. 우리는 특정한 방식으로 함께 걷고 호흡하기 시작한다. 의식적으로 첫 번째 발걸음에서 땅과 연결하고, 두 번째 발걸음에서 하늘과 연결하며, 때때로 잠시 멈추어 땅과 하늘의 에너지를 우리의 심장으로 모은다. 이 일시적 멈춤은 삶의 균형을 강화한다 ─ 수직면으로 되돌아가서 쉬고 재부팅한 다음 다시 수평면으로 뛰어들어 내부 및 외부 관계의 취약한 영역으로 나아간다.

우리가 관계의 세계로 발을 들여놓으면서 지저분해질 수 있다. 우리의 내면시스템은 복잡할 수 있으며, 대인 관계 시스템은 더 복잡하고 더 많은 기회를 제공한다. 관계의 춤은 깨어질 위험이 있으며 다치기 쉽다. 우리의 부분들은 파도에 의해 이리저리 뒹구는 돌처럼 다른 사람들의 부분들과 부딪힌다. 우리는 돌처럼 서로 부딪히며, 모난 부분들을 깨뜨리거나 제거한다. 우리 몸을 통과하는 이 수직선에 대한 인식은 우리가 구불구불하며 종종 파도가 일렁이는 관계의 물결을 헤쳐나갈 때 용골을 제공하여 균형을 잡아준다. 우리 몸을 관통하는 에너지의 수직선에 대한 인식도 또한 우리의 자세에 영향을 미친다. 우리는 숨을 더 잘 쉴 수 있다. 우리의 심장은 지지를 받는다. 우리 장기는 짓눌리는 느낌이 들지 않는다. 우리 목은 3.2킬로그램 되는 두개골을 받치기 위해 애쓸 필요가 없다. 땅으로부터의 안정과 지지, 그리고 우리 위의 무한한 공간에서 오는 지혜와 연결되어, 우리는 담대하게 더 복잡하고 종종 관계의 불확실한 영역으로 들어간다.

처음 '관계'라는 단어를 사용한 첫 기록은 1700년대였고, 200년이 지나, 구체적으로 낭만적 또는 성적 관계를 언급하였다. 지난 수십 년 동안 이 단어에는 훨씬 더 많은 일반적인 정의가 추가되었다. 우리는 공명이 어떤 친밀한 관계에서도 변화를 가져올 수 있다는 것을 인정하지만, 소매틱 IFS에서 우리는 특히 (치료사나 내담자의) 체현된 참자아와 내면시스템의 부분들 간의 관계에 관련하여 공명의 치유력을 고려한다.

우리는 수정의 순간부터 관계 가운데 있다. 우리의 초기 경험이 우리의 나중 관계 행동의 본보기가 된다. 이러한 암묵적 이야기들은 우리의 신체와 대뇌피질 하부에 기록되고 우리 부분들의 행동에서 나타난다. '알려져 있지만, 기억하지 못하는' 초기 애착 경험은 자세, 제스처, 근육 수축, 호흡 패턴, 분리, 성적 에너지로 표현된다. 이러한 날 것 그대로의 우아하며 원시적인 시학을 통해, 부분들의 초기 관계 상처는 내담자와 치료사의 체현된 참자아 상태에서 공명된다.

공명이란 무엇인가?

공명은 진동 시스템의 상호작용을 가리키기 위해 음향, 물리, 화학, 전기 분야에서 널리 사용되는 용어다. 모든 물체는 자연적인 주파수를 가지고 있다. 그리고 공명은 방에서 연주되는 음악이 방 안의 꽃병이 진동하도록 만들 때 일어나는 현상을 묘사한다. 물체들이 유사한 주파수로 진동할 때, 그 물체들은 더 큰 진폭으로 규칙적인 진동을 하게 된다. 공명은 짝을 이룬 두 시스템의 상호의존적인 동적 상호작용이다. 소매틱 IFS에서의 공명 상호작용은 두 부분으로 이루어진 시스템 안에서, 그리고 더 큰 시스템 안에서, 부분들과 참자아가 협동으로 만들어낸 진동을 증폭시키고 동기화 시키는 것 모두를 포함한다.

클라리넷 연주자가 다른 악기와 음을 맞추어 갈 때, 음이 맞춰지면서 나는 왔다갔다 하는 진동이 일치되어 가는 것을 들을 수 있었다. 내 음이 다른 사람의 음보다 약간 높거나 낮으면 음높이 안에서 '와~와~와' 같은 쿵쿵 울리는 소리가 들렸다. 음이 좀 더 맞춰지면서, 쿵쿵 소리는 점점 더 느려져서 마침내 음파는 동조를 이루어 쿵쿵 소리가 들리지 않았다. 음악을 만들기 위해 음을 더 맞추게 되면서 얻는 만족감은, 초기 관계 트라우마의 소매틱 현장음에 맞추는—즉 내담자의 언어적 이야기를 따라가며, 우리의 에너지가 더 크게 일치하게 되면서 소매틱 듀엣에 참여하는—느낌과 비슷하다.

과학자들은 지구 진동의 전자기 주파수를 측정한 결과, 물체뿐만 아니라 인체의 모든 구조를 포함하여, 모든 생물들이 측정 가능한 특정 진동 주파수를 가지고 있다고 우리에게 말해준다. 아인슈타인에 따르면, 외견상 단단한 인간의 몸은 우리가 인지할 수 있을 만큼 낮은 진동의 에너지라고 한다. 우리 행성의 공명 주파수는 우리 세포의 주파수, 그리고 알파 뇌파 상태(우리의 QT나 명상의 시간)일 때의 인간 의식의 주파수와 일치한다는 것이 밝혀졌다. 우리가 전자기기를 착용하고 있을 때 우리의 진동이 빨라진다는 증거가 있으며, 과학자들은 슈만의 공명이라고 불리는 지구의 자연 맥박도 빨라지고 있다고 말한다. 만약 측정할 수 있다면, 우리의 다양한 부분들은 서로 다른 주파수를 가질 것이고, 참자아 에너지의 파장은 우리 행성의 맥박과 더 일치할 가능성이 있어 보인다.

소매틱 IFS의 공명은 관계를 부분들과 참자아 간의 에너지와 정보의 흐름으로 본다. 치료적인 관계를 포함하여, 친밀한 관계는 신체 기반의 애착 경험을 드러낸다. 이러한 경험의 에너지와 정보는 몸과 우뇌 구조를 통해 진동 주파수로 전달된다. 수정에서 유아기에 이르기까지 관계 경험의 이러한 심리생물학적 뿌리는 소매틱 작업을 통해 인식으로 가져온다. 공명하는 몸은 초기 이야기를 받아들이는 데, 그리고 습관적인 관계 패턴을 조정하는 데 필요한 참자아 에너지를 심리생물학적으로 조율하기 위한 수단이다. 완벽한 C 음높이를 소리내는 한 악기가 약간 음이 맞지 않은 악기를 일치하도록 만들 수 있듯이, 부분들의 주파수와 공명하는 참자아 에너지 상태의 개인은 부분들의 주파수를 참자아 에너지의 주파수와 일치시킬 수 있다.

내담자는 만약 그들이 취약성의 징후를 조금이라도 드러낼 경우 거부, 모욕 또는 버림받을 것이라 가정하며, 고도의 경계심을 품은 모든 보호자들과 함께 치료에 들어간다. 내담자 부분들은 관계에서 안전과 수용 레벨에 대한 정보를 모으고 있다. 안전하고 공명적인 관계를 알리는 많은 양의 에너지와 정보가, 종종 인식 레벨 아래에 있는 우뇌-우뇌 소통으로, 비언어적으로 전송된다. 마음을 열고 내담자의 부분들의 에너지 진동을 받아들이는 치료사는 단지 희미하게만 느껴졌던 진동을 증폭시키고 일치시킬 수 있다. 내담자의 내면시스템은 처음에는—아마도 치료 프로세스 전반에 걸쳐 여러 차례—치료사가 공명의 수단이 되도록 기대다가 결국에는 부분들이 내담자의 참자아를 자신들의 상처받은 부분들을 위한 안전 애착 대상으로 신뢰하게 된다.

치료 관계라는 상호 주관적인 격랑 속에 떠 있는, 부분들의 뉴런에 기반하고 체현된 관계 패턴에 대한 암묵적 이야기는, 치료사들로 하여금 자신들의 바디마인드 신비 속으로 내려가게 한다. 참자아 에너지의 명료함은 감정 이입의 감정 웅덩이에서 허우적거리는 것을 막아준다. 치료사는 관찰자나 심지어 경험 많은 가이드가 되는 것이 아니라 학대, 방치, 배신 및 버림받음의 떨림으로 울림을 전한다. 부분들의 암묵적 이야기들은 깊이 이해받는 느낌을 갖는다. 거절과 고립에 대한 짐을 짊어진 그들의 신념들은 감정적인 우뇌의 물 같은 관계 영역 가운데 녹아버린다.

내담자 자신의 체현된 참자아 에너지는 내담자의 어린 부분들을 위한 안전 애착 대상으로서 등장한다. 치료사와 내담자 안에 있는 체현된 참자아 에너지의 진동이 증폭된다. 그 결과로 얻어지는 에너지는 가색법(한 색에 다른 색을 첨가해 새로운 색을 얻는 프로세스) 이상이며, 전달이나 전염보다도 크다. 관계 장 안에서 함께 만들어진 역동적인 상호작용은 체현된 참자아 에너지를 기하급수적으로 배가시킨다.

왜 근본적 공명인가?

이 작업을 묘사하는 형용사 '근본적'의 영어 표현 '라디칼(radical)'은 편리한 두음체적 표현일 뿐만 아니라 공명적인 관계가 갖고 있는 뿌리 깊은 특성을 부각시켜 준다. 관계 속에서 우리의 감각과 우리의 심장이 열려 있고 모든 세포가 살아 있는 것처럼 보일 때, 그 경험은 가장 근본적인 상태가 된다. '라디칼'은 '뿌리를 가지고 있는'이란 뜻의 라틴어 라디칼리스(radicalis)에서 온다. 공명 상태는 얕은 연결 경험이 아니다. 그것은 수박 겉핥기 식으로 던지는, 치료를 위한 상투적 표현이 아니다. 뿌리가 서로 얽혀 있거나 같은 뿌리에서 자라는 식물처럼, 우리가 뿌리를 통해 연결되어 있을 때만

이 우리는 깊은 신뢰를 가능하게 하는 근본적인 연결을 이룰 수 있다.

피터 볼레벤(Peter Wohlleben)은 그의 책 나무의 숨겨진 삶(The Hidden Life of Trees)에서 토양에 있는 곰팡이를 통해 나무 뿌리를 통과하는 전기자극에 대해 쓰고 있다.[1] 고립된 나무와 농업을 목적으로 심은 나무는 이러한 능력을 잃어버린 것으로 보인다. 본질적으로 가장 근본적인 수준에서, 생명체는 다른 생명체와의 공명을 갈망한다. 고립되어 있거나 경작된 나무처럼, 어떤 내담자들은 동료 인간들과 안전하고 뿌리 깊은 연결을 이룰 수 있는 능력을 잃어버렸다. 보호적인 부분들은 내담자가 다시는 다른 사람들 손에 상처를 입지 않도록 하겠다고 결심하고, 안전 신호를 읽을 수 있는 감각 능력을 마비시키고 왜곡시켰다. 하지만 나무와 달리 관계에서 위험과 안전을 구별하는 타고난 능력을 차단하였던 부분들은 치유될 수 있다. 회복은 융통성 있게 그리고 물 흐르듯이 내담자의 상태에 동조하며 체현된 참자아 에너지를 전달하는 치료사에서 시작한다. 이 에너지가 강력하게 변화를 가져온다는 것을 신뢰하고 있는 치료사로부터 시작된다.

적어도 우리가 뉴턴 렌즈(굴절거울과 반사경을 통해 관찰할 수 있도록 하는 장치)를 통해서만이라도 볼 수 있다면 이 작업을 통해 우리는 우리가 지각하거나 측정할 수 있는 능력 밖이라고 생각되는 불가사의한 영역을 파고 들어간다. 이 렌즈를 통해 보면서 우리는 내담자와 치료사 사이의 에너지 교환을 우스운 것으로 무시할 가능성이 있다. 양자물리학은 원자가 만질 수 있는 물질이 아닌 눈에 보이지 않는 에너지로 만들어졌다는 것과, 이러한 법칙들이 우주의 모든 수준에서 적용된다는 것을 밝혀내었다. 물질은 고체 입자이면서 동시에 파동으로 이해될 수 있다. 물질과 에너지는 상호 의존적이고 상호 연결되어 있다. 근본적으로 우리는 우리가 인지하거나 심지어 상상할 수 있는 것보다 훨씬 더 많이 연결되어 있다는 것이 밝혀졌다.

양자 우주의 실체는 서양의 사상과 관행을 지배해온 데카르트식 마음과 물질의 분리를 재결합시킨다. 양자물리학은 우리를 고대 뿌리와 재결합시켜, 물질과 에너지가 완전히 얽혀 있다는 것을 드러내며, 우리의 가장 오래된 조상들의 세계관 및 인간을 포함한 돌, 물, 공기, 동물 모두가 똑같이 눈에 보이지 않는 에너지, 즉 영혼이 깃들어 있다고 믿는, 아직도 존재하는 몇몇 토착 문화와 다르지 않은 세계관으로 이어진다. 오늘날 호주 원주민이나 아마존 주술사 같은 몇몇 문화권에서는 여전히 그들의 에너지 감지 능력을 활용하고 있으며 그래서 그들은 선진 문명 가운데 있는 우리 대부분과는 달리, 그 능력이 퇴화되지 않았다. 서양 과학자들이 양자물리학의 법칙을 발견하기 수천 년 전에, 동양의 치료 관행은 신체적, 정서적, 영적 질병에 기여하는 에너지 불균형을 측정하고 치료하였다. 만약 우리 상담실에서의 대부분의 에너지 교환이 우리의 인식 수준보다 낮다면, 우리는 우리가 그것을 알지 못한다는 것을 인식하는 것으로부터 시작할 수 있다. 의도와 감수성을 통해 에너지 전달을 감지하는 우리의 능력은 발전할 수 있다.

오늘 나는 10여 명의 내 상하(동일한 가르침을 따르는 무리)와 함께 명상을 하고 있었다. 나는 최근에 유방암 진단을 받은 한 여성 옆에 앉아 있었다. 그녀는 화학요법으로 머리카락이 빠지기 시작하고 있었기 때문에 머리를 가렸다. 내 마음과 몸이 안정되기 시작하면서, 큰 덩어리의 따뜻한 에너지가 배에서 머리까지 솟구치는 것을 느꼈고, 눈물이 얼굴로 흘러내리고 콧물이 흐르기 시작하였다. 나는 내 부분들을 체크하고 어느 부분이 슬퍼하는지 보았으나, 슬픔이 나의 내면시스템으로부터 오지 않고 있는 것은 분명하였다. 나는 또한 내 몸의 오른쪽에 희미한 감각이 느껴졌다. 나는 이 여성이 내 오른쪽에 앉아 코를 훌쩍이며 휴지를 찾고 있었고, 조용히 앉아있으려고 애쓰는 것을 감지하였다. 그녀는 방석을 깔고 앉아 자주 시계를 보았다. 걷기 명상 시간이 되었을 때, 나는 그녀와 함께 다른 방으로 가서 그녀와 함께 앉았다. 몇 번 눈물을 흘리고 잠시 이야기를 나눈 후, 자신을 뒤덮은 강한 화학물질에 반응하던 그녀의 몸은 다시 그룹에 합류할 수 있는 상태로 전환되었다. 그녀는 자신의 병이 10년 넘게 마음에 갖고 있던 책을 쓰도록 강요하고 있다고 내게 이야기하였다. 그녀의 존재는, 아마도 우리의 인식 수준을 뛰어넘는 방식으로, 우리 전체 상하에 큰 영향을 미쳤다. 나는 우리 그룹이 훨씬 더 마음을 열고 화합하는 모습을 보이는 것을 감지하였다.

찰스는 소매틱 IFS 수련회에서 근본적 공명 작업 훈련에 참가하고 있었다. 그의 파트너는 실수하는 것에 대한 자신의 두려움에 대해 이야기를 나누고 있었고, 찰스는 숨 쉬는 것이 힘들어지기 시작하였다. 그는 나에게 도움을 요청했고, 우리는 실수하는 것에 대해 그의 파트너가 가진 두려움과 동일한 두려움을 가진 부분을 함께 발견하였다. 찰스의 부분은 완벽하게 공명하기 위해 극단적인 노력을 기울이고 있어서 자신의 가슴을 짓누르고 있었다. 그의 부분은 이민자 부모로부터 성공하라는 압박을 받아오고 있었다. 그는 심장 뒤에 있는 어린 부분의 등에 자신의 손을 얹는 모습을 머릿속에 그린 다음, 안심시키며 그 아이에게 말을 건넸다. 그는 이 부분뿐만 아니라 부모님들에게 있는 완벽주의와 분발의 짐을 내려놓았다. 그의 호흡은 정상으로 돌아왔으며, 그의 심장은 열린 것처럼 느껴졌다. 찰스가 자신의 부분과 작업을 하는 동안 그의 연습 파트너는 버림받았다고 느끼기보다는 자신의 분발 부분이 찰스를 따라 짐을 내려놓았으며, 자신도 역시 더욱 편안한 느낌을 갖게 되었다고 이야기하였다.

아마도 공명은 치료사와 내담자, 자신과 다른 사람이라는 생각들이 치유, 개인 내적 치유 및 초월적 치유 너머로 확장되어, 다른 인간들, 모든 생명체, 이 행성, 심지어 우주와의 조화로운 관계를 세우는 곳으로 우리를 데려간다. 아마도 우리의 공명 능력을 회복시킴으로써 우리가 다른 사람들, 동물, 지구를 지배할 권리가 있다는 우리의 자아도취적인 부분들의 관점을 치유할 수 있을 것이다. 아마도 그것은 더 많은 사회적·경제적 평등을 낳을 수 있을 것이다. 우리의 이익을 위해 지구의 자원을 통제하는 우리의 관행을 계속하는 대신에, 우리는 지구상에서 백만 종 이상이 사라지게 될 여섯 번째의 대량 멸종을 피할 수 있을 것이다. 아마도 이 꿈은 다른 사람의 고통에 근본적으로 공명하고자 하는 용기로부터 시작한다.

근본적 공명은 물 요소와 관련이 있다

미시간 호의 파도는 내 집 근처 해안에 있는 바위를 악의 없이 찰싹 때리며 낮은 소리로 웃는다. 움직이는 물의 부드러운 소리는 바위를, 바람에 날려 사구를 만드는 모래알로 만드는 물의 힘이 거짓인 것으로 착각하게 만든다. 자유롭게 그리고 계속해서 움직이는 것만으로도, 물은 인내심을 가지고 힘차게 그리고 철저하게 어떤 장애물도 씻어내고, 잔여물을 치우고 운반하여, 마침내 하류의 바다로 쏟아낸다. 물은 한 방울 한 방울 돌도 깎아낸다. 물은 우리에게 관계와 변화의 프로세스에 대해 가르친다. 완전히 체현된 방식으로 고통에 공명함으로써 마침내 딱딱한 상처 부위를 녹인다. 마치 물이 바위를 마모시키고 해류가 땅의 단단한 형태를 변형시키듯이, 근본적 공명 작업은 뇌의 신경 발화 패턴을 변형시키고 몸의 다른 화학적 그리고 에너지 패턴을 수정할 수 있다.

우리의 생명은 물로부터 시작되었다. 우리 행성의 생명체는 원시 수프나 바다 깊은 곳의 분출구에 있는 분자들이 살아있는 세포로 바뀔 때 시작되었다. 우리 각 사람은 수중생명체로 삶을 시작한다. 수정란은 양수 바다에 떠있고, 발달하면서 인간의 배아는 새열과 새궁이 있어 물고기 배아를 닮은 상태가 된다. 우리의 세포들은 서로 의사소통을 하고 수중 세계를 헤쳐나가면서 자기 자신들을 재창조한다. 세포 안의 유체는 모든 세포를 감싸고 있는 간질액 안에 있는 물질과 교환한다. 그 유체의 움직임은 해파리의 맥동하는 동작과 유사하다. 배아의 세포는 세포 유체의 팽창과 응축을 통해 발달하여, 머리, 꼬리, 그리고 네 개의 팔다리로 자란다. 우리가 이런 패턴들을 기반으로 하여 땅 위를 걸을 수 있게 될지라도 수중생명체의 패턴은 남아있다. 에밀리 콘라드는 다음과 같이 쓰고 있다. "인체는, 원시 대양의 연장인, 살아있는 물의 소용돌이치는 경향으로부터 끊임없이 변화되어 왔기에, 별개로 보이지만 일정한 공명을 유지하고 있다. 우리는 우주 어디에나 있는 모든 유체 시스템과 끊임없는 친밀한 관계(라포르) 가운데 있어, 나뉘지 않은 하나의 전체로서 기능하고 있다."[2]

참자아의 이끎을 받는 관계의 잠재력은 물의 특성과 유사하다. 물은 우리의 갈증을 풀어준다. 물은 녹이고 씻고 정화시킨다. 물은 바싹 말라 굳은 땅을 부드럽게 하고, 시들어버린 것에 생명을 복원시킨다. 물은 변화를 가져온다. 물 자체가 액체에서 고체로, 증기로 바뀐다. 물이 어떤 형태―물안개, 빗방울, 연못, 강, 호수―를 취하더라도 결국 모두가 각자의 길을 찾아 바다로 이어지며 하나로 합쳐진다.

물은 무의식의 요소로 간주되고 직관, 감정, 공감, 그리고 심령 에너지와 연관되어 있다. 무의식과 마찬가지로, 깊은 호수의 수면은 평온하든지 바람에 물결이 일든지 할 수 있다. 반사된 빛이 숨겨진 깊이를 가릴 수도 있다. 우리의 감정은 물과 같이 흐르고 싶어한다. 두려움이나 수치심에 찌들면 그들은 정체된다. 그들이 도망쳐 나오면, 격랑의 파도는 시스템을 뒤덮고 해안에 부딪쳐 부서질 수도 있다. 감정과 에너지가 안전한 통로를 찾을 때 그들은 부드럽게 아래로 흘러 고요와 평화의 항구를 향한다.

나는 아이키도에서, 소방호스를 통해 나오는 물처럼, 내 에너지가 내 코어에서 손가락 끝을 통해 흘러나오는 것을 머릿속에 그리면서 팔을 쭉 뻗는 간단한 운동을 배웠다. 이 훈련은 이같은 시각화가 내가 아래로 향해 미는 힘에 대항하여 버티려고 할 때보다 내 팔을 훨씬 더 강하게 만들고 있음을 보여주었다. 이 아이키도 원리를 치료 관계에 적용하여, 우리는 우리 코어—우리 몸의 코어 그리고 우리가 하나라는 주된 이유—와 연결한다. 우리는 내담자의 저항이나 밀어냄에 대한 부분들의 반응을 감지한다. 우리는 우리의 유동적인 본성 그리고 우리의 뒤엉킨 뿌리에 양분을 공급하는 깊은 물과 연결된다. 관계의 물은 흐르면서, 우리 안에 있는 침체된 웅덩이들, 그리고 얼어붙거나 바싹 마른 장소들을 모두 치워버리고, 우리의 공명은 이러한 유동성을 제공하여 꽁꽁 묶여있는 내담자의 보호자들을 부드럽게 만든다.

우리가 관계적인 치료 프로세스를 생각해 볼 때 물의 비유는 아주 많다. 회기를 시작할 때 내담자와 함께 앉는 것은 마치 어두운 호숫가에 앉아 온도, 호수 바닥의 점성, 내면의 생명체에 대해 궁금해하는 것과 같다. 우리의 대화는 잔잔한 물 속에 던져진 조약돌과 같을지도 모른다. 조약돌은 가라앉아 보이지 않고, 잔물결은 계속해서 커져가는 동심원을 그린다. 그 조약돌은 또한 우리 정신의 깊은 내면에서도 물결을 일으키며, 해결되지 않은 두려움, 갈망, 절망감을 불러일으킬 수도 있다.

내담자의 내면의 바다가 동요하기 시작하고 어두운 물에서 무언가 방울이 올라온다. 어떤 원초적인 감정—슬픔, 분노, 불안—이 수면으로 올라온다. 우리는 내담자의 이야기—톤, 속도, 높낮이, 템포, 리듬, 운율—뿐만 아니라, 겉으로 드러난 말 아래 숨어있는 것에 대한 단서를 위해서 얼굴표정, 호흡, 자세, 눈길, 제스처에도 귀를 기울인다. 내담자 부분들의 감정이 그들의 시스템을 뒤덮기 시작할 수도 있다. 내담자는 우리가 그들과 함께 거친 바다에서 항해하고 있다는 것을 감지한다. 우리는 또한 이리저리 구르며, 우리 바디마인드의 깊은 곳에 있는 소화되지 않은 우리 감정들이

휘저어질 수도 있다. 우리는 들어오고 나가는 호흡과 심장 박동의 리듬, 그리고 팽창과 수축의 긴 리듬에 연결하여 가까스로 버티고 있다. 우리 내면의 바다는 평온하다. 그리고 평온한 의식 상태는 말뿐만 아니라 우리의 눈길, 우리의 호흡, 우리의 자세, 우리의 목소리 톤을 통해 전달된다. 내담자의 내면세계가 드러나고 목격되며, 짐들이 관계의 물에 녹아 사라질 때 우리의 체현된 참자아 에너지는 닻, 부표 또는 등대의 역할을 할 수 있다.

역사 속에서의, 그리고 현대적 관행에서의 공명

의식적 호흡과 마찬가지로, 공명 작업의 뿌리는 영성과 과학 두 영역의 깊은 곳까지 들어간다. 13세기에 시인이자 신비주의자인 메블라나 젤라루딘 루미(Mevlana Jelaluddin Rumi)는 옳은 행위, 잘못된 행위에 대한 생각을 내려놓고, 우리가 둘이 아닌 하나의 공명적인 관계의 장 풀밭에 눕자고 우리를 초대하였다. 심리치료의 역사에는 여러 가지 표시를 붙여 공명 상태를 언급하고 있다. 빌헬름 라이히(Willhelm Reich)는 치료사와 내담자 사이의 비의식적인 상호작용에서 생기는 생리적인 대인관계 조절을 지칭하기 위해 '식물적 식별(vegetative identification)'과 '유기적 전이(organic transference)'라는 용어를 사용하였다.[3] 칼 융의 '집단 무의식' 이론은 공유된 정보 패턴의 한 양식을 묘사한다.[4] 라이히와 융에 의지하여, 신체 심리치료의 리더인 스탠리 켈러만(Stanley Keleman)은 두 사람 사이의 생물학적 라포르에 대해 '소매틱 공명'이라는 용어를 처음 사용하였다.[5]

이 시대의 많은 사람들은 치유 관계에서 공명의 중심적 역할을 인정하고 있다. 근본적 공명은, 그것이 정서적인 그리고 심리생물학적인 프로세스를 포함하기 때문에, 더 이상 감정 표현이 적나라하여 별로 존경받지 못하는 뉴에이지 치료사들의 영역에만 국한되지 않는다. 현대의 정신분석가들은 치료사와 내담자의 무의식적인 마음 사이의 비언어적 의사소통을 '관계적 무의식'이라 부른다. 최근의 집중적인 학제 간 연구는 심리치료를 행동적·인지적 초점에서 심리생물학적 프로세스 ─ 치료적 관계에 관련되기 때문에 ─ 를 포함하는 방향으로 변화시키고 있다.

지난 30년에 걸쳐 일어난 신경과학과 애착 이론의 폭발적 발견은 이 현상에 대한 우리의 이해를 확장시키고 입증하였다. 신경과학자들은 이 신비롭게 보이는 무의식적인 의사소통이 어떻게 그리고 뇌의 어느 부분에서 일어나는지를 찾아내고 있다. 그들은 우리에게 사회적 관여 시스템, 편도체, 대뇌섬, 전두엽 피질의 역할, 거울 뉴런과 유대 호르몬, 그리고 공명 회로에 대해 가르쳐 주었다. 우리는 이 정보가 어떻게 뇌의 신경 가소성을 확인해주고 있는지 이해한다. 심리생물학적 조율이 트라우마나 잘못된 애착으로 손상된 뇌를 다시 연결시켜 줄 수 있다는 가능성을 깨닫고, 치료사들은 이러한 정보의 원천을 내담자들에게 적용하는 데 전념하고 있다. 근본적 공명 작업이 이러한 치유의 열쇠인 것이다.

신경심리학자인 앨런 쇼어(Allan Schore)는 공명 현상을 '암시적이며, 비언어적인, 애정어린 우뇌 의사소통'이라고 간결하게 묘사했다.[6] 어머니들과 자녀들, 그리고 치료사들과 그들의 환자들에 대한 그의 연구는 뇌가 두 종류의 관계 모두에서 재편되고 조절될 수 있다는 생각을 뒷받침하고 있다. 어머니와 치료사 모두 '대화형 심리생물학 조절장치'로서 기능할 수 있다. 그의 연구의 주 논조는 관계에서 좌뇌는 의식적인 언어를 통해 의사소통하지만, 우뇌는 몸을 기반으로 한 정서적 공감을 통해 자신의 무의식 상태를 수용적인 우뇌에게 비언어적으로 전달한다는 것이다.

다른 연구자들은 '공명'을 수정하기 위해 다양한 형용사를 사용하였다.

로리 카(Laurie Carr)는 '공감적 공명(empathic resonance)'이라는 용어를 사용한다.[7] 정서적인 얼굴 표정을 관찰하고 모방하는 동안 뇌 활동 지도를 그리는 기능적 자기공명영상를 사용하여, 연구자들은 우리의 공감적 공명이 몸 동작과 관련된 정서들에 기반을 두고 있다는 것을 발견하였다. 생물학자인 루퍼트 셀드레이크(Rupert Sheldrake)는 공명의 개념을 대인관계를 넘어서서 자아초월로 확장한다.[8] 그는 문화와 시간을 통해 비슷한 시스템에 대한 누적된 기억을 '형태 공명(morphic resonance)'이라고 말한다. 그는 분자로부터 신체, 사회, 심지어 전체 은하까지의 모든 생물학적 시스템은 형태 장들에 의해 형성된다고 가정하고 있다. 이 장들은 살아있는 시스템을 형성하고 조직하는 내재적인 기억과 함께 세대를 초월하여 울려 퍼지는 공명을 가지고 있다. 바디마인드 센터링의 보니 베인브리지 코언(Bonnie Bainbridge Cohen)은 '세포 공명(cellular resonance)'이라는 용어를 사용하여 몸의 세포들, 인간들, 다른 생명체들, 그리고 심지어 우주와의 상호 관계를 설명한다.[9]

정신과 의사이자 두뇌 연구의 선구자인 대니얼 시걸은 의미 있는 관계 가운데 있는 두 존재의 생물학적 시스템과 심리학적 시스템 사이의 대인관계의 춤(춤에서 파트너를 밀고 당기는 행위)에 대해 광범위하게 저술하였다. 저서 **마인드풀 치료사**(The Mindful Therapist)에서 시걸은 공명을 친밀한 관계에서 상호 간에 변화를 가져오는 측면으로 설명한다. 그의 '대인관계 신경생물학' 이론은 관계를 에너지와 정보(의미와 상징성을 가진 에너지)의 흐름에 대한 공유로 정의한다. 뇌를 포함하여, 몸은 그 흐름의 메커니즘이며, 마음은 스스로 구조화하는 체현된 관계 프로세스로서, 개인 안에 그리고 관계 속에 있는 개인들 간에 위치하고 있는 에너지와 정보의 이러한 흐름을 조절한다. 이 상호작용은 뇌 섬유의 활동과 성장을 자극하여 관계 상처를 치료하고, 더 큰 뇌 통합으로 나아간다. 우리가 관계 속에서 기꺼이 영향을 받고자 할 때는 우리도 다른 사람들에게 영향을 미친다. 그는 다음 과 같이 이야기한다. 어떤 경우에는 "뇌파(EEG)의 변화와 심박 변이가 동 시에 일어난다. 우리의 자율신경계 기능은… 정렬되고, 우리는 서로 공명 한다… 우리의 할 일은 모든 것을 아는 사람이 되는 것이 아니라 현재의 순 간에 의식을 집중하고, 정서를 이해하며, 있는 그대로에 대해 마음이 열려 있는 사람이 되는 것이다."[10]

우리는 우리 부분들이 머릿속에 그리는 별개의 자율적인 개인이 아닌 것 으로 보인다. 내담자의 뇌만이 변화되는 것이 아니라 치료사의 뇌도 변화 된다. 시걸은 이렇게 말한다. "공명은 우리가 더 큰 전체의 일부이며, 우리 는 우리 안에서, 우리 사이에서 그리고 우리 가운데서 계속 진행 중인 춤에 의해 창조된다는 깊은 현실을 드러내준다."[11] '춤'은 우리가 우리 몸의 리듬 에 채널을 맞추고 표현하면서 개인 내적인 것이 될 수 있다. 우리는 무도장 에서 다른 사람을 찾아 우리의 춤이 다른 사람의 리듬에 의해 영향을 받도 록 허락하면서 대인관계의 수준으로 가져갈 수 있다. 그리고 관계의 춤은 우리를 자아초월적인 것의 가장자리까지 데려갈 수 있다. 우리 각자가 파 트너의 내면 상태에 의해 영향을 받도록 허락할 때, 우리가 함께 만들어내 는 춤은 일관성과 조화의 춤이 된다. 우리는 우리가 '우리 안에서, 우리 사 이에서 그리고 우리 가운데서 계속 진행 중인 춤'을 추고 있다는 것을 발견 할 수도 있다. 우리가 정서를 이해할 때 우리의 신경계 회로는 다음과 같이 작동된다. "우리의 관찰 자아가 우리가 관찰하는 대상의 특징들 중 일부를 띠게 될 때 우리는 공명을 일으키게 된다."[12]

시걸은 치유 관계가 일어날 수 있는 프로세스를 이야기한다. 그는 그 프 로세스를 하나의 약자로 설명한다. 그것은 아이러니하게도 PART다. P는 의식 집중(presence), 또는 마인드풀 인식, 그리고 관계의 장에서 출현하고 있는 것에 대한 감수성 상태를 의미한다. 의식 집중은 효소 수준을 올려, 염색체의 말단들을 수리하고 유지함으로써 세포를 건강하게 유지해 주는 것으로 알려져 있다. A는 조율(attunement)로서, 우리 자신뿐만 아니라 다른 사람의 내적 경험에 주의의 초점을 맞추는 것이다. R은 공명하기(resonating)로서, 시걸은 연결과 분화를 모두 포함하는 것으로 설명한다. 즉 그 사람이 되는 것이 아니라 그들의 감정을 느끼는 것, 그것이 당신을 변화시키며, 상대방으로 하여금 '만짐을 받았다는 느낌'을 갖도록 한다. 생리학적으로 측정할 수 있는 신뢰(trust)는 의식 집중, 조율 및 공명의 관계 가운데서 출현하며 T라는 글자로 대표된다.

불교의 마인드풀니스 작업을 서구에 소개하고, 동양 철학을 서양 심리학에 통합시킨 핵심 교사 중 한 사람인 잭 콘필드(Jack Kornfield)는 대뇌변연계의 공명을 다음과 같이 묘사하고 있다. "공황이나 증오로 가득 찬 사람이 방에 들어오면 우리는 즉시 그것을 느낀다. 그리고 우리가 아주 마인드풀하지 않는 한, 그 사람의 부정적인 상태가 우리 자신을 엄습하기 시작할 것이다. 유쾌한 표정의 사람이 방에 들어오면 우리도 역시 그 상태를 느낄 수 있다."[13] 콘필드와 시걸은 때때로 그들의 불교심리학을 신경과학에 바탕을 둔 마음의 눈(mindsight)과 엮어 뇌, 마음, 영에 대한 탐구를 공유하고, 사람들이 탄력적이고 활기찬 방법을 발견하여 힘든 세상에서 존재하도록 돕는 작업을 가르쳤다.

내가 시걸의 작업에 대해 친숙해지기 전에, 공명의 상호적 본질과 그에 따른 우리 두뇌의 수정에 대해 나를 일깨워준 책은 **사랑의 일반 이론**(A General Theory of Love)이었다. 사랑과 연결의 신비는 뇌, 특히 뇌의 변연계 구조를 연구하는 세 명의 정신과 의사가 탐구하였다. 그들은 '변연계 공명'이라는 용어를 사용하며, "상호 교류와 내면 적응의 교향곡으로서, 그것을 통해 두 마리의 포유류가 서로의 내면 상태에 맞추게 된다."고 설명한다.[14] 그들은 이러한 타고난 능력이 사회적 연결, 특히 우리의 치유하고 사랑하는 관계의 기초라고 이야기한다. "변연계 상태는 마음과 마음 사이를 훌쩍 뛰어넘을 수 있다… 우리 주위에 있는 사람들의 변연계 활동이 우리의 감정을 거의 즉각적으로 일치시켜 준다."[15] 그들은 변연계 공명이 실제로 돌보미와 유아, 그리고 치료사와 내담자에 있는 손상된 피질 하부구조를 수정한다고 주장하는 연구를 인용하고 있다.

근본적 공명과 관련된 몸의 시스템

체액

우리의 행성처럼, 인간의 몸은 약 2/3가 물이다. 체액의 반 이상이 세포 안에 있고, 또 다른 4분의 1이 세포를 둘러싸고 있다. 이 간질액은 당, 염, 호르몬, 아미노산, 지방산, 신경전달물질, 세포폐기물 등을 함유하고 있다. 세포 안의 액체는 점성이 있고, 세포의 필수적인 작업을 수행하는 영양소와 구조를 포함하고 있다. 우리는 체액과 이러한 체액 관련된 장기에 인식을 가져옴으로써 유동성과 반응성의 특성에 접근한다. 우리의 혈장, 림프액, 간질액, 두개 천골액, 그리고 활액은 모두 지속적으로 순환하고 있고 항상성에 기여하고 있다. 내부 및 외부 환경의 소통과 변화는 우리의 체액에서 일어난다. 이 체액이 차단될 수 있다. 우리 부분의 짐들이 체액 내에 붙잡혀 있을 수 있다. 바디마인드 센터링의 린다 하틀리는 이 차단되거나 왜곡된 체액의 흐름을, 억압되거나 표현되지 못한 감정으로 인한 마음의 차단과 연결하고 있다. 그녀는 자연스러운 체액의 흐름에 대한 인식이 흐름의 패턴을 바꾸고 '정체되어 있는' 감정을 발산하는 데 도움이 된다는 것을 발견하였다.

우리가 관찰하고 경험하는 것은 억압되거나 표현되지 못한 정서적 경험이 체액 내에 붙잡혀 있을 수 있다는 것이다. 그것은 체액이 물의 전하가 전기 에너지의 전도체 역할을 하는 것과 비슷하게 감정 에너지의 전하를 끌어당기는 것일 수도 있다. 붙잡혀 있는 이러한 감정들은 강이 막혔을 때처럼 정체되다가, 자연스런 흐름에 대한 인식이 그곳에서 다시 깨어나게 된다. 비로소 이 인식을 통해 체액의 패턴이 바뀔 수 있다.[16]

바디마인드 센터링의 또 다른 임상 전문가인 리사 클라크(Lisa Clark)와 함께 공부하면서, 나는 내 체액의 본성에 더 친숙해짐으로써 나의 공명 능력이 증대된 것을 발견하였다. '생체 리듬'에 한번 빠져 이러한 다양한 체액에 채널을 맞춰보라는 안내를 받았을 때, 나는 각각의 체액이 그들 나름대로의 특성과 리듬을 가지고 있다는 것을 경험하기 시작하였다. 혈액의 리듬은 대양의 파도처럼 느껴지고, 동맥의 흐름은 해변을 향해 밀려오는 파도와 같고, 정맥의 흐름은 힘을 모으기 위해 모래에서 멀어져가는 파도와 같다. 각각은 관계적 공명의 서로 다른 측면을 제공한다. 나는 림프가 동맥혈의 혈장에서 생긴다는 것을 알게 되었다. 혈액처럼 림프는 주변부에서 중심부로 흐른다. 혈액과는 달리 림프는 움직임에 의존하여 흐름이 일어난다. 내 림프계에 초점을 맞추어 움직이면서, 나는 관계에서 명료한 느낌을 갖는다. 나는 우리의 혈액, 림프, 뇌척수액, 그리고 활액 모두가 우리의 세포를 둘러싸고 있는 간질액에서 나온다는 것을 알게 되었다. 클라크는 세포 안팎으로 체액이 리듬 있게 움직이는 것이 나중에 있게 될 발달, 즉 우리의 동작 패턴과 관련된 감정, 신념 및 행동의 기반이 된다고 가르친다.

두개천골 치료사로서의 경험에서 나는 뇌척수액의 특성에 익숙해 있다.

이 두개천골액(CSF)이 만들어지고 뇌의 구조에 흡수되면서, 몸 전체에 미묘한 율동적인 움직임의 물결이 있게 된다. 느린 맥박에 주의를 기울이는 것은 나와 내담자 모두에게 깊은 편안함을 준다. 그리고 우리는 함께 무아의 대양 상태로 들어간다. 베인브리지 코언은 CSF를 통해 우리는 '무한 자아의 중심 코어'와 접촉한다고 말한다.[17] 이 체액은 내게 공명적 관계에 대해 가르쳐 주었다. 나는 접촉하기 전에 먼저 접지 상태가 되어야 한다. 두개천골 임상가로서의 나의 터치는 깃털처럼 가볍다. 내담자의 근막 움직임의 제한을 파고드는 것과는 크게 다르다. 내 몸 어디에 긴장이 있기라도 하면, 미묘한 율동적인 물결을 감지하는 내 능력을 방해한다. 체액이 몸의 막과 뼈를 움직일 때, 나는 어떤 기능장애를 평가하고 판단하고 교정하기 보다는 체액의 들어오고 나감과 물결에 주의를 기울인다. 내 손은 비정상적인 리듬, 비대칭, 느릿느릿한 흐름을 따라가며 목격하며, 지지하며, 아마도 과장한다. 이 터치에 반응하여, CSF 시스템의 리듬이 마침내 정지한다. 습관적인 행동의 일시적 멈춤은, 스스로 시작한 타임아웃처럼, "스틸 포인트(침묵의 춤)"라고 불린다. 이 멈춤의 시간 동안 시스템은, 보다 탄탄하고, 고르며 대칭적인 움직임으로, 보다 최적의 패턴으로 재구성된다. 많은 내담자들이 이 과정에서 정서적인 짐을 내려놓는다. 나는 기능 장애가 있는 시스템이 어떻게 유기적으로 그리고 역설적으로 자신을 원하는 패턴으로 재설정하는가를 놓치지 않고 경험하는 스릴을 맛보았다. 수많은 경험으로부터 나는 마인드풀 주의를 기울이는 것이 시스템의 내재적 자기수정 기능을 지원해준다는 것을 신뢰할 수 있게 되었다.

우리의 매직 세포막, '멤-브레인'

세포는 외부 환경을 통해 다른 세포와 소통한다. 각 세포는 내부 및 외부 환경을 감지하고 적절히 행동을 변화시키는 놀라운 능력을 가지고 있다. 각 세포막은 어떤 것을 들여보내 수용해야 하고, 어떤 것을 내보내야 하는지를 아는 창의력과 지능을 보여준다. 세포막이 하는 일은 보호다. 세포막은 환경에 반응하며, 다른 세포에 의해 영향을 받고 다른 세포에 영향을 준다. 세포는 간질액을 거쳐 세포막을 통해 서로 소통을 한다. 세포와 세포의 외부 환경 간의 관계는 대인 관계의 축소판이다.

세포 생물학자인 브루스 립튼(Bruce Lipton)은 양자물리학의 원리와 세포 생물학에 대한 우리의 이해를 통합하는 세포막에 대한 획기적인 연구를 수행하였다. 그의 책 당신의 주인은 DNA가 아니다(The Biology of Belief)에서 립튼은 수용체와 실행체 단백질이 세포의 지능으로 기능한다고 분자 수준에서 세포막의 작용을 설명하고 있다. 수용체 단백질은 세포 내부 및 외부 환경에 대한 정보를 받는다. 그들은 진동 에너지장을 읽고 소리굽쇠처럼 진동한다. 실행체 단백질은 세포의 행동을 낳는다. 세포의 행동을 변화시키는 세포막의 지각 스위치를 연구하기 위해, 립튼은 혈관 벽을 덮고 있는 세포로 실험하였다. 그는 이 단세포들조차도 영양을 공급받고자 손을 뻗고, 유해 물질이나 독성 물질로부터는 움츠러든다는 것을 발견하였다. 반투과성 막은 어떤 분자를 들여보낼지, 어떤 것을 들어오지 못하도록 막을지, 어떤 것을 붙잡을지, 그리고 어떤 것을 내보낼지를 선택한다. 이런 식으로 생명 활동과 성장이 일어난다.[18]

각 개인의 바디마인드는 수용하는 능력과 수용된 것에 반응하여 실행하는 능력을 가진 반투과성 막보다 더 복잡한 기능을 가지고 있다. 뇌는 세포막의 역할과 유사한 일을 한다. 내부와 외부 환경으로부터 정보를 받고, 내면시스템을 조절하고 조정한다. 변연계는 몸 전체의 세포로부터 정보를 받고 신경계가 신호들을 내보냄으로써 감정을 발생시킨다. 하지만 각 세포는 그 지능을 유지한다. 캔디스 퍼트(Candace Pert)는 그녀의 책 감정의 분자(Molecules of Emotion)에서 설명하였듯이, 뇌의 신경 수용체가 대부분의 신체 세포에 존재하고 있음을 발견하여, '마음'이 머릿속에 있는 것이 아니라 온몸에 존재한다는 사실을 확고히 하였다.[19] 우리 부분들의 믿음은 의식적이든 무의식적이든, 우리의 모든 세포 안에 붙잡혀 있고 우리 몸의 모든 세포에 영향을 준다. 우리의 뇌와 세포막, '멤-브레인'의 수용체 단백질의 도움으로, 우리는 안전이나 안전 결여의 신호를 지각하고 해석한다. 우리는 어떤 것을 들여보낼지, 어떤 것을 들어오지 못하도록 막을지, 어떤 것을 남아있도록 할지, 그리고 어떤 것이 더 이상 필요치 않은지 선택한다.

우리의 세포처럼, 우리는 서로의 감정 상태에 반투과적이다. 우리는 서로의 비언어적 신호를 관찰하고 그 데이터에 의미를 부여하지만, 우리는 종종 의식적으로 인식하지 못하더라도 에너지 장으로 진동하기도 한다. 삼투현상과 비슷한 프로세스로, 우리는 서로의 감정이나 참자아 에너지에 의해 영향을 받는다. 우리 모두는 기분, 태도, 감정 장의 투과성을 경험한다. 우리는 또한 여과 장치와 경계도 가지고 있다. 어떤 감정들은 창문 위의 빗방울처럼 방울방울 맺힐 수도 있고, 테플론 처리한 팬 위의 달걀 프라이처럼 미끄러져 떨어질 수도 있다. 우리는 겉으로 잘 드러나지 않지만 근본적인 취약성의 냄새를 맡을 수 있을 정도로 깊게, 비판이나 방어의 보호적인 태도를 취할 수도 있다. 냄새와 같은 감정은 우리의 내면시스템으로 흘러들어간다. 우리는 불편함이나 어색함을 감지하기도 하는데, 이것은 내담자의 반투과적인 경계가 수치심이나 판단을 피하기 위해 감정을 고정시키고 있다는 것을 보여주는 것일 수도 있다. 우리는 깊은 절망이나 분노를 드러내고자 하는 열망뿐만 아니라 차단도 감지한다. 정서적 건강 상태에서 연결에 대한 우리의 갈망은 신체적 건강에서 물만큼이나 필수적이다. 아마도 수 조가 되는 우리 세포 하나 하나를 둘러싼 이 신비롭고 지적인 구조에 인식을 가져옴으로써 우리가 공명 관계 가운데 있도록 도울 수 있다.

대뇌변연계

도마뱀은 대뇌변연계가 결여되어 있다. 그들은 모래에 알을 낳고 슬그머니 사라진다. 포유류는 이 뇌를 가지고 있다. 이 뇌 때문에 그들은 새끼를 껴안고 낑낑거린다. 파충류 뇌와 신피질 사이에 자리잡고 있는 대뇌변연계는 우리에게 더 큰 사회적 · 감정적 지능을 허락하는 진화적 발달의 산물이다. 이 장의 앞부분에서 설명했듯이, 대뇌변연계는 우리의 초기 관계 패턴이 암묵적 기억 속에 완전히 암호화되어 있는 감정의 보고이다. 그것은 또한 신경학적 후유증(신체 영역의 비정상적인 기능)이 새로운 경험에 의해 수정될 수 있는 곳이기도 하다. 참자아의 이끎을 받는 건강한 상호작용은 이 신경 가소성을 이용하여 뉴런을 좀 더 최적의 방법으로 다시 연결할 수 있다. 새로운 신경 회로와 경로는 섬세하고 수용적인 치료사와 상호작용함으로써 만들어질 수 있다.

　신경 과학자들은 거울 뉴런을 포함한 몇몇 구조들이 근본적 공명에 관련되어 있다는 것을 밝혀냈다. 우리는 다른 사람과의 관계에서 신체적인 변화가 일어나도록 되어 있다고 그들의 연구는 주장한다. 우리가 내담자의 행동, 그들의 제스처, 목소리 톤, 그리고 얼굴 표정들에 동조할 때, 거울 뉴런은 우리의 뇌에서 발화된다. 이 정보는 피질로부터 대뇌섬, 대뇌변연계 영역을 거쳐 내수용감각의 뉴런으로 빠르게 이동한다. 이 프로세스는 신체적 인식과 결합하여 우리가 우리 몸에서 느끼는 바를 알 수 있게 해준다. 거울 뉴런은 피질하 공명을 일으켜 내담자가 느끼는 바를 내면으로부터 파악할 수 있게 한다. 우리의 대뇌변연계 구조는 우리의 몸 감각에 정서적 의미를 부여하고, 그 정보는 중간 전두엽 피질로 이동한다. 이곳에서 우리 내담자들에게 가장 효과적으로 비언어적으로 전달되는 특성인, 공감과 공명을 관장한다. 거울 뉴런 시스템은 뇌의 심오한 사회적인 본성을 밝혀준다.

심장

비록 뇌가 근본적인 공명에 관여하기는 하지만, 심장이 단연코 가장 강한 공명 기관이다. 심장 세포는 배아에서 첫 번째로 형성되는 세포이고, 몸은 자라, 심장 장 안에서 조직된다. 심장은 우리의 혈액용 펌프 그 이상이다. 문명의 여명기 이래, 심장은 우리의 감정과 사랑할 수 있는 능력의 중심이라고 여겨져 왔다. 하트매스 연구소의 연구는, 심장이 직경 약 3미터의 크고 강력한 장에 의해 둘러싸여 있으며, 뇌가 만드는 전자기장보다 5천 배나 더 강력한 자기장 및 전기 자극을 몸에서 만들어내고 있음을 보여주고 있다.

심장은 서술 기억(declarative memory)을 가질 수 있다. 1998년 정신신경면역학자 폴 피어솔(Paul Pearsall)은 살해당한 기증자의 심장을 이식받은 8세 아이를 포함하여, 심장이식 환자들을 대상으로 연구를 수행하였다.[20] 아이는 살인 사건의 모든 세부사항을 기억하였고, 심지어 살인자를 특정할 수도 있었다. 그의 연구로부터 피어솔은 심장 세포가 기억을 가지고 있다고 결론 내렸다. 피어솔은 더 나아가 온몸이 정보에너지 지능 장이며 몸의 시스템을 일차적으로 지시하는 것은 뇌라기보다는 심장이라고 주장한다.

비록 몸 기억과 세포 기억에 의문을 제기하는 회의론자들이 있지만, 나는 무엇보다 내 직접 경험에 의지하여 근본적인 공명에 대한 심장의 관련성을 이야기한다. 나는 대뇌변연계 구조에서는 감각을 느낄 수 없어 연구자들이 발견한 것을 경험적으로 증명하였지만, 내 심장 안과 주위에서는 감각을 느낄 수 있다. 인간관계에서 나는 따뜻함과 열린 마음, 혹은 벽, 차단, 백지상태의 느낌을 발견한다. 내 학생들, 수련생들, 내담자들도 역시 자신들의 심장 안에서 부분들이나 참자아를 나타내는 두 가지 감각을 발견한다. 우리의 부분들은, 이 관계성의 중심이 갖고 있는 힘과 회복탄력성을 인식하지 못하고, 그의 취약성을 두려워한다. 우리가 버림받고 학대당했다고 느낄 때, 가슴이 무너지는 듯한 옛 상처의 아픔을 두려워하면서, 우리의 부분들은 우리의 심장을 여러 겹의 보호막으로 덮고, 우리 자신 및 세상의 고통과 단절한다. 심장으로의 접근성이 떨어지면, 우리는 귀와 뇌로 듣는 능력을 과도하게 발달시킨다. 우리는 사실을 밝히고 기억하기 위해 내용에 초점을 맞춘다. 우리의 뇌가 공명하도록 되어 있고 손상된 대뇌변연계를 수정할 수 있는 능력을 갖고 있듯이, 열린 하나의 심장은 치유 에너지를 또 다른 심장으로 전달할 수 있다. 치유 관계에서, 우리는 이러한 부분들의 짐을 내려놓고, 우리 심장의 자연스러운 공명 능력을 알아낸다. 대니얼 시걸에 의하면, 관계는 에너지와 정보의 흐름을 공유하는 것이고, 이 흐름은 한 심장에서 또 다른 심장으로 흐른다.

이러한 몸 시스템 중 어느 것도 나머지 것들과 독립적으로 작동하지 않는다. 사실 심장과 뇌는 배아에서는 거의 서로 닿아있으며, 우리 삶 전체를 통해 강한 소통 시스템을 갖고 있다. 스탠퍼드 신경외과의사이자 Compassion and Altruism 연구 및 교육 센터의 소장인 제임스 도티(James Doty)는 뇌와 심장이 서로 어떻게 대화하는지에 대한 이해에서 최첨단에 있다.[21] 그는 우리의 뇌간과 심장 사이에 흐르는 신경 쇠약이 양방 통행로이며, 이로써 싸울 것이냐 도망할 것이냐 하는 우리의 반응을 바꿀 수 있다고 이야기한다. 그의 특별한 소망은 부족 갈등의 '진화의 짐 가방(baggage of evolution, 현재와는 다른 환경에서 진화되었던 집단 유전 형질)'이 심장과 뇌 사이의 공명적 의사소통에 의해 바뀔 수 있었으면 하는 것이다. 긍휼의 마음이 몸과 행동에서 어떤 의미를 지니는지에 대한 그의 연구는 우리 개인의 삶뿐만 아니라 우리 사회에 시사하는 바가 있다.

컨설턴트로서의 몸

치료사로서 우리는 경계와 분화의 중요성을 알고 있다. 우리는 신체 증상이 우리의 것인지 아니면 내담자의 것인지 구별하는 것이 중요하다고 믿어왔다. 근본적 공명은 몸 감각이 상호주관적인 치료 관계의 장 내에서 나타난다는 것을 의미한다. 우리의 부분들은 이 근본적인 연결이 가져다주는 친밀감을 두려워할 수도 있다. 우리 자신의 관계 트라우마가 촉발될 수도 있다. 내담자의 '저항'이 아니라 우리의 두려움이 치료 관계를 방해하여 공명보다 신체적 불협화음을 일으킬 수 있다. 치료사이자 실천가로서 우리는 공명을 차단하는 촉발인자를 반드시 알아야 한다. 그래야 우리는 관계적 생물의 장에 떠돌아다니는 에너지와 정보를 받아들이고 울림을 전하는 우리 몸의 내재적인 능력을 회복시킬 수 있다. 누구의 증상인지보다 우리가 그것으로 무엇을 하느냐가 더 중요하다.

IFS를 가르치던 초창기에 나는 위통이 있었으나 내가 더 이상 그룹 앞에 나서지 않게 되자 즉시 사라졌다. 나는 그것이 신경과민이라고 생각했지만 내면을 체크하였을 때, 나는 내 관심을 필요로 하는 무엇인가가 그룹의 깊은 곳에 숨어있다는 것을 알려주기 위해 한 부분이 이 몸 증상을 사용하고 있다는 것을 발견하였다. 물론 나는 모든 그룹이 안전이 충분히 확보될 때까지는 숨겨진 두려움, 불안전한 감정, 경쟁, 양극화로 가득하다는 것을 알고 있었고, 때로는 너무 심해 현재 상황을 의식하는 내 능력을 방해하기도 하여 위통이 내게 알려줄 필요도 없었다. 나는 통증이 사라지기를 원하는 부분들을 분리하였다. 나는 그룹의 에너지와 공명할 수 있는 능력을 갖고 있는 그 부분에게 고마워했고, 내가 그 뜻을 이해하였다는 것을 그 부분에게 알려주었다. 나는 그 부분에게 신호를 낮추면 내가 더 잘 들을 수 있을 것이라고 이야기해주었다. 내가 내 몸의 미묘한 메시지에 주의를 기울이고 그룹의 희망과 두려움의 흐름을 따라 흐르는 법을 배우면서 불편함은 곧 해소되었다.

개인 내담자들의 경우 우리는 발생하는 신체적 증상이 반드시 '우리의 것'이라고 자동적으로 가정하지는 않는다. 그러나 우리는 그것들이 내담자 및 관계에 대한 정보를 제공할 수 있다고 생각한다. 메스꺼움, 두통, 동요, 제한, 긴장 및 해리는 공명적인 치료 관계의 장 내에서 나타나는 동시 발생적 신체 상태일 수 있다. 지루함은 그 프로세스가 제대로 진행되고 있지 않다는 신호일 수도 있다. 좌절은 내담자의 분노가 추방당하고 있는 중이라는 사실을 가리킬 수도 있다. 졸음은 내담자가 해리를 향해 가고 있음을 가리킬 수 있다. 치료 관계는 내담자의 다른 친밀한 관계를 그대로 반영할 수도 있다. 이러한 증상들은 우리에게 내담자의 내면세계에 대한 중요한 정보를 줄 수도 있기에, 우리는 그들을 귀중한 컨설턴트로 따뜻이 맞이하며, 그들의 정보를 공유해달라고 초대한다.

수용성 및 수정

공명 관계(resonant relationship : 두 글자 모두 R로 시작함)에 관한 많은 단어들도 수용성(receptivity) 및 수정(revision)과 같이, 글자 R로 시작한다. 상호성(reciprocity), 라포르(rapport)… 반응성(reactivity) 그리고 파열(rupture)도 있다. 그리고 수리(repair)도 있을 수 있다. 이 단어들 중 많은 것들은 또한 '다시 또 다시' 또는 '어떤 것을 향해 되돌아감'을 의미하는 're' 어근을 가지고 있다. 관계 가운데서 우리는 지각의 뿌리인 내수용감각으로 되돌아가서 열린 공간을 찾아 신호를 수신한다. 수용성은 공명을 허용하고, 공명은 신경과학자들이 '수정'이라고 부르는 것을 허용한다. 우리는 그들의 연구를 통해 공명 관계에서 일어나는 신체적 전염이 많은 몸 시스템을 포함하고 있다는 것을 알게 되었다. 자율신경계의 사회적 관여 시스템, 편도체의 싸울 것이냐 도망칠 것이냐의 반응, 거울 뉴런, 유대 호르몬, 우반구와 전두엽 피질의 사회정서적 편견, 이 모든 것이 치료적 변화에 영향을 미친다.

수용성

근본적 공명은 치료사가 내담자의 정서 에너지를 수용하는 능력에 달려 있다. 우리는 선천적으로 수용적이지만, 이러한 능력은 이것이 위험한 시도라고 믿는 부분들에 의해 방해를 받을 수 있다. 마음의 문을 여는 것이 자신들을 어려움에 처하게 만들었고, 닫아버리는 것이 훨씬 안전하다고 그들은 말할 것이다. 부분들은 정서의 소용돌이 속으로 끌려 들어가 고통으로 뒤덮이게 되는 것을 두려워하여 장벽을 세울 수도 있다. 우리가 내담자의 고통을 에너지적으로, 정서적으로, 신체적으로 수용하기 위해 우리의 부분들을 뒤로 물러서게 하는 것은 강매(구매 압박)가 될 수 있다. 공명하는 물체에 손을 대는 것과 유사하게, 내담자의 에너지에 대한 우리의 수용성은 부분들에 의해 차단되거나 방해받을 수 있다. 공명 대신에 우리는 신체적 불협화음을 경험한다. 수용 능력은 우리가 지루하거나, 무감각하거나 피곤한 느낌을 가질 때 억압당할 수도 있고, 우리가 주의력이 분산되거나, 동요되거나, 불안감을 느낄 때 고조될 수도 있다.

내가 다른 치료사들과 상담하고 있을 때는 그들의 수용성을 조절하도록 도울 수 있는 방법을 고려하며, 치료사가 내담자의 진동 에너지를 수용할 수 있는 자신들 몸의 다른 부위, 즉 가장 효과적인 수용성을 위해 에너지 조절이 가능한 곳을 찾아보라고 제안하기도 한다. 예를 들어, 재키는 자신의 열린 수용성을 자신의 몸의 뒷부분으로 옮기는 것이 내담자와 함께 있는 데 도움이 된다는 것을 발견하였다.

재키는 특별히 공감적이고 예민한 치료사다. 나는 자신의 내담자로부터 그렇게 많은 에너지와 정보를 신체적으로 받는 그녀의 능력에 경외감을 느낀다. 재키는 내담자와 가졌던 회기를 설명하며, 내담자 부분들의 생생한 감각을 내게 전달한다. 즉 아버지가 가족을 떠날 때 버림을 받았던 부분, 그녀의 삶에서 더 낫게 기능할 수 있기 위한 관리자 부분의 절박함, 구조받기 위해 필사적으로 재키를 찾는 그녀의 연약한 부분들, 그리고 달궈진 칼로 버터를 자르듯이 쉽게 자신을 자해할 수 있는 소방관 부분들. 나는 심지어 한 다리 건너인 내 몸에서 그녀의 내담자와 공명을 느낄 수 있다.

재키는 마음을 열고 자기 내담자의 논리가 서지 않는 감정과 신념을 감지하기 때문에 그녀 자신도 자신의 생생한 감정으로 몸을 떨고 있다. 그녀는 내담자의 문제가 몇 가지 자신의 문제와 유사한 점이 있음을 인식한다. 그녀는 내담자에 의해 판단을 받고 버림받게 되는 것을 두려워하는 부분들과 섞여 있다. 재키는 내담자에게 깊은 애착을 느끼며 마음을 열고 그들 사이에 울림을 전하는 감정 에너지를 받아들이지만, 그 진동이 너무 강해서 그녀는 참자아 에너지라는 밸러스트(중심을 잡아주는 것)를 잃는다. 그녀는 자신이 '치료사의 눈'을 잃었다고 느낀다. 재키를 어떻게 도울까 생각하면서, 나는 내 자신의 몸에 초점을 맞추고 어떤 것이 내가 이런 치료사의 눈을 갖게 해주는지 궁금해한다. 단순히 내가 재키의 내담자와 함께 앉아 있는 것이 아니기 때문에, 나는 재키의 내담자와 공감적으로 연결된 느낌을 갖기는 하지만, 내 참자아 에너지를 능가할 만큼 강하지는 않다.

재키를 어떻게 도울 수 있을까 궁금해하면서, 나는 내 몸의 뒷부분으로 의식이 끌리는 것을 느낀다. 내 몸의 전면으로 다른 사람들과 연결할 때 나는 더 많은 취약성과 부드러움으로 관계하는 것 같다. 내 몸의 후면은 경계를 지으며 관계하는 경험을 더 많이 제공한다. 나는 재키에게 그녀의 몸의 후면에 채널을 맞추어 보라고 제안한다. 그녀는 정수리로부터 귀를 거쳐 어깨로, 몸통과 다리 옆을 따라 자신의 몸을 만진다. 자신의 몸의 전면과 후면을 분리시키는 전두면(frontal plane)을 인식하면서, 그녀는 자신의 몸의 전면이 내담자의 감정적인 삶에 너무나 열려 있고, 너무나 본능적으로 수용하고 있다는 것을 이해한다. 그녀는 자신의 몸의 후면의 입장에서 걷고, 인지하는 것이 어떨지 실험하기 시작한다. 우리의 모든 습관은 뿌리 깊게 박혀 있기 때문에, 그녀는 우선 그녀의 몸의 후면을 통해 관계 맺는 것을 연습하고 나서 그것을 치료사의 입장에서 적용하기 시작한다.

우리의 몸은 천부적으로 수용적이며 어떻게 조절하는지 알고 있다. 우리의 세포막은 자신들이 어떤 것을 받아들이고, 어떤 것을 붙잡을지 선택하는 법을 알고 있다. 아마도 우리는 효과적일 수 있을 정도의 정서 에너지만을 흡수하고 나머지는 잠사아 에너지의 대양으로 넘쳐 흐르도록 하는 이 지혜를 신뢰할 수 있다. 특히 우리의 뇌세포는 정보를 받고 처리하는 데 탁월하다. 신경 과학자들은 우뇌가 자신의 무의식 상태를 다른 수용적인 우뇌에게 비언어적으로 전달한다는 것을 확인하였다.

대뇌변연계 구조에서 신경 시냅스는 반복적인 발화에 의해 만들어지고 강화되고 있다. 우리의 수용능력은 시냅스에서 찾을 수 있는데, 그곳에는 뉴런에서 가지 쳐 나가는 수신기라고 불리는 축삭돌기가 있다. 다른 뉴런으로 가지 쳐 나오는 것은 발신기가 된다. 이 뉴런의 가지들은 한 뉴런과 다음 뉴런 사이에 화학적 메시지를 전달한다. 이것들은 실제로 닿아 있지 않다. 그들 사이에 작은 간극, 시냅스가 있어, 그곳을 통해 이 화학적 메시지가 흐른다. 죠셉 레두는 이렇게 말했다. "당신은 당신의 시냅스다. 그들이 바로 당신 모습이다."[22]

비록 우리 정체성의 본질이 실제로는 에너지와 정보가 흐르고 있는 빈 공간이라고 여기는 것이 흥미롭기는 하지만, 나는 이 시냅스 활동이 공명 관계와 유사하다고 생각한다. 보내는 것과 받는 것 사이의 이 간극에, 변화의 가능성, 우리의 모습을 바꿀 수 있는 가능성, 혹은 최소한 우리의 습관적인 반응을 바꿀 수 있는 가능성이 존재한다. 수용적이고 참자아의 이끎을 받는 치료사도 내담자에게 안전, 수용 및 긍휼의 마음에 대한 정보를 보내고 있다. 체현된 참자아의 우뇌 언어도 함께 받아들여진다. 내담자의 신경계는 그 정보를 받고 있으며, 그것이 자신들의 습관적인 관계 행동을 조정하게 된다. 습관적인 뉴런 메시지의 변화로 내담자의 뇌(그리고 몸, 감정, 신념, 행동)의 변화가 이제는 가능하게 된다. 메시지를 받는 것이 뉴런 수정의 열쇠이다.

수정

변화는 일어난다. 신경 가소성의 개념은 우리가 치료에서 경험하는 바를 확증한다. 저명한 신경심리학 연구자인 앨런 쇼어는 신경 수정의 우뇌-우뇌 프로세스를 설명한다. 그는 우리에게 다음과 같이 말한다. 섬세한 임상가는 내담자 내면 상태의 매 순간 비언어적 리듬 구조에 주의를 기울이고, 유연하고 유동적으로 자신들의 행동을 변화시켜 내담자의 상태와 동조시킴으로써 안전한 치료 관계를 수립한다.[23] 안전은 내담자의 시스템에 변화가 일어날 수 있는 환경을 만든다.

이 과학자들은 우리가 IFS의 짐 내려놓기 단계에서 우리가 치료실에서 경험하고 있는 것에 대한 뇌와 몸의 반응을 엿볼 수 있게 해주고 있다. 부분들이 이제 안전하다고 느낄 때 시상하부는 옥시토신을 방출한다. 옥시토신은 전두엽 피질을 자극하여 신경전달물질인 GABA를 편도체로 보낸다.

편도체는 부분의 두려워하는 반응을 활성화시키는 대뇌변연계 구조이며, GABA를 가진 섬유는 습관적인 공포를 기반으로 한 반응을 억제한다. 뉴런들 사이의 결합이 약해지며 새로운 시냅스 결합을 만들 수 있는 가능성을 허용한다.

내담자는 부분이 짐을 내려놓는 이미지를 볼 수도 있다. 또는 내담자가 부분이 짐을 내려놓았다고 말하는 것을 들을 수도 있다. 내담자는 자신들의 몸이 가벼워지거나, 마음이 더 넓어지거나, 더 편안해진 것을 감지할 수도 있다. 짐 내려놓기 프로세스는 보통 치료를 받고 있는 사람에게만 일어나는 것으로 여겨지지만, 실제로 연구자들은 어떤 중요한 관계 ─ 그것이 부모와 자식이든, 두 연인들이든, 또는 치료사와 내담자든 간에 ─ 에서와 같이, 관계 가운데 있는 두 사람은 많은 레벨에서 영향을 받고 있음을 확인하였다. 과학자들은 두 사람의 대뇌변연계가 수정되고 있다고 우리에게 말한다.

테레사와의 회기에서, 그녀는 자기 딸이 가게 절도죄로 체포된 것에 대한 수치감을 내게 이야기한다. 나는 잠시 시간을 내어 내 부분들이 갖고 있는 부모로서의 수치감과 과도한 책임감을 신체적으로 공명한다. 테레사는 내가 그녀와 함께 하고 있음을 느끼는 듯 보인다. 그리고 그녀의 말하는 속도가 느려지고 목소리는 더 깊어진다. 우리의 대화에서 많은 마인드풀 멈춤이 있다. 테레사는 눈을 감고 몇 분 동안 말이 없다. 나는 이같은 침묵이 그녀가 해리되고 있을 때와는 매우 다르다는 것을 알 수 있다. 이 멈추는 동안에, 그녀의 방어적인 보호자들은 뒤로 물러났다. 그녀의 자율신경계는 교감상태에서 벗어나 사회적 관여 상태에 있다. 이 멈추는 동안에, 그녀는 자신의 수치감과 연결된 몸의 감각을 느낀다.

테레사는 자기 딸에 대해 그리고 엄마로서 그녀 자신에 대해 긍휼의 마음을 갖는다. 그녀는 10대 때 자기 멋대로 산 시절에 대해 즐거이 웃으며 자기 어머니에 대해 동정심을 느낀다. 그녀는 이 위기 가운데 있는 자기 딸을 어떻게 지지할지에 대한 분명한 감각을 가지고 있다.

나의 공명을 느끼면서, 테레사는 아마도 몸에 옥시토신이 흐르고 있을 것이다. 아마도 GABA를 함유한 섬유는 성장하면서 시냅스 결합을 약화시키고, 부분들 및 참자아의 특성과 행동에 영향을 주는 뇌의 부위를 연결한다. 만약에 우리가 테레사의 시냅스를 들여다볼 수 있다면 우리는 그녀의 습관적인 뉴런 발화 패턴이 약해졌다는 것을 알 수 있고 새로운 연결이 형성되고 있는 것을 볼 수 있을 것이다. 우리가 인지할 수 있는 것은 그녀의 부분들이 두려움과 수치감을 내려놓은 것으로 보인다는 것이다. 그들은 책임감에서 더 이상 혼자가 아니라는 것을 알며 지금 이 순간에는 위협이 없다는 것을 깨닫는다. 사실 따뜻함, 사랑, 안전이 있다. 그녀는 그것을 들이마신다. 그녀가 그 부분과 함께 있으면서 그 부분이 이 새로운 긍정적인 경험을 뇌에 등록하는 데 필요한 5~20초 동안 경이로움과 익숙지 않음을 경험할 때, 사랑, 긍휼의 마음과 신뢰의 새로운 신경 회로가 자랄 수 있다. 앞으로 며칠, 몇 주 동안, 그녀가 자기 딸과 사랑스럽게 관계를 맺을 때, 시냅스 결합은 반복된 발화로 인해 강화되며, 새로운 신경 회로, 경로, 네트워크를 만들어 건강하고 탄력적인 관계를 지원할 것이다.

테레사와의 이번 회기로 내 뇌가 수정되었는가? 그녀가 침묵하는 동안, 나도 테레사에 대해서뿐만 아니라 내 딸에 대해 사랑을 느끼며, 가슴이 따뜻해지고, 내 몸 전체에 에너지가 흘렀다. 모든 어머니들과 딸들에 대해 긍휼의 마음이 느껴지며, 팔, 척추, 다리로 찌릿한 감각이 지나갔다. 내가 이 단어를 쓰는 동안 다시 그 느낌이 느껴진다.

트라우마와 애착의 상처에 대해
근본적으로 공명하는 실제 작업

공명적인 치료사

나는 어떤 관계에서나 적어도 두 사람 중 한 명이 어느 정도 참자아 에너지 상태에 있을 때 더 나은 상호관계로 가게 된다는 것을 알고 있다. 치료사로서 그것은 나여야만 한다. 그래서 내 쪽에서 할 수 있는 것을 하는 것이다.

나는 내담자인 헬렌이 도착하기를 기다리고 있다. 기다리면서 내 몸을 통해 수직으로 흐르는 에너지를 느낀다. 잠깐 시간을 가지고 나의 내면세계 상태도 체크해본다. 자동차 라디오에서 들은 뉴스와 최근 나를 힘들게 한 메일이 생각난다. 나는 그것이 배경으로 사라질 것을 요청하고 헬렌에 대해 내가 알고 있는 것에 초점을 맞춘다. 정신과 의사가 우울증이라 진단하고 나에게 의뢰한 헬렌은 IFS에 대해 좀 읽었고 이 상담모델이 끊임없이 자신을 괴롭히는 피로와 절망감으로부터 해방시켜 줄 수 있기를 희망한다.

헬렌과 나는 곧 얼굴표정, 운율, 자세와 움직임에 대한 몸 대 몸 대화를 시작하려 하고 있다. 여기서 우리 둘의 내면시스템은 정서적 전염이 이루어지도록 열려 있다. 깊은 절망에 빠지는 것은 물론이고, 우울증과 불안감에 공명하는 것은 나에게 힘든 일이 될 수 있다. 나의 부분들은 내가 그녀를 도와줄 수 없게 되어 우리가 둘 다 끔찍한 느낌을 갖게 될까 봐 무서워한다. 그들은 헬렌이 그녀의 우울증에 대해 내가 두려워하는 것을 눈치 챌까 봐 두려워한다. 난 더 의식적으로 내 의자 및 바닥과 연결하고 나의 척추를 좀 움직여본다. 나는 일어나 문을 열어주며 두려움보다 호기심을 더 느낀다.

헬렌이 뻣뻣이 자리에 앉는다. 그녀는 몸을 긴장한 채로, 평생 동안 우울증과 싸워온 이야기를 하면서 손톱을 물어뜯는다. 지금까지 먹고 있는 약들을 설명하며, 그 약들이 별로 도움이 되지 않았으며, 되었다 하더라도 오래가지 않았다고 한다. 그녀는 자신의 우울증이 삶을 얼마나 제한하는지, 해야 할 일, 하고 싶은 일들을 마치는 것은 고사하고 침대에서 나오는 것조차 얼마나 힘든지 계속 이야기한다. 그녀가 아직까지 자살시도를 하지는 않았지만 정서적 마비 상태를 끝낼 수 있는 것은 죽음뿐이라고 때때로 믿고 있다. 그녀는 부분들에 대해 이야기는 들어보았으며, 그들 중 어떤 부분이 우울증과 관련이 있는지, 그리고 이런 식으로 작업을 하는 것이 자신에게 도움이 될 수 있을지 궁금해한다.

나는 그녀의 말들을 들으면서 내 몸과 그녀의 몸에 주목한다. 내 심장 박동이 조금 빨라지는 것을 느낄 수 있다. 뱃속 깊이 숨을 들이마시고 천천히 내쉰다.

나는 두려워하는 나의 부분에게 얼른 그 심정을 이해한다고 끄떡여주고 내 무릎에 앉아 내가 의자에 잘 앉아 있을 테니 믿어보라고 요청한다. 나는 내 주위의 수평적인 공간에 채널을 맞추며 보이지 않는 에너지가 나를 지지하고 있음을 기억한다. 나는 단지 현재에 있기만 하면 되며, 그것이 어떤 기법보다도 더 중요하다는 사실을 상기한다. 헬렌에게는 참자아의 에너지가 있으며, 그것이 그녀에게 어떻게 느껴지더라도, 우울감은 단지 그녀의 한 부분 또는 아마도 여러 부분에 지나지 않는다는 사실을 상기해본다. 내 가슴이 그녀에게 열리기 시작하는 것을 느낀다. 우리는 동시에 의자를 고쳐 앉는다.

헬렌은 지난번 치료사가 차갑고 거리감이 있었으며 나와 작업하는 것이 조금 긴장된다고 말한다. 나는 그녀의 부분들의 절망과 그녀의 언짢은 경험에도 불구하고 오늘 용기를 내어 들른 사실에 감동하고 있다고 말한다. 나는 기꺼이 물러나려는 지난번 치료사보다 잘 해내고 싶다고 바라는 부분의 속삭임을 감지한다. 나는 우리가 함께 우울감을 가진 부분들을 도와줄 수 있다고 믿으며, 우리는 그 우울감이 그녀의 몸 어느 부위에 있는지에 귀를 기울이는 것으로 시작하겠다고 말한다.

공명을 통해 부분들을 찾고, 초점을 맞추며 살을 붙이기

헬렌은 주의를 내면으로 돌려 우울감 같은 신체 감각을 찾는다. 그녀는 숨을 들이마시기 힘들게 하는, 가슴을 짓누르는 무거움을 발견한다. 배 부분이 죄어오는 것도 알아차린다. 그녀는 횡격막 부분을 가리킨다. 우울증을 진단받았다는 사실을 고려할 때, 나는 그녀의 내수용감각 능력에 놀란다. 나는 내 호흡을 그녀의 호흡에 맞추며 나의 가슴과 배가 그녀의 증상들을 살짝 흉내내 보도록 한다. 하지만 잠시 후에 헬렌은 머리가 하얘진다. 그녀는 자신이 잘하고 있지 못해 두려우며 꼼짝 못하겠다고 한다. 나도 또한 약간 하얘지며 머릿속이 흐릿해진다. 나는 내 부분에게 우리가 지금까지 이런 적이 많았지만 언제나 잘 해결되었음을 상기시킨다. 내 머리가 좀 더 맑아진다.

나는 그녀에게 말한다. "이 하얘지는 상태에 대해 호기심을 한번 가져보시죠. 우리는 그것을 바꿀 필요는 없어요. 그것을 두려움과 분리시키고는 그냥 그 곁에 있도록 하세요. 이 하얘지는 상태가 몸 어디에서인가 감지되나요?" 헬렌은 내 맞은편에 앉아 눈을 꼭 감은 채로 하얘지는 상태를 감지하고자 애쓴다.

그녀의 몸에 주목하면서 내 몸에도 계속 귀를 기울이는 동안 나는 배에서 화가 올라오는 것을 느낀다. 나는 헬렌에게 화가 나는 것은 아니고, 다른 어떤 것에도 화가 나는 것도 아닌 것이 확실하다.

혹시 헬렌이 아직 감지할 준비가 되어 있지 않은 뭔가를 내가 느끼고 있는지 궁금하다. 만약 그것이 헬렌의 분노라면 별개의 다른 부분인지 아니면 하얘진 부분의 또 다른 측면인지 궁금하다. 헬렌이 내가 불편한 교착 상태를 미리 막지 못했다고 화가 난 것인지, 아니면 분노가 하얘진 상태에 의해 가려진 것인지 궁금하다.

> SM : 헬렌, 가슴과 배의 감각으로 다시 돌아가 보세요. 지금 어때요?
> 헬렌 : 가슴이 무겁게 느껴져요. 배의 조인 상태를 짓누르려는 것 같아요.
> SM : 배는 그것에 어떻게 대응하나요?
> 헬렌 : 지금 막 못된 부분이 올라오네요. 미안해요.
> SM : 이 모든 부분들을 따뜻하게 맞이하세요. 부분들이 굉장히 빨리 등장하네요. 이 모든 부분들을 추적하기 위해서 방에서 이들을 대표하는 물건들을 찾아보는 것은 어떤가요?

헬렌은 하얘진 부분을 대신할 담요, 그리고 하얘진 상태를 두려워하는 부분을 대신할 다른 물건들, 즉 가슴이 무거운 부분, 배 부분의 긴장감, 못된 부분, 그리고 못된 부분에 대해 사과하는 부분을 찾아, 하나씩 바닥에 놓는다.

> SM : 이제 이 부분들 주위를 걸어 보세요. 이렇게 하는 동안 당신이
> 어떤 부분에 집중하고 싶은지 몸이 말해줄지도 모릅니다.

헬렌은 담요가 대신하고 있는 하얘진 부분에 관심을 가장 많이 갖는다. 왜냐하면
그것이 자신의 우울감과 관련이 있다고 생각하기 때문이다.

부분과 공명적 관계를 발전시키기

아마도 참자아와 부분의 관계를 촉진시키는 질문이 "부분을 향하여 어떤
느낌이 듭니까?"라는 것을 기억할 것이다. 헬렌에게 담요를 만지고, 들고
는 그것을 향하여 어떤 느낌이 드는지 알아보라고 하니, 그녀는 "긍휼함이
느껴진다."라고 답을 한다. 내가 그녀를 보며 귀를 기울일 때는 긍휼함이
느껴지지 않는다. 그래서 그녀가 진정으로 이 특성을 알고 있는 것인지, 아
니면 그것이 '옳은' 답이라는 것을 읽어서 단순히 배운 것인지 궁금하다.

> SM : 당신 몸 어디에서 그 긍휼의 마음이 느껴지나요?
> 헬렌 : 사실 그것을 향해서 하얘지는 느낌이 들어요.

이것은 헬렌이 하얘진 부분과 섞여 있음을 말해준다.

> SM : 내가 직접 그 하얘진 부분과 이야기를 해볼게요. "잠깐만 물
> 러서 줄 수 있을까? 우린 네가 헬렌의 감정을 하얗게 만드는 것
> 을 중단시키려고 하지는 않을 거야. 우리는 단지 네 일을 도와주려
> 는 거야. 그러려면 좀 더 많은 헬렌(참자아)이 존재하고 있어야 해."

하얘진 부분이 충분히 떨어지자 헬렌은 그 하얘진 상태를 향하여 호기심을 느낀다.
나는 담요에게 호기심을 보여주라고 제안한다. 헬렌은 담요를 다시 주워서 살펴본다.

SM : 이 하얘진 부분은 당신을 향하여 어떤 느낌을 갖고 있나요?

헬렌 : 이 하얘진 상태는 내가 스스로를 잘 돌볼 수 있다고 믿지 않네요. 그 부분은 내가 자기의 보호를 필요로 하는 어린아이라고 생각하고 있어요.

SM : 바닥에 있는 이 모든 물건들을 피해 이리로 와서 내 곁에 서보세요.

방 안 이 위치에서, 헬렌은 자신이 하얘진 상태가 아니고, 하얘진 상태가 생각하는 그 부분(어린아이)도 아니며, 이 방에 있는 물건들로 대표되는 그 어떤 부분들도 아니라는 것을 깨닫는다.

헬렌은 이제 하얘진 부분과 분화되어, 그 부분과 공명적 관계 수립을 시작할 수 있다. 헬렌은 하얘진 부분을 대신하는 담요에게 다가가서 쓰다듬으며, 자신은 하얘진 부분이 생각하는 어린 부분이 아니지만, 원한다면 하얘진 부분이 이 어린 부분을 보살피는 것을 도울 수는 있다고 말한다. 헬렌은 하얘진 부분이 보호하려고 애쓰는 이 어린 부분에 대한 감이 잡힌다고 내게 말한다. 그녀는 뱃속에 차가운 응어리가 느껴진다. 그녀에게 방 안 침대에 혼자서 앉아 있는 다섯 살 정도 되는 작은 소녀가 보인다. 헬렌이 이 소녀를 향해 긍휼의 마음이 느껴진다고 내게 말할 때, 이번에는 진심으로 느껴진다. 우리는 이제서야 이 어린 소녀와 공명적 관계가 맺어진다. 헬렌은 소녀가 혼자서 얼마나 춥고 외로웠는지 알고 있다고 소녀에게 이야기한다. 헬렌은 소녀가 희망을 품고 자신을 바라보고 있다고 내게 말한다.

부분을 목격하기

SM : 소녀가 괜찮다고 하면, 그녀가 있는 방으로 가서 침대에 앉아 있는 그녀 곁에 앉아보세요.

헬렌은 그 방으로 가서 침대 위의 소녀 곁에 앉는다. 우리는 이 어린 부분들을 대신할 물건을 찾아서 헬렌 곁에 둔다.

SM : 소녀가 당신에게 이야기해주고 싶은 것을 보여주거나 이야기
해보라고 하세요.
헬렌 : 그 소녀가 나를 쳐다보고 있어요. 참 슬퍼 보이네요. 얼어붙어
부서질 것 같아 보여요. 말도 하지 못해요.
SM : 네. 당신 몸이 소녀가 당신에게 어떤 이야기를 하고 싶어하는
듯한 느낌을 줄 수도 있어요.

헬렌의 몸은 경직되고 그녀는 더 춥게 느낀다. 그녀는 움직이지 못할 것 같은 느낌
이 든다. 나는 헬렌이 내 상담실에 앉아 있는 동안 그녀를 담요로 덮어준다. 헬렌은
내게 이 느낌이 바로 우울감이 가장 심할 때의 느낌이라고 말한다. 헬렌은 소녀에게
자신이 소녀가 어떤 상황인지 정말 이해할 수 있다고 이야기해준다. 나는 담요를 하
나를 더 찾아 건네, 헬렌이 자기 옆에 있는 그 물건을 덮어주도록 한다.

소녀는 아직 아무 말도 하지 않으나 헬렌이 그 소녀에게 말을 건다. 헬렌은 소녀에
게 지금 그 아이가 혼자가 아님을 말해준다. 헬렌은 그 소녀가 말하기 싫으면 하지 않
아도 괜찮다고 알려준다. 헬렌은 그 소녀를 향해 가슴 속에 따뜻한 감정을 느끼고, 소
녀를 따뜻하게 해주겠으며, 어떤 방법으로든 즐겁게 도와주겠다고 말한다. 그 소녀는
헬렌을 가까이 오도록 하여 그녀의 품에 안기고 헬렌의 가슴에 자기 머리를 기댄다.
헬렌은 다른 치료사들에게 이 '내면 아이'와 홀로코스트의 생존자들이었던 가족의 이
야기, 그리고 아버지의 술과 마약에 대해 이야기를 했었다고 내게 말한다. 그녀는 섭
식장애를 해결하기 위해 노력해왔고, 어머니가 안식일 날 엄청난 양의 음식을 해서
모든 사람에게 먹으라고 해놓고는 뒤에서는 많이 먹는다고 비난을 했었다고 이야기
한다. 헬렌은 자신의 섭식장애가 이 소녀의 궁핍함을 보살펴주고자 하는 시도였다고
믿는다. 헬렌에게 이 작은 소녀의 이야기가 전에는 그리 깊이 와닿지 않았었던 것 같
은 느낌이다. 나의 많은 내담자들이 다른 치료사들에게 자신들의 이야기를 했었지만
내담자들의 부분들은 정말로 귀 기울여 준다는 느낌을 받은 적이 없었다. 이들의 상
처에 대한 기억들은 대부분 우뇌에 있고 그 기억을 소환하려면 우뇌가 필요하다. 내
담자와 치료사의 우뇌가 함께 공명할 때 효과는 배가 된다.

다음 두 회기에서 헬렌은 이 다섯 살짜리 소녀와 공명적 관계를 계속 발전시킨다. 헬렌은 하얘지지 않고 그녀에게 초점을 맞추기가 훨씬 쉬워진다. 이 보호자는 담요로 변해서 소녀를 따뜻하게 해주는 것 같다.

　헬렌은 소녀가 담요를 벗어 버리고 침대를 떠나 자기 침실을 돌아다니고 있다고 내게 말한다. 헬렌은 여유로워 보이고 미소도 짓는다. 헬렌의 몸 또한 더욱 유연하고 편안해 보인다. 다섯 살짜리는 헬렌에게 자신이 이제 자신의 침실을 나와서 헬렌과 함께 할 준비가 되었다고 말한다. 소녀는 자신의 얼어붙은 두려움과 슬픔은 옛날 집에 놔둔다. 헬렌은 내게 소녀가 상담실을 돌아다니며 헬렌의 부분들을 대신하기 위해 방에 갖다 놓은 물건들을 탐구하고 있는 것이 느껴진다고 이야기한다. 헬렌은 만족스러워 보이고, 미소를 지으며 내 눈을 바라본다. 나도 미소로 답하니, 내 몸 전체에 짜릿한 온기가 느껴진다. 지금 우리와 함께 한 다섯 살짜리 소녀와 함께 그녀의 물려받은 트라우마와 섭식장애를 치유하기 위해 함께 작업할 수 있는 길이 우리에게 열렸다.

애착 상흔과의 근본적 공명

애착으로부터 생긴 상처는 IFS로 훌륭하게 다루어진다. 내담자의 참자아가 어린 부분들의 애착 상흔을 치유하는 주 행위자이며, 치료사 참자아의 지지를 받는다. IFS에서 치료사의 역할은 추방자의 필요를 충족시켜 주는 것이 아니라 애착 스타일을 영속시키는 부분 대 부분의 관계 역동을 예방하는 것이다. 참자아의 이끎을 받는 IFS 치료사는 내담자의 참자아가 상처받기 쉬운 부분들을 치유할 수 있는 환경을 만들어 주고 이 부분과 안정 애착이 이루어지도록 한다.

　소매틱 IFS 작업, 특히 근본적 공명작업은 버림을 받고 방치되어 트라우마를 경험한 부분들과 가능한 충분히 연결할 수 있는 우뇌적 접근법을 제공해준다. 공명적 관계는 애착 상흔을 치유할 수 있다. 내담자의 부분들이 불안해서 매달리는 행동을 취하든, 거리를 두고 회피하는 행동을 취하든, 그들은 행동의 저변에 연결을 갈망하고 있다. 과거 안전한 연결이 결핍되었기 때문에 내담자의 부분들은 치료사의 정서 가용성을 감지하는 데 능숙하다. 애착 상흔들은 종종 신체적 혹은 정서적 필요를 전달할 수 있는 언어적 능력이 발달되기 전에 일어난다. 만약 유아가 '아이들에게 속삭여 주는' 섬세한 부모를 갖지 못했다면, 그들의 상처받기 쉬운 부분들은 치료사가 자신들의 언어화되지 않은 필요를 충족시켜 주기를 원할 수도 있다. 소매틱 IFS에서 우리는 '몸에게 속삭여 주는 사람(body whispers)'이 된다.

패트리샤의 삶은 힘들게 시작되었다. 엄마는 열 여섯 살에 데이트 강간을 당하고 미혼모로써 딸을 키우기 위해 학교를 중퇴하였다. 엄마의 부모님들이 경제적인 지원은 해주었지만 정서적으로는 그렇지 못했는데, 그들은 패트리샤 엄마의 '거친' 행동 때문에 강간을 당했다고 비난하였다. 패트리샤는 자신의 불안정이 사귀었던 여자들을 떠나게 만들고 있기 때문에 치료를 받으러 왔다. 여자들은 그녀와 성적인 관계를 갖곤 하였으나, 그리고 나서 그들은 멀어져 떠나거나, 그녀 몰래 바람을 피우곤 하였다. 혼자 있을 때는 두렵고 불안해서 나쁜 관계에 필사적으로 매달렸다. 그녀는 이러한 실패한 관계들에 대해 자신을 탓하면서도 어떻게 이 여자들을 자신의 삶 가운데 두도록 하는 방법은 알지 못하였다.

처음에, 방치를 경험한 패트리샤의 부분들은 완전히 섞여 있었고 참자아 에너지는 전혀 찾아볼 수 없었다. 이해가 되는 것이, 패트리샤의 발달이 이루어지는 중요한 시기에 그녀의 엄마는 자기 자신의 부분들에 의해 완전히 장악이 되어 공명적 관계를 형성할 수 있는 여유가 없었다.

패트리샤가 자신의 방치된 부분들에게 참자아 에너지를 불어넣어 주지 못하는 것은 은유적으로뿐만 아니라 실제로도 자주 집에 아무도 없었던 그녀의 경험을 말해주었다. 패트리샤는 자신의 부분들이 그녀의 참자아가 출현하는 것을 허락할 수 있을 때까지는, 내게 의지하여 감정조절, 부분들의 욕구 수용, 필요한 것을 제공할 수 있는 자신감을 해결하였다.

우리는 통제적이며, 요구가 많고, 필사적인 보호자들을 찾아 그들에게 감사와 긍휼을 베풀었다. 그녀의 부분들이 나와 단절될 때는 패트리샤와의 연결이 끊어짐을 느낄 때가 많았다. 그럴 때 나는 지루함 및 좌절감과 싸운다. 나의 반응이 패트리샤의 부분들의 이야기에 대한 공명이라고 생각하면서, 단절의 고통을 참아낸다. 패트리샤가 배아 단계에서 발달시킨 뉴런에 기반을 둔 모든 보호 전략들이 지금 그녀의 자세, 얼굴표정, 제스처, 근육 수축, 호흡 패턴 및 성적 에너지로 표현되고 있으며, 그것들이 모두 나의 몸과 마음에 전달되고 있다. 패트리샤의 보호자들이 그녀의 정신이 완전히 파괴되는 것을 막기 위해 애쓰고 있다는 것을 기억할 때, 나는 긍휼의 마음이 느껴진다.

패트리샤의 보호자들은 자신들의 전략이 의도한 것과는 정반대로 하고 있다는 것을 깨닫게 된다. 보호자들의 첫 단계를 다루고, 신뢰를 얻은 후에, 나는 그들이 보호하고 있었던 것들, 즉 어머니가 일하러 간 사이 홀로 남겨졌던 부분들, 학교 친구들이 네 아빠가 어디 있냐고 물었을 때 곤란했던 부분들, 그녀가 아버지의 나쁜 점들을 물려받았다고 두려워하는 부분들과 공명한다. 그녀의 경험들을 들으면서, 심장이 강하게 끌리며, 의분의 물결이 느껴진다.

패트리샤는 자신이 사랑받을 만한 자격이 있다고 믿기 시작한다. 자신의 궁핍함과 외로움을 더 잘 돌볼 수 있게 된다. 더 건강한 새로운 관계를 시작한다. 파트너가 멀리 떠나 있을 때는 때때로 두려워하는 자신의 부분들을 안심시키고 위로할 수 있다. 충동적 행동도 줄어든다. 그러나 여전히 현재의 관계에서 불안하고 신뢰하지 못하는 느낌을 자주 갖는다. 엄마가 트라우마로 인해 원치 않았던 임신 이야기에 대해 이야기하는 것은 불안을 줄이는 데 도움이 되지 않았다. 재확인하고자 하는 자신의 행동이 이 파트너를 또다시 떠나보내게 할까 봐 두려워한다.

엄마와의 초기 애착이 일어나는 캄캄한 수중 삶의 영역 ─ 강간의 트라우마가 있었고 자신이 원치 않은 존재임을 감지하였던 엄마의 자궁 ─ 안에 있는 패트리샤와 내가 함께 하는 것이 중요하다. 탯줄을 통해, 패트리샤는 생명을 유지하게 해주는 영양분과 에너지를 주지 않는 무엇인가를, 즉 어머니의 몸속에서 커가는 자신을 향한 혐오감 같은 것을 느꼈을 수 있다.

비록 패트리샤의 이 때의 기억들은 온통 암묵적 기억 가운데 있더라도, 그녀의 경험은 발달 과정에 있는 변연계 구조에 영향을 주고 있었고 삶에서 관계의 어려움에 대한 배경음악(사운드트랙)이 되었다.

패트리샤는 자신의 트라우마 시기에 대한 의식적 기억이 전혀 없기 때문에, 그것을 머릿속으로 그려야 한다. 우리는 캄캄한 수중 삶의 시작으로 들어가는 모험을 하기 위해서 그녀가 태어나기 이전의 몸으로 간다. 나는 패트리샤에게 탯줄을 통해 어머니의 자궁벽과 연결되어 있는 것을 머릿속에 그려보라고 안내한다. 그녀는 엄마에게 전적으로 의지하여 생명을 유지하는 배아로 자신의 모습을 상상한다. 그녀는 자신의 배에 손을 대고 배꼽을 통해 숨을 들이마신다. 몸을 웅크린 채 그녀는 옆으로 눕는다. 그녀의 몸은 생명력과 활기가 없으며 공허한 느낌이다. 그녀는 몸을 더욱 강하게 웅크린다. 그녀는 흐느끼며 떨기 시작한다.

다음 몇 회기에 걸쳐 우리는 탯줄을 통해 초기 애착 경험이 이루어지는 이 부위와 신경계 및 장기들의 전구체인 발생학적 구조로 되돌아온다. 매번 패트리샤는 태아 자세를 다시 시작한다. 때때로 그 자세로 경직되어 기력이 없이 누워 있고, 또 어떤 때는 흐느끼며 몸을 떤다. 마침내 그녀는 긴장을 풀고, 몸을 펴서 바닥에 편히 쉰다. 그녀는 땅으로부터 양분과 사랑하는 에너지를 받는 것을 머릿속에 그린다. 그 에너지는 트라우마와 수치심으로부터 해방된 에너지, 동일한 코어에 뿌리를 두고, 우리 모두에게 자양분을 공급하고 지지하는 에너지이다. 나는 감동되어 눈물이 올라온다. 그녀가 배꼽을 통해서 이 우주의 에너지와 연결될 때, 그녀는 느긋함, 평온함, '깃털 같은 가벼움'을 느낀다. 패트리샤는 이제 혼자 있을 때나 관계 속에서 불안감을 느낄 때도 자기 부분들에게 자신의 참자아 에너지를 더 잘 불어넣을 수 있다.

패트리샤와의 이러한 회기들은, 대니얼 시걸이 명료하게 표현한 신경과학적 렌즈를 통해 보면, 소매틱 작업이 뉴런의 공명 회로와 관련된 변연계 구조와 중간 전두엽 피질 사이에 있는 패트리샤 뇌 영역을 활성화시켰음을 보여준다. 달리 말하면, 이 작업들은 뇌의 두 부분, 즉 부분들의 보호전략을 무의식적으로 결정하는 뇌 영역과, 감정조절, 회복탄력성, 자각 및 긍휼의 감정을 회복시킬 수 있는 뇌의 의식 부분을 서로 연결해주는 다리 역할을 하였다.

　우리 모두는 안정 애착을 가지고 있으며, 그것은 부분들이 짐을 내려놓으면서 드러난다. 심지어 엄청난 상처를 가진 부분들조차도 자신들이 필요로 하는 것을 얻고자 하는 것을 포기하지 않았다. 계획되지 않은 임신, 임신 기간 중 약물 남용, 강간, 가정폭력, 이런 것들이 불행하게도 엄마와 그들 몸속에서 자라는 배아들에게 너무도 흔히 발생하고 있다. 자궁 내 관계 파열은 지대한 영향을 가져올 수 있다. 출생 트라우마, 신생아 유기와 방치는 생애 초기에 일어나며, 치유를 위해서는 공명적 접근이 필요하다.

관계 파열을 치유하기

지금까지는 공명적 치유 관계를 형성하는 법에 주로 초점을 맞추었으나, 균열이 있을 때는 어떻게 할 것인가? 관계 파열은 불가피하다. 공명적 흐름의 이러한 단절은 재앙이기보다는 관계 영역의 일부라는 것을 알기에 나의 부분들은 조금 안심한다. 파열이 일어나는 것을 좋아하지는 않지만, 그것들이 불가피하다는 것을 기억하는 것이 도움이 된다. 이것들이 치유가 가능하다는 것을 내 자신에게도 상기시킨다. 부러진 뼈처럼, 관계도 깨어졌던 부위가 더 강해진다. 관계를 중요하다고 여긴다면, 두 사람은 고통으로 인해 동기가 부여되어 균열을 해결할 방법을 찾으려 할 것이다.

　우리가 만나게 되는 불가피한 관계 파열은 신경과학으로 설명된다. 시걸의 대인관계 신경생물학과 포제스의 다미주신경이론을 통해 알게 된 우리의 적응적인 뇌와 신경계에 대한 정보는 내가 이러한 파열을 정상화시키는 데 도움을 준다. 우리의 부분들이 위협을 감지할 때는 수렵이나 채집하던 조상들로부터 물려받은 DNA 때문에 자율신경계가 가동이나 붕괴 중 어느 하나의 상태로 들어간다는 것을 알게 되었다. 일반적으로 우리 내담자들이 우리의 생명을 위협하지는 않는다. 그러나 프로세스가 교착 상태에 빠져 우리가 매우 멍청하다고 느낄 때, 우리의 내담자들이 우리의 부족함을 지적할 때, 우리의 부분들은 우리의 공명 능력을 앗아간다.

우리가 이 공명 상태를 유지하지 못하는 또 다른 이유는 아이러니하게도 우리가 공명할 수 있도록 만드는 하드와이어링 때문이라는 것을 알게 되었다. 내담자가 부분들과 섞여 있거나 극단적인 짐을 짊어지고 있는 부분들에 휩싸여 있을 때, 우리의 신경계─우뇌의 변연계 구조, 사실은 몸 전체─도 두려움, 분노, 절망, 혹은 수치심의 울림이 전해지며 그대로 반영한다. 몇 초가 걸리지 않아 마인드는 탓을 하며 우리의 가슴은 닫힌다. 우리의 참자아 에너지는 작동하지 않는 상태가 된다. 우리의 반응 상태는 우리의 몸을 통해 강하고도 명료하게 전달된다. 우리의 내담자는 적어도 우리만큼 비언어적인 신호를 읽을 수 있다. 그들의 삶이 시금까지 그것에 의존해왔다. 우리는 부분들의 이끎을 받는 관계로 향할 수 있게 되는데, 그 상황에서는 가해자, 피해자, 구원자의 역할이 무대 중심에 있으며 배우들의 역할이 갑자기 바뀔 수도 있다.

우리 모두는 관계 파열에 대해 부분들의 이끎을 받는 습관적인 반응들을 보인다. 우리 모두는 치유되지 않은 관계 단절의 짐을 가지고 있다. 우리는 해결되지 않는 갈등으로부터 오는 슬픔, 분노, 절망, 혼돈과 두려움을 갖고 있는데, 이것이 버려짐이나 심지어 신체적 손상으로 이어진 것이다. 우리의 부분들이 갖는 우선적인 충동은 방어, 뒤로 물러섬, 피함, 최소화시킴, 우리 자신 혹은 상대방에 대한 비난일 가능성이 있다. 내담자는 교착 상태를 해결할 방법을 찾기 위해 우리와 작업할 용의를 갖고 있지 않을 수도 있다. 그들이 그냥 치료를 중단해버리면 우리는 버림받은 느낌을 갖는다. 상처받은 느낌이다. 아마도 우리의 전문가로서의 평판이 인터넷에 뜰 수도 있다.

치료적인 관계이거나 파워의 차이가 있는 모든 관계에서는, 더 많은 파워를 가진 역할을 하는 우리가 내담자 혹은 더 적은 파워를 가진 사람을 돌보는 것이 적절하다. 우리는 우리 부분들과 작업을 하고 짐을 내려놓기 위해 외부 지원을 얻을 필요가 있을 수도 있다. 그런 다음 우리는 충분한 참자아 에너지를 갖고 관계 복원 프로세스를 시작한다.

직업적 관계든 사적 관계든, 우리가 교착 상태를 헤쳐 나갈 방법을 모색할 경우, 우리는 우리의 부분들이 참자아의 이끎을 받는 관계 개선이 일어나도록 비켜서는 것을 주저할 것이라 예상할 수 있다. 종종 관계 파열은 부분들에 의해 일어나는데, 그 부분들은 여전히 구석에서 어슬렁거리며 적에 대항하여 자신들의 영역을 방어할 준비하고 있다. 나의 부분들은 이런 식으로 말한다. "너는 내가 네 말을 못 들은 줄 아나 보지? 점점 더 크게 계속 말한다고 될 줄 아니." "아, 아직도 내가 말귀를 못 알아들은 것 같다고? 어쩌나, 나 역시 네가 말귀를 못 알아들은 것 같아. 이 문제를 꺼낸 것은 나인데, 너는 내가 나의 필요는 잊어버리고 네 필요에만 귀 기울이기를 기대하고 있는 거야?"

내 분노와 방어의 이면을 살펴볼 수 있다면, 나는 그 사람이 어떻게 나를 특징짓고 있는가(예를 들면, 이기적이다 혹은 사려 깊지 못하다)에 의해 상처받은 부분을 종종 발견한다. 상처받기 쉬운 나의 부분들은, 내가 이런 판단에 대항하여 내 자신을 방어할 수 없다면, 내가 이 관계 가운데 있어야 할 가치가 얼마나 있을까 걱정하고 있다. 나는 내게 너무도 중요한 이 사람을 잃을 수도 있다.

내가 속도를 충분히 늦춰 내 보호자들의 자동적인 방어 태도 곁에 있을 수 있다면, 나는 신체 감각과 함께 할 수도 있다. 나는 나의 닫힌 마음, 빨리 뛰는 나의 심장박동, 얕은 나의 호흡에 초점을 맞출 수 있다. 나는 내 부분들에게 다음과 같이 물어볼 수도 있다. "너희는 계속 이런 식으로 가길 원하는 것이 확실해? 너희는 그것이 어디로 향하고 있는지 알잖아, 그렇지?" 나의 부분들은 두 주먹을 꽉 쥐며 대답한다. "그래요. 우리는 알아요!" 내가 다시 물어볼 수 있다면, 나는 더 이상 확대하지 않고 잠시 쉴 수도 있다. 나는 과거에 도움이 되었던 많은 작업과 기술을 갖고 있다는 사실을 떠올릴 수도 있다. 얼마나 내 기분이 언짢은지, 이 순간이 얼마나 불쾌한 교착 상태인지 느껴진다. 나는 상황이 다른 방향으로 향하도록 뭔가를 할 수도 있다고 생각한다. 나는 내 숨에 잠깐 인식을 가져온다. 흉골을 누르는 압박감에 숨을 불어넣는다. 목 뒤의 긴장감에 숨을 불어넣는다. 나의 들숨을 힘들게 하는 배의 조임에 숨을 불어넣는다. 내 '적'의 얼굴을 볼 수도 있다. 그 적이 처음에는 안 좋은 모습으로 보일 수도 있다. 내가 더 자세히 보니, 비슷한 두려움, 슬픔, 불확실함이 비쳐 있는 것이 보인다. 내 마음이 약간 녹는다. 극지방의 만년설처럼 약간의 녹음으로 인해, 다른 모든 것들도 녹기 시작한다. 우리는 함께 평소의 일관성으로 흘러 들어가는 방법을 찾으며, 우리의 취약함을 공유하고 서로를 더욱 깊이 알아간다.

우리의 진정한 본성은 수분이라는 것, 결국 우리 몸의 3분의 2가 물이라는 사실을 기억한다면, 우리 자아를 손상받지 않도록 애쓰는 보호자들이 갖고 있는 잠깐의 경직성은 녹아 없어질 수 있다. 관계의 회복으로, 우리가 느끼는 안도감과 기쁨은 마치 까꿍 놀이나 숨바꼭질 놀이 혹은 아기를 공중에 던졌다 받을 때, 아기가 경험하는 느낌과 같다. 천조각의 찢겨졌던 부분이 이제 온전해진다. 다시 엮인 연결 가닥들은 상실에 대한 우리의 두려움, 즉 단절의 아픔 때문에 우리에게 더욱 소중하다.

공명 능력을 함양하기

참자아 에너지를 함양하고 체현시키는 것은 평생의 노력이 필요하다. 내게 가장 힘들었던 내담자들은 그들이 아니면 드러나지 않았을지도 모르는 나의 부분들을 발견하도록 도와주었던 사실에 감사하게 되었다. 공명 작업을 위해서는 몸이 공명 용기가 되어야 하기 때문에 치료사는 마음을 열어 신체적으로, 정서적으로, 에너지적으로 깊이 영향을 받게 되는 것을 두려워하는 부분들을 탐구할 수 있다. 대부분의 우리는 관계에서 상처를 받은 적이 있다. 그리고 아직 치유되지 않은 그 상흔들은, 우리가 상처받은 내담자의 울림에 마음을 열면서, 딱지가 떨어지게 된다. 우리 대부분은 보호의 방편으로 우리의 부드럽고, 쉽게 외부의 영향을 받는 몸과 마음을 다른 것들로부터 격리시켜 왔다. 그리고 우리의 부분들은 우리의 몸—우리의 호흡 및 세포적 유기적 프로세스—이 어떻게 받아들이고 놓아주는지를 알고 있다는 사실을 깨닫게 되었다. 우리의 관계적 두뇌가 최적으로 기능하는 것이 무엇보다 우리의 생존에 가장 중요하였다. 향후 수십 년간 한층 더 많은 회복탄력성이 요구될 것이다.

우리는 우리의 몸을 내담자들과의 관계 속으로 가져와 우리의 몸을 치유의 진동 용기로 사용한다. 우리 자신의 인간적 한계에 긍휼의 마음을 가지고, 우리는 가슴으로부터 말하며 다른 이들이 가슴을 열고 그들의 흐르는 파워를 맞이하도록 용기를 불어넣는다. 우리는 관계의 물길로 들어가 헤치고 나아가며 그 깊이와 온도와 눈에 보이지 않는 물의 흐름, 소용돌이 혹은 급류를 감지한다. 심지어 우리가 감정의 물길에 빠지지 않고 간신히 버틸

때에도, 내담자의 내면시스템은 그 무의식 상태를 비언어적으로 우리의 수용적인 우뇌에 전달하고 있다. 우리는 내담자 내면 상태의 비언어적 리듬 구조에 매 순간 주의를 기울이면서, 유연하게 그리고 유동적으로 내담자의 상태와 보조를 맞춘다. 내담자 시스템의 예민한 부분들은 안전한 치유 환경인지를 감지한다.

내담자의 보호자들은 긴장을 풀고, 상처받기 쉬운 부분들이 안전하고 긍휼히 여기는 관계 속에 안겨 있는 느낌이 들도록 허락한다. 그들의 트라우마, 방치 및 버려짐에 대한 이야기들은 조약돌처럼 평온하고 맑은 물속으로 떨어진다. 그리고 파문은 호수가에서 서서히 사라진다. 단어 사이, 단어 이면의 이야기들, 아직 나눌 준비가 되지 않은 이야기들, 원시적 신경 구조 내면 깊이 숨겨진 이야기들은 활력 있게 관계의 장으로 보내진다. 우리 가슴과 우리의 온몸은 이 에너지 넘치는 신체적 소통이라 할 수 있는 떨림을 받아들여 울림이 전해진다. 우리의 진심 어린 근본적 공명 수용성은 말없이 전달되고 내담자의 바디마인드 시스템에 의해 진동으로 수용된다.

다음의 연습은 다른 사람들의 암묵적 이야기들의 울림에 공명하는 능력을 함양시켜 준다. 첫 번째 연습으로, 우리는 가슴으로부터 관계에 들어가며, 두 번째 연습은 우리의 습관적인 경청과 반응의 패턴을 바꿀 수 있도록 도와준다. 그다음 세 가지 연습으로는 자양분, 보호, 연결, 분화에 대한 우리의 타고난 능력에 다시 연결하기 위해 배반포 단계부터 배아와 출생 과정까지 있었던 우리의 초기 애착 경험을 다시 살피고 체현한다. 우리는 배아세포가 증식하고, 이동, 분화하며 세 개의 수직층으로 조직되면서 형성되는 세 개의 층을 살핀다. 각 층은 발달하는 유기체가 자신의 생존, 성장 발달에 필요로 하는 것을 제공한다. 이 각 층과 다시 연결하면서, 우리는 자양분, 보호, 분화에 대한 우리의 능력뿐만 아니라 이 타고난 자원을 방해하는 모든 것들을 경험한다.

　이 층들을 탐구하면서 부분들을 만날 때, 우리는 나중에 부분들이 짊어지게 될 관계의 짐의 뿌리가 되는 우리의 초기 애착 상처의 짐들을 내려놓을 수 있다. 우리는 우리 몸의 내재적 공명 능력을 회복시키면서, 우리는 관계의 상흔들을 수정할 수 있는 용기가 된다.

　근본적 공명은 상담자와 내담자 모두의 내면시스템이 보다 완전히 체현된 참자아 리더십을 향하도록 수정하고 변화시킨다. 체현된 참자아 상태에서, 우리의 활력 있는 진동 정렬은 우리가 다른 존재들과 기능적으로 하나됨을 인식할 수 있게 해준다. 우리는 우리가 모든 생명체와 상호 의존하고 있음을 경험하고, 대니얼 시걸이 말하는 '우리는 더 큰 전체의 한 부분이라는 깊은 현실'을 깨닫게 된다. 근본적 공명은 소매틱 IFS 작업의 마지막 두 단계 ― 마인드풀 동작과 섬세한 터치 ― 를 탐구하고 강화시키기 위한 안전한 용기 역할을 한다.

연습

가슴으로부터 관계로 들어가기

목표 : 수직적 정렬로 확립된 체현된 참자아 에너지의 특성을 관계로 가져온다. 가슴으로부터 관계로 들어간다.

설명

이 연습의 첫 두 단계는 개인적으로 할 수 있으나, 마지막 두 단계는 방 안에 적어도 한 명이 더 있어야 한다. 각 단계마다 필요한 만큼 시간을 충분히 갖는다. 잠깐

멈춰서 신체 감각과 감정을 감지하고, 그 경험을 즐기거나 그것을 차단하고 있는 것을 탐색하면서 얼마간의 시간을 보내며, 부분들을 찾아 그들에게 필요한 것을 제공한다.

1. 아래와 위를 연결한다 : 서거나 앉아서, 발의 작은 뼈부터 위로 골반, 척추, 갈비뼈, 흉골, 두개골까지 당신의 뼈에 초점을 맞춘다. 약간 움직여 이 뼈들이 아래로부터 지지받고 있다고 느낄 수 있도록 한다. 식물처럼 바닥을 통해 땅까지 뿌리 박혀 있는 것을 상상해본다. 뿌리 박혀 있으면서, 당신은 위로 뜰 수도 있는가? 당신 머리 위와 주위의 공간을 느껴보고 그 광활함을 당신의 몸으로 들이마신다. 땅의 중심으로부터 가장 멀리 미치는 공간까지 수직선을 타고 흐르는 에너지의 흐름을 느끼거나 머릿속으로 그린다.

2. 수평면으로 들어간다 : 움직이면서 자주 멈춰 인식의 순간을 갖는다. 어떤 방향이나 어떤 위치로 움직이면서 당신과 주위의 공간과의 관계를 탐구한다. 당신의 내면시스템에 대한 호기심이 동작을 이끌도록 초대한다. 이 수평면으로 들어가면서 당신이 수직 정렬도 유지할 수 있는지 주목한다. 만약 유지하지 못한다면, 잠시 시간을 갖고 다시 시도한다.

3. 관계 영역으로 들어간다 : 당신의 인식을 확장하여 방 안에 있는 다른 사람들을 포함한다. 다른 사람들과 연결하고 싶어하는 부분들과 그렇지 않은 부분들이 있는지 감지한다. 당신의 가슴으로 숨을 불어넣으며 수직선을 따라 그 부위를 감지한다. 당신의 가슴이 당신의 동작을 이끌도록 초대한다. 만약 당신이 방 안의 다른 사람 — 그도 역시 가슴으로부터 움직이는 — 과 연결하고자 하는 마음이 든다면, 당신은 이 연결을 어떻게 비언어적으로 표현할지 — 신체 접촉을 하거나 그렇지 않거나 — 를 생각하면서, 당신의 가슴이 당신을 이끌도록 한다.

4. 신체적으로 연결하는 방법 중 하나는 선 자세나 앉은 자세에서 등을 맞대는 것이다. 시간을 갖고 두 사람이 서로 다른 신체 사이즈에 적응하며, 편한 자세를 취하고, 등이 서로 맞닿는 것을 느끼며, 각자가 자신의 수직 정렬을 유지한다. 접촉하도록 내어 맡긴다. 감각들, 움직임들을 감지하며 다른 움직임들도 실험해본다. 소리 — 콧소리, 모음소리 — 로 실험하며 울림을 느껴본다. 이런 식으로 관계 맺기 놀이를 하며, 관계 역동을 감지한다.

1. 두 명이 짝을 지은 경우, 수직 정렬하고 나서 수평면으로 옮겼을 때, 첫 두 단계에서 감지한 것 — 자원과 장애물을 포함하여 — 을 번갈아 가며 나눈다.
2. 두 사람은 어떻게 연결하기로 결정했는가? 당신 가슴이 이끌도록 하니 어떻게 달랐는가?
3. 의사소통하기, 이끌기, 따르기 관련하여 당신의 관계는 어떻게 변해갔는가?
4. 당신 내면에 그리고 상대방을 향하여 지금 어떤 느낌이 드는가? 당신의 수직 정렬이 당신의 관계하는 방법을 바꾸었는가?
5. 다른 사람들과의 관계에 접목할 만한 것을 이 경험에서 얻었는가?

수용성 발달시키기

목표 : 이 집단 연습은 단지 말로 하는 내용을 수용하는 것에서 더 나아가, 비언어적 언어, 자신의 바디마인드 내적 경험 및 참자아 에너지의 장으로부터의 정보를 포함시켜 경청의 습관을 확장시키는 훈련을 통해 공명 능력을 발달시킨다.

설명

1. 다섯 명씩으로 한 그룹을 만든다. 각 사람이 임무를 맡되, 발표자 한 명과 경청자 네 명으로 임무를 돌아가며 맡는다. 각각의 경청자는 발표자로부터 오는 에너지와 정보의 흐름을 수용하는 모드가 서로 다른 것에 주의를 기울인다. 그룹은 시간을 재고, 시간이 다 되었을 때 발표자에게 시계를 전달하며 엄격하게 지키도록 한다. 경청자들은 간단한 메모를 할 수도 있다.
2. 발표자는 경청자 1을 마주보고 자신들이 택한 주제에 대해 3분 동안 발언한다.
3. 경청자 1은 주로 발언자 이야기의 말로 하는 내용에 집중한다. 경청자 2는 발언자의 비언어적 언어에 초점을 맞춘다. 경청자 3은 자신들의 내적 바디마인드 반응에 주의를 기울인다. 경청자 4는 마음 문을 열고 참자아 에너지의 장으로부터 오는 정보 — 비록 그것이 관계없어 보이더라도 — 를 받는다.
4. 각 경청자는 자신들의 경청 경험에 대해 1분 동안 보고한다.
5. 발표자는 1분 동안 반응한다.

6. 역할을 돌아가며 진행한다.

1. 모든 사람이 한 차례씩 하고 나서, 각 참가자는 경청자로서의 경험에 대해 되돌아본다. 어떤 역할이 가장 친숙하였고, 가장 즐거웠고, 가장 힘들었고, 가장 놀라웠는가?
2. 각 참가자는 자신이 발표자일 때 네 가지의 서로 다른 모드로 들린 경험을 되돌아본다. 당신은 공명을 받은 느낌이었는가? 당신은 경청 초점 한 가지가 공명을 가장 쉽게 해주고 있다는 것을 알게 되었는가?
3. 네 가지 모든 방법으로 동시에 경청하는 것이 가능한가?
4. 당신은 자신의 경청 습관에 어떤 초점/임무를 더 통합시키고 싶은가?

공명의 발생학적 뿌리를 체현시키기

다음의 세 가지 연습 중 첫 번째 단계는 개인적으로 할 수 있고, 나머지는 파트너가 필요하다.

몸의 전면으로부터 공명하기

우리의 초기 애착 경험은 몸의 전면과 관계가 있다. 이 몸의 전면으로부터 탯줄이 자라서 자궁벽에 붙는다. 이 배아층은 여러 형태로 변형되어 소화기와 배설기관이 된다.

목표 : 배아의 전면 및 우리의 직관적 지혜의 근원인 발달과정의 내배엽을 체현시킴으로써 안전하고 만족스러운 애착과 자양분을 위한 배아의 타고난 능력에 다시 연결한다.

1. 당신 몸의 전면에 의식을 가져온다. 얼굴부터 발까지 손으로 쓰다듬는다. 몸의 전면으로부터 공간을 헤쳐나간다. 당신의 몸의 전면에서 어떤 특성을 찾을 수 있는지 주목하기 시작한다. 그러한 특성들이 당신의 동작 가운데 표현되도록

한다.

2. 당신의 손을 배꼽으로 가져간다. 당신의 숨이 배꼽을 들락날락 움직이게 하는
   것을 느껴본다. 어떻게 탯줄이 자라 자궁을 향해 뻗어나가며 어머니나 땅의 중
   심에 단단히 붙는지를 기억하거나 머릿속에 그린다. 이 연결을 통해 당신은 필
   요한 모든 것을 신체적으로 정서적으로 받는다. 이 탯줄을 통해 당신이 흡수하
   였던 부분들의 어떠한 짐들도 내려놓고 여러 세대 전으로 돌려보낼 수도 있다.

3. 이 모든 양분을 받으며, 당신의 몸은 자라고 입에서 항문까지 연결된 당신의 소
   화관을 발달시킨다. 이제 당신은 자유롭게 물기 많은 자궁에서 떨어져 나와 땅
   에 모습을 드러낸다.

4. 땅 위에서 움직이면서 ─ 서거나, 앉거나, 누워서 ─ 당신의 소화관과의 연결을
   유지한다. 공간을 이동하면서 당신의 입술, 혀, 입, 식도, 위, 내장, 항문에 인식
   을 가져오며, 어떻게 당신이 환경을 지각하는지 아주 작은 차이점도 인식한다.

5. 방 안의 다른 사람들을 감지한다. 당신이 누구와 짝을 하고 싶은지 '직감'을 가
   질 수도 있다. 몸의 전면으로부터 그 사람을 향하여 다가간다.

6. 각자 몸의 전면으로부터, 소화관으로부터 함께 움직인다. 그 움직임의 특성에
   주목한다. 자양분을 위해 타고난 능력을 가진 이 층으로, 파트너의 경험에 의해
   영향을 받는 것이 더 쉬운가 혹은 더 어려운가?

7. 말로 공유하는 것이 더 적합하다고 느껴질 때는 번갈아 가며 발표하고 몸의 전
   면으로부터 서로에게 귀를 기울인다.

성찰

1. 몸의 전면으로부터 움직이면서 당신이 처음 주목한 특성들에 이름을 붙인다.
   이것들은 당신이 세상을 헤쳐나가면서 통상적으로 느끼는 특성들과 다른가?

2. 당신이 배꼽을 통해 붙어있으면서 떠오른 감정, 감각, 이미지 혹은 생각에 이름
   을 붙인다. 어떤 자양분을 받았는가? 당신은 자궁 속에 있을 때부터 짊어지게
   된 개인적인 짐이나 세대를 통해 물려받은 짐을 내려놓았는가?

3. 당신의 직관적 지혜는 지적 지혜와 어떻게 다른가?

4. 당신이 몸의 전면으로부터 비언어적으로 그리고 언어적으로 다른 사람과 관계

하였을 때 평소에 관계하는 방식과 어떻게 똑같거나 달랐는가? 몸의 전면으로부터 말하는 것은 어땠는가? 몸의 전면으로부터 경청하는 것은? 당신은 어느 정도까지 파트너의 경험에 의해 영향을 받을 용의가 있었는가?

5. 이런 관계의 교환으로부터, 당신은 자신의 바디마인드 시스템에 대해서 어떤 것을 배웠는가?

6. 몸의 전면으로부터 관계하는 것이 이로울 수 있는 사람이나 상황이 있는가?

몸의 후면으로부터 공명하기

등쪽 층이 형성되면서, 싸고 있는 보호막을 내어보내, 액체가 차 있는 양막낭이 되고 결국 우리의 피부와 신경계가 된다.

목표 : 배아의 후면과 발달 과정의 외배엽을 체현시킴으로써 보호와 안전한 연결을 위한 배아의 타고난 능력에 다시 연결한다.

설명

1. 다음의 아무 방법으로라도 당신 몸의 후면에 의식을 가져온다. 당신의 숨이 등으로 들어가게 하거나, 당신의 척추를 움직이거나, 위에서 아래까지 당신 몸의 후면을 대거나, 바닥에 눕거나, 파트너에게 당신 몸의 후면을 터치해달라고 요청하거나, 등을 서로 맞대고 선다.

2. 서서 당신 몸의 후면으로부터 움직인다. 당신 몸의 후면의 관점에서 다른 사람들을 바라본다. 어떤 감각, 감정, 특성들이 올라오는지 주목한다. 부분들인가? 보호자들인가? 추방자들인가? 참자아인가?

3. 몸의 후면에서 보호막이 자라 몸 전체를 감싸며 자궁벽에 붙는 모습을 기억하거나 상상한다. 이 보호를 기억하는데 도움이 되도록 담요를 찾아 자신을 감싸도 좋다. 당신이 이 보호적인 낭에 안전하게 안겨, 자궁 물에 젖고, 자유로이 당신의 본연의 모습이 되는 기분을 느껴본다.

4. 이 몸의 후면 층에서도 관이 형성되어 나중에 뇌와 척수로 발달한다. 이것은 또한 피부와 다른 지각 기관이 되기도 한다.

5. 당신이 이 안전하게 연결되어 있는 수중 세계를 떠나 땅에 모습을 드러낼 준비

가 되었다고 느끼면, 이 자궁내 보호 장치를 가져갈 방도를 찾는다. 피부, 척추, 뇌, 감각에 인식을 가져온다. 이 구조들이 오늘날 당신을 어떻게 보호하는지 느껴본다. 서거나 앉아서 혹은 누워서 당신 몸의 후면으로부터 공간을 헤쳐나가며 당신이 주위의 환경을 지각하는 방법에 어떤 차이점이 있는지 인식한다.

6. 방 안의 다른 사람들을 감지하고, 한 사람과 연결하고자 하는 열린 마음이 있는지 본다. 당신 몸의 후면으로부터 그 사람에게 다가간다. 각자 몸의 후면 — 척추, 피부, 신경계 — 으로부터 함께 움직인다. 동작의 특성에 주목한다. 이 보호와 분화의 층으로, 파트너의 경험에 의해 영향을 받는 것이 더 쉬운가 혹은 더 어려운가?

7. 말로 공유하는 것이 더 적합하다고 느껴질 때는 번갈아 가며 발표하고 몸의 후면으로부터 서로에게 귀를 기울인다.

성찰

1. 몸의 후면으로부터 움직이면서 당신이 처음 주목한 특성들에 이름을 붙인다. 이것들은 당신이 세상을 헤쳐나가면서 통상적으로 느끼는 특성들과 다른가 혹은 당신 몸의 전면으로부터 움직이는 것과 다른가?

2. 당신이 이런 보호 장치를 제공하였을 때 떠올랐던 감정, 감각, 이미지 혹은 생각에 이름을 붙인다. 당신의 부분들은 어떻게 반응하였는가? 상처받기 쉬운 부분들은? 보호적인 부분들은?

3. 당신의 피부와 신경계는 오늘날 어떻게 당신을 보호하는가? 당신은 바디마인드 시스템에 필요한 보호 장치를 어떻게 달리 제공하는가?

4. 몸의 후면으로부터 지각하고, 움직이며 관계하면서 어떤 차이점을 경험하였는가?

5. 몸의 후면으로부터 말을 하는 것은 어떠하였는가? 몸의 후면으로부터 경청하는 것은? 당신 몸의 후면은 파트너의 경험을 수용하고 공명하고자 하는 당신의 용의에 어떤 영향을 미치는가?

6. 이런 관계의 교환으로부터, 당신은 자신의 바디마인드 시스템에 대해서 어떤 것을 배웠는가?

7. 당신 몸의 후면으로부터 관계하는 것이 이로울 수 있는 사람이나 상황이 있는가?

몸의 중간층으로부터 공명하기

수정되고 약 4주 지나면, 중간 층이 형성되면서, 전면 층과 후면 층이 통합된다. 이 중간 층은 나중에 골격, 근육, 결체조직, 심장, 혈관, 신장 같은 중배엽이 된다.

목표 : 발달과정의 배아의 중간 층을 체현시킴으로써 연결과 분화를 위한 많은 창의적 가능성에 다시 연결한다.

설명

1. 몸의 전면과 후면이 만나는 몸의 중간층에 의식을 가져온다. 당신 정수리부터 몸의 측면까지 손으로 줄을 그으며, 이 층이 당신 몸 전체에 있다고 머릿속에 그려본다.

2. 바닥에 이쪽저쪽 옆으로 누워, 이 층에 더 친숙해진다. 이 중간층에서 당신이 감지하는 특성들은 어떤 것이 있는가? 전면 층과 후면 층이 별개로 분리되어 있는데도, 당신은 이를 엮어 연결하는 이 중간층의 능력을 감지하는가?

3. 일어서서 몸의 중간층으로부터 움직인다. 이 층은 뼈, 근육, 근막으로 발달하면서 몸 전체를 연결한다. 뼈로부터 움직인다. 근육으로부터 움직인다. 모든 것을 감싸고 연결하며 형태를 만들어 주는 근막으로부터 움직인다.

4. 이 중간층으로부터 발달된 또 다른 장기가 심장이다. 힘차게 그리고 부지런히 피를 모든 세포에 순환시키는, 뇌보다 훨씬 더 강한 에너지 장이며 많은 연가와 시의 주제인, 당신의 심장을 느껴본다.

5. 당신의 뼈, 근육, 심장이 당신을 파트너를 향해 움직이도록 한다. 결체 조직은 각 몸 구조를 둘러싸고 분리시킬 뿐만 아니라 의사소통과 연결의 통로이기도 하다. 파트너와의 연결뿐만 아니라 분리된 상태도 느껴본다.

6. 파트너와 함께, 고요하고 말없이, 말과 움직임으로, 당신 몸의 전면, 중간층, 후면을 통해 당신의 연결을 탐구한다. 세 개의 모든 층, 즉 당신의 장, 뇌 및 심장으로부터 동시에 상호작용하는 것이 가능한가?

7. 다른 2인 그룹에 합류하여 4인 그룹을 만든다. 세 사람은 각각 한 층을 택하여 네 번째 사람과 공명한다. 네 번째 사람은 3분 동안 발표하거나 움직이는 동안 각 공명자는 몸의 전면, 중간층, 후면으로부터 반응한다. 돌아가며 역할을 바꾸

고 논의한다.

1. 몸의 전면 및 후면과는 다른 당신 몸의 중간층에서 당신이 연결하였던 특성에 이름을 붙인다. 셋 중에서 어떤 것이 지각하고, 움직이며, 말하고 듣는 것에 보다 더 친숙하고 습관적인가?

2. 당신이 몸의 중간층과 연결하면서 떠올랐던 감정, 감각, 이미지 혹은 생각에 이름을 붙인다.

3. 발생학적 층으로부터 발달하는 이 시스템들 ─ 뼈, 근육, 결체 조직, 심장 ─ 은 어떻게 공명을 촉진시키는가?

4. 파트너와 관계를 맺고, 각자가 각 층을 탐구하며, 그 층들 사이를 유연하게 오가고 통합하면서, 당신은 자신의 바이마인드 시스템에 대해 어떤 것을 배웠는가?

5. 장, 심장, 뇌로 함께 경청하는 것은 어떠하였는가? 당신은 그들 사이를 오갔는가? 어느 하나가 더 친숙한가?

6. 각 층의 타고난 재능과 한계는 무엇인가? 그 층들은 어떻게 협력하여 당신이 공명하도록 돕는가? 당신의 발생학적 몸에서의 특정 층이 다른 사람의 암묵적 이야기에 의해 영향을 받고, 그 이야기에 공명하며, 그 이야기를 수정하는 능력을 크게 높여 주는 사람이나 상황이 있는가?

5

마인드풀 동작 :
흐름을 복원시키기

체현된
참자아

터치

동작

공명

호흡

인식

"동 작이요?"라고 어떤 치료사는 이야기할 수도 있다. "이번 장은 넘어가도 되겠네요. 저는 그런 거 하지 않아요." 대부분의 치료사와 내담자들은 회기가 진행되는 동안 자신들이 자리에 앉아 있기만 할 것이라고 생각한다. 심지어 춤 동작 치료사들조차 내게 말하기를 회기 중 대부분은 내담자와 함께 앉아있는다고 한다. 앉아서 움직이고 싶은 충동을 통제하는 것은 우리의 행동을 통제하고 사회적 불안을 경감시키는 많은 사회 규범 중 하나이다. 우리는 학교 다니던 어린 시절부터 우리의 호기심, 흥분과 두려움을 움직임으로 표현하고 싶은 충동들을 무시하도록 배워왔다. 대신 우리는 조용히 앉아, 허락을 받았을 때만 그리고 보통 정해진 방식으로만 움직인다. 이런 기대에 적응하는 것을 힘들어하는 아이들에게 붙이는 꼬리표가 있다. 오랜 세월에 걸쳐 우리는 움직이고자 하는 충동을 통제하거나 무시하는 많은 방법들을 발달시켜 제2의 천성이 되었다.

하지만 너무 오래 앉아있거나 우리의 자연스러운 동작 충동을 억누르면 건강상 문제가 뒤따른다. 움직임은 감정을 표현하고, 알리며, 감정이 해방을 향한 흐름으로 가는 길을 찾는 일차적 방법이다. 마인드풀 동작(내면에 주의를 기울이며 하는 동작) 작업은 잠자고 있는 움직이고자 하는 충동을 밝혀내고 우리의 감정과 생명력의 흐름을 안전하게 복원시킬 수 있다.

우리가 방 안을 뛰어다닐 필요는 없다. 내가 워크숍에서 이 작업을 소개하면, 어떤 참가자들은 망설이며 나를 쳐다본다. 움직임이 지금까지 수치와 조롱을 받게 된 원인이었을 수도 있다. 그들이 지금까지 춤이나 스포츠에 뛰어나도록 강요받았을 수도 있다. 그들의 보호자 부분들은 자신들의 부족함이 반복적으로 노출되는 것을 피하고 싶어한다. 이런 참가자들은 내가 그냥 바닥에 누워있는 것으로 시작하라고 하면 비로소 안도의 한숨을 쉰다. 고요함 가운데 삶의 분주함은 사라진다. 그들은 자기 아래에 있는 바닥의 지지를 신뢰하기 시작한다. 그들은 자신들의 몸속에서 일어나는 미묘한 움직임을 감지하기 시작한다. 그들은 움직임이 일어나길 원한다는 것을 인식하게 된다. 그들은 움직임이 궁극적인 치유에로의 길을 열어준다는 것을 발견할 수도 있다.

움직임은 우리의 감정을 표현하는 일차적인 방법이다. '감정'이란 단어의 라틴어 어원은 'emovere'(나가다)이다. 찰스 다윈은 그의 중요한 책 인간과 동물의 감정 표현(The Expression of the Emotions in Man and Animals)에서, 우리 인간은 많은 동물과 마찬가지로 움직임을 통해 감정을 표현한다고 결론 지었다. 비웃음, 미소, 실눈 뜨기, 어금니를 꽉 무는 것같이 눈에 잘 띄지 않게 하기도 하고 뛰기, 보듬어 안기, 공격하거나 죽은 체하는 것 같이 분명히 드러내기도 한다.[1] 야생에서의 동물들과 달리 인간은 자신의 감정을 표현하는 것에 대해 판단받거나 거부당할 것을 두려워하는 부분들이 있어서 자신의 감정을 묻어버리고 움직임을 관리한다. 그렇지만 감정은 '빠져나갈' 방법을 찾게 된다.

우리의 몸은 이 움직이는 세상의 일부다. 태양, 달, 강, 바다, 구름, 나무, 잔디, 동물들 모든 것들이 다양한 속도로, 다양한 사이클로 나선과 파동으로 움직이고 있다. 미친 듯이 쫓기는 활동들을 중단할 때 우리는 우리의 심장과 숨의 리듬 있는 박동을 감지한다. 소화 과정의 꾸르륵 소리, 피부 아래의 미세한 근육 경련을 감지한다. 영원히 바닥에 누워있고 싶은 느낌이 들 수도 있다. 옆으로 몸을 웅크리거나 바닥에서 구를 수도 있다. 음과 양처럼, 우리의 내면의 춤의 한 단계 안에서 정반대가 출현한다. 우리는 삶과 새로움에는 마음을 열고 쉼과 회복에는 마음을 닫는다. 우리는 확장하고 압축하며, 채우고 비우며, 구부리고 펴며, 수축시키고 이완시킨다. 우리는 다가가고, 손을 뻗는다. 우리는 떠나고, 움츠린다. 한 동작이 다음 동작으로 이어지면서 우리 삶의 에너지가 흐르는 분명한 방식과 눈에 잘 띄지 않는 방식에 주의를 기울일 때, 우리는 동작을 통해서 가장 잘 표현될 수 있는 부분들을 발견한다.

우리는 자궁 안에서 움직이며 마지막 숨을 쉴 때까지 멈추지 않는다. 우리의 운동 기능은 전 생애에 걸쳐 발달한다. 모든 연령에서, 우리의 감정, 의도, 믿음, 필요와 욕구가 동작을 통해 표현되고 운동 발달을 촉진한다. 생애 초기의 동작 패턴은 자궁에서 시작하고 첫해 동안 빠르게 발달한다. 옆으로 눕기, 머리를 바로 세우기, 구르기, 배로 기기, 손과 무릎으로 기기의 동작과 앉기, 서기, 걷기 방법의 발견은 좀 더 복잡한 움직임을 위한 기반을 형성한다. 동작이 제한받지 않고 통합될 때 생명은 자유롭게 흐른다.

그러나 수정과 죽음 사이에서, 우리는 우리의 운동 발달을 방해할 수 있는 신체적인 그리고 정서적인 많은 상황을 마주한다. 안정 애착이 결핍되면 어떤 동작은 위험한 것으로 인식된다. 우리는 행동을 예측할 수 없는 부모에게 다가가거나 그를 밀어젖히지 못했을 수도 있다. 우리의 자연스런 운동 학습 속도가 부모의 불안해하거나 통제하는 관리자 부분들에 의해 방해받았을 수도 있다. 생애 초기 트라우마가 진을 빼는 과활성화와 고정화의 사이클 가운데 우리의 발달 단계의 몸을 가둬둠으로써 우리의 자연스런 전개를 방해하였을 수도 있다. 운동 발달의 방해나 중단은 우리의 평생의 동작 패턴뿐만 아니라 우리의 지각, 인지, 사회발달에 영향을 준다. 차단된 운동 발달의 이야기에 인식을 가져오고 그 이야기를 들어주는 것이 치유와 흐름 복원의 길을 열어준다.

생애 초기부터 아동기까지에서 운동 발달이 중단된 이야기는 누군가가 귀 기울여 주기를 기다리고 있다. 상처받기 쉬운 부분들은 자신들의 이야기를 들어달라고 가슴이 터지고 있다. 동작이 유일한 통로일 수도 있다. 그들은 손을 내밀고, 매달리며, 밀어젖히고자 하는 시도를 우리에게 보여주고 싶어할 수도 있다. 그들의 갇혀 있는 감정은 밖으로 나가 몸을 통해 순서대로 진행하여 마무리할 수 있는 허락을 받고 싶어한다. 새로이 출현하는 추방자들의 에너지가 시스템을 압도하려 위협할 때 보호자 부분들이 개입한다. 보호자들은 초조해하는 동작, 익스트림 스포츠, 성적 행위나, 극단적으로는 자살, 살인 등을 함으로써 추방자들의 이야기로부터 주의력을 분산시키거나 가라앉히거나 억눌린 에너지를 방출하려 한다. 보호자들은 또한 피트니스 운동 작업을 불러와 이미지를 관리할 수도 있는데, 이는 경쟁, 공연 불안, 완벽주의, 또는 생각 없는 반복만 키운다. 보호자들은 손가락으로 허공을 찌르거나, 손으로 몸을 때리면서 적대감을 표현할 수도 있다. 그들은 동작을 위해 만들어진 몸의 수평 경첩 — 턱, 목, 등, 엉덩이, 무릎, 발 — 을 이용하여 자유로운 표현의 흐름을 차단한다. 이 관절 부위에서, 보호자는 발로 차고, 달리거나 깨물고, 빨고, 비명을 지르거나 말하고, 기쁨, 호기심, 성적 에너지, 배설을 표현하고자 하는 충동을 차단한다.

부분들의 중단된 동작 이야기는 얼어붙은 자세나 얼굴, 반복적인 제스처, 만성통증이나 뻣뻣한 상태로 오랫동안 정체 상태에 있을 수 있다. 소매틱 IFS 치료사는 동작이나 동작의 결핍에 인식을 가져오게 한다. 왜냐하면 두 가지가 모두 내담자 내면세계의 외적 징후이기 때문이다. 내담자는 자기 얼굴이나 머리를 쓰다듬거나, 자신의 몸을 끌어안고, 가슴에 손을 대거나, 어깨를 으쓱하며, 외면하거나, 어깨를 귀 있는 쪽으로 들어올리기도 한다. 우리는 이런 동작들에 마인드풀 인식을 하도록 초대한다. 이런 동작들이 아무에게도 들려주지 않았던 부분들의 이야기로 나아갈 때, 우리는 부분들을 찾고, 집중하고, 살을 붙인다. 동작의 이야기가 지금까지 차단되었던 것 같으면, 우리는 작은 동작을 시작하여 풀어준다. 동작을 환영하고 목격함으로써 몸의 조직에 담겨 있던 이야기는 드러나게 된다.

어깨 통증이 있는 열다섯 살 되는 제이슨을 도와주고자 노력하였으나 효과가 없었을 때, 나는 바디워커로서 마인드풀 동작의 유용성을 처음으로 깨닫게 되었다. 나는 그의 조직에 대해 작업하던 것을 중단하고 처음 이 통증을 느꼈을 때가 언제인지 물었다. 그는 한 아이가 자기를 화나게 만들었다고 하였다. "그 아이를 때리고 싶었어?"라고 묻자, "어, 절대 그렇게는 못하죠."라며 그는 바로 대답하였다. "그렇지, 물론. 그런데 그러고 싶었냐고 묻는 거야." "음… 네!"라고 그가 대답하였다. "그럼, 내게 아주 천천히 네가 하고 싶었던 것을 보여줘 봐." 제이슨은 자세를 취하고 오른손으로 주먹을 쥐고, 팔을 뒤로 당기고는 천천히 나선을 그리는 동작이 그의 어깨로부터 주먹을 통해 흐르게 하였다. 그가 중단되었던 움직임에 대한 충동을 마무리할 수 있게 되면서 등에서 긴장이 풀렸다. 그는 만족한 웃음을 지으며 걸어 나갔다. 이 경험에서 나는 통증이나 무감각이 때리거나, 향해 뻗거나, 밀어젖히거나, 쉬고자 하는 동작 충동이 중단된 징후일 수 있다는 것을 알게 되었다. 동작의 이야기를 들려주고 누군가에 의해 목격이 되면서, 몸안에 편한 흐름이 회복된다.

마인드풀하게 행해진 동작은 또한 우리가 체현된 참자아 에너지를 함양할 수 있도록 도와준다. 여러 가지 형태의 요가, 호신술, 무술과 춤 같은 많은 동작 작업이 있으며 이들은 참자아 에너지의 모든 특성들을 지원한다. 이것들은 정신적 명료함, 평온함, 그리고 집중력을 촉진시킨다. 그리고 만성 스트레스 패턴을 덜어주고 몸에 대한 인식을 증대시킨다. 소매틱 IFS는 내담자가 정기적으로 동작 작업을 하도록 하여 그들의 치유 프로세스를 지원하고 진전을 이룰 수 있도록 독려한다. 우리의 부분들이 이런 작업들 중 어느 하나를 택하여 자신들의 보호 역할을 완수할 수 있게 하는 것을 고려해보는 것이 중요하다. 부분들은 감정을 피하기 위해 영적 작업을 사용한다. 조깅이나 극단적으로 운동을 할 수도 있다. 경쟁심에서, 혹은 완벽주의 태도에서 아사나(asanas), 카타(katas) 또는 안무받는 춤 동작을 할 수도 있다. 이러한 작업들이 부분들에 의해 차용될 때는 내담자가 자신의 체현된 참자아 에너지를 발전시키는 작업을 방해할 수도 있다.

전국 여성무술대회에 참석하면서 나는 숙련된 가라테와 합기도 무술인들의 힘 있고 물 흐르는 듯한 전문 동작에 놀라움을 금할 수 없었다. 내 자신이 전문가는 아닌 탓에 나는 화끈거리고 지친 몸을 이끌고 자유로운 형태의 동작 표현을 보여주는 워크숍에 참석하였다. 음악과 지도자의 안내를 따라 움직이기 시작하자 많은 참석자들이 마치 보이지 않는 공격자로부터 자신들을 방어하는 것처럼 계속해서 방을 헤쳐나가는 것을 보았다. 그들은 자신들의 움직임이 내적 욕구, 음악, 환경이나 집단 에너지로부터 흐르도록 하기 위해서는 어떻게 해야 할지를 모르는 듯이 보였다. 그래서 그들은 습관적으로, 안무를 따르는 카타로 되돌아갔다. 이걸 보고 나는 슬퍼져서 참가자들에게 습관적 패턴을 반복하는 부분들이 있는지 감지하기 위해서 자신들의 움직임에 마인드풀니스를 가져와 보라고 하기로 마음을 먹었다. 참가자들이 익숙지 않은 동작들을 실험하면서 방 안의 에너지는 바뀌고, 그것이 그들을 놀라게 한다.

왜 마인드풀 동작인가?

마인드풀 동작은 특히 트라우마 경험의 재연을 방지해준다. 소매틱 IFS는 순전히 카타르시스적 접근을 하는 트라우마 치료와 다르다. 몸 안에 얼어붙은 트라우마에 대한 이야기는, 체현된 참자아 에너지에 의해 매 순간 마인드풀 목격하기를 진행하며 점차적으로 해동할 필요가 있다. 내담자가 트라우마 기억을 건드리면, 강렬한 감정에 의해 촉발된 움직임이 홍수나 2차 외상으로 이어질 수 있다. 조심스러운 신체 추적이 표현의 속도를 안내해준다. 동작 이야기 — 안전한 곳으로 탈출하고자 하는 첫 번째 시도로부터, 싸우거나 도망가는 적응 반사로, 그런 다음 몸의 자원이 감당할 수 없게 되면 무너지기까지 — 는 천천히 그리고 안전하게 다시 살필 수 있게 된다.

뛰거나 싸우려는 충동에 마인드풀 인식을 가져와 몸의 무너지거나 무감각한 부위를 부드럽게 움직이기 시작한다. 마인드풀 동작은 잘려나간 반응을 회복시키므로, 사건의 압도적이고 무기력한 상태와 신체적으로 충돌할 수 있다. '몸은 기억한다'의 저자 베셀 반 데어 코크는 내측 전두엽 — 그가 '감시탑'이라 부르는 — 은 트라우마를 겪는 동안 생존자들을 방치하고 떠났던 뇌의 영역이며, 그것은 다시 복구될 필요가 있다고 설명한다.[2] 마인드풀니스(내면에 주의를 기울이는 작업)는 이 뇌의 이 영역에 관여하여, 몸의 인식과 두려움에 관련된 영역에 변화를 가져온다. 동작은 몸의 인식을 촉진시키고, 각성을 조절하는 신체 시스템을 강화시키기 위해 그가 추천하는 작업의 하나다.[3]

마인드풀니스는 부분들이 자신에 대한 이야기를 할 때, 체현된 참자아 에너지가 부분들 곁에 함께 할 수 있는 상태를 만들어준다. 마인드풀니스는, 부분이 자신의 고통스러운 이야기를 기억의 저장소에서 꺼내오려고 할 때, 혼자서 압도당하는 트라우마의 경험을 되풀이하지 않도록 확실히 해준다. 치료사는 내담자가 정서적으로 고통스러운 경험 전부를 되살아나도록 독려하지 않고, 대신 내담자 시스템의 감정 조절에 주의를 기울인다. 부분들은 자신들의 에너지와 감정으로 시스템을 장악하려 애쓰며, 자신들의 절박함과 고통을 보여주고 싶어 안달할 수 있다. 자신의 고통스러운 이야기가 억압당하고 추방당해왔던 부분들은 종종 쿠테타를 일으키려 한다. 그들은 강한 에너지를 분출하고자 하는 바람에서 몽둥이로 패거나, 발로 차며, 주먹으로 때리고, 소리치며, 몸을 웅크리거나, 도망가거나, 또는 자신들의 고통의 정도를 달리 충분히 표현하고 싶어할 수도 있다. 자신들의 이야기를 목격해주는 이가 없으면, 어떤 부분들은 감정의 가속 페달을 밟기도 하고, 또 어떤 부분들은 시스템이 감정으로 뒤덮일 때까지 브레이크 페달을 밟기도 한다.

참자아 에너지가 없이는 내담자의 시스템이 2차 외상을 경험하게 될 위험이 있다. 내면시스템의 생태학을 조심스럽게 고려하지 않으면 보호자의 반발로 치유가 더디어지게 될 가능성이 있다. 부분들의 움직임 이야기를 마인드풀하게 (내면에 주의를 기울이며) 목격하고 소화하여 전체 바디마인드 시스템에 통합시킨다. 마인드풀하게 행한 동작은 종종 느리며 눈에 잘 띄지 않으나, 또한 크고 표현적이 될 수도 있다. 핵심은 마인드풀니스인데, 이것은 공명적인 체현된 치료사의 참자아 에너지, 결국에는 공명적인 체현된 내담자의 참자아 에너지가 부분의 표현을 유지할 수 있게 해준다. 마인드풀니스는 동작이 내담자의 변연계와 신체 시스템의 변화를 이끌어가는 행위자가 되는 조건을 만들어준다.

어떤 동작에 우리는 주의를 기울이는가?

모든 치료 작업에서와 같이, 치료사는 자신들에 대한 인식으로 시작하며 자신들의 내면 상태가 자신들의 동작—눈과 얼굴 근육의 미세한 움직임조차도—을 통해 내담자들에게 전달된다는 것을 안다. 긍휼의 마음, 의식 상태, 수용이 그렇듯이 염려, 판단, 지루함, 좌절 이 모두가 동작이나 자세를 통해 전달된다. 정서 상태가 자세와 동작에 영향을 준다는 사실은 히포크라테스, 찰스 다윈, 윌리엄 제임스에 의해서, 그리고 오늘날은 fMRI를 통해서 관찰되어 왔다. 우리의 언어는 동작과 정서 사이가 가깝게 연결되어 있음을 표현한다. 영어의 '태도', '자세', '입장'은 몸과 마음을 둘 다 가리키는 의미를 갖고 있다. 치료사가 의자 안에 혹은 컴퓨터 화면 곁에 갇혀 있다고 느끼는가? 앉아 있을 때 치료사는 자유롭게 자신들의 에너지가 접지된 골반으로부터 척추, 어깨, 팔, 머리를 움직일 수 있도록 허용하는가? 앉은 자세를 바꾸면 하여도 종종 몸을 통한 참자아 에너지의 흐름을 즉시 복원시킬 수 있다. 공명적인 치료사는 내면시스템이 아니라, 2인으로 된 관계의 장으로부터 오는 동작이나 동작 충동을 감지할 수도 있다. 치료사는 내담자의 동작을 무의식적으로 그대로 따라 할 수도 있고, 내담자의 억제된 동작이 그들의 동작을 표현할 길을 찾고 있다는 사실을 깨달을 수도 있다.

치료사는 또한 내담자의 동작을 감지하면서, 내담자에게 동작에 주의를 기울여 보라고 할지 말지를 결정할 수 있다. 내담자의 손이 자연스럽게 움켜 쥐는 모습이 보이면, 치료사는 자신이 알아챈 것에 이름을 붙여주고, 내담자에게 그들도 역시 알아챘는지 물어본다. 내담자는 주먹을 천천히 쥐었다 펼 때 등장하는 어떤 감정이나 이미지, 생각, 혹은 기억을 감지하면서 손을 쥐었다 폈다를 일부러 반복하며 부분으로 나아갈 수 있다.

이 같은 결정을 비롯해 다른 많은 결정들은 치료의 '예술'에 속하고 근본적 공명 작업을 통해 알게 된다. 치료사는 IFS의 모든 과정에 동작을 적용할 수 있다. 어떤 부분이 감정이나 생각으로 처음 모습을 드러낼 때, 동작은 그 부분에게 좀 더 충분히 살을 붙일 수 있게 된다. 종종 내담자가 사용한 단어들에는 그들의 부분들이 펼치고 싶어하는 동작 이야기들에 대한 단서가 들어 있다. 내담자는 오도가도 못하거나, 마비되었거나, 찢긴 느낌에 대해 이야기할 수도 있고, 매달리거나 밀어젖히거나, 빠져나오거나, 맞받아 치려 애쓰는 것에 대해 이야기할 수도 있다. 단어나 생각이 막다른 골목으로 이어질 때는, 움직임을 통한 체현이 타개책이 될 수 있다. 우리는 내담자가 움직여 부분을 분리시키고, 그 부분이 더 이상 과거에 머물고 있지 않음을 보여주며, 짐 내려놓기 프로세스를 체현하도록 초대할 수도 있다. 동작은 통합 단계에도 도움이 될 수 있다. 변화를 나타내는 자세, 걸음걸이, 제스처 혹은 해방된 충동이 있을 수도 있다. 시간을 두고 동작을 반복하면 변화를 강화시킬 수 있다. 강렬했던 회기가 끝날 때, 나는 종종 내담자에게 이 특성들을 마음에 품고 상담실 있는 동네를 한 바퀴 걸은 다음 자동차 운전석에 앉으라고 제안한다. 걷기와 행진의 경우처럼 몸의 좌우 양쪽을 조율하는 동작 패턴은 뇌와 신경계를 재통합하고 몸과 마음의 연결을 재조직한다. 그리고 짐 내려놓기 프로세스는 내담자가 삶을 살아가면서 계속되어, 종종 짐을 짊어진 더 많은 부분들을 찾아내는 것으로 이어진다.

　우리는 또한 체현된 참자아 에너지를 찾고 유지하는 것을 도와주는 움직임에도 마인드풀니스를 가져온다. 우리 몸에서 진행 중인 자연스런 움직임은 자연의 사이클을 따른다. 우리는 심지어 정적 속에도 움직임을 찾을 수 있다. 우리가 충분히 조용해지면, 리듬의 교향곡 전체를 발견한다. 우리의 숨을 리드미컬하게 채우고 비우는 행위가 우리를 자장가처럼 달래준다. 우리 심장 박동은 템보가 더 빨라진다. 우리는 소화기관에서 체액이 흐르는 것을 감지할 가능성도 있다. 만약 우리가 가만히 있는다면, 우리는 뇌척수액이 방출되고 뇌와 척수에 흡수되면서 만들어지는 미묘한, 길고 부드러운 파동을 감지하며, 그것들을 따라 부드럽게 뼈와 근막을 움직이게 할 수도 있다. 끊임없이 변하는 진동과 종종 들리지 않는 희미한 심장 박동은 우리를 생체의 자연스러운 리듬과 움직임에 다시 연결시켜 준다. 우리 몸은 정적 가운데 눕고 싶을 수도 있고, 놀라운 방식으로 우리를 움직이게 할 수도 있다. 움직임 가운데 있는 체현된 참자아 에너지의 역동적이며 유동적인 상태는 놀랍고 멋진 작업이 될 수 있다.

마인드풀 동작은 불의 원소와 관련되어 있다

불은 고대로부터 문화와 종교의 중요한 부분이었다. 그리스인들은 불 원소를 에너지, 자기 주장, 열정과 열결시켰다. 불은 열, 빛, 성장, 정화를 가져온다. 탄트릭 요가에서 불의 속성은 신체적, 활력적 그리고 정서적인 몸에서 발견되고 성격에 영향을 미친다. 명치 가운데 있는 이 에너지 센터, 또는 차크라는 소화기관과 연결되어 있다. 우리의 소화기관은 음식을 세상에서 앞으로 나아가기 위한 연료로 바꿔준다.

불에서 나오는 열은 분자들의 움직임을 증가시킨다. 움직임은 결국 열을 만든다. 움직임은 몸의 열의 많은 부분을 만들어낸다. 우리가 비교적 가만히 앉아 있는 순간일지라도, 각 세포 내에서 그리고 모든 세포들 가운데 조율되고 조정된 움직임은 프로세스를 통해 생명을 유지하기 위한 에너지를 제공한다. 우리가 움직일 때는 당연히 더 많은 대사 열이 필요하다. 이 물질대사의 지원은 음식에 의해 제공되는데, 음식은 포도당으로 전환되고, 미토콘드리아라 불리는 세포 내 작은 구조로 보내져 그곳에서 우리가 호흡한 산소와 결합된다. 이 프로세스는 서서히 연소되는 상태를 유지하는 데 필요한 에너지를 공급한다. 만성적 긴장 상태를 유지하는 경직된 근육은 움직이는 근육이 필요로 하는 만큼의 물질대사 지원을 필요로 한다. 이 근육 긴장을 풀어주면 더 많은 에너지를 우리 삶의 목표를 향하여 전진하는 데 사용할 수 있도록 해준다.

정서적 수준에서, 우리 내면의 불은 열정과 분노뿐만 아니라 기쁨과 웃음으로 표현되고, 이 모든 감정들은 움직임을 통해 표현된다. 보호자 부분들은 내면시스템을 안전하게 지키기 위해서 이 정서들의 어느 것이라도 추방시킬 수 있다. 보호자 부분들이 최선의 노력을 기울인다고 하더라도 정서적으로 충전된 움직임의 힘은 결국 분출될 수 있다. 걷잡을 수 없이 거세게 타오르는 불이 심각한 손상을 유발할 수 있듯이, 아무 생각 없는 (마인드리스) 동작은 위험할 수 있다. 산림관리 전문가는 들불이 엄청난 파괴를 가져오지 않도록 제어 연소법을 이용하여 덤불숲을 청소하고, 온실 가스를 줄인다. 마인드풀 동작은 억압된 감정과 행동에 제어 연소법을 제공해준다.

불은 움직임처럼 변화를 가져온다. 불은 물을 수증기로, 나무를 재로, 진흙을 돌로 변화시킨다. 변화는 겉보기에는 마법의 프로세스 같다. 불이 가지고 있는 변화의 파워는 점토 예술가인 나를 매료시켰다. 나는 굽는 과정으로 진행할 건조된 작품들을 고르고 나머지는 재활용하였다. 우리는 신들과 여신들을 나타내는 작은 점토 입상들을 넣고 가마의 불을 조심스럽게 지폈다. 가마가 완전히 식자, 우리는 신나서 가마문을 열고 변화된 작품들을 바라보았다. 유약이 점토 본체에 분자 결합되고, 건조된 진흙 작품은 이제 영구적으로 돌 같은 구조물로 변화된다. 깊은 땅 속의 압력과 열이 진흙을 돌로 바꾸는 것과 비슷하다. 이제 소매틱 IFS 치료사로서 나는 마인드풀 동작의 변화시키는 효과를 목격할 수 있는 특권을 누린다.

마인드풀 동작과 관련된 신체 시스템

근육계

우리의 내면시스템은 근육계와 영향을 주고받는다. 그리고 근육계는 움직임에 영향을 준다. 골격근은 관절에 작용하여 몸을 움직이므로 몸을 움직이는 원동력이다. 몸의 가장 작은 근육(씹는 소음을 죽이고자 고막을 긴장시키는 등골근)부터 마라톤 주자가 보스턴 마라톤의 결승선을 통과하도록 박차를 가하는 대퇴사두근와 햄스트링에 이르기까지, 근육은 세 가지 기능을 갖는다. 줄일 수도 있고, 늘릴 수도 있으며, 폐쇄시킬 수도 있다. 모든 행동, 자세, 제스처 ― 움직임 가능성에 대한 모든 스펙트럼 ― 는 이 세 가지 가능성으로 정의된다.

근육은 우리의 크기, 모양 및 행동 특성을 정의한다. 근육계는 600개가 넘는 작은 낭과 격실로 구성되어 있고, 그것들은 우리 부분들의 내면시스템과 비슷하게, 많은 부분들을 가지고 있는 전체 시스템으로서 기능한다. 근육의 어떤 격실도 그 기능과 관련 있는 나머지 격실과 독립적으로 작동하지 않는다. 그들 모두가 엄청나게 복잡한 협력 관계를 유지하며 작동한다. 딘 유한(Deane Juhan)은 그의 책 바디워크(Job's Body)에서 근육계는 수백만개의 섬유 같은 세포가 어떤 것들은 수축하고 어떤 것들은 늘어나면서 서로 다른 방향으로 당기고 있는 하나의 근육으로 생각해야 한다고 제안한다. 축 늘어진 코어는 허리 근육을 단단히 조일 필요가 있고, 늘어진 가슴 근육은 목 뒷부분을 단단히 조인다.[4] 균형을 잡는 근육계의 상호작용은 근육에 작용하는 개인의 내면시스템 안에서의 상호관계에 그 근원이 있을 수도 있다.

정서는 근육 톤(탄력)에 영향을 미친다. 근육 톤이 너무 높으면 몸은 긴장되고 움츠러들고 경직되어 묶여 있는 듯이 보인다. 만져보면 근육이 육포처럼 힘줄이 많고 딱딱한 느낌이다. 움직임은 힘이 들고, 통제나 제약을 받을 수도 있다. 근육 톤이 너무 낮으면 근육은 축 늘어진다. 조직은 부드럽고 느슨하며 활력 없게 느껴진다. 몸은 무기력하고 수동적이며 움직일 기력이 없어 보인다. 어떤 근육군은 지나치게 높은 톤이고, 또 어떤 근육

군은 지나치게 낮은 톤이어서 몸 안에 근육 톤의 불균형이 있을 수도 있다. 근육 톤이 전체적으로 균일할 때 몸은 기민하고 편안하며 준비되어 있다. 살은 단단하면서도 유연해 보인다. 근육은 우아하게, 힘들이지 않고, 조율과 조화를 이루며 자유로이 움직일 수 있다. 그래서 자세와 움직임 둘 다 체현된 참자아에게 신호를 보낸다. 우리의 내면시스템뿐만 아니라 근육계도 안정과 자유 사이에서 절충할 필요가 있다.

소매틱 교육자 메이블 엘스워스 토드(Mabel Elsworth Todd)는 1937년 그녀의 책 사고하는 몸(The Thinking Body)에서 근육 톤과 심리학적 문제를 연결하였다. 이 책은 움직임의 생리학과 심리학에 관한 고전적인 연구로 여겨지고 있고, 바디워크 교육에서 중요한 부분이었다. 그녀는 다음과 같이 기술하였다. "이 특별한 근육 톤 기능의 불균형은 종종 신경증 장애에 동반된다. … 신체 운동만으로는 교정하기가 힘들다."[5] 그녀는 어떻게 모든 사고와 정서가 근육 반응을 동반하고 결국 그 반응이, 우리의 지문처럼 독특하게, 우리의 자세와 제스처 가운데 고정되는지 묘사하고 있다. 이런 식으로 우리 부분들의 짐은 우리의 자세와 움직임에 기록된다. 우리의 무가치함, 비판, 수치심, 절망, 상실 및 두려움에 대한 우리의 신념들은 우리의 근육 불균형 가운데 박히게 된다. 토드는 이 불균형들이 습관적이고 익숙하기 때문에 그들이 의식적으로 등록하지 않는 경향을 보인다고 이야기한다. 걸음걸이, 자세, 제스처에 마인드풀니스를 가져옴으로써 근원적인 근육 패턴 및 그와 관련된 생각과 감정을 드러내준다.

자율신경계

모든 몸의 시스템이 기능적으로 상호 의존적이지만, 자율신경계(ANS)는 움직임에 관련된 대부분의 다른 몸 시스템의 작용 외에, 근육계와도 복잡하고 긴밀하게 연결되어 있다. 우리가 세상을 어떻게 헤쳐나가는가를 우리의 자율신경계가 안내한다 — 우리가 멀리 떨어져야 할지, 다가가야 할지, 얼어붙어야 할지, 쓰러져야 할지 등. 우리의 자세와 움직임은 우리 자율신경계 활동을 반영한다.

인간의 움직임에 미치는 정서의 영향에 관한 토드의 관점뿐만 아니라, 동물들의 정서와 움직임에 대한 다윈의 논문은 스티븐 포제스의 선구적인 다미주신경 이론 관점에서 이해할 수 있다. 포제스는 자율신경계의 작용이 인간의 생존을 위한 유산의 일부이며, 트라우마의 임상 작업과 마인드풀 동작 작업에 중요하고 실제적인 함의를 갖는다는 것을 우리가 이해할 수 있도록 도왔다. 다미주신경 이론은 적응성 외상 반응을 재구성하고 자율신경계의 트라우마 반응을 해소시키며, 자율신경이 중재한 동작의 마인드풀 표현을 통해 건강한 관계의 역량을 복원시킬 수 있는 길을 열어준다.

이 이론은, 미주신경의 별개의 두 가지를 기반으로 하여, 위협에 직면했을 때 자율신경계의 두 종류의 부교감 반응 작용에 관한 것이다. 미주신경은 자율신경계에서 가장 긴 신경이다. 이 신경의 등쪽 가지는 뇌간에서 시작되고 위와 장으로 들어간다. 이것은 부교감 가지 중에서 진화적으로 보다 더 원시적인 부분이며 최후의 수단으로 대기하고 있다. 부교감 가지의 배쪽은 자율신경계 구조 중에서 가장 늦게 진화되었고 인간과 포유류에서 발견된다. 포제스에 따르면 위협을 인지할 때, 우리는 이 배쪽 미주신경 시스템을 사용한다. 우리는 손을 내밀어 상호작용하고, 구조를 받으며, 달램을 받으며 안전감을 느낀다.

트라우마에 대한 반응으로, 우리는 자율신경계의 진화 역사를 거꾸로 여행하게 된다. 조용히 걷고 있다가 우리는 어두운 골목에서 누군가를 만나는 것과 같은 어려운 상황에 맞닥뜨린다, 그런데 우리는 그 사람이 우리를 해칠지도 모른다고 두려워한다. 자율신경계의 지시를 받는 첫 동작 충동은 가장 늦게 진화된, 도움을 받으려 소리지르거나 손을 뻗는 배쪽 미주 신경의 '사회적으로 관여된' 상태이다. 주위에 도와줄 사람이 없다는 사실이 분명하면, 그다음으로 최근에 진화된 반응으로 들어간다. 우리의 교감신경계가 장악하여 우리가 도망가거나 싸움으로써 위협에 대응하게 만든다. 우리의 몸은 호르몬을 방출하고 심박수는 치솟고, 혈액은 우리의 큰 근육으로 경로를 바꾸어 우리가 탈출하거나 서서 상황에 대처할 수 있도록 준비시킨다. 우리가 안전한 곳으로 피하거나 위협이 없다는 것을 깨달으면, 우리의 교감 상태는 저속기어로 바뀌고 배쪽 미주신경 가지는 정상으로 되돌아온다. 위협 주위로 동원되었던 부분들은 트라우마를 경험하지 않는다.

트라우마는 두 가지 자율신경계 기능이 모두 실패하였을 때 발생한다. 자율신경계는 등쪽 미주신경으로부터 오는 가장 원시적 반응에 의지하는 수밖에 없다. 이것은 우리가 파충류의 조상으로부터 물려받은 것이다. 등쪽 미주신경은 자율신경계의 교감 가지를 억제한다. 빠져나갈 수 없는 위협에 처하면, 우리는 다른 많은 원시 동물들이 그러는 것처럼 얼어붙고, 무너지며 해리된다. 우리는 생리적으로 정서적으로 폐쇄된다. 이 긴 신경은 변연계, 심장, 폐, 소화기관 같은 몸의 많은 시스템에 영향을 미친다. 우리의 몸은 통증을 가라앉히는 더 많은 엔도르핀을 방출하여 우리를 무감각하게 만들거나 해리시킨다. 우리의 근육은 힘이 없고 흐느적거리게 되고 혈압은 급격히 떨어지며 심장은 느려진다. 마음과 감각기관들은 무감각해지고 기억 접근과 저장이 손상된다.

독자들은 이 이론의 의식적 호흡에의 적용에 관해서 이 책의 제3장에서 설명한 데브 다나의 치료현장에서의 다미주신경 이론[6]을 다시 참고하도록 한다. 신체적 경험을 감지하고 이름 짓는 것에 대한 그녀의 설명은, 자율신경계의 상태를 평가하기 위해 호흡에 적용하듯이 움직임에도 적용된다. 어떤 가지 — 교감 가지 혹은 부교감 가지의 등쪽 미주신경 — 가 지배적인지를 가리키는 움직임, 자세 및 제스처를 인지하는 이 프로세스를 통해서 우리는 우리의 자동반응을 조절하고 자율신경계의 상태를 변화시킨다.

마인드풀 동작 작업에 미치는 영향

하코미

우리의 습관적이고 대체로 무의식적인 제스처에 대한 마인드풀 탐구는, 경험적이며 몸 중심의 심리치료 방법인 하코미를 개발한 고 론 커츠의 다음과 같은 질문에서 시작되었다. "엄지 손가락이 손가락을 쓰다듬는가? 아니면 손가락이 엄지손가락을 쓰다듬는가?" 나는 곧 이 질문의 의도는, 핵심 정서와 신념에 접근하는 통로로서, 우리의 동작에 마인드풀 인식을 가져오라는 초대인 것을 깨달았다.

하코미 훈련에서 나는 내담자가 이야기하면서 하는 동작에 주의를 기울이는 것을 배웠다. 나는 전에는 무시했었던 동작들 — 어깨를 축 늘어뜨리는 것, 올리는 것, 으쓱하는 것, 고개를 돌리는 것 혹은 몸을 앞으로 숙이는 것, 팔로 의자를 격렬하게 때리는 것, 다리를 흔드는 것 — 을 감지하기 시작하였다. 나는 내담자의 손이 볼을 만지고, 입술을 가리고, 가슴을 움켜잡는 등 아주 바쁘게 움직이는 것에 주목하였다. 하코미는 자연스럽게 일어나는 동작에 마인드풀니스를 가져오도록 초대하며, 그것들을 표현하도록 지원함으로써, 내담자의 행동을 조직하고 있는 무의식적인 핵심 신념을 드러내도록 한다. 나는 내담자들이 내게 말로 이야기해주는 것 외에 이러한 동작들이 또 다른 의사소통 방법이라고 생각할 수 있음을 배웠다. 때로는 움직임들이 말을 지원하고, 또 어떤 때는 말한 것과 충돌하는 듯이 보였다.

처음에는 내담자가 스스로를 의식하고 발가벗는 느낌을 가질까 봐 두려웠으나, 사랑으로 함께 하는 분위기에서는, 대체로 무의식적인 제스처에 마인드풀 탐구를 가져오도록 초대함으로써, 내담자는 자신들의 충족되지 못한 위로받고 싶은 욕구, 남이 자신을 보거나 듣는다는 두려움, 소속되지 않은 것에 대한 자신의 신념과 접촉할 수 있게 된다는 것을 발견하였다. 나의 내담자들은 기꺼이 동작을 과장하거나, 천천히 하거나, 반대 동작을 하는 등의 실험을 해보고 싶어하였다. 종종 동작은 필요를 충족시키고, 두려움을 잠재우며, 핵심 신념을 바꾸는 길이 되었다.

춤, 요가, 무술

마인드풀 동작의 개발과 더불어 지금까지 나의 몸과 마음을 만든 다른 동작 작업들에는 춤과 여러 유형의 요가와 무술이 있다. 한 태극권 사범이 설명하기를, 우리가 연습하고 있는 동작의 정확한 안무 순서는 어떤 한 사람이 정확하고 우아하게 움직이는 것에서 시작되었는데, 그 이웃들이 그 움직임을 따라하기 시작하였고, 그것이 여러 세대를 지나, 오늘날 우리가 알고 있는 태극권이나 기공 동작으로 형식을 갖추게 되었다고 한다. 그는 진짜 태극권 사범으로서 우리에게 나무 사이로 부는 바람의 움직임과 종종 우리 교육반에 들어오는 고양이를 관찰하도록 하였다. 나는 그의 말에 고무되고, 특정 동작 연습이 마인드풀니스를 촉진시킬 수 있다는 것을 인정하며, 몸을 통해 흐르는 땅과 하늘의 에너지와 의도적으로 연결하면서 걷기, 호흡하기 및 팔 움직임을 조율하는 작업을 개발하였다. 나는 이것을 여러 내담자들에게 소개하였다. 지금까지 한 명의 팔로워가 있다! 매주 우리는 이 걷기 명상으로 회기를 시작하는데, 이렇게 하는 것이 회기 시간 동안에 더 현재의 순간에 의식을 집중할 수 있고 안정 상태를 유지하는 데 도움을 준다.

진정한 동작

진정한 동작(authentic movement)에서 내담자는 내적 세계의 사고, 감정, 이미지, 감각들에 채널을 맞추고, 동작이 자신들의 내적 경험으로부터 출현하도록 한다. 내담자의 동작은 섬세한 치료사가 목격하지만, 그 경험은 함께 프로세싱한다. IFS 및 춤 동작 치료사인 수잔 카힐(Susan Cahill)은 이 프로세스가 앞 장에서 다룬 근본적인 공명 작업을 사용하는 것과 비슷하다고 설명한다. "움직이는 자로서의 피관찰자나, 목격자로서의 관찰자는 작업 중 서로 바뀔 수 있는 위치가 된다. 각 위치에서 움직이는 자와 목격자 둘 다로서 자신을 명확하게 보거나 목격하도록 한다."[7] 이 선생님들 및 동료들과 함께한 경험, 학문적 연구, 그리고 내담자 및 학생들은 내게 동작 —마인드풀니스와 함께 움직이는 것 — 이 소매틱 IFS 의 필수 요소라는 것을 확신시켜 주었다.

다미주신경 이론

다미주신경 이론의 트라우마 해소 적용을 이해하도록 도움을 준 내 친구 데브 다나에게 다시 한 번 감사한다. 이는 소매틱 IFS에서의 마인드풀 동작 작업에 영향을 주었다. 앞에서도 설명했듯이 트라우마가 해소되지 않으면, 자율신경계 활성의 영향이 조직 안에 갇혀 있게 된다. 신체적 · 정서적 영향은 그 사람의 자율신경계가 교감 활성 상태에 주로 갇혀 있는지 혹은 등쪽 미주신경 부교감 활성 상태에 주로 갇혀 있는지, 혹은 둘 사이를 오가는지 여부에 달려 있다.

교감 활성으로부터 온 생화학적 물질은 사람을 안절부절못하고, 불신하며, 과각성 상태에서, 불안하게 만들어, 이 상태가 오랫동안 지속되면 심각한 건강 문제로 발전되기 쉽다. 그들의 눈은 방 안을 두리번거리며, 팔과 다리를 꼭 붙이고 있거나 흔들 수도 있다. 등쪽 미주신경의 폐쇄 상태를 보여주는 트라우마 생존자는 절망하며 고립된 느낌을 가지며, 공포로 마비되어 꼼짝 못한다. 생존자들은 트라우마를 피하지 못했다고 전형적으로 자신을 비난하며 마치 자신들이 그 사건의 원인인 듯이 죄책감까지도 느낀다. 신체적으로 호르몬은 몸 안에 유지된다. 소화, 성적 에너지, 면역은 억제된다. 이 상태가 오래 지속되면, 많은 만성적 건강 문제들이 뒤따를 수도 있다. 내담자의 얼굴이 공허해 보이거나 얼어붙은 것처럼 보일 수도 있다. 등쪽 미주신경 상태에 갇혀 그들은 무너진 자세로 기력이 없을 수도 있고, 당신이 트라우마에 가까워지면, 예상치 못하게 잠들어버리고, 이야기해준 것을 듣거나 이해하는 데 어려움을 겪을 수도 있다.

트라우마에 대한 다양한 자율신경계 반응에 관한 다미주신경 관점은 이런 반응들이 생존을 위해 본능적이고 적응적이라는 것이다. 이 관점은 자신들의 행동 및 비행동에 대한 수치심과 비난의 짐을 짊어지고 있는 내담자에게 안도감을 준다. 우리는 교감 활성의 신체적 표현에 긍휼의 마음을 가져온다. 안전하게 연결된 관계 가운데 있는 부분에 대해서, 갇혔던 동작들이 마인드풀하게 표현되고 목격된다. 동작은 몸에 품고 있던 두려움과 분노를 해방시키고, 자율신경계가 배쪽 미주신경 상태로 되돌아가도록 한다. 자율신경계가 만성적으로 등쪽 미주신경 상태에 있는 내담자나, 압도적인 사건에 대한 회상이 폐쇄 상태를 활성화시키는 내담자는, 자신들의 쓰러짐과 해리됨, 그리고 무감각해진 감정들은 자신들의 통제 수준을 넘어서는 것이라 안심한다. 이 상태는 교감 활성처럼 한 종으로서 진화의 결과인 것이다. 포식자는 죽은 것으로 보이는 먹이는 먹지 않기 때문에 죽은 척하는 것은 인간이 생존하도록 만든 자율신경계의 유산이다.

내담자가 자신들의 생리적 반응의 적응적 본성을 이해하면서, 동작을 통해 트라우마의 이야기를 다시 씀으로써 생리를 복원시키는 경로가 분명해진다. 이 경로는 트라우마를 경험하는 동안 일어나는 자율신경계 순서의 역순이다. 동작을 통해 치유로 가는 경로는 차례로 되돌아 가는 것으로, 얼어붙은 상태부터 시작해서 교감 상태를 다시 살피며, 마침내 휴식, 평화 및 연결을 찾는 능력을 회복한다.

만성적으로 등쪽 미주신경이 얼어붙은 반응 가운데 있는 내담자에게는 우리가 마인드풀 인식, 수용 및 환영을 가져와 그들의 신체 상태가 보다 더 명백히 체현되도록 한다. 내담자는 몸을 구부려 웅크리거나, 무기력하게 쓰러져 얼어버릴 수도 있다. 내담자와 치료사 둘다의 마인드풀니스에 대해 인식을 배가하면, 얼어붙은 상태가 녹기 시작한다. 치료사는 어떤 동작이라도 지지하고, 상상하거나, 작은 동작으로 실험까지도 해보라고 권할 수 있다. 내담자는 종종 자신의 팔다리에 감각이 깨어나는 ― 저리거나 떨리는 ― 느낌을 갖는다. 치료사는 이런 움직임을 독려하며, 이것은 치유로 나아가는 과정이라고 부분들을 안심시킨다. 포제스의 오랜 친구이자 동료인 치료사 피터 레빈(Peter Levine)은 동물 관찰과 내담자와의 바디워크를 통해 폐쇄 반응을 연구해왔다. 그는 책 내 안의 트라우마 치유하기(Waking the Tiger)에서 폐쇄를 벗어나기 위해서는 몸을 떨거나 흔들어, 유보되었던 싸우거나 도망하는(fight-or-flight) 에너지를 방출하는 것이 필요하다고 설명한다.[8]

이 무감각한 상태에서 빠져나오면서, 사람들은 억제되었던 교감 활성이 치고, 차고, 뛰고, 움츠러들고, 밀어젖히고자 하는 동작 충동 ― 자율신경계의 등쪽 미주신경 가지에 의해 억제되었던 모든 동작—에서 모습을 드러낼 것이라고 예상할 수 있다. 이런 동작에서, 우리는 방어하거나 위험으로부터 탈출하려는 시도에 대한 이야기를 읽을 수 있다. 치료사는 내담자에게 이런 충동에 마인드풀니스를 가져오라고 지시하며, 내담자가 그 동작과 연관된 감정을 느낄 수 있도록 동작을 표현해보라고 초대한다. 치료사는 자주 자동감각운동 활동의 속도를 늦추고, 계속해서 동작에 초점을 맞추면서, 이야기가 전개되는 동안 내담자의 참자아 에너지가 부분에게 전달되는지 체크한다. 마인드풀니스로 싸움과 도망에 관련된 동작을 해방시켜줌으로써, 내담자는 위협을 성공적으로 피해갈 수 있는 신체 경험을 할 수 있게 된다. 이것은 트라우마에 대해 체현된 이야기 재구성을 가능하도록 해준다. 부분들은 자신들의 무력감과 무가치함에 대한 신념, 수치심, 공포, 절망감을 내려놓을 수 있게 된다. 근육 섬유 안에 축적된 대사 폐기물이 방출되면서 소매틱 짐 내려놓기가 일어나고, 다른 생리학적 프로세스는 항상성을 도로 유지하게 된다.

교감 활성을 마인드풀하게 표현함으로써 자율신경계는 배쪽 미주신경 부교감 상태로 돌아간다. 이전에 시간과 공간 가운데, 그리고 생리적으로 얼어붙었던 부분들은 짐을 내려놓게 된다. 내담자와 치료사는 서로 연결된 느낌을 갖고, 짐을 내려놓은 부분들과도 연결된 느낌을 갖게 된다. 내담자는 한숨을 쉬고, 하품을 하며, 스트레치를 하고 남은 긴장을 흔들어 털어내면서 계속해서 몸을 떨 수도 있다. 시간이 지나면서 내담자는 폐쇄와 반응적 동원 사이에서 극단적으로 오락가락하는 횟수가 적어지는 것을 경험한다. 그리고 하루 동안에 변동하는 자신들의 자율신경계 반응을 보다 쉽게 추적하며, 배쪽 미주신경 상태로 보다 쉽게 회복된다.

트라우마가 마인드풀 동작을 통해 해소되면서 자율신경계의 각 상태는 역동적이며 균형 있는 방식으로 작동한다. 교감 활성은 춤, 스포츠, 연극, 예술적 표현이나 글쓰기 같은 과업과 활동을 위해 파워, 창의성, 기민함과 집중력을 제공해준다. 자율신경계가 약간의 회복이 필요할 때, 등쪽 미주신경 상태는 내담자가 잠시 멍 때리거나 조용히 쉬도록 해준다. 긴장을 풀거나 사랑하는 사람들과 놀 때, 내담자는 부교감신경 가지의 배쪽 미주신경 측면을 즐긴다. 내담자는 자기조절과 공동 조절을 통해 회복되어 건강하게 기능하는 자율신경계의 이 세 가지 상태 ─ 교감신경, 등쪽 미주신경, 배쪽 미주신경 ─ 를 따라 유연하게 움직이는 법을 배운다.

바디마인드 센터링

바디마인드 센터링(BMC)은 좀 더 최근에 이르러 마인드풀 동작 작업에 영향을 끼쳤다. 바디워커로 활동하던 시절에 나는 보니 베인브릿지 코언이 개발한 '동작과 의식에 대한 체현된 접근법'에 처음으로 끌렸다. 나는 동작과 터치를 사용하여 바디마인드의 패턴을 바꾸는 심리신체적 발달 원리와 경험적 접근을 높이 샀다. 베인브릿지 코언은 몸은 모래와 같고, 마음은 모래 위에 부는 바람과 같다고 비유한다. 몸의 자세와 동작에 대한 관찰은 마음의 정서와 신념을 들여다볼 수 있는 창문이 된다. 내담자와의 작업에서 그녀는 동작을 시작하여 바디마인드 관계에 변화를 가져온다.[9]

베인브릿지 코언의 제자인 수잔 아포시안과 리사 클라크는 코언의 가르침을 각각 심리치료와 요가에 적용하였다. 그들의 가르침을 통해 나는 우리의 내면시스템이 우리 생애 초기 동작의 씨앗에서 어떻게 자라나, 몸과 마음의 발달에 대한 기초를 놓게 되는지 탐구하였다. 또 한 사람의 BMC 임상가인 린다 하틀리는 이렇게 말한다. "동작을 통해, 태아의 신경계는 발달하고, 자신과 주위 환경에 대한 인식이 출현하기 시작하며, 미래 학습과 상호작용 및 반응 양식의 기초가 세워진다."[10] BMC는 운동 발달의 자연스러운 전개가 지연되거나 중단되면, 나중의 동작 패턴에 영향을 줄 수 있으며, 이것은 종종 정서 및 인지발달의 중단으로 이어진다고 생각한다. 소매틱 IFS의 이런 동작 작업은, 중단된 동작 패턴과 관련된 부분들에게 접근하여 회복의 경험을 제공하면서, 전체 바디마인드 시스템에 영향을 준다.

BMC의 관점은 발생학적 및 유아 발달적 동작 패턴(개체발생) 형식과 동물계의 진화적 진행(계통발생)은 평행하다고 간주한다. 정상적인 동작 발달은 진화적 발달과 어느 정도 평행한 순서를 따른다. 수잔 아포시안은 다음과 같이 적고 있다. "인간의 유아는 태어나서 첫 1년 동안을 지나며, 걷는 법을 배우는 것으로 막을 내리면서, 점진적으로 진화하는 종들이 사용하는 이동을 위한 기본적인 패턴을 압축하여 되풀이한다."[11] 다른 심리학자, 심리운동학자나 소매틱 교육자들과 함께 BMC도 인간과 다른 종들 사이에 인지 및 운동 발달의 평행선이 있음을 인정한다. 이것은 물고기나 새들과 같은 다른 종의 배아 발달을 닮은 인간의 배아 발달 단계에서 분명히 볼 수 있다. 그리고 아포시안의 바디마인드 심리치료는 이런 발달 단계의 심리적 면에 주목한다.

리사 클라크는 베인브릿지 코언의 평생의 업적을 요가에 적용하였으며, 우리 몸의 여러 구조에 대한 발생학적 기초가 우리의 지각, 동작, 심리신체적 표현의 본보기가 된다고 보고 있다. 그녀가 안내해주는 동작을 통해, 나는 물속에서의 초기 삶을 벗어나 육지 생물이 되는 것을 다시 경험하며, 신경세포적 패턴과 내분비계, 체액과 장기의 기원을 감지하였다. 특히 내게 이해에 도움이 된 것은, 참자아 에너지가 출생부터 우리 몸 안에 존재한다고 있다고 가정하는 소매틱 IFS치료사로서, 이러한 특성들이 심지어 수정 단계에서도 드러나고 있다는 것에 대한 깨달음이다. 한 개의 수정란이 빠르게 분열하면서 체액이 세포와 세포외 기질 사이를 이동한다. 이 고동치는 움직임은 배아에서 새로운 구조를 형성하게 되며, 배아는 수직선을 따라 조직된다. 움직임을 통해 이 초기 구조를 다시 살펴봄으로써 우리는 내재하는 참자아 에너지의 원천에 접근할 수 있다.

수직적 조직의 전면에 줄을 서 있는 발생학적 구조는 난황낭이며, 이는 빠른 속도로 성장하는 배아에게 필요한 모든 자양분을 공급한다. 이 몸의 전면에서 줄기가 자라 자궁벽에 붙어 탯줄이 되며, 그다음 입에서 항문까지의 부드러운 장관으로 형태가 바뀌고, 결국에는 내배엽이라고 하는 소화 및 배출기관이 된다. 몸의 후면은 처음에 양막낭을 형성하여 보호막으로 이 작은 생명체를 감싼다. 이것은 시간이 지나 척추와 신경계, 이어서 인체의 외배엽을 구성하는 피부가 된다. 그래서 수정되고 첫 몇 주 내에 앞뒤 구조로부터 자양과 보호를 위해 필요한 모든 것을 우리 안에 갖게 되며, 우리의 몸은 계속 복잡하게 발달하여 매우 중요한 필요한 것들을 제공한다. 나중에 짐은 우리 부분들로 하여금 우리가 자양과 보호를 위해 내면이 아닌 다른 곳을 찾을 필요가 있다고 믿게 만들 수 있어, 이 짐들은 끝없는 관계 수렁을 낳게 된다. 그러나 이런 초기 구조들과 그들의 동작 패턴들의 체현을 통하여 우리는 이 초기 본보기를 다시 살핌으로써 우리의 체현된 참자아 에너지를 비롯하며, 창의력, 협력, 회복탄력성과 같은 우리의 내재적인 특성들과 연결한다. 배아의 움직임은 이동의 구성요소가 된다.

BMC는 다섯 가지 순차적이고 서로 관련된 동작을 중요시하는데, 이 동작들은 자궁 안에서 시작하고 나중에 신체적 정서적 발달의 원형이 된다. 행동이 기본적일수록 나중에 심리사회적 인지적 발달에 많은 영향을 영향을 미친다. 베인브릿지 코언은 배아가 배꼽에 붙으면서, 자궁 내 체액에서 시작되는 내어맡기기(힘 빼기), 밀기, 뻗기, 움켜쥐기, 잡아당기기 동작은 신체적 심리적 발달 모두의 기초라고 가르친다. 이런 순차적인 동작은 우리 몸의 여섯 부위—머리, 꼬리, 두 팔, 두 다리—를 통해 일어난다. 배꼽은 중심에 있다. 이 여섯 부위는 모두 중심 코어에서 비롯된다. 양수에 떠 있는 상태로, 배아는 다섯 가지 동작으로 놀면서, 땅 위에서의 출현을 준비한다. 출생하고 나서 평생 동안 우리는 머리의 감각기관을, 골반을, 팔과 다리를 내민다. 내미는 것은 하나 이상의 감각이나 팔다리가 관련된다. 예를 들면, 입과 오른 팔을 내밀어 인사하며 악수를 한다. 아니면 두 팔로 껴안는다. 하반신은 뒤로 물러나면서 팔은 내미는 것 같이 양극화 부분들이 나타날 수도 있다. 팔다리로부터 오는 혹은 팔다리를 통한 이런 동작의 자유로운 흐름은 트라우마와 애착 상흔에 의해 차단되거나 억제될 수 있다.

BMC 렌즈를 통해 나는 첫 손녀의 움직임을 출생부터 유년시절까지 관찰하였다. 코와 입으로 엄마의 가슴을 찾으면서 손녀는 수직축을 따라 밀치고 내밀었다. 손녀는 몸통과 팔다리의 총체적 움직임에 대한 통제와 조율 능력이 점점 증가하였다. 손녀는 상체와 머리를 위로 들면서, 팔과 배꼽을 밀어 눌렀다. 마침내 손녀는 팔다리를 통해 밀치고 내밀며 척추를 뒤트는 동작을 조율하며 구를 수 있었다. 손녀가 앉는 법을 배우면서, 골반의 좌골은 또 하나의 접지 근원(푹신한 기저귀의 도움을 받는)이 되었다.

이후 몇 달에 걸쳐, 손녀는 네 팔다리로 새로이 통합된 척추 코어를 지지하는 방법을 배웠다. 그런 다음, 정말로 박자에 맞추어 몸을 흔들 준비가 되어, 손녀는 팔로 자신의 하체를 끌며 마룻바닥을 서둘러 가로질러 전기 콘센트와 넘어질 듯한 화분대를 탐구하였다. 손녀의 동작은 처음에 개구리, 다음은 도마뱀의 동작을 흉내내다가, 결국에는 포유류의 오른편 팔다리가 왼편 팔다리와 반대로 움직이는 대측성 동작을 흉내내었다. 몸무게를 바닥에 내어맡겼다가 다시 밀어내는 것으로 시작하는 엎드려 기는 패턴은,

BMC에 따르면 자아 발달과 경계적 자아의식을 촉진시키고 있다.

두 팔로 커피 탁자를 향해 다가가 짚고 자기 몸을 일으켜 세운다. 무릎을 구부려서 아래를 보며 어떻게 땅으로 되돌아갈까 궁금해한다. 나는 손녀의 투지와 열정에 경외심이 든다. 나는 이 모든 동작이 손녀의 공간 지향 및 신체 이미지를 포함한 지각 관계를 비롯하여 학습 및 의사소통의 기본 요소를 발달시키는 데 매우 중요하다는 것을 알고 있다. 손녀는 동작을 통하여, 분화되어 있지만 연결되어 있는 별개의 부분들과, 통합된 하나의 전체로 존재한다는 감각을 경험하고 있다.

다섯 동작을 통해 흐름을 회복시키기

이 모든 동작 이론과 작업을 IFS로 통합하는 것이 내담자, 상담자, 워크숍 참가자들과 하는 내 작업의 핵심이었다. 자궁 속에서 혹은 유아기에 트라우마와 애착 상흔을 경험한 내담자들은, 체현된 방식으로 내면 가족들과 작업을 함으로써, 언어 형성 전에 부분들이 경험하였던 환경으로 직접 들어갈 수 있는 기회를 얻게 된다. 최초의 애착 상흔은, 나팔관을 통과하는 난자의 여정으로 시작하여 임신기간까지 계속되는 상상 속의 동작을 통해, 그리고 운동 발달 단계를 다시 살핌으로써 치유될 수 있다. 물려받았거나 세대를 통해 에너지적으로 전달된 짐들은 깨끗이 치워질 수 있다. IFS 모델에서 '물려받은 짐(legacy burden)'이라 부르는 이 짐들은 동작을 통해 내려놓을 수 있다.[12]

IFS는 한 부분이 짐을 짊어지면 어떤 특성을 '잃어버린다'는 것을 알고 있다. 아주 어린 부분들에 있는 이러한 특성들은 몸 시스템 안에 박혀 있다. 감정뿐만 아니라 동작도 몸을 통해 순서적으로 진행하기를 원한다. 동작은 여섯 부위 각각의 말단으로 흘러가고 그곳에서 흘러나오기를 원한다. 모든 유형의 동작은 표현을 갈망한다. 트라우마 상흔으로 인해 이 자원들은 제한을 받고, 잘려지게 된다. 보호자들은 동작 충동을 억제하고 몸의 이야기를 동결시킨다. 중단된 운동 발달에 대한 이야기들은 잘려 나간 동작에서 뚜렷이 나타난다. 우리는 이러한 동작을 초대하고 지지함으로써 우리의 생득권인 자원들을 회복시킨다. 초기 동작 패턴이 재현되면서, 관련된 기억과 감정으로의 접근이 가능하여, 부분들을 목격하고 그들의 짐 내려놓기가 가능해질 수도 있다.

소매틱 IFS 워크숍에서 학생들은 단세포 생물, 불가사리, 해파리, 뱀, 개구리, 도마뱀, 마지막으로 포유류 놀이를 즐긴다. 우리는 내어맡기기(yielding, 힘빼기)로 시작을 하는데, 놀랍게도 종종 가장 힘들어한다. 내어맡기기는 땅과 우리의 관계를 드러낸다. 그것은 항복, 내려놓음, 행위보다는 존재의 상태를 말한다. 그것은 지지에 대한 신뢰, 수용을 필요로 한다. 우리의 많은 부분들은 내어맡기기에 저항한다. 그들은 뭔가 하는 것을 선호하여, 계속 움직여 자신들이 꼼짝 못하는 상태가 되지 않도록 한다. 그들은 바닥에 늘어지도록 쉬는 것을 신뢰하지 않는다. 어떤 참가자들은 이 상태로 있는 것에서 자양분을 재발견하고 마치 이 상태에 영원히 머물 수 있는 것 같은 느낌을 갖기도 한다. 또 어떤 참석자들은 태아 자세로 구부리고 싶은 충동을 느끼며, 내면의 리듬을 재연하기 위해 이 자세로 받치고 있다. 몸이 숨을 들이쉬고 내쉬면서 그들의 피부는 세포막이 되고, 밑에 있는 땅에 항복하여, 땅의 리듬과 함께 고동친다. 그들은 자신들의 몸이 숨을 들이쉬고 내쉬는 것을 느낀다. 그들은 자신들의 배꼽과 연결하고는, 자궁벽에 처음으로 붙었던 그 강렬한 순간으로 다시 돌아가, 머리, 꼬리 및 각 팔다리로 이동하며 생명을 지탱해주는 자양분을 받는다.

자양분에서 얻은 에너지는 독립된 별개의 자아 의식의 첫 표현인 땅을 밀어내고자 하는 충동을 낳는다. 밀기 동작은 경계선에 대한 권리, 별개의 정체성을 주장할 우리의 권리, 우리 주위의 공간과 우리와의 관계를 확인해준다. 그들은 공간으로 솟아 오르며, 배꼽으로부터 두 눈, 코, 입, 입술, 혀가 있는 머리의 정수리까지 뻗는다. 에너지의 이 수직선은 장기들과 연결된다. 머리는 심장으로, 심장과 폐는, 샘, 뼈 및 상체의 근육뿐만 아니라 위, 비장, 간, 담낭, 췌장으로 연결된다. 이들은 3, 4, 5, 6, 7번째 차크라에 연결되고, 동작과 감정은 이 에너지 센터들과 연결된다. 그들은 척추 아래 부분을 구부리고, 펴고, 비틀며 놀면서, 내어맡기기, 밀기(push), 뻗기(reach) 동작으로 배꼽에서부터 꼬리까지의 수직선을 경험하며, 장기, 샘 및 다른 신체 구조, 그리고 배꼽과 꼬리 혹은 골반저 사이에 있는 하체의 에너지 센터와 연결한다.

힘껏 밀기는 손을 뻗고자 하는 충동으로 이어진다. 뻗는 동작이 땅과 하늘의 기초에 의해 지지될 때 우리는 지나치게 뻗지 않는다. 우리가 별개의 정체성에 대한 파워를 주장할 때, 우리는 바라고 필요한 것에 도달하고자 하는 용기를 갖고 있는 것이다. 이 동작으로 우리는 세상을 탐구한다. 우리가 필요하거나 원하는 것에 도달할 때 우리는 그것을 움켜쥐고, 우리 쪽으로 잡아당긴다. 뻗기가 확장과 관련 있듯이, 움켜쥐기(grasp)와 잡아당기기(pull)는 구부림과 관련이 있다. 움켜쥐기 동작으로 우리는 찾고자 했던 것을 꼭 붙잡는다. 우리는 그 물건이나 사람의 가치를 우리 것이라 주장한다. 잡아당기기 동작은 그 물건을 입이나 가슴으로 가까이 당겨 그곳에서 그 물건이 사용될 수 있거나 소중하게 간직할 수 있게 된다. 우리의 손을 뻗고 움켜쥐고 잡아당기는 힘을 되찾음으로써 우리는 구부림의 에너지를 방출할 수 있게 된다. 이러한 순서가 완결되었다는 느낌이 들면, 몸은 내어맡기기 상태로 유기적으로 바뀌면서 사이클은 다시 시작한다.

배꼽에 채널을 맞추면서, 참가자들은 중심으로부터 팔다리 쪽으로 밀기와 뻗기를 탐구하면서 자신들이 여섯 개 다리를 가진 불가사리라고 상상을 한다. 그리고 물고기나 뱀과 같은 척추동물이 되는 놀이를 하며, 척추의 자유로움을 즐긴다. 그들은 개구리의 상동성 행동을 흉내내며 두 팔과 두 다리를 동시에 움직인다. 내어맡기기, 밀기, 뻗기로, 그들은 바닥을 도마뱀처럼 기며, 동측성 동작으로 교대로 옆구리를 펴고 구부린다. 포유류의 대각선 및 대측성 동작은 종종 서서 걷고자 하는 충동으로 이어지며, 수정부터 첫 1년까지 동작 단계를 완성한다. 이런 유희적 동작들을 통해 참가자들은 자신들의 초기 발달 경험을 다시 패턴화한다.

참가자들이 기본적인 발달 동작 패턴을 다시 체현시키면서, 자신들의 발달이 방해받았던 곳을 발견한다. 차단은 약함, 통합이나 용이함의 결여, 움직임의 단절과 같은 동작의 어려움으로 나타난다. 감정 혹은 매스꺼운 느낌, 혹은 주의력이 분산되거나 해리된 느낌으로 나타날 수도 있다. 참가자들은 자신들이 해방감이나 변화, 용이함의 회복, 흐름, 그리고 동작의 우아함을 느낄 때까지 마인드풀하게 동작을 탐구한다. 우리는 인식을 위해, 그리고 경험을 통합하기 위해, 마인드풀 멈춤을 많이 갖는다. 그러고 나서 참가자들은 다음의 발달 단계를 탐구한다.

배꼽에서 머리로, 그리고 배꼽에서 꼬리로 이 같은 수직 연결로부터, 참가자들은 네 팔다리 각각을 배꼽에, 그리고 배꼽을 통해서 서로를 연결한다. 그들의 깨어난 팔다리 각각을 통한, 밀기, 뻗기, 움켜쥐기, 잡아당기기 동작은 꿈틀거리기, 구르기, 기기 및 심지어 엄지손가락 빨기까지도 고려한다. 그 동작들은 개체 발생적이며 계통 발생적인 동작 발달을 반영하고 있으며 감정은 이 동작들 가운데 박혀 있기 때문이다.

마인드풀 동작의 사례

다음의 내담자 회기 요약은 마인드풀 동작 작업이 많은 기법의 영향을 받아 통합된 것임을 보여주고 있다. 즉 다섯 가지 기본 동작과 바디마인드 센터링의 발생학적 접근; 하코미의 습관적인 자세, 동작, 제스처에 대한 마인드풀 탐구; 트라우마에 다미주신경 이론 적용하기가 그것이다. 각 예제들은 중요한 발달 과정에서 입은 상처들이 어떻게 통합 과정에서 동작이 결여되도록 만드는지, 이런 중단이 어떻게 사람들이 세상에서 앞으로 나아가는 것을 방해하는지, 그리고 마인드풀 동작이 어떻게 그 흐름을 회복시킬 수 있는지를 보여준다.

초기 발달 단계에서의 트라우마

테아의 관계 트라우마는 수정될 때 시작되었다. 그녀의 열다섯 살된 어머니는 자녀를 키우기 위한 정서적, 사회적, 경제적 지지가 결여되었다. 출생 전이나 자신의 아동기에 필요한 정서적, 에너지적, 신체적인 기본요소들을 받지 못했음에도 불구하고, 테아는 살아 남았고, 여러 가지 면에서 잘 자랐다. 그러나 그녀는 몇십 년을 과도하게 기능함으로 말미암아 완전히 소진되었다. 그녀의 열심히 일하는 관리자 부분들이 벽에 부딪친 것이다. 계속해 나갈 수 없는 것이 아니라, 자신들이 쉬더라도 테아는 괜찮을 거라는 것을 신뢰하기가 두려웠다.

테아가 탈진과 접촉하면서, 허리를 펴고 바로 앉는 것조차 힘들게 느낀다. 처음엔 주저하다가, 그녀는 바닥에 눕고 싶은 충동에 굴복한다. 나는 그녀에게 바닥의 지지에 내어맡겨 보라고 안내하니, 그녀는 오랫동안 거기 누워있는다. 마침내 그녀의 몸은 편안해지고 호흡도 깊어진다.

> 테아 : 아래쪽 팔과 손이 찌릿찌릿해요.
>
> SM : 팔과 손의 찌릿한 감각을 유지하세요.
>
> 테아 : 제 팔에 에너지가 많이 생겼어요.
>
> SM : 당신 팔에 있는 에너지가 당신이 움직이기를 원하는지 보세요.

테아가 자신의 팔로 바닥을 밀어내기 시작한다.

> SM : 이 동작을 작게 유지해보세요. 천천히 바닥에서 3~5센티 정도 몸을 들어올리고 어떤 느낌인지 보세요. 다시 바닥에 몸을 내어맡기세요. 그런 다음 준비가 되면 다시 밀기를 하세요.. 천천히 마인드풀하게, 내어맡기며 쉬었다가 밀기를 반복하세요. 어떤 것이 느껴지세요?
>
> 테아 : 팔이 강해진 느낌이 들어요. 내가 일어날 때 가볍고 쉬운 느낌이에요. 그리고 내 밑에 나를 지지해주는 바닥이 있다는 것이 기분이 좋아요. 내 하체가 더 편안해요. 마치 하체는 내 코어 힘, 나의 회복력에 대해 안심이 되는 것 같아요.
>
> SM : 이것을 계속하면서, 자신을 바닥에서 밀어 올릴 때, 당신의 하체가 당신의 힘과 회복탄력성을 인식하게 하세요.

테아는 무릎을 꿇고 엎드린 자세로 상체와 하체로부터 마침내 머리와 꼬리까지 이르며, 내어맡기기와 밀기 놀이를 한다. 테아는 내어맡기기가 쓰러지는 것과는 다르다는 것을 발견한다. 후자는 열심히 일하는 관리자가 두려워하는 것이다. 안전한 연결 상태로 내어맡기는 것이 수정될 때부터, 그리고 유아기 내내 방해를 받았다. 그녀는 다음 발달 단계의 밀기 동작에 대한 기본이 결여되었기에 엄마로부터 분화되는 것을 힘들어했다. 이제는 내어맡기기와 밀기가 가능하여, 테아는 모든 팔다리를 통해 밀기를 함으로써 에너지를 얻는다. 내어맡기기와 밀기 동작을 마인드풀하게 경험함으로 해서, 테아는 회기 밖에서도 자신에게 주어진 지지를 신뢰하고, 자신의 필요 및 관계에서의 자율성을 주장할 수 있는 방법을 실험해 볼 수 있게 되었다. 그래서 그녀는 탈진되지 않고 세상에서 중요한 일들을 계속해 갈 수 있게 되었다.

관계 파열

마야와의 회기에서 밀어내기와 뻗기 동작은 이 동작들에 대한 마인드풀니스가 어떻게 관계 회복으로 이어지는지 보여준다. 마야는 동생과 갈등이 있었고, 그로 인해 동생은 자신과의 관계가 끊어지게 되었다. 마야는 자신과 동생이, 이모들을 향한 엄마의 행동에서 배운 패턴들을 재연하고 있는 것은 아닌지 두려웠다. 마야는 자신과 동생이 이러한 패턴을 자기 자녀들에게 물려줄까 봐 염려하고 있었다. 그녀는 자신이 몸을 통해 이런 패턴을 내려놓는 것을 소매틱 IFS가 도와줄 수 있기를 바랐다.

마야는 내면으로 들어가 갈등의 자기 입장이 어떤 느낌인지 느낀다. 그녀는 자신의 방어적 성향의 힘을 느낀다.

마야 : 내가 동생을 밀어젖히지 않으면, 그 아이가 나의 현실을 몽땅 빼앗아갈까 봐 두려워요. 이 두려움은 내 횡격막에 있어요. 딱딱한 덩어리예요.

그녀가 말할 때, 나는 마야의 오른쪽 어깨가 약간 앞으로 밀리는 것에 주목한다.

SM : 횡격막에 있는 이 딱딱한 덩어리를 유지하세요. 당신 어깨에서 무언가가 일어나고 있다는 것이 감지되는지 보세요.

마야의 어깨가 처음에는 조금만 앞으로 밀더니 점점 더 크고 공격적이 되어, 곧 오른쪽 몸 전체가 그렇게 된다. 그녀의 얼굴은 단호한 모습이다.

  SM : 이 동작에 연결된 부분이 있나요?
  마야 : 네. 내 동생을 밀어젖히는 부분이에요. 나는 그 부분에게 내가
  그의 힘을 좋아하고 있다고 이야기해주고 있어요. 그 부분은 나를 보
  호하기 위해 애써오고 있다는 것을 알아요. 그러나 이 부분은 자기가
  또한 내 동생을 밀어젖혔다는 사실을 아는 것 같지는 않아요.

그녀의 말과 함께, 동작은 더 작아지고, 그녀의 팔이 무릎에 놓이면서 마침내 조용해진다. 마야는 그녀 가슴에 따뜻한 녹아내리는 것이 느껴지며 동생에 관심을 갖고 건강한 관계를 열망한다. 그녀는 심장으로부터 나온 에너지가 어깨와 팔을 통해 동생을 향해 흐르는 것을 느낀다. 그녀가 힘을 과시하며 자신을 보호하자 두려움의 덩어리가 횡격막에서 어깨와 몸으로 차례로 지나간다. 자신의 힘에 안심이 되고, 횡격막에 있던 덩어리가 배출되면서, 그녀는 자기 심장의 에너지에 접근할 수 있게 된다. 어깨의 밀기 동작은 동생에게 손을 뻗고자 하는 충동으로 변한다. 밀기에서 심장으로부터 뻗기까지의 동작 순서는 동생과의 관계 파열에 대한 해결로 이어진다.

섭식 장애

로리와의 회기는 그녀가 자신의 섭식과 관련해서, 마비시키는 '밀고 당기기' 줄다리기를 어떻게 동작을 통해 해결했는지를 보여준다. 한 부분은 그녀를 밀어붙여 14킬로그램을 빼고 모든 당뇨약을 끊도록 했었다. 또 다른 부분은 이 건강한 행동의 성공을 눈 앞에 두고 그녀를 끌어내리려고 애쓰고 있었다. 우리는 각 부분에게 움직이며 말할 기회를 주었다.

로리는 일어서서 자신이 앉아있었던 곳을 마주보며, 미는 부분의 입장에서 말한다. "나는 로리가 살을 빼게 만들었어. 로리가 죽을까 봐 걱정됐어." 미는 제스처를 하며 그 부분은 로리가 올바른 음식으로 장을 보고, 요리하며, 먹고 운동하라고 충고한다.

그러자 다른 부분이 그녀를 잡아당겨 소파에 다시 앉힌다. 로리는 이 잡아당기는 부분의 입장에서 말한다. "나도 역시 염려가 돼! 로리가 건강해지고, 삶을 더 충만하게 살까 봐 무서워. 미는 부분은 이 미치도록 엄격한 건강플랜으로 나를 소진시키고 있어. 우리는 십중팔구 도로 살이 쪄 패자 같은 기분이 들 거야."

로리는 내어맡기기 동작에서 이 마비시키는 양극화로부터 한숨 돌릴 수 있는 기회를 찾는다. 그녀는 일어서서 발 아래 바닥을 느끼며, 천천히 방 안을 걷기 시작한다.

처음에는 그녀의 걸음걸이가 경직되고 망설이는 모습이지만, 이내 더 자유로워진다. 그녀는 내 제단에서 조각 작품을 발견한다. 그녀는 그것이 생명을 대변한다고 말한다. 그녀는 손을 내밀어서 그것을 집어들고는 자신의 심장 가까이 가져간다. 그녀는 애정을 가지고 그것을 바라본다. 눈물이 그녀의 뺨을 타고 흐르기 시작한다. 그녀는 조각 작품이 표현하는 건강한 삶을 지지하는 행동과 일치시키고자 하는 열망과 헌신을 가슴에 느낀다. 그리고 이 위치에서 자신이 바라는 것을 손을 뻗어, 움켜쥐고, 자신의 심장을 향하여 잡아당긴다.

로리는 소파로 돌아온다. 그녀는 편안하고 평온한 느낌이 들며, 자신이 좀 더 여유롭게 건강한 행동을 향하여 나아갈 수 있다는 더 큰 자신감이 느껴진다. 그녀의 가계에는 쇠약하게 만드는 신체적 정신적 질병과 자살이 있었다는 사실을 알기에, 나는 로리의 생명을 보듬는 능력에 깊이 감동되었다. 우리 두 사람은 고착된 행동을 바꾸는 것이 얼마나 어려운지 인정한다. 그녀는 바른 음식을 먹어야 하는 것을 알고 있으며, 그런 음식을 고르는 것이 뇌의 스위치를 바꿔야 하는 것만큼 극적으로 느껴진다고 이야기한다. 그녀는, 뇌 회로를 바꾸는 데는 상당한 시간이 걸리며, 미는 부분의 입장에서가 아니라 참자아의 입장에서, 좋은 선택을 할 때 새로운 관계를 공고히하여 마침내 잘못된 음식을 먹고자 하는 유혹을 줄인다는 것을 이해하고 있다. 이 새로 찾아낸 생명의 포용력을 놓치지 않고 고정시키기 위해, 그녀는 내 제단에 있던 작품을 빌어, 그것에 손을 내밀어, 움켜쥐고, 자신의 심장을 향하여 잡아당길 수 있는 연습을 할 수 있었다.

만성 신체 증상

차단된 감정 표현으로 말미암아 생긴, 만성 통증을 유발하는 턱관절 긴장과 쇠약하게 만드는 TMJ(측두하악관절) 장애가 데보라로 하여금 소매틱 IFS를 찾게 만들었다. 데보라는 대부분의 아동기 동안 생명을 위협하는 질병으로 고생했었다. 그녀는 몹시 의지하는 사람들을 괴롭히고 싶지 않아서, 자신의 감정을 내면에 담아두었다.

> 데보라가 다양한 방식으로 턱을 움직이는 실험을 하다가 화를 내기 시작한다.
>
> > 데보라 : 내가 병원에 있던 때가 지금 기억나네요. 다섯 살짜리 아이가 보여요. 그 아이가 병원 침대에 서서 차가운 침대 안전 난간을 꼭 붙들고 있어요. 그 아이는 엄마가 자기를 혼자 놔두고 가버린 것에 화가 나 있어요.
> >
> > SM : 당신이 그 아이의 분노를 감지하면서 당신 몸에서 어떤 것이 느껴지나요?
> >
> > 데보라 : 내 배 안에 커다란 덩어리가 있는 것 같아요. 얹혀 있는 느낌이에요.
> >
> > 나는 그녀가 턱을 꽉 다물고 있는 것에 주목한다.
> >
> > SM : 배 안의 덩어리에 집중해보세요. 그리고 우리가 그것이 움직이도록 해줄 수 있는지 보지요.
> >
> > 데보라 : 물고 싶은 느낌이 들지만, 내가 화를 냄으로 해서 엄마가 상처받게 하고 싶지는 않아요. 엄마는 날 위해 할 수 있는 모든 것을 했거든요.

나는 분노가 그녀의 입을 통해 나올 수 있는지 보기 위해 데보라에게 접는 물수건을 건네준다. 데보라는 수건을 입에 물고 머리를 흔들며, 어떤 큰 소리를 내고자 하지만 소리는 이내 죽어버린다. 이제 그 분노가 표현되었고 목격되었기에, 데보라는 어린 소녀에 다가가 침대 안전 난간을 내리고 그 아이를 병원에서 데리고 나온다. 다섯 살짜리는 데보라의 무릎에 앉는다. 그녀는 그 아이를 안고 이제는 건강하니 자기 곁에 머물 수 있다고 이야기해준다. 데보라의 턱은 훨씬 풀어진 느낌이다. 턱 긴장이 줄어듦에 따라, 데보라는 자신의 감정과 필요를 대변하는 것이 더 수월해진다.

비통과 상실을 안고 전진하기

동작의 결여도 무언가를 드러내 주고 있을 수 있다. 잭은 얼굴, 목, 어깨를 꼿꼿이 세우고 내 맞은편에 앉았다. 그의 파트너는 2년 전에 사망하였고, 그의 몸은 무력하게 만드는 비통함을 표현하였다.

> 잭 : 사람들은 내가 잊고 앞으로 나아가 내 삶을 살아야 한다고 계속 이야기해줍니다. 그들은 심지어 내게 다른 남자를 소개해주려고도 하고 있어요. 나는 그럴 준비가 전혀 되어 있지 않은 것 같아요. 카일을 대신할 사람은 없을 거예요. 나는 혼자서 행복하지도 않지만, 잊어버리고 살아가는 것은 불가능하다고 느껴져요. 어쩐지 의리가 없는 것같은 느낌이에요. 나는 아직도 그를 그리워합니다. 나는 그동안 크게 슬퍼했고 울기도 많이 했는데, 사람들 말이 맞을 수도 있어요. 선생님이 내가 잊고 살아가는 방법을 찾을 수 있도록 도와줄 수 있지 않겠어요?
>
> SM : 30년이나 카일과 함께 한 삶을 뒤로 하고 새 삶을 살아야 한다는 생각이 어떤 부분에게는 불가능하고 잘못되었다고 느껴지나, 또 어떤 부분은 당신이 그래야 한다고 생각하는 것으로 이해합니다. 우리가 이에 대해 좀 더 많은 것을 알아볼 수 있을까요? 이 방 안에서 당신이 카일과 함께 했던 삶을 나타내 주는 장소를 찾아볼까요? 지금의 삶에서 한 발짝 물러나는 것을 시도해보는 것이 어떤 느낌인지 보세요.

잭은 방 한가운데 서서 움직이지 않는다.

잭 : 음…꼼짝 못할 것 같아요. 나는 그가 정말 죽었다는 사실을 받아들일 수가 없는가 봐요.

그렇게 말하면서 잭은 자기 자리로 돌아와서 손으로 머리를 감싸고 운다.

SM : 그래요. 시간을 충분히 갖고, 당신이 잊고 앞으로 나아가기를 원치 않는 몸의 모든 부분들을 느껴보세요. [몇 분이 지난 후, 나는 계속한다.] 나아갈 수 있는 또 다른 방법이 있는지 궁금합니다. 이를테면, 잊고 앞으로 나아가는 것보다는 당신의 비통함을 안고 나아가는 것, 전진하는 것 같은 것 말이죠. 지금 이 방에 있는 물건 중 카일과 함께 했던 세월, 함께 나누었던 삶을 대변해줄 뭔가를 찾을 수 있겠어요?

잭 : 내게 둘이 함께 찍은 사진이 있어요.

잭은 일어서서 지갑에서 그 사진을 꺼내서 내게 보여주고는 손에 들고 있다.

SM : 좋아요. 자, 방 안에서 당신이 장차 향하여 나아가는 무언가를 나타내줄 수 있는 것을 찾을 수 있겠어요? 그것이 작거나 보잘것없어 보이는 것일지라도 말이에요.

잭 : 흠… 몇 명의 친구들과 오페라에 갈 계획이 있어요. 실은 가고 싶지는 않아요. 왜냐하면 카일이 오페라를 너무 좋아했던 기억이 떠올라 나를 슬프게 하기 때문에요. 이 책장을 오페라라고 해보지요.

SM : 좋아요. 사진을 들고, 책장 쪽으로 한 발짝 떼세요 — 당신의 슬픔과 비통함과 카일과 함께 했던 당신의 삶의 기억을 들고 오페라에 가는 것을 나타내 주도록.

잭은 그 사진을 자기 가슴에 대고, 책장을 향해 한 발짝 뗀다. 그는 잠시 멈추고는 눈물을 흘리며 또 한 걸음을 뗀다.

잭 : '잊고 나아간다'는 것보다는 '전진한다'는 생각이 좋아요. 내가 그것은 할 수 있을 것 같아요.

결론

은유적으로 그리고 글자 그대로, 마인드풀 동작은 소매틱 IFS 프로세스에 도움이 될 수 있다. 인식, 호흡, 공명의 작업에 의지하여 우리는 수직면과의 관계를 확립하였다. 이제 우리는 가슴으로부터 수평면으로 이동한다. 우리는 커서 눈에 잘 띄거나 잘 띄지 않거나, 습관적이거나 중단되었거나, 의식적이거나 무의식적이거나 한 모든 동작에 마인드풀 인식을 가져온다. 우리는 리듬, 제스처, 자세, 걸음걸이에 주목한다. 우리는 이 동작을 통해 가장 잘 풀어놓을 수 있는 이야기를 가진 부분들을 발견한다. 수정이 된 순간부터 아동기 사이에 중단된 운동 발달에 대한 이야기는 누군가 귀를 기울여주기를 기다리고 있다. 동작을 초대하고 환영함으로써 조직 안에 담겨 있던 이야기들이 펼쳐지게 된다.

우리는 내어맡기기, 밀기, 뻗기, 움켜쥐기, 잡아당기기 동작에 마인드풀 인식을 가져온다. 우리는 내어맡기면서, 바닥이 우리를 지지하며, 심지어 올라와 우리 몸을 만나는 느낌을 갖는다. 우리가 한층 더 많이 내어맡기면서, 즉 우리의 긴장이 녹아 없어지며 우리 몸이 아래에 있는 이 지지에 굴복하면서, 우리 몸 깊은 곳으로부터 마침내 움직이려는 충동, 우리의 힘을 느끼려는 충동, 밀어내려는 충동, 밀어젖히려는 기분 좋은 충동이 올라온다. 그 움직임은 다른 움직임으로 이어진다. 우리는 바닥에서 구름으로써 우리 몸의 모든 부분들도 바닥을 알도록 할 수도 있다. 우리의 팔다리는 일어서서, 공간으로 뻗고 싶어할 수도 있다. 동작은─크거나 작거나, 빠르거나 느리거나, 자유롭거나 안무가 되었거나─살아있는 존재들이 자신들의 가장 진실된 본성과 크고 더 넓은 세상과의 관계를 표현하는 자연스러운 방식이다.

체현된 참자아를 함양하는 많은 바디마인드 동작 작업 — 예를 들면, 여러 가지 형태의 요가, 소매틱스, 펠덴크라이스, 알렉산더 테크닉, 춤, 무술 — 이 있다. 이런 동작을 연습하는 가운데 떠오른 부분들에 인식을 가져오면서, 우리는 안내를 따르는 동작 패턴을 반복하기보다는 시작점을 따라가 잘못된 동작 패턴의 근원들에 도달하여 핵심에서 그것들을 교정할 수 있다.

우리는 우리 몸에서 자연스럽게 일어나는 움직임에 그냥 주의를 기울일 수도 있다. 여는 동작은 끝맺으려는 충동으로 이어진다. 뻗는 동작은 결국 구부리는 동작을 부른다. 내어 뻗는 것은 쉬려는 욕구로 이어지며, 자연의 리듬감 있는 사이클을 따라 반복한다. 이러한 사이클에 채널을 맞추며, 희미한 심장 박동의 내면 리듬으로 달램을 받으며, 우리의 동작 충동을 표현함으로써 활력을 찾으며, 우리는 동작으로 우리의 체현된 참자아를 표현한다.

제이슨이 때리고자 하는 충동을 차단했듯이, 부분의 감정 표현이 기세가 꺾인 불처럼 억제되어 있는 경우, 마인드풀 인식은 그 타다 남은 불덩이에 불을 붙여, 차단된 동작 이야기가 끝까지 흐를 수 있도록 해줄 수 있다. 마인드풀 상태에서 적절한 발달 동작을 시작함으로써, 인식이라는 작은 불꽃을 타오르게 하는 불쏘시개 같은 역할을 하여, 테아의 경우에서처럼 자궁 속에서의 동작만으로도, 내담자가 자신들의 관계 트라우마를 치유하고 체현된 참자아로 안정 애착이 발달하도록 도와줄 수 있다. 마야와 가졌던 회기에서처럼 발달 단계의 동작을 회복하며 마인드풀하게 재연하는 것이 관계 회복으로 이어질 수 있다. 마인드풀 동작은, 로리가 갖고 있는 섭식 장애의 밀고 당김에서와 같이 양극화를 해결할 수도 있다. 데보라의 턱긴장과 잭의 갇혀 있는 비통함에서와 같이 트라우마와 그로 인한 만성 통증이 몸 이야기를 과거 속에 얼어붙도록 하는 경우, 마인드풀 동작은 트라우마의 이야기가 드러나며 내면시스템이 변화되도록 해준다.

마인드풀 동작 작업은 언어 형성 전 부분들의 환경에 직접 접촉할 수 있다. 이 작업은 잠자고 있던 움직이고자 하는 충동을 드러내주며, 얼어붙은 충동과 감정이 몸을 통해 순서대로 진행되도록 해준다. 초기 동작 패턴들이 재연되면서, 관련된 기억과 감정이 접근 가능해져, 목격하기와 부분들의 짐 내려놓기를 고려할 수도 있게 된다. 부분들의 짐은, 그것이 획득한 것이든지, 물려받은 것이든지, 에너지적으로 세대 간 전달된 것이든지 간에, 체현된 참자아의 목격을 받는 동작을 통해 제거될 수 있다. 생명력의 흐름이 회복되면서, 체현된 참자아는 힘차고 우아한, 통합된 동작으로 표현된다.

이어지는 연습들은 소매틱 IFS 치료사가, 자신의 부분들을 드러내고 그들의 짐을 내려놓게 하는 경로로서, 자신들의 동작에 마인드풀 인식을 가져오도록 도와준다. 우리의 생각과 감정에는 근육 반응이 뒤따르기 때문에, 그 반응들은 우리의 동작 가운데 고정되게 된다. 대체로 우리의 인식 밖에서, 이러한 동작들은 우리의 짐을 알리고 강화시키는 경향을 보인다. 자세, 걸음걸이, 제스처 같은 우리의 습관적 동작을 탐구함으로써 우리는 우리의 부분들이 짊어지고 있는 신념, 정서, 생각에 대한 소매틱 기록에 접근한다. 동작을 통해 부분들이 목격되고 그들의 짐을 내려놓을 수 있게 된다. 또 다른 연습은, 발달 단계를 점진적으로 통과해 나갈 기회를 제공함으로써, 암묵적으로 품고 있는 기억에 접근하여 목격하고, 발달 과정에 있는 바디마인드의 장애를 교정하며, 우리를 발생학적 지혜와 창의성에 다시 연결될 수 있도록 한다. 우리는 우리의 원시 애착 경험을 비롯해 팔다리를 통한 나중 발달 단계의 동작과도 다시 연결함으로써, 내담자의 관계 트라우마를 수용할 수 있는 능력을 증대시킬 수 있으며, 이는 우리의 내면 바디마인드 시스템의 본보기가 된다. 이 연습을 통해 우리가 체현된 참자아 에너지의 연속체를 따라가면서, 이 마인드풀 동작 작업을 우리의 치료 작업에 통합시킬 수 있는 가능성이 자연스럽게 생기게 된다.

습관적 동작에 대한 마인드풀니스

목표 : 습관적 동작에 호기심을 가져오며, 마인드풀하게 그것들을 반복한다. 우리의 동작 습관에 박혀 있는 짐들을 드러낸다. 부분들이 몸을 통과하면서, 그들이 목격되고 짐을 내려놓을 수 있는 기회를 제공한다.

설명

1. 당신이 탐구하고 싶은 습관적 동작 하나를 선택한다. 당신이 손이나 팔로 자주 하는 제스처일 수도 있고, 앉거나 서는 특정한 방식일 수도 있으며, 걷는 방식에 대한 특징적인 어떤 것이 될 수도 있다. 친구에게 관찰을 부탁하거나, 당신이 걷거나, 말하거나 일상 활동을 하는 동안 누군가에게 비디오로 기록해달라고 할 수도 있다. 당신이 도전적인 상황 가운데 있어 당신의 몸이 그에 반응하여 어떻게 자동적으로 움직이는지 관찰하는 모습을 머릿속에 그릴 수 있다. 당신은 문을 지나 걸어가거나, 문턱을 지나 새로운 지역으로 들어가거나, 닫힌 문을 마주하는 행위에 마인드풀니스를 가져올 수도 있다. 만약 당신이 어떤 것에 집중할지 잘 모르겠다면, 그냥 움직이기 시작하여 당신의 몸이 이 연습을 위한 초점을 당신에게 보여주도록 한다.
2. 이 동작을 향하여 어떤 느낌이 드는지 주목한다. 그리고 한 부분이 가지고 있는 비판이나 수치심을 해결하여 그 부분이 당신으로 하여금 그 동작을 향하여 많은 호기심을 보일 수 있도록 기꺼이 허용하게 한다.
3. 마인드풀하게 동작을 반복하며 마음을 열고 동작에 연결되어 있는 듯이 보이는 어떠한 생각이나 말, 이미지, 감정을 받아들인다.

4. 만약 이것이 당신을 어떤 한 부분으로 이끈다면, 그 부분이 당신이 함께 하고 있음을 느끼도록 한다.

5. 당신은 동작을 더 크게 또는 작게, 더 빠르게 또는 느리게 만드는 실험을 할 수 있다. 당신은 동작이 당신의 온 몸을 장악하거나 어느 한 손가락에만 한정하도록 할 수 있다.

6. 만약 그 부분이 보호자라는 것이 확실해지면 동작을 하지 않거나, 동작을 바꾸고자 시도하면서, 그 부분의 두려움이 무엇인지, 혹은 그 부분이 누구를 보호하고 있는지 알아낼 수 있다. 만약 그 부분이 상처를 품고 있으면, 당신은 그 부분에게 동작을 통해 상처에 관한 이야기를 보여달라고 초대할 수 있다. 그 부분에게 하고 싶은 다른 동작이 있는지 물어본다. 그리고 그 부분으로 하여금 이야기가 몸 전체를 통과하도록 초대한다.

7. 이야기가 흐르는 것을 원치 않는 부분들이 있는지 알아낸다.

8. 그 부분이 말이나 이미지로 이야기할 수 있도록 초대한다.

성찰

1. 당신은 어떤 습관적인 동작을 탐구하였는가? 처음에는 그것을 향하여 어떤 느낌이 들었는가?

2. 당신이 마인드풀하게 동작을 반복하였을 때 어떤 일이 일어났는가?

3. 이 연습에 저항하는 부분이 있었는가?

4. 이 동작을 이용해서 자신의 이야기를 말하거나, 자신의 임무를 수행하는 부분이 있었는가?

5. 이 동작과 연결된 어떤 감정, 생각, 이미지가 있었는가?

6. 그 동작은 몸을 통해 해방될 수 있었는가?

7. 당신이 이제 동작을 반복하는 경우, 어떤 차이점이 있는가?

수직축을 통해 내어맡기기, 밀기, 뻗기

목표 : 몸의 코어, 특히 배꼽 주위와 몸의 수직축에, 더 큰 인식을 확립한다.

당신이 필요한 시간을 충분히 확보하며, 자주 내어맡기기로 돌아와 동작을 통합시킨다. 만약 당신이 동작을 행하면서 신체적 혹은 정서적 차단이나 저항이 느껴진다면, 당신이 동작에 좀 더 편안함과 흐르는 느낌이 들 때까지, 혹은 당신이 그 부분이 동작의 어려움 가운데 있는 것을 발견할 때까지 마인드풀하게 그 부분을 탐구한다.

1. 첫 번째 동작은 내어맡기기이다. 매트나 카페트에 누워서 무릎을 구부린다. 당신의 몸을 바닥에 내려놓도록 초대한다. 몸에서 바닥에 닿은 부분과 닿지 않는 부분을 감지한다. 몇 번 호흡을 하며 불필요한 근육 긴장이 매 날숨과 함께 녹아버리게 한다. 바닥이 당신을 지지하도록 한다. 바닥이 올라와 당신을 만나는 것을 머릿속에 그린다. 내어맡기기와 쓰러짐의 차이에 주목한다. 당신 몸에서 내어맡기기의 준비가 아직 되어 있지 않은 부분들에 주목한다.

2. 당신의 원천적인 연결 부위인 배꼽에 인식을 가져온다. 당신의 손을 배꼽 위에 놓고, 당신 숨과 함께 배꼽이 오르락내리락 하는 것을 느낀다. 당신 몸의 중심으로부터 땅의 중심까지 하나의 선, 즉 당신이 땅으로부터 받고 땅으로 방출할 수 있는 통로를 머릿속에 그린다.

3. 숨을 내쉴 때, 당신의 요추 부분을 바닥으로 눌러, 그 부분이 바닥에 닿도록 한다. 이것이 밀기 동작이다. 내어맡기기와 밀기 동작을 번갈아가며 몇 차례 한다.

4. 배꼽에서 꼬리까지 그런 다음 배꼽에서 머리까지, 척추뼈 전체를 따라, 밀기와 내어맡기기 동작을 번갈아 진행한다.

5. 배꼽으로부터 땅과의 연결을 유지한 채 꼬리뼈를 위로 뻗는다, 그런 다음 내어맡긴다. 머리 정수리를 뻗는다, 그런 다음 내어맡긴다. 눈, 코, 입, 혀를 뻗는다. 그런 다음 내어맡긴다. 꼬리를, 그리고 머리를 아무 방향으로 뻗는다. 그런 다음 내어맡긴다.

6. 좌우 각각 어느 한쪽으로 그리고 배쪽으로 구르고는, 계속해서 내어맡기기, 밀기 및 머리와 꼬리를 통해 뻗기를 탐구한다. 배꼽에서 꼬리로, 배꼽에서 머리로 이 수직축을 따라 구부리고 편다. 이런 동작들은 장기, 샘 및 다른 신체 구조들

과 몸의 에너지 센터들을 연결한다.

7. 무릎을 꿇고 엎드린 자세로 머리부터 꼬리까지, 그다음에는 앉아서, 그리고는 서서 이 동작을 계속해서 탐구한다.

성찰

1. 배꼽을 통해 땅과 연결할 때 당신은 어떤 경험을 하였는가?
2. 당신은 배꼽에서 머리까지 그리고 꼬리까지 내어맡기기, 밀기, 뻗기 동작을 연습하였다. 각각은 어떤 느낌이었는가? 어떤 것들이 쉽고, 만족스럽고 심지어 즐거웠는가? 당신은 이 동작들 가운데서 참자아 에너지의 어떤 특성들을 발견하였는가?
3. 당신은 어떤 것/누구에게 내어맡기고 있었는가? 당신은 어떤 것/누구를 밀어내고 있었는가? 당신은 어떤 것/누구에게로 뻗고 있었는가?
4. 배꼽에서 팔다리 끝까지 선을 따라 어떤 차단이 있었는가? 어떤 동작들이 힘들었는가 — 저항, 약함, 단절, 혼란 혹은 짜증? 당신이 이 동작을 하면서 어떤 감정, 생각, 단어, 이미지가 떠올랐는가?
5. 등을 대고, 혹은 옆으로 눕거나 엎드렸을 때 차이가 있었는가?
6. 머리로부터 꼬리까지 수직축을 따라 움직이면서, 이 축을 따라 관심을 받기 원하는 부분을 발견한 부위가 있었는가?
7. 이러한 동작들이 당신에게 회복을 가져다준 방식이 있었는가?

몸의 여섯 부위를 통한 내어맡기기, 밀기, 뻗기

목표 : 네 팔다리를 통한 배아 기능의 초기 표현을 마인드풀하게 살핀다.

설명

당신이 필요한 시간을 충분히 확보하고, 자주 내어맡기기로 돌아와 동작을 통합시킨다. 만약 당신이 동작을 행하면서 신체적 혹은 정서적 차단이나 저항이 느껴진다면, 당신이 동작에 좀 더 편안함과 흐르는 느낌이 들 때까지, 혹은 당신이 그 부분이 동작의 어려움 가운데 있는 것을 발견할 때까지 마인드풀하게 그 부분을 탐구한다. 지시를 엄격하게 따르기보다, 당신 몸의 동작 충동에 귀를 기울인다.

1. 누워서 배꼽 및 내어맡기기 동작을 다시 연결한다.
2. 한 팔로 시작해서 네 팔다리 각각과, 배꼽이 있는 몸의 가운데로부터 손가락 끝과 발가락에 이르기까지의 선에 인식을 가져온다.
3. 각 팔다리를 밑의 바닥에 내어맡기도록 초대한다.
4. 중심 코어로부터 팔이나 다리 하나까지 — 한 번에 팔이나 다리 하나씩 — 밀기 동작을 실험하며, 각 팔다리로 경험한 것 사이에 어떤 차이점이 있는지 주목한다.
5. 하나 이상의 팔다리로 이 밀기 동작을 탐구한다. 두 팔, 두 다리, 오른쪽 팔다리, 왼쪽 팔다리, 다 함께, 그리고 마지막으로 대각선으로. 그리고 당신이 몸으로부터의 충동에 귀를 기울이면서 매번 밀기와 내어맡기기 사이를 옮겨간다. 당신이 옆으로 눕거나 엎드리거나, 앉거나 서는 것으로 자세를 바꿔가면서 이 동작들을 탐구하는 것도 고려한다.
6. 네 팔다리를 통해 탐구할 수 있는 다음 동작은 뻗기이다. 당신이 뻗고 싶은 충동을 느낄 때, 당신의 중심 코어로부터 손가락 끝까지 팔을 뻗는다. 당신은 마침내 두 팔, 두 다리, 오른쪽 팔다리, 왼쪽 팔다리, 네 팔다리를 동시에 뻗는 실험을 하고 싶을 수도 있다.
7. 바닥에 눕거나, 무릎을 꿇고 엎드리거나, 앉거나, 서서, 여섯 부위를 통해 이 세 동작을 계속한다. 이 동작들이 어떻게 당신에게 공간에 대한 정보를 주는지 본다.

성찰

1. 네 팔다리 각각을 통해 내어맡기기, 밀기, 뻗기의 동작들을 탐구한 후 당신 몸이 어떻게 느끼는지 묘사한다.
2. 당신은 어떤 것/누구에게 내어맡기고 있었는가? 당신은 어떤 것/누구를 밀어내고 있었는가? 당신은 어떤 것/누구에게로 뻗고 있었는가?
3. 세 동작 각각은 당신의 팔다리 각각을 통해 어떤 느낌이었는가? 어떤 동작들이 쉽고, 만족스럽고 심지어 즐거웠는가? 당신은 이 동작들 가운데서 참자아 에너지의 어떤 특성들을 발견하였는가?
4. 배꼽에서 팔다리 끝까지 선을 따라가며 어떤 차단이 있었는가? 어떤 동작들이

힘들었는가 — 저항, 약함, 단절, 혼란 혹은 짜증? 당신이 이 동작을 하면서 어떤 감정, 생각, 단어, 이미지가 떠올랐는가?

5. 당신이 주목하였던 것을 적어둠으로써 동작을 다시 살피고, 동작과 관련된 부분들과 더 많은 시간을 보내며, 단절된 동작을 회복시키거나 회복시켜 주는 동작 경험을 즐긴다.

6

섬세한 터치 :
윤리적 터치의 힘을 탐구하기

위소매틱 IFS 로고에서, 마지막 작업, 섬세한 터치는 그 밑에 있는 네 가지 작업에 의해 둘러싸인 듯이 보인다. 인식, 호흡, 공명 그리고 동작은, 부분과 참자아 사이의 암묵적 소통의 채널로서, 터치가 다른 작업들과 합쳐질 수 있는 기반 및 용기를 제공한다. 이 이미지는 각 전 단계 작업들이 포용적·연속적 지원을 해주고 있을 때 비로소 이 파워풀한 작업이 섬세하고 적절하며 윤리적이 되도록 보장하고 있음을 묘사하고 있다.

신체적 인식은 터치를 받는 자와 터치를 행하는 자 모두에게 중요하다. 우리 몸에 대한 인식은 우리가 언제 터치를 원하는지, 어떤 종류의 터치를 원하는지, 우리가 터치를 받으면 어떤 일이 일어나는지를 알게 해준다. 모든 감각 중 터치는 서로 주고받는 유일한 감각이다. 우리 자신이 터치되지 않으면서 다른 사람을 터치할 수는 없다.[1] 치료사가 내담자가 터치에 대해 신체적으로 반응하는 것을 추적할 때 치료사의 외수용감각이 필수적이듯이, 내수용감각은 양측 모두에게 필수적이다. 의식적 호흡은 신경계를 안정시켜 터치를 수용하고 받아들일 수 있도록 한다. 숨 쉬는 행위는 우리를 내적으로 터치한다. 호흡은 공명적 관계를 위한 공간을 연다. 긍휼의 마음은 열린 가슴으로부터 손으로 흐른다. 근본적 공명의 측면인, 수용성과 수정은 이 작업에서 구체적 형태를 취하며, 연결을 심화시키고 이 친밀하고 암묵적인 살과 살의 소통에 참여한다. 섬세한 터치는 마인드풀 동작의 품에 안겨 있다. 손이 자연스럽게 접촉을 요구하고 있는 몸의 부위를 터치하면서, 터치하고자 하는 충동이 동작으로 시작될 수도 있다. 터치를 받고 있는 조직에서의 미묘한 움직임이 부분의 암묵적 이야기뿐만 아니라 그 해소를 드러내줄 수도 있다.

섬세한 터치가 차지하고 있는 최상위 위치는, 터치에 의한 치료 개입이, 이전의 작업들을 기반으로 하되, 부분으로부터가 아닌 체현된 참자아로부터 이루어지는 것을 확실히 한다는 의미가 내포되어 있다. 체현된 참자아에 가까이 있다는 것은, 어떤 경우에는 부분이 참자아 에너지의 존재를 감지할 수 있는 가장 직접적이고 효과적인 방법이 터치일 수 있다는 것을 뜻한다. 터치는, 심지어 목소리 톤, 얼굴 표정이나 자세보다 더 많이, 관계에서 치료사의 내적 상태를 말없이 전달한다. 바디워커로서의 내 경험을 통해, 나는 좋은 의도를 가진 수많은 부분들과 친숙하게 되었고, 그들의 에너지는 살에서 살로 쉽사리 전달되고 있다고 나는 생각한다. 이를테면 잘못된 것을 찾는 부분들, 소중히 여김을 받기 위해 바로잡아야 할 필요를 느끼는 부분들, 불안정하고 무언가 부족한 부분들, 소심한 부분들, 자신만만한 부분들이 그것이다. 참자아 에너지의 특성들도 물론 전달된다. 터치가 치료사로부터 오든, 내담자로부터 오든, 또는 내담자의 내면 시나리오에서 머릿속으로 행해질지라도, 터치는 참자아-부분의 관계를 위해 또 하나의 경로이면서, 종종 보다 더 효과적인 비언어적 경로가 된다. 터치를 통해 전달된 참사아 에너지는 감각운동계가 지지하고 있는 연속적 피드백 루프 안에서 이동한다.

순서적이라는 것 외에, 소매틱 IFS의 모든 작업은 상호 의존적이며 서로 주고받는다. 섬세한 터치는 독특한 방식으로 모든 것을 엮는다. 터치가 처음에는 인식 여부에 달려 있으나, 터치는 결국 인식을 깨우고 고조시킬 수 있다. 우리의 마음이 떠다니거나 이 생각 저 생각 오락가락 할 때, 터치는 우리 몸의 한 부분에 주의를 집중케 해준다. 호흡을 하면서 움직이는 부위에 손을 대면, 우리는 호흡을 더 많이 의식하게 된다. 우리의 터치가 제약을 완화시켜 줄 수 있다. 치유의 터치가 섬세한 관계에 기대듯이, 터치로 인해 방출되는 생화학적 물질의 흐름은 다시 치유를 가져다주는 안전한, 공명적 관계를 강화하고 촉진시켜 준다. 몸에서 꼼짝 못하거나 얼어붙은 부위를 터치하면 동작이 자유롭게 되어, 바디마인드 시스템에서의 에너지 흐름을 복원할 수 있다.

로고에서 보듯이, 섬세한 터치는 또한 모든 작업 중에서 가장 작다. 이 것은 전형적인 소매틱 IFS 회기에서 터치를 사용하는 시간이 다른 작업들 보다 적음을 시사한다. 터치는 친밀하다. 조금만 사용해도 오래 가며, 종종 잠깐의 신체적 접촉으로도 강한 반응을 불러일으킨다. 치료사의 터치가 어 떤 내담자에게, 또는 어떤 경우 모든 내담자에게 적합하지 않을 수도 있다. 터치는 여러 층의 심리적이며 문화적인 의미로 가득 차 있다. 내담자와 치 료사의 성적 성향, 터치 및 트라우마 이력, 내담자와 치료사의 문화 및 종 교, 그리고 치료사-내담자 관계의 성(性) 특이적 혹은 계층적 본성은 그 층 들 중 일부일뿐이다. 터치에 대해 떠올려진 의미는 종종 내담자의 의식적 인식 범위 밖에 있어, 더 자주 분명하게 표현되지는 않더라도, 몸에서 그리 고 관계에서 분명히 드러난다. 섬세한 터치를 떠받치고 있는 소매틱 IFS 작 업들은, 이 강력한 작업(섬세한 터치)을 둘러싸고 있는 적절하고 안전한 경 계를 평가하는 도구이며, 터치로부터 오는 메시지를 읽고 반응하는 도구가 된다.

이 작업의 크기가 비교적 작은 것은 또한 터치를 두려워하고 피하는 문 화의 영향을 반영하고 있다. 서구문화는 터치를 섹스, 권력, 지배와 융합시 키고, 터치의 의미에 성적인 성격을 부여하고 어린아이 취급을 한다. 자신 들의 터치가 잘못 이해될까 봐 두려워하는 치료사는, 특히 법적 소송 문화 를 갖고 있는 미국에서는 어떤 종류의 터치도 피한다. 그리고 심리치료 분 야는 대부분 간섭하지 않는 입장을 취해 왔다. 심리치료에서, 그리고 우리 문화 전반에서, 터치는 논란투성이며, 두려움 기반의 리스크 관리 관행을 근거로한 전문직 규제로 인해 제약을 받고 있다. 비록 좋은 의도일지라도 이런 문화적으로 보호적인 부분들은, 내담자들이 자신들의 터치 상흔을 치유할 수 있는 터치를 박탈 당하도록 놓아두는 것이다.

터치 작업과 관련하여 국가적, 지역적, 민족적, 인종적으로 많은 차이가 있다. 미국에서는 백인들이 유색인종들보다 터치를 덜 한다. 발달심리학자 샤론 헬러(Sharon Heller)는 미국의 유아와 아동들은 대부분의 다른 나라들보다 적게 접촉을 받고 있는데, 부분적으로는 유아 캐리어, 유모차, 그네, 젖꼭지, 젖병과 유아 침대에 과도하게 의존하기 때문이라고 이야기하고 있다.[2] 또 다른 연구는 미국의 자녀 양육 관행에서 가혹한 징벌적 터치가 사랑의 터치보다 더 많다는 것을 보여주고 있다.[3] 1960년대에 캐나다 심리학자 시드니 주라드(Sidney Jourard)가 수행한 '커피숍 연구'로 불리는 고전적인 터치 연구가 있는데, 이는 종종 터치에서 문화 간 차이를 보여주는 것으로 해석되어 왔다.[4] 여러 나라의 카페에 앉아서 그는 한 시간 동안 커플들이 서로를 터치하는 횟수를 세어보았다. 놀랄 것도 없이, 런던과 미국에서는 사람들이 거의 터치하지 않았으나 프랑스, 푸에르토리코에서는 서로에게서 거의 손을 떼지 않았다. 좀 더 철저하고 체계적인 방법론으로 그의 연구를 재현해보는 것도 흥미로울 것 같다.

여러 나라를 다니며 교육하는 경험을 통해, 나는 터치 관련 문화적 차이에 대해서 일화적인 증거를 얻게 되었다. 프랑스, 독일, 스페인, 포르투갈에서 가르칠 때 우리 모두는 매일 아침 따뜻한 허그와 양볼에 입맞춤으로 서로에게 인사하고, 저녁마다 같은 방식으로 인사를 건넨다. 미국, 영국, 일본에서는 서로 간의 터치를 자제하는 분위기이다. 친밀함과 신뢰가 쌓이게 되면서 허그는 증가한다. 영국에서 교육할 때 많은 참가자들은 처벌할 때 빼고는 부모님이 자신들을 터치한 기억이 전혀 없다고 하였고, 영국 기숙 학교를 다녔던 사람들은 학생들 사이에 일체의 신체 접촉을 금하는 규율이 있었다고 하였다. 내가 이 나라들로 가기 위해 공항에 앉아 기다리면서, 터치를 하는지 하지 않는지 관찰하였다. 부모들이 자신들의 핸드폰을 들여다 보고 있는 동안, 유모차를 탄 아이들은 아이패드에서 눈을 떼지 못하는 것을 보았다.

심리치료에서 터치를 금기시하는 문화는 치료사들로 하여금 원래 상처를 유발하였던 방치를 영속시키도록 만든다. 치유하기도 하고, 해를 끼치기도 하는 터치의 엄청난 잠재력 때문에 이 간과되었던 — 부분에서 체현된 참자아로, 그리고 체현된 참자아에서 부분으로의 — 의사소통 경로는 소매틱 IFS에서 모든 부분들의 허락을 받아 분별력 있게 그리고 슬기롭게 사용된다.

나의 트레이닝 프로그램에서조차, 마땅히 해야 할 때에도 이 작업을 하지 않는다는 것을 인정한다. 트레이닝의 길이와는 무관하게, 나는 터치 시간을 할애하여 다른 작업을 하면서, 각 작업은 마땅히 해야 하며, 정말로 적절히 숙달하기 위해서는 평생의 시간이 필요하다고 합리화한다. 그리고는 남은 시간에 섬세한 터치를 끼워넣는다. 그럼에도 나는 30년 이상 여러 가지 형태의 바디워크를 수학하고 작업해왔기에, 터치 작업에서는 달인이라고 자부한다. 나는 내 자신뿐만 아니라 수많은 내담자들의 몸과 마음의 상처를 치유하는데서 터치의 힘을 경험하였다. 이 작업을 소홀히 하는 것을 단순히 시간 관리의 잘못 때문이라고 할 수는 없다. 나의 부분들은 이런 문화적 신념을 흡수하였고, 작업의 전체 개요에서 터치의 위상을 최소화함으로써 논란을 불러일으키는 것을 피할 수 있다고 믿고 있다.

그러나 나의 부분들의 두려움과는 반대로, 모든 소매틱 IFS 작업에서 최근 가장 많은 주목을 끌고 있는 것이 섬세한 터치 작업이다. 내 트레이닝 참가자들은 터치를 사용하는 후속 트레이닝을 요청하고 있다. 어떤 이들은

IFS가 심리치료의 최첨단에 있듯이, 소매틱 IFS는 IFS의 최첨단에 있으며, 섬세한 터치는 소매틱 IFS의 최첨단에 있다고 하였다. 치료사로서 활동하는 동안, 수많은 연구들은 터치가 광범위한 임상 문제에서 치유의 핵심 요소라는 것을 보여주었다. 심리치료에서 최근 좀 더 개방된 분위기는, 적절하고 윤리적이며 능숙한 터치가, 과거보다 오늘날, 치유에서 더 많은 뛰어난 역할을 할 수 있는 잠재력을 가지고 있다. 이 모든 사실은 내가 이 섬세한 터치 작업이 소매틱 IFS 작업이라는 왕관의 보석으로 여기도록 해주고 있다. 몸과 문화를 치유하기 위해 터치가 갖는 복잡성과 잠재력은 이 작업이 마땅히 주목을 받아야 할 필요가 있음을 보여주고 있다. 아마도 심리치료에서 터치가 인정받고 사용되면서 인위적으로 분리된 몸과 마음의 두 분야를 연결하는 다리가 될 것이다.

어떤 심리치료사들은 터치에 대해 너무 조심스러워한다고 말한다면, 아마도 바디워커나 다른 의료 전문가들은 충분히 조심스러워하지 않고 있다는 이야기가 된다. 많은 경우 심리치료사들은 자신들의 터치가 트라우마나 내담자들 몸의 조직 가운데 잠자고 있는 다른 해결되지 않는 문제를 불러일으킬 수 있다는 사실을 충분히 인식하지 못한다. 의료 전문가들이 자신들에게 트라우마 이력을 갖고 있는 내담자나 환자는 없었다고 주장하는 것을 들었다. 많은 치과 의사, 간호사, 의사, 물리치료사 및 터치를 포함하는 진단 및 치료 과정에 관여하는 그밖의 임상가들은 허락이나 피드백을 구하지 않는다. 대부분의 바디워커나 마사지 치료사들은 내담자에게 터치에 대한 피드백을 달라고 하며, 달리 터치하기를 원하는지 이야기해달라고 한다. 그러나 그렇게 요청을 받았다 하더라도 바디워커가 바쁘게 자신들의 절차대로 진행하고 있는데 내가 얇은 시트 아래 발가벗은 채로 테이블 위에 누워 있다면, 말을 꺼내기가 쉽지 않다. 나는 깊고 침습적인 터치가 내담자에게 해를 입혔던 몇 번의 사례를 알고 있다. 치유의 능력 외에, 터치는 관계와 궁극적으로 내담자, 둘 다에 해를 끼치는 능력을 갖고 있다. 바디워크 트레이닝은 임상가들에게 그들의 특정 방식에서의 전문성을 제공하기는 하지만, 테이블 위에 누워있는 몸 안의 터치 개인 과거사라는 심리적으로 복잡한 지뢰밭에까지 충분한 주의를 기울이지는 못한다. 이러한 필요를 충족시키려고, 나는 하코미 트레이너인 모르간 홀포드(Morgan Holford)와 함께 바디워커를 위한 훈련 과정을 개발하여, 그들이 자신들의 전문 분야의 테두리 안에서 조직과 체액과 장기에 박혀 있는 감정을 안전하고 윤리적으로 작업할 수 있도록 도왔다.

섬세한 터치를 위한 시각적 교육 자료에는, 서로를 향해 뻗을 때, 뻗은 팔을 통해 아담에게 베푼 하나님의 생명의 선물을 묘사한 바티칸 교황청(시스틴 채플)의 미켈란젤로의 천지창조 장면이 포함되어 있다. 하지만 자세히 보면, 그들의 손가락이 실제로 닿지 않은 것이 보인다. 섬세하게 묘사된 두 집게손가락 사이의 공간에 우리의 시선을 가져갈 때, 우리는 신과의 관계에서 간극을 경험한다. 우리는 영의 세계와 체현된 방식으로 연결되길 바라는 우리 자신들의 열망을 감지한다. 영적인 관계는 몸에서 분리된 경험으로 자주 개념화되지만, 모든 신앙인들은 터치의 마법과 같은 잠재력에 대한 미켈란젤로의 묘사에 감동을 받아 영과 더 깊은 관계로의 문을 연다.

소매틱 IFS 작업의 정점에 있다고 묘사되는 이 작업은 우리를 우리의 뿌리로 돌려보내준다. 터치는 시간순으로도 심리적으로도 우리의 첫 번째 언어이다. 인류학자이자 교육가인 애쉴리 몬태규(Ashley Montagu)의 역작 접촉 : 피부의 중요성(Touching: The Human Significance of the Skin)[5]은 인간 발달에서 터치의 주요 역할을 보여주는 연구들을 모아놓았다. 그는 터치가 동물에서 발달되는 첫 번째 감각계이며, 다른 모든 감각들은 여기서 파생된다고 이야기하고 있다. 연결의 일차 수단으로써의 터치는 자궁에서 시작된다. 수정 후 3주 내에 피부 세포와 초보적인 뇌를 연결하는 원시 신경계가 발달한다. 수정 후 8주 정도에 터치 감각이 발달한다. 우리가 보고, 듣고, 냄새를 맡고, 맛을 느낄 수 있기 훨씬 전에 터치감각을 통해, 우리는 우리 자신과 외부 세상에 대한 정보를 받고 처리하기 시작한다. 바디마인드 센터링의 보니 베인브릿지 코언은 자궁에서 동작과 터치는 동시에 발달하며 둘 다 안팎으로 일생을 통해 우리에게 자양분을 공급한다고 이야기한다. 그녀는 배아가 양수의 바다에서 수영하며 자궁벽에 끊임없이 부딪힌다고 설명한다. 이 피부와 피부의 접촉을 통해 배아는 피부의 안쪽 세계와 바깥쪽 세계 사이의 차이를 알게 되는데, 이것은 분화 및 개성화의 기초가 된다.[6]

출생 후에도 터치는 계속해서 유아의 일차 언어가 된다. 유아와 양육자 사이의 따뜻하고 감각적인 신체적 접촉은 건강한 발달에 음식보다 더 중요한 유대를 형성한다. 터치는 안정 애착의 구성요소다. 터치가 유아에 맞춰지며, 안정, 안전 및 소속감을 전달할 때, 유아는 안정 애착이 발달하여 나중에 관계적 삶을 위한 기초가 된다. 충분치 못한 터치나 잘못된 터치는 발달 단계의 트라우마와 평생 지속되는 역효과를 낳는다. 내담자들의 유아 부분들 또는 출생 전 부분들과 마찬가지로, 애착 상흔을 가진 부분들에게 터치는 가장 효과적인 의사소통이 될 수 있다. 촉각 경험은 우리 일생에 걸쳐 우리의 감정, 우리의 사고 프로세스 및 우리의 치유의 중심에 서 있다.

많은 우리의 내담자들이 올바른 종류의 터치는 충분하게 받지 못하고, 잘못된 종류의 터치는 너무 많이 받았다. 그들은 자신들의 개인적 삶에 영향을 주는 많은 심리적 생리적 짐들을 받아들였다. 그들은 터치에 과도하게 혹은 부족하게 반응할 수도 있다. 그들은 터치를 거부하거나 저항할 수도 있으며, 혹은 터치의 경계를 설정할 능력이 결여되어 있을 수도 있다.

그들은 터치를 갈망하는 부분들을 갖고 있을 수도 있고, 부적절한 터치를 구하는 부분들을 갖고 있을 수도 있다. 터치의 상흔은 회복 터치에 의해 치유될 수 있다. 내담자가 어릴 적에 터치의 방치를 경험하였을 때는, 치료사나 내담자의 터치 혹은 상상의 터치를 통해, 내담자의 바디마인드 애착 시스템의 관계 치유 프로세스가 시작될 수 있다. 내담자가 마음의 문을 열고, 안전과 연결, 그리고 편안과 즐거움의 암묵적 메시지를 담은 터치를 받아들일 수 있을 때, 그들의 어린 부분들은 이제 성인 참자아와의 안정 애착에 필요한 터치를 받아들이게 된다.

바바라는 팔에 피부 발진이 있었는데, 약물 치료가 듣지 않았다. 그녀가 발진 부위를 부드럽게 터치하며, 그곳에 채널을 맞추고, 그 부분이 그녀에게 무엇을 말하고 있는지 물어보자, 그녀의 한 부분이 피부는 그녀가 세상을 만나는 장소이며 세상은 안전하지 않다고 말하는 것을 들었다. 그러자 바바라는 터치를 갈망하는 아기의 이미지가 떠올랐다. 발진은 아기가 갈망하지 못하도록 보호하고 있으며, 불가피한 실망이 또 다시 아기를 공포스러운 무(無)의 진공 상태로 다시 끌어넣을까 봐 무서워하고 있다고 그녀에게 말하였다. 바바라는 부드럽게 자신의 팔을 쓰다듬으며, 아기가 갈망하였던 접촉에 관심을 베풀어 주었다. 팔의 발진은 곧 사라졌으나 나중에 몸의 다른 부위에 나타났다. 발진은 버려짐과 트라우마, 둘 다에 연결된 어떤 깊은 정서가 몸의 표면으로 올라오는 첫 번째 징후인 것으로 밝혀졌다.

소매틱 IFS의 모든 작업들과 마찬가지로 섬세한 터치도 IFS의 모든 단계를 도울 수 있다. 섬세한 터치는, 내면시스템에서 온갖 다양한 부분들의 연대―터치에 대해 양극화된 부분들을 포함하여―를 다룬다. 내담자가 한 터치든, 치료사가 한 터치든, 혹은 단순히 상상으로 한 터치든, 터치로부터 방출된 옥시토신은 부분들과 참자아 사이의 유대를 심화시킬 수 있다. 터치는 몸에서 부분을 드러내며 그 부분에 계속 주의가 맞추어지도록 도와준다. 터치는 신경계를 안정시키고 내담자가 정서적 조절 장애 부분들로부터 분리되도록 도와주는 기능을 할 수도 있다. 팔이나 등을 부드럽게 쓰다듬는 것은 대뇌섬과 변연계에 직접적으로 말하여 그들을 진정시키며 안전과 정서적 지원을 전달한다. 내담자나 치료사의 터치는 부분의 몸 이야기에 '귀를 기울일' 수 있다. 터치는 조직이 뭉치고, 흔들리며, 떨리고, 부드러워지며 녹는 것을 감지할 수도 있다. 손은 해리 혹은 단절의 에너지 신호를 포착할 수도 있다. 터치는 구부리는 것을 도와주거나, 도와주어 밀어내거나, 바닥에 발을 확고하게 터치하며 내담자가 현재로 향하도록 도움으로써, 동작 이야기가 용이하게 펼쳐지도록 해준다. 부분으로부터 나오는 말, 이미지, 감정이 몸 이야기를 채워줄 수도 있다. 터치의 종류와 양을 책임지고 있는 내담자는 회복의 경험을 갖는다. 내담자의 부분들은 터치 침해의 과거 의미와 연관성을 버리고 편안함, 연결, 즐거움의 연관성으로 대체할 수 있다.

터치는 종종 부분들과 참자아 사이의 암묵적 소통 중 가장 강력한 형태이다. 〈뉴요커〉 잡지의 작가인 아담 고프닉(Adam Gopnik)은 캘리포니아 버클리대학의 심리학 교수 다커 켈트너(Dacher Keltner)가 수행한 정서적 터치에 관한 연구에 대하여 글을 썼다.[7] (감정 과학 전문가로서 켈트너는 픽사의 영화 〈인사이드아웃〉의 과학 분야 고문이었다.) 켈트너의 연구는 212명의 자원자를 두 그룹으로 나누고, 양쪽을 가림막으로 분리시킨 후, 한 번에 하나씩 낯선 이의 팔뚝에 1초간의 터치를 통해 전달되는 12가지 서로 다른 감정을 파악하는 것이었다. 터치를 받은 사람은 그 감정을 알아맞춰야 했다. 검사한 감정의 수효를 감안할 때, 터치와 연결된 정확한 감정을 맞출 가능성은 8%였다. 긍휼, 감사, 분노, 사랑, 두려움의 감정에 대해서,

참가자들은 절반 이상 정확히 맞췄다. 그들은 시각이나 청각 신호보다 터치를 통해 감정을 훨씬 잘 알아맞추었다.

손으로 듣고 말하기

심리치료사들이 내담자에게 터치를 마음 편히 사용하기 위해서 터치 기법의 훈련을 더 받아야 할 필요가 있는 것 같다고 이야기할 때, 나는 체현된 참자아 에너지 상태에 있는 것이 어떤 기법보다 낫다고 대답한다. 섬세한 터치는 여러 가지 형태의 바디워크나 레이키(Reiki : 영기 — 영의 에너지), 그밖의 손으로 하는 작업, 혹은 기를 이용한 방법에 대한 훈련으로 향상시킬 수 있기는 하지만, 그런 것들이 꼭 필요한 것은 아니다. 우리의 짐을 짊어진 부분들이 우리의 손을 장악하고 있지 않을 때는, 손으로 소통하고 치유하는 것이 우리의 자연스런 상태이다. 우리의 손으로 듣는 것은 귀로 듣는 것만큼이나 자연스럽다. 우리가 주위에 있는 소리를 더 잘 구별하기 위해 우리 귀를 훈련할 수 있듯이, 몸의 미묘하고 암묵적인 언어를 듣기 위해 우리의 손을 훈련할 수도 있다. 그리고 우리는 내담자들이 자신들의 손으로 자신들의 부분들에게 귀를 기울이고 말하도록 안내할 수 있다.

내가 손으로 듣는 법을 처음으로 배운 것은 점토 작업을 통해서였다. 점토를 반복하고, 물로 부드럽게 하면서, 손으로 이 점토의 몸체가 어떤 형태가 되고 싶어하는지를 감지하는 법을 배웠다. 물레에 얹혀 있는 점토 덩어리를 아래로 누르고, 위로 뽑아내고, 맨 윗부분을 열면서, 나는 모양이 드러나고 진화하는 느낌을 가졌다. 항아리 안쪽의 둥글고 넓은 공간과 바깥쪽의 모양은 어떤 종류의 터치로 어느 정도 해야 하는지를 내 손에게 말해주었다. 너무 터치가 많으면 약해지고 무너진다. 너무 터치가 적으면 묵직하고 재미없어 보인다.

　나의 첫 바디워크 선생님은 이 지식을 몸을 터치하는 것으로 해석하도록 도와주었다. 기법의 순서를 처방해주기보다, 선생님은 나에게 손 아래에 있는 조직들이 어떤 것을 원하고 있는지 그냥 귀를 기울이며, 그리고 순간 순간의 변화를 추적하라고 코치해주었다. 내 생각, 두려움 그리고 불안정을 벗어버리니, 내게는 연결하고 보내고 받고자 하는 의지만이 남게 되었다. 나는 그냥 내 앞에 있는 몸에 손을 대었다. 나는 열린 마음과 호기심을 보냈다. 나는 뭉침, 저항, 무감각, 약함, 부서지기 쉬움의 메시지를 받았다. 내 손은 수용을 전달하였고, 그에 대한 반응으로, 움직임, 녹아내림, 부드러워짐과 열림을 감지하였다.

　이후 해부학에 대해 집중적으로 공부를 하면서, 손을 통해 듣고 보는 능력을 향상시켰다. 나는 점점 더 근육과 근막, 내장과 체액 시스템에 익숙해지게 되었다. 몸의 내부를 머릿속에 그리는 작업이 감각 경험에 동반되면서 그 경험을 증폭시켜 주었다. 그밖의 다른 바디워크 훈련은 알린 라피에르(Aline LaPierre)가 '촉진 능력/해독력'을 개발하도록 도움을 주었다.[8] 특정 터치 훈련이 소중하기는 하지만, 터치에 대해 충분한 훈련을 받지 못했다고 두려워하는 심리치료사에게 해줄 수 있는 나의 조언은 나의 첫 바디워크 선생님이 나에게 해주었던 조언과 동일하다. "당신의 손을 믿으세요." 이제 나는 한 가지를 추가한다. "당신의 부분들로부터 분리되도록 하세요." 바디워커와 건강 임상가들에게 주는 나의 조언도 동일하다 — 자신들의 기법, 가정, 프로토콜, 의제를 옆으로 밀어놓고 내담자나 환자에게 채널을 맞추라는 것이다.

　나는 오래전에 내 바디워크 내담자였던 폴라에게서 이 교훈을 얻었다. 폴라는 성학대 생존자였고 그녀의 심리치료사가 그녀를 나에게 보냈다. 그녀는 전통적인 롤핑 치료(몸의 근막 구조를 재배열하고 균형을 잡기 위해 몸의 연조직을 조정하는 바디워크; 자세 교정, 통증 완화, 스트레스 경감을 가져옴)[10] 회기를 가졌으며, 그녀는 이것으로 도움을 받았다고 하였다. 내가 알기로 이것은 신체적으로 그리고 정서적으로 강렬한 반응을 일으킬 수 있는 일종의 바디워크였다. 이 정보로부터 나는 그녀가 갖고 있는 몸 인식 수준에 대해 부정확한 가정을 하였다. 그러나 나의 몸과 그녀의 조직은 달리 내게 이야기하였다. 나는 그녀와 단절된 느낌이 들었고 그녀의 근막이 나의 터치에 반응하고 있다는 느낌이 들지 않았다.

나는 바디워크를 멈추고 폴라에게 롤핑 치료를 받던 경험에 대해 자세히 이야기해 달라고 요청했다. 첫 회기가 끝나고 비틀거리며 번화한 거리로 나와 어찌어찌하여 공중전화를 찾아(그렇다, 오래전이었다!) 친구에게 자기를 데려다 달라고 전화하였다는 이야기였다. 그녀는 자신의 몸으로부터 해리시킴으로써, 성학대를 견뎌내었던 방식과 동일하게 남은 9회기의 롤핑을 견뎌내었다. 그녀의 보호자 부분들은 그녀가 학대의 기억으로 또다시 압도당하지 않도록 확실히 하고 있었다. 우리는 그녀가 자신의 몸을 해리시키지 않은 채 터치를 받을 수 있는 방법을 찾기 위해 함께 작업하였다. 나는 그녀에게 새끼손가락 끝의 감각에 5초 동안 인식을 가져오는 것으로 시작하라고 안내하였다. 그녀는 점차 그녀의 손, 팔, 그리고 마침내 그녀의 몸의 나머지 부분으로 확장하였다. 자신의 터치로 시작하고나서, 조심스럽게 나의 터치를 받아들이면서, 그녀는 자신이 통제할 수 있는 시간만큼 터치를 감내할 수 있게 되었다. 마침내 그녀는 자신이 좋아하는 터치의 종류와 싫어하는 터치의 종류를 감지할 수 있게 되었다. 그녀는 탁월한 인식력과 변별력을 갖고 있다는 사실이 드러났다. 그녀는 자신이 기분좋은 감각을 즐길 수 있도록 해주는 종류의 터치를 내게 요청할 수 있다는 것을 알게 되었다. 폴라는 "자신의 몸을 되찾았다"고 내게 말했다.

우리의 손은 또한 말하는 능력도 가지고 있다. 활기차게 우리는 심장과 연결하고, 조직에 거주하고 있는 부분들에게 우리의 손을 통해 따뜻함과 함께 하고 있다는 메시지를 보낸다. 우리는 언어적이거나 비언어적인 말을 보낼 수도 있다. 이를테면 '나 여기 있어', '내가 귀 기울이고 있어', '나 네 말 듣고 있어', '이젠 괜찮아' 등이다. 우리는 부드럽게 물어볼 수도 있다. "내게 무엇을 이야기하고 싶니?" "무엇이 두렵니?" "그것을 버릴 준비가 되었니?" 우리는 언어적으로도 말을 하며, 다음과 같이 물어본다—부분들이 터치에 어떻게 반응하는가, 이것이 내담자들이 원하는 바로 그 종류의 터치인가, 그들이 달리 시도해보고 싶어하는 것은 무엇인가? 특히 터치로 성적 침해를 경험한 내담자들에게는, 이 터치는 성적인 것이 아니며 자신들이 완전히 터치를 책임지고 있다고 분명하게 언급하는 것이 중요하다. 내적 바디마인드 시스템을 추적해 가면서 우리는 우리의 모든 감각으로 듣고 말한다.

섬세한 터치와 연관된 몸 시스템

체성감각계

피부는 이 체성감각계 중에서 눈에 보이는 부분이며 또한 촉각계라고도 불린다. 피부는 '나'와 '나 아닌 것' 사이의 접점이다. 우리의 아름다움을 포함한 우리의 정체성에 대한 감각은 대체로 피부 두께 정도에서 일어난다. 우리의 피부는 우리 안의 모든 것과 바깥의 모든 것 사이의 경계이며 외부의 침입과 과도한 체액 손실이 일어나지 않도록 보호한다. 하지만 피부는 중립적인 싸개 그 이상이다. 이 경계는 구멍이 뚫리기도 한다—때로는 우리의 허락하에 어떤 때는 사고로, 어떤 때는 치유로, 또 어떤 때는 상처로. 이 막과 그에 연결된 신경 조직을 통해 우리는 외부 세계를 더듬어나간다. 우리의 피부를 통해 우리는 어떤 것을 피해야 하는지, 어떤 것을 행하여 나가야 하는지, 어떤 것을 포용해야 하는지를 배운다. 우리의 피부는 우리 자신들에 대해 가르쳐 준다. 우리는 우리 자신의 피부에 편안해하거나 그렇지 않거나 하는 법을 배운다.

피부는 우리 몸에서 가장 크고 가장 오래된, 그리고 가장 민감한 기관이다. 피부는 몸에서 가장 활발한 감각원이다. 평균 사이즈의 남성의 경우, 피부는 4킬로그램 정도이며 대략 1.7평방미터(1.3m×1.3m)를 차지한다. 인식의 수준 아래에서 피부는 대사 활동, 체온 조절, 치유, 면역 및 배설을 다루고 있다. 그러나 우리의 생존과 우리의 전반적인 신체 및 정신 건강에 가장 중요한 기능은 피부의 감각 활동이다.

딘 유한은 자신의 책 바디워크에서 피부를 뇌의 바깥 층이라 일컫고 있다.[9] 수정 후 며칠 내로 세포들이 수직축을 따라 3개의 원시층을 형성하는 곳에서 피부와 뇌 사이에는 많은 연관이 시작된다. 체성감각계는 원래 양막낭의 보호구조를 형성하는 외배엽이라 불리는 세포의 후면 층으로부터 발달하였다. 체액으로 가득한 이 주머니는 우리의 초기 형성에 매우 중요한 보호 기능을 제공한다. 우리의 배아가 빠르게 발달하면서 배아 구조가 형성되고 이 배아세포층에서 발생하는 중첩 파동 가운데 재형성된다. 수정 후 3주 내에 우리의 외배엽은 원시 신경계가 발달하며, 피부세포를 발달 초기의 뇌에 연결한다. 양막낭의 원시구조로부터 외배엽의 많은 변화를 통해 우리 몸은 소통과 보호의 필요에 부응한다. 양막낭의 구조는 급격하게 변화하지만 피부와 신경계가 체성감각계를 통해 연결되어 평생에 걸쳐 관계 소통뿐만 아니라 보호기능을 제공하기 때문에 보호기능은 유지된다.

터치 남용과 터치 방치로부터 우리가 짊어진 짐들은 우리의 체성감각계 안에 박혀 있다. 그 짐들은 내재하고 있는 보호와 소통 기능으로는 해를 예방하기에 불충분한 방식이었던 것과 관련되어 있다. 우리의 체성감각계는 또한 이 상흔들을 치유하는 원천을 보유하고 있다. 우리의 창의력과 회복탄력성에 대한 촉각계에서의 체현은 섬세한 터치를 통해 접근될 수 있다.

유한은 체성감각계의 복잡한 프로세스를 터치의 수신자이자 결정권자로 묘사한다. 이 터치에는 동시에 작동되는 2개의 경로가 있다. 피부에서 뇌로 가는 **구심성** 경로와 뇌에서 피부로 가는 **원심성** 경로이다. 구심성 신호 흐름에 관련된 이 시스템의 부분들—즉 피부와 여러 가지 감각 수용체, 피부의 구심성 뉴런, 근육, 기관, 척수, 뇌간, 시상, 체성감각 피질—은 터치에 대한 정보를 받는다. 각 유형의 수용체는 뇌의 서로 다른 부분을 활성화시키며, 많은 종류의 터치—사랑의 터치, 성적인 터치, 폭력적인 터치, 학대적인 터치, 그리고 치유적인 터치—에 반응한다. 체성감각 피질은 들어오는 모든 감각 정보를 암호화하고 그의 의미를 부여한다.

원심성 경로는 뇌에서 주변으로 충격을 전달한다. 생각과 감정은 피부와 박혀 있는 뉴런에 영향을 끼친다. 새롭게 경험한 긍정적인 감각 경험—안전하고, 진정시키며, 연결되어 있고, 존중하는 터치—은 새로운 신경 패턴을 만들어, 만성적으로 긴장하고 있거나 무너진 근육을 이완시킨다. 유한은 치유적인 터치 프로세스를 다음과 같이 설명한다.

> 마음, 온전한 마음에 도달하기 위해서는 피부의 표면에서 척추반사신경을 거쳐, 뇌 하부의 무의식 반응을 통해, 피질의 인식 영역까지의 촉감을 반드시 사용해야 한다. 이런 일이 일어날 때 터치는 진정으로 깊은 치유를 가져온다.[10]

티파니 필드(Tiffany Field)의 연구는 치료적인 터치가 구체적으로 체성 감각계에 어떻게 영향을 미치는지에 대해 더 많은 정보를 주고 있다.[11] 그녀의 연구로부터 우리는 피부가 움직여지고 터치를 받을 때, 특정 압력 수용체를 자극하여, 심박수가 느려지고, 혈압이 저하되며, 코르티솔과 뉴로펩타이드가 방출된다는 것을 알게 되었다. 터치는 일련의 치유 화학 반응을 불러 일으키며, 세라토닌과 도파민, 그리고 면역계의 킬러 세포의 증가를 가져온다. 그외에도 특화된 다른 터치 수용체들은 감정을 전달하고, 사회적 유대를 형성하기 위해 존재하며, 후자는 다른 감각 정보와는 완전히 달리 코드화된다. 여기에는 부드러운 애무를 지각하는 특화된 말초 신경섬유가 포함된다. 흥미롭게도 과학자들은 심지어 인간 애무의 이상적인 속도를 측정하였는데, 1초에 3~5cm라고 한다. 이 터치에 의해 발생되는 즐거운 느낌은 뇌의 다른 부분, 즉 전측대상회를 활성화시킨다. 이 영역은 공감, 감정, 충동 조절 및 의사 결정과 같은 여러 가지 인식 기능에 관여되어 있으며 일생을 통해 우리의 웰빙의 많은 측면을 책임지고 있는 것으로 생각된다.

섬세한 터치와 연관된 원소들

네 가지 고전적 요소들 각각을 소매틱 IFS의 첫 네 작업과 관련지으며, 나는 이 다섯 번째 작업에 대해서 궁금해졌다. 이 네 요소들은 고대문화에서 물질 세계의 기초로 간주되었다. 그것들은 신들과 연관되었고 신체적 몸뿐만 아니라 신비로운 현상을 설명하는데 사용되었다. 아리스토텔레스는 다섯 번째 원소, 에테르를 추가했는데 때로는 공허로 불리기도 한다. 그러나 터치는 천상의 것은 절대 아니고, 심연으로 가는 길을 의미하지도 않는다. 나는 이 작업이 모든 것을 통합한다고 판단함으로써 딜레마를 해결하였다.

섬세한 터치가 전 단계의 모든 소매틱 IFS 작업에 의존하듯이, 네 원소는 흙, 공기, 물, 불의 상호작용으로 통합된다. 치료사들은 신체적 접촉 전에 땅과 연결하여 안정을 취한다. 접촉하면서, 치료사는 피부와 피부의 접촉에서 감각적인 흙의 측면에 관여한다. 둘러싸고 있는 공간에 채널을 맞추며, 치료사는 공기 원소에 접근한다. 이 작업은 치료사의 마음 문을 열어주어 내적으로 넓은 상태에 이르게 하며, 또한 참자아 에너지의 넓은 장으로부터 정보를 받아 치료적인 터치를 알려줄 수 있게 한다. 물은 육포를 닮은 조직에 흐름을, 겉보기에 관통할 수 없는 경계에 진실된 긍휼의 마음을 가져다준다. 변화의 주체로서의 불 원소는 손의 진정시켜 주는 온기로 모아져, 긴장한 조직 안에 붙잡혀 있는 부분들을 위로하고 편안케 한다. 네 원소 각각이나 모두는 섬세한 터치 작업을 지원하고, 그것들은 소매틱 IFS의 치유 작업을 오랜 세월을 거쳐 내려온 치유 및 영적 작업들과 연결시킨다.

치유와 심리치료에서 터치를 둘러싼 논쟁

치유를 위해 터치를 사용하는 것은 몸과 마음 모두를 치유하기 위한 필요만큼이나 오래 되었다. 최초로 기록된 의학 역사를 보면, 터치는 이집트와 중국에서 치유를 위해 사용되었다고 한다. 적어도 기원 전 3000년경, 아유르베다 의학에서 치유 터치가 사용되었다. 치유를 위한 터치와 관련된 논쟁은 치유 터치 작업 자체만큼이나 오래되었다. 중세 초기, 비전문 터치 치유사들은 억압당하고, 낙인 찍혀 결국 추방당하거나 화형을 당했다. 인간 터치는 '체액'을 빨아내는 거머리로 대체되었다.

심리치료에서 터치의 사용은 터치의 수용과 금지라는 사이클이 반복된다. 지그문트 프로이트는 초기에 터치를 사용하여 환자의 감정 표현과 연령 퇴행을 촉진시켰다. 그러나 불행하게도 그는 유아의 터치 욕구를 성과 융합시켰다. 나중에 전이의 역할에 집중하면서 그는 터치를 더 이상 사용하지 않게 되었다. 이것을 그의 동료 빌헬름 라이히가 터치를 사용하여 치료를 시도하여 자신의 환자들이 몸의 갑옷을 벗게 만들었다. 정신분석계에서의 터치 침해 사건으로 진동 추는 금지 쪽으로 기울어지게 되었다. 정신분석에서 터치의 위상을 놓고 프로이트와 그의 동료 간의 충돌은 모든 형태의 터치를 성과와 관련시키면서 오늘날 논쟁의 전조가 되었다.

Zur 연구소에서 발표한 기사에는, 존 볼비(John Bowlby)와 메리 아인즈워스(Mary Ainsworth)의 연구로 말미암아 심리학계가 터치와 애착 사이의 연결을 이해하게 되면서, 제2차 세계대전 이후 진동 추가 터치를 찬성하는 쪽으로 도로 기울어지게 된 과정이 설명되어 있다.[12] Zur 기사는 해리 할로우(Harry Harlow)가 '볼비의 이론을 실험실로 가져가' 붉은털 원숭이로 다양한 연구를 수행하면서, 모성애 결핍의 영향, 그리고 정상 발달을 지원하는 상호적 터치의 필요를 평가하게 된 과정을 설명하고 있다.

학부 시절 공부를 할 때 나는 할로우의 고전적 연구에 관한 영화를 보게 되었다. 갓난 원숭이들이 출산 후 엄마와 떨어져, 타올로 덮은 그물망 구조물과 젖병이 꽂혀 있는 나선 구조물 사이에서 선택하도록 하였을 때, 그들이 부드러운 구조물에 애절하게 매달리긴 하였으나 여전히 자해하며 반사회적이 되었던 것을 본 기억을 떠올리면 아직도 가슴이 아프다. 많은 신생아들이 태어난 후 바로 고립된 아기 침대에 던져 넣어지기 때문에 아기는 충분한 터치를 받지 못하고 있다는 것이 생각났다. 할로우 실험은 내 전문 분야 개발에 지속적인 영향을 주었으나, 좀 더 넓은 의미에서 그의 연구는 아동 분석가들 및 연구자들의 연구와 함께, 건강한 심리 발달을 위해 촉각 자극이 중요하다는 과학적 정당성을 향해 내딛은 한 걸음이었다.

지난 반세기 동안 행해진 좀 더 최근의 연구를 통해, 인간 발달, 유대 및 소통에 터치의 중요성이 입증되었고, 이것은 터치를 적절한 심리치료적 개입의 한 방편으로—특히 터치 방치의 경우—고려해야 한다는 생각을 강화시켰다. 애슐리 몬태규는 시적으로 그러나 설득력 있게 이렇게 썼다. "터치의 필요가 채워지지 않은 채로 남아 있을 때 이상 행동이 발생한다."[13] 터치 방치와 연관된 '이상 행동'은 심리적 결과뿐만 아니라 사회적 결과도 낳는다. 전 미국정부의 건강, 교육, 복지부에 소속되어 있었던 신경과학자 제임스 프레스콧은 49개의 학회 단체를 검토한 후, 성인의 폭력행동의 일차적 원인은 인생의 형성 시기에 터치와 쓰다듬기의 부족이라고 결론지었다.[14] 많은 사회 연구자들은 미국의 아기들과 아동들은 지구상에서 가장 터치를 덜 받고 있는 축에 들어간다고 결론 내렸으며, 터치를 더 많이 하는 다른 선진국과 비교하여, 미국의 높은 폭력 수준과 연관이 있음을 시사하였다.

후속 연구에서 미숙아의 건강으로부터 NBA 농구팀의 경기력, 학급 참여나 심지어 도서관 출석까지 다양한 영역에서 터치가 갖는 상당한 유익을 증명하였다. 1980년대 이후, 마이애미 의과대학 내 터치연구소를 통해 티파니 필드의 연구는 전 연령층 사람들의 신체적 정서적 치유를 위한 터치의 효능에 관한 연구 분야에 엄청나게 기여하였다. 필드 박사는 터치가 정서적 증상과 분리될 수 없는 신체적 증상, 즉 통증, 코르티솔 레벨, 혈중 포도당, 심장스트레스를 완화시키며, 면역과 폐 기능을 개선시킨다는 것을 입증하였다. 그녀의 책 터치(Touch)에는 불안, 우울, 과각성, 주의력 결핍, 비통함, PTSD, 중독 및 당연히 신체적 증상과 같은 광범위한 임상 문제를 치유하는 데 터치의 효능을 인용하는 연구 결과들이 포함되어 있다.

터치의 필요성에 대한 긍정적 평가는, 성적 착취 및 부적절한 터치에 관한 매스컴 기사에 의해 증폭된 터치의 잠재적 해악에 대한 인식과 충돌한다. 에드워드 스미스(Edward Smith)는 다음과 같은 말로 그의 책 심리치료에서의 터치(Touch in Psychotherapy)를 시작한다. "터치는 많은 이들에게 두려움, 소문, 잘못된 정보의 은폐물에 가려져 있어, 오늘날 심리치료에서 아마도 가장 논쟁적인 주제라 할 수 있다."[15] 치료사들과 기관들에 의해 가해진 학대는 전문 분야에 어두운 그림자를 드리운다. 역사는, 차등적 힘의 역동이 있는 어떤 전문 분야에서도, 터치가 갖고 있는 치유와 해악의 잠재력을 보여주는 사건들로 가득하다.

터치와 트라우마는 다른 임상 문제들보다 한층 더 논란이 많다. 이 영역을 항해해 나가기 위해서는 높은 수준의 민감도가 요구된다. 너무나 많은 트라우마가 신체적 접촉─신체적 학대, 신체적 공격, 싸움, 성적 학대, 중대 사고, 심지어 의료 사고 등─을 통해 일어난다. 트라우마를 경험한 사람들의 부분들은 필사적으로 터치를 갈망하지만, 동시에 다른 부분들은 신체 접촉을 무서워하며 그 사람이 터치를 원하거나, 터치를 받는 것을 허락하지 않는다. 터치는 트라우마를 경험한 부분들이 갇혀 있는 느낌, 두려운 느낌, 상처받을 수 있는 느낌, 성적으로 자극받는 느낌 혹은 무감각해진 느낌을 갖게 할 수도 있다. 터치가 엄청나게 혼란스러울 수 있다. 왜냐하면 트라우마가 안전한 터치와 안전하지 못한 터치 사이를 구별하는 능력에 손상을 입혔기 때문이다. 어떤 트라우마 생존자들의 시스템이 앞서 설명한 터치의 치유력으로부터 유익을 얻을 수 있을 만큼 치유가 되기 전까지는 그들에게 터치의 처방을 금할 수도 있다.

몸 치료사이자 작가인 바벳트 로스차일드(Barbette Rothschild)는 트라우마 치유에 있어서 터치와 관련하여 개인 차이를 고려한다.[16] 그녀는 '타입 II B' 내담자(다중 트라우마를 경험한 사람들)를 대하는 치료사들은 터치에 주의하라고 경고한다. 그녀는 전이와 역전이가 강렬해져 수용할 수 없게 될 것을 두려워한다. 대신 치료사들은 내담자가 가까운 가족, 친구 중에서, 그리고 치료 그룹 상황에서 터치를 요청하거나, 받고, 사용하는 법을 배우도록 지원해주라고 제안한다. 터치를 받는 동안 내담자는 자신의 심박수와 호흡수를 추적하고 터치에 대해 예, 아니요를 말할 수 있는 능력을 회복할 수 있다.

트라우마 치유에 관한 최고의 치료사이고 연구자이며 작가 중의 한 사람인 베셀 반 더 코크는 터치 사용을 강하게 옹호한다.[17] 그의 책 **몸은 기억한다**(The Body Keeps the Score)에서 그는 시스템을 안정화시키는 가장 기본적인 수단으로 터치를 강조하고 있다. 그는 긍휼의 마음으로 트라우마를 경험한 몸에 대해 말하며, 우리가 아기를 안고, 터치하며, 흔들며, 그들과 잘 어울리고, 아주 천천히 그들을 새로운 것에 노출시키면서 진정시키는 방식으로 그들을 진정시키라고 제안한다. 그는 모든 환자들에게 어떤 종류이든 바디워크에 참여하도록 독려한다.

지난 20여 년에 걸쳐 수많은 연구들은 트라우마를 경험한 내담자에게 터치의 치유 잠재력을 지적해왔고, 트라우마의 생리적 및 정서적 효과는 터치를 통해 되돌릴 수 있음을 보여주었다. 뇌연구는 터치가 시상하부를 자극하여 옥시토신을 방출하게 만들고, 전전두엽 피질을 자극하여 GABA(감마-아미노부티르산)를 함유하고 있는 섬유를 편도까지 자라게 하며, 두려움 반응을 가라앉힌다. 트라우마를 경험한 사람들에 대한 티파니 필드의 연구는 터치에 대한 혐오, 왜곡된 신체 이미지, 불안, 우울, 높은 코르티솔 수치, 고혈압과 같은 많은 증상에 터치가 도움을 준다는 사실을 보여준다. 터치는 트라우마를 경험한 내담자들의 자긍심, 신뢰, 그리고 특히 한계를 설정하고 그들이 필요로 하는 것을 요구하는 경우에 그들의 힘이나 역량에 대한 감각을 치유한다. 다미주신경 이론에 따르면, 터치는 배쪽 미주신경을 활성화하고 감정조절을 도와준다. 위협에 직면한 경우의 첫 번째 충동은 손을 뻗는 것이고, 그 충동은 좀 더 원시 자율신경계 반응이 시작되면서 부시된다. 터치는 손을 뻗고자 하는 배쪽 미주신경의 사회적 관여 충동뿐만 아니라, 지금까지 추방되었던 다른 충동들도 복원할 수 있다.

터치의 필요성과 효능에 관한 많은 연구와 글들은 터치를 사용하는 많은 몸 지향적인 치료법, 예를 들면 생체에너지기법, 아들러 개인심리치료와 게슈탈트 치료, 하코미, 신체기반 심리상담, 감각운동 심리치료, 인지 행동 접근법뿐만 아니라 심지어 사티어 가족치료의 출현을 도왔다. 소매틱 IFS는 이 많은 접근법에 의해 영향을 받았고 자양분을 공급받았다.

그러나 애착 상흔을 치유할 수 있는 터치의 잠재력과 터치 남용의 영향 ─ 정서적으로, 신체적으로, 사회적으로, 심지어 신경학적으로 ─ 에 대한 모든 증거에도 불구하고, 두려움과 혼동이 이 분야에 깊이 박혀 있어, 많은 심리치료사들이 여전히 터치를 위험하고, 부적절하며, 비윤리적이거나 자신들의 임상 작업과는 무관하다고 여기도록 만들고 있다. 그들은 로맨틱 관계, 성적인 관계, 혹은 가해자 전이 관계를 불러일으킬까 봐 두려워한다. 이런 두려움들은 마땅히 입증되어야 하지만, 그 두려움은 전문 분야에서 개인, 부부 및 가족과의 임상 및 교육 작업에서의 회복적 개입 기능을 빼앗아갈 수 있다. 터치를 금기시하는 것은 몸과의 단절과 해리를 반영하고 악화시킨다. 필요한 터치를 놓친 내담자에게 치료적 개입으로서의 터치를 제공하지 않는 것은 터치 방치의 상흔을 더욱 악화시킬 수도 있음을 생각해 보는 것이 중요하다.

터치 사용에 관한 논란은 해를 끼치기도 하고 치유하기도 하는 터치의 힘을 증명한다. 엄격한 규제와 금지로 내담자와 치료사 모두를 비윤리적 터치의 결과로부터 보호하고자 하는 의도는 있었지만, 불행하게도 터치 남용을 막지는 못하였다. 터치 남용에 대한 리스크야말로 터치를 둘러싼 치료사들의 마음의 짐이라는 것을 연구는 보여준다. 이런 부분들은 리스크 관리 접근법, 윤리심의위원회 및 보험 회사들에 의해 수치를 당하거나, 겁을 먹거나, 통제를 당해야 할 것이 아니라, 치유가 필요하다. 터치 침해를 막을 수 있는 가장 좋은 보험은 우리 임상가들이 우리 자신의 터치 방치나 터치 남용의 상흔을 해결하는 것이다. 이 작업은 섬세한 터치 작업을 하는 치료사들에게 필수적이다.

터치의 적절하고 윤리적인 사용에 있어 훈련과 슈퍼비전 또한 매우 중요하다. Zur 연구소는 터치의 윤리적 사용 관련하여 정신건강 임상가들을 위한 온라인 평생교육을 제공하고 있다. 신체 심리치료사이자 작가인 코트니 영(Courtenay Young)은 적절한 터치를 위해 보다 더 명확한 윤리 가이드라인이 필요하다고 주장한다. 여기에는 악수, 허그, 뺨에 하는 키스, 혹은 등 토닥여주기의 치료석 영향에 인식을 기울이는 것이 포함된다. 미국신체심리치료협회(USABP)는 온라인으로 윤리 강령을 게재하고 있으며, '터치의 윤리' 섹션을 이 장 말미에 실어놓았다. 신체 심리치료 분야의 선구자인 영은 터치의 중요성을 이해하는 한편, 그에 못지 않게 터치가 적절하거나 윤리적인 경우와 그렇지 않은 경우를 판단하는 가이드라인이 필요함을 이해하고 있다.

> 또한 터치가 임상적으로 심리치료적으로 부적절한 상황도 많은데 부적절한 터치는 역효과를 낳거나, 적절한 경계를 넘거나, 심지어 학대하는 것으로 보일 가능성도 있다. 터치를 하지 않는 것이 부적절할 수 있는 상황도 있다. 터치를 하지 않는 것은 차갑거나, 멀리 있거나, 거리를 두거나, 접근할 수 없거나, 감정을 느끼지 못하거나, 그 사람의 심리

치료 프로세스를 억제하는 것으로 보일 수 있다.[18]

소매틱 IFS에서의 섬세한 터치

섬세한 터치 작업은 영의 고려사항과 함께 논란을 가라앉히고 터치의 금기를 없애고자 하는 시도 둘 다를 취한다. 섬세한 터치 작업에 대한 교육 부분에는, 우리가 적절하고 윤리적인 터치를 확실히 하기 위해 작업하는 몇 가지 방법들이 있다. 인식, 호흡 및 공명 작업은 터치하는 사람(내담자 혹은 치료사)이 체현된 참자아 상태에 있기 위한 기반을 제공한다. 몸과 연결되고, 보다 넓은 참자아의 장에 의해 지지받는 상태에서, 그리고 터치를 받는 사람과 공명적으로 연결된 상태에서, 터치하는 사람은 터칭 에피소드가 있기 전과 일어나는 동안에 자기 자신의 몸과 터치를 받는 사람의 몸 안에서 일어나는 터치에 대한 비언어적 반응을 추적할 수 있다.

트레이닝 참가자들은 자신들의 터치 이력과 터치 관련한 우리의 특정 문화 규범이 미치는 영향을 탐구하며, 유해하거나 부족한 터치로부터 얻은 짐을 짊어지고 있는 부분들을 찾는다. 우리 대부분이 이러한 상처를 품고 있으며, 이런 짐들은 체현된 참자아의 이끎을 받는 터치를 방해한다. 터치를 박탈당한 어린 부분들은 내담자를 껴안음으로써 위로 받고자 할 수도 있다. 터치로 손상받은 부분들은 터치를 두려워하여 회피하거나, 부적절한 느낌을 가질 수 있다. 전문 분야의 적절한 경계에 대해 혼란스러워하는 부분들은 성적으로 끌리는 대로 행동하고 싶은 유혹을 느낄 수도 있다. 돌보는 보호자 부분들은 자신들의 능숙한 터치를 증명하고 싶어할 수도 있다. 비록 우리의 터치가 현재의 윤리 가이드라인 안에서 이루어진다고 하더라도, 부분들의 짐이 터치를 통해 전달되어, 해를 끼칠 가능성이 아주 높다.

섬세한 터치 작업은 이 개입 방법의 치유 잠재력을 활용하되, 해로운 터치, 즉 성적인 터치뿐만 아니라 치료사 자신의 불편함을 달래기 위해 신체적 접촉을 필요로하는 부분들과 같이, 치료사 부분의 입장에서 행하는 은밀한 형태의 터치를 피한다. 내담자의 짐을 짊어진 부분들을 인식하고 치유 프로세스의 단계도 인식하면서, 치료사는 터치가 적절한지를 생각한다. 터치를 둘러싼 치료사 자신의 짐을 해소하고, 안정된 상태를 유지하며, 소매틱 IFS 작업에 의해 지지받고, 터치의 훈련과 슈퍼비전을 받으며, 전문 분야의 윤리 가이드라인을 숙지하는 것은 부적절하거나, 비윤리적인 혹은 해로운 터치의 사용을 막기 위한 중요한 보호책이 된다.

전 단계 작업들의 지지를 받으며, 체현된 참자아에서 오는 터치를 사용하는 경우, 우리가 터치하는 몸의 부분은, 우리가 그 부분과 문자 그대로 '접촉하고 있음'을 안다. 이러한 직접적 관계는 부분이 자신의 신체적인 방치나, 감각으로 암호화된 학대적인 터치, 그리고 차단되거나 얼어붙은 동작 충동에 대한 이야기를 기꺼이 공유하고자 하는 의지를 촉진시키게 된다. 그 이야기들이 아직 말로 표현되지는 않더라도, 여전히 우리가 들어줄 필요는 있다. 참자아 상태에서의 터치는 애착 결핍이나 터치 침해의 상처를 회복시킬 수 있다. 우리는 내담자의 참자아 에너지가 존재하지 않는 상태에서 터치를 사용하여 그가 경험하였던 트라우마를 재연하는 것을 지지하지 않는다. 프로세스의 민감성과 내담자의 부분들이 치료사를 가해자로 볼 수도 있는 가능성 때문에, 우리는 부분들의 터치에 대한 반응에 대해, 그리고 체현된 참자아 에너지의 존재에 대해 신체적으로 추적한다. 섬세한 터치야말로 부분들이 수십 년간 갈망해왔던 잃어버린 경험일 수도 있다.

체현된 참자아로부터의 터치 행위는—소매틱 IFS의 나머지 작업들에서 안정을 찾은 내담자 부분들의 허락을 얻고나서—내담자의 참자아나, 치료사의 참자아로부터 올 수도 있고, 안전한 한 개인이나 상상의 시나리오 가운데 있는 것으로부터 올 수도 있다. 많은 IFS 치료사들은 섬세한 터치 작업이 터치 행위를 해야만 하는 것은 아니라는 것을 듣고는 안심을 한다. 사실 종종 내가 내담자들에게 그들의 부분이 나의 터치, 혹은 자신들의 터치 아니면, 우리 둘 다의 터치를 원하는지 물어보면, 그들은 그 부분이 자신들의 터치만으로도 만족한다고 대답한다. 이것은 그 부분이 내담자하고 있을 때 안전하다고 느끼고 있음을 의미하는 것으로 나는 해석한다. 소매틱 IFS는 치유의 주체가 내담자의 참자아 에너지라는 IFS 전제와 맥을 같이한다. 내담자의 참자아 에너지가 없을 때는, 내담자의 참자아를 위한 길이 열릴 때까지 치료사의 참자아가 개입한다. 그러면 그 부분은 참자아의 강력한 힘에 안겨 있게 된다.

상상의 터치

부분과 참자아 사이에 내면적으로 이루어지는 상상 속의 터치는 많은 치료사가 활용하는 유일한 터치일 것이다. 모든 IFS 치료사가 상상의 터치를 사용해 왔고 특히 어리고 상처받기 쉬운 부분들을 치료할 때 자연스럽고 효과적인 부분이라는 것을 알게 되었다고 추정해도 무방하다. 소매틱 IFS에서는 종종 상상의 터치가 부분이 필요로 하는 전부이다. 상상의 터치는 직접적인 신체 접촉에 대한 준비가 덜 된 부분들에게 사용할 수도 있다.

상상의 터치만으로도 옥시토신이 분비된다. 내담자들은 자신들이나 안전한 누군가가 내면세계에서 어린 부분들을 안아주고 포옹하며, 쓰다듬어 주고 있는 것을 상상하기만 하여도, 실제 신체 접촉의 많은 유익을 가져올 수 있다. 그들은 갓난아기들이 아기침대나 병원 침대에서 자신들에게 손을 뻗는 것을 보거나 감지할 수도 있다. 그들은 아기들을 들어올려 품에 꼭 안아 준다. 어린 상처 받기 쉬운 부분들이 내담자의 무릎 위로 뛰어오를 수도 있다. 자신들의 과업에서 해방된 보호자들은 참자아와 손을 잡을 수도 있고, 참자아에 기대어 그토록 필요하였던 휴식을 취할 수도 있다. 상상 속의 신체 접촉은 많은 내적 장면에서 역할을 한다.

스티브는 배쪽 긴장감에 주의를 기울이자 너무 안기고 싶지만 두려워하는 열 살짜리 소년을 발견한다.

> SM : 그 아이가 두려워하는 것을 이해한다고 이야기해주세요. 그 아이가 그렇게 무서워하지 않도록 터치를 받을 수 있는 방법이 있는지 물어보세요.
>
> 스티브 : 그 아이는 마음을 열고 나와 손과 손을 터치해보려 하네요.
>
> SM : 좋은 생각이에요. 무슨 일이 일어나는지 이야기해주세요.
>
> 스티브 : 그 아이가 내 손을 만졌어요. 지금은 그 아이가 나를 껴안고 있어요. 내 배가 더 편안해진 듯해요. 이제 그 아이는 조금 뒤로 물러서고 싶대요. 내게서 30센티미터 정도 떨어져 있어요. 이것은 그 아이에게 새롭고 다른 것이었어요. 그 아이는 너무 좋아서 사실이라고 믿기 힘들대요. 이제 그 아이는 밖에 나가 햇빛 가운데 앉아 있고 싶대요. 그 아이에게 터치나 껴안기, 어떤 것이든 필요할 때는 언제든지 돌아오라고 말해줍니다.

내담자와 전화로 작업을 할 때는 상상의 섬세한 터치가 소매틱 IFS 회기에서 중요한 위치를 차지한다. 테레사는 IFS 치료사인데 나와 전화로 상담하고 있었다. 그녀는 자신의 작업에 대한 불안감과 두려움을 이야기하였다. 그녀의 부분들은 자신이 돌보는 사람들을 돕고 싶어하는 열정으로 못 견뎌 하고 있었으나 분명히 그들의 역량을 넘어서는 책임감으로 압도되었다. 그녀는 어릴 적 자주 악몽을 꾸었을 때 아버지가 그녀를 위로하며, 부드럽게 안아주었던 것이 기억났다. 어린 테레사는 아빠에게 꼭 붙었고, 아빠도 그녀를 꼭 안아 주곤 하였다. 아빠는 그녀에게 아무것도 두려워할 것이 없다고 말하지 않았다. 그녀에게 다시 가서 자라고 하지도 않았다. 아빠는 그저 그녀를 안아주었고, 그녀는 아빠의 이해와 긍휼의 마음을 느꼈다. 테레사는 그 어릴 적 기억으로 들어가서 그녀의 작은 불안한 부분들을 아빠와 자기 사이에 두고 안듯이 아빠에게 안겨 있는 모습을 머릿속에 그렸다. 그녀는 아빠와 함께 그녀의 모든 부분들을 안아주기 위해 사랑의 요람을 만들고 있다고 하였다. 그녀는 내게 눈물이 흘러내린다고 말했고, 곧 나는 그녀가 흐느끼는 것을 들을 수 있었다.

내담자의 자기 터치

종종 내담자의 자발적인 터치는 글자 그대로 한 부분을 가리킨다. 치료사는 그들의 손이 자동적으로 자신들의 가슴이나 심장을 두드리고, 이마나 뺨을 쓰다듬거나, 손가락을 엄지손가락에 대고 문지르는 것을 감지하고 내담자에게 그것에 주목해보라고 청한다. 몸 안에 거주하고 있는 부분에 신체적인 접촉을 하는 것은 그 부분에게 계속 집중할 수 있도록 해준다. 내담자가 자신들의 손 아래 있는 조직에 주의를 기울일 때 그들은 긴장감, 차단된 에너지, 내적 혼란을 직접적으로 느낄 수 있다. 그들의 터치는 부분에게 말을 걸어, 몸 안에서 사랑받지 못하고 고립된 부분들에게 인사할 수 있다. "나는 지금 여기 네 곁에 있어", "너를 알아 가고 싶어", "네가 얼마나 열심히 일하는지 알아", "미안해", "뭐가 필요하니?", "네가 이것을 내려놓도록 도와 줄까?", "이제는 어때?" 내담자는 자신들의 참자아의 에너지가 느껴지는 신체 부위에 한 손을 대고, 다른 손은 긍휼이 필요한 부분 위에 댄다. 혹은 양극화된 두 부분들을 함께 안을 수도 있다. 터치 경계를 침해받았던 내담자들에게는 자기 터치가 치료사의 터치를 받는 것에 대한 대안이면서 전제조건이다.

다른 언어적 · 비언어적 접근방법이 닿지 못할 때 때때로 터치가 부분과 접촉한다. 빌은 사업에 성공한 저명한 지도자였으며, 또한 많은 치유 기법에도 능숙하였다. 그의 근면한 부분들은 그를 잘 돌보았으나 때로는 그의 길에 걸림돌이 되기도 하였다. 그가 자신의 배 안의 두려움에 숨을 불어넣어도, 자신이 무서워하는 부분과 연결하는 데 도움이 되지도 않았고, 배의 긴장감이 덜어지지도 않았다. 내 제안을 따라 그는 자기 손을 사용하여 조임의 정도─변화, 깊이, 매개변수─를 탐구하였다. 그러자 그는 놀라며 말했다. "그 아이는 더 이상 외로운 느낌이 들지 않는다고 하네요!" 그의 손은 다음과 같이 말하고 있었다. "그래, 네가 얼마나 꼭 붙들고 있는지 나는 알 수 있어."

터치가 치유를 가져오기 위해서 치료사는 터치가 반드시 내담자의 체현된 참자아로부터 오도록 체크한다. 예를 들면, 한 내담자가 자신의 허벅지를 때리는 행위에 마인드풀니스를 가져오자, 그녀는 한 부분이 자신의 허벅지에게 너무 살쪄서 밉다고 말하는 것을 발견하였다. 부분이 분리되자, 그녀는 피부와 그 밑에 있는 조직의 질감을 탐구하고는 자신의 내면비판자 부분을 대신해 허벅지에 사과의 메시지를 보냈다. 또 다른 내담자는 터치를 통해 참자아 에너지를 어깨에 있는 부분으로 가져가는 것 같았으나, 아무런 효과를 보이지 않았다. 우리는 터치하는 부분이 자신감이 부족한 열세 살짜리 양육자 부분이었다는 것을 깨달았다. 일단 그 부분이 뒤로 한 발자국 물러서자 그녀의 참자아의 이끎을 받는 터치가 그녀의 어깨를 부드럽게 해주었다.

과민하거나 둔감한 터치 민감성 같은 감각 프로세싱의 문제를 갖고 있는 내담자들에게는, 치료사들이 상담실 환경에서 서로 다른 질감을 느낄 수 있는 기회를 천천히 조심스럽게 제공함으로써 내담자들이 촉감을 경험하도록 도울 수 있다. 내담자들은 그 질감과 질감에 대한 반응에 이름을 지어주고 주목한다. 터치 침해를 경험했던 내담자들은 자신들이 무엇을 터치하고 어떻게 터치하는지를 책임지고 있다는 사실을 알 필요가 있다. 자기 터치는 해리되어 왔던 신체 부위에 인식을 가져와, 차단되었던 에너지 통로를 열어줄 수 있다. 그곳에 있는 부분들은 기분 좋은 터치에 대해 혐오감을 갖고 있어서, 좋은 감각을 위험하거나, 혼란스럽거나, 어쩌면 추방된 트라우마 경험을 활성화시키는 것으로 여길 수도 있다. 이런 부분들은 점차로 안전, 편안함, 즐거움을 자신들의 손가락이나 손을 통해 느끼는 것과 연관짓기 시작할 수도 있다.

치료사의 터치

내담자의 터치에서와 같이 치료사도 체현된 참자아 상태에 있어야 한다. 고치거나, 수정하거나, 보호하거나 혹은 달리 우리 자신의 욕구를 충족하고자 하는 의도를 가진 부분들, 그리고 두려움과 불안감을 가진 부분들이 인식되면, 배후로 물러나도록 요청하여 나중에 우리의 치료사 부분들이나 우리 자신의 터치 이력으로 이어지는 시작점으로서 작업한다. 나는 보통 안정되고, 신뢰하며, 공명적인 관계가 형성되고, 내담자가 자신들의 참자아 에너지에 어느 정도 접근했다고 확신이 든 후에야 내 자신의 터치를 사용한다. 나의 터치는 내담자의 터치에 추가되는 것일 가능성이 있다. 내담자의 손 위에 내 손을 얹는 것은 IFS에서 치료적 관계에 대한 신체적인 표현이다—나의 참자아 에너지가 내담자의 참자아 에너지와 하나가 되면서 내담자의 참자아 에너지를 지지하므로, 아마도 그 부분은 글자 그대로 우리 두 사람에 의해 안기는 느낌을 갖게 된다. 나는 내담자에게 내가 신체 접촉을 하는 것에 대해 어떤 염려를 가지고 있는 부분들이 있는지 묻는다. 특히 내담자가 과거에 터치 침해 경험이 있었다면, 모든 부분들로부터 허락을 받고나서야 터치를 하는 것이 매우 중요하다. 나는 어떤 상황에서도 그 터치는 성적 터치가 되지 않을 것이라는 사실을 부분들에게 이야기하고, 그 부분들이 그 말에 어떻게 반응하는지 체크하여 알아낸다. 터치 남용에서와 마찬가지로 터치 방치에서도, 종종 양극화된 부분들이 있다. 허락한다는 말에만 전적으로 의지할 수 없다는 것을 알기에, 나는 신체적 단서와 내 자신의 직감을 추적한다.

내가 글자 그대로 그 부분과 '접촉' 하고 있을 때, 그 부분은 자신의 이야기, 특히 어릴 때 신체적 방치와 터치 침해 관련 이야기를 기꺼이 나누고자 한다는 것을 알게 되었다. 첫 번째 내재적인 충동은 손을 뻗는 것이다. 그것이 성공적이지 못할 때, 우리가 배운 것처럼 자율신경계는 배쪽 미주신경으로부터 오는 이 첫 번째 자동 반응을 중단시키고, 보다 더 원시적인 반응을 보인다. 감각으로 암호화된 이야기와 얼어붙은 동작 충동은 터치를 통해 접촉이 이루어진다. 그것들이 아직 말로 표현되지는 않더라도 우리가 들을 수는 있다. 터치는 추방되어 있었던 다른 충동 외에 배쪽 미주신경의 사회 관여 충동을 복원시킬 수 있다.

다음의 회기는 나의 터치가 어떻게 부분을 찾고, 초점을 맞추고, 그의 이야기에 귀를 기울이고, 짐을 내려놓으며, 그의 잃어버렸던 특성들을 회복하는 데 사용되었는지 보여준다.

자넷은 직장 동료에게 성 추행을 당하고 있다. 그녀는 오도가도 못하는 느낌이 들고 그 추행을 중단시키거나 보고할 경우 그 결과가 두렵다. 그녀는 말을 하면서, 자신의 손이 반복적으로 자신의 가슴을 만진다. 자신이 만지고 있는 부위에 인식을 가져가니, 강하게 화끈거리는 감각이 느껴진다. 그녀는 두려움, 분노, 주의력 분산 사이를 왔다갔다 한다. 그리고 그녀는 이들 중 어떤 부분에도 초점을 맞추지 못한다. 나의 터치가 그녀가 집중력을 유지하는 데 도움이 될 거라 생각하며, 나는 자넷에게 내면을 체크하여 내가 화끈거리는 부위에 손을 대어도 — 그녀의 손 위에 내 손을 올려놓거나 그냥 나의 터치 만으로도 — 그녀의 부분들이 괜찮다고 하는지 알아보라고 하였다. 그녀는 나의 터치만을 원했다.

나는 내 의자에서 일어나 소파에 앉아 있는 그녀에게 가까이 가서 앉는다. 나는 다시 그녀에게 내면으로 들어가 그녀의 모든 부분들이 이 터치가 괜찮다고 하는지 확인해 보라고 요청한다. 그녀는 그들 모두가 괜찮다고 전한다. 나는 그녀가 터치를 책임지고 있다는 사실을 알려준다. 나는 나의 수직 정렬을 확립하고 내 심장으로 숨을 불어넣으며, 천천히 내 손을 그녀의 가슴을 향하여 가져간다. 그녀가 나의 터치를 느끼면서 그녀의 얼굴과 몸은 약간 편안해진다. 그녀는 화끈거리는 감각에 제대로 접촉하도록 나보고 내 터치를 약간씩 바꿔보라고 지시한다.

내 손 아래 있는 조직에서 자넷은 미세한 수축을 감지한다. 나도 그 미묘한 움직임을 느낀다고 말해준다. 자넷이 그 감각을 유지하고 있을 때 그녀는 벗어나려고 하는 부분을 발견한다. 나는 이렇게 말한다. "내 터치가 그 부분에게 내가 귀를 기울이고 있다고 말할 수 있게 해주세요. 그 부분이 벗어나고 싶어하는 것을 이해합니다." 조직이 부드러워지기 시작하는 것이 느껴지고 자넷도 역시 그런 느낌을 갖는다. 그녀는 궁금하여 벗어나고 싶어하는 이 부분에 대해 더많이 알아가고자 한다.

자넷의 참자아 에너지가 더 많아지면서, 나는 천천히 내 손을 그녀의 심장에서 뗀다, 그리고 자넷의 손이 내 손을 대신한다. "당신이 갖고 있는 이 호기심에 채널을 맞추고 그 호기심을 당신의 손을 통해 당신 가슴에 있는 이 부분에게로 보내세요. 그 부분이 당신에게 꼭 이야기하고 싶어하는 것을 듣고 싶다고 그 부분에게 이야기해주세요." 자넷은 한 손을 자신의 심장에 댄채로 이 남자로부터 벗어나고 싶다고 말하며, 다른 팔은 약하게 미는 동작을 시작한다. 자넷은 이것을 몸으로 더 완전히 표현할 수 있기를 원한다. 나는 그녀가 좀 더 안정감을 느낄 수 있도록 돕기 위해 내 손을 그녀의 발에 댄다. "당신은 그를 밀어내고 싶은 충동을 어디에서 느끼나요?" 그녀는 "바로 여기요." 라고 하며 자신의 배를 만진다. 나는 그 부위에 내 손을 가져가 동작 충동을 지원한다. 그녀는 허공에서 밀기 시작한다. 그러자 나는 그녀가 밀어내라고 딱 버티고 서 있는다. 자넷의 몸 전체가 자신의 힘을 표현할 수 있다는 만족감을 보여준다.

자넷은 다시 내면으로 들어가서 그 동료와 얼굴을 마주하는 것을 두려워하는 부분을 찾는다. 그녀는 그 부분의 어릴 적 무력했던 경험에 귀를 기울이며, 두려움의 짐을 내려놓을 수 있다. 이 중요한 짐 내려놓기를 행한 후에, 그녀는 내 품에서 휴식을 찾는다. 그녀는 원치 않는 터치는 싫다고 말할 수 있으며, 또한 원하는 터치는 수용하고 감사할 수 있다는 것을 깨달아 기뻐한다.

섬세한 터치와 경계

자넷과의 회기는 섬세한 터치의 핵심인 터치와 개인적이며 전문가적인 경계의 문제를 조명해 주고 있다. 터치에 의해 침해받거나 자양분을 얻는 것에 대한 지각은 맥락뿐만 아니라 문화와 터치를 받고 있는 사람의 개인 과거사에 달려 있다. 우리 내담자들의 개인 과거사는 거의 항상 그들의 개인적인 내적 · 외적 공간이 침범당하고 있다는 (침해받지 않았다 하더라도) 어느 정도의 지각을 포함한다. 신체적 혹은 성적 학대가 있었다면, 한 개인의 경계의 온전성이 침해되거나, 파열되거나, 산산히 부서진 것이다. 신체적 폭행, 싸움, 중대 사고, 심지어 의료 과정도 내부 세계과 외부 세계 사이의 경계인 피부를 파열시킨다. 침해 경험은 체성감각계에 등록되고 변연계에 기록된다. 섬세한 터치는 이런 파열들을 복원시킬 수 있다.

트라우마를 경험한 내담자 시스템에서 보호자들은 매우 중요한 역할을 한다. 보호자 부분들은 개인의 경계가 침해받은 것에 대해 다양한 반응을 보인다. 그들은 터치와 신체적 친밀함과 관련하여 극단적으로 엄격한 경계를 세워야 자신들이 안전할 수 있다고 상정할 수도 있다. 그들의 경계에 대한 엄격한 통제는 고립된 방에 몸과 마음을 묶어 놓는다. 다른 보호자들은 바짝 긴장하여, 감각 경험에 과도하게 예민하고 터치를 회피한다. 그러나 또 다른 보호자들은 터치에 굴복하지만, 그후에 몸을 무감각하게 하거나 그 경험으로부터 해리시킨다. 무너진 등쪽 미주 신경 상태에 갇혀 있는 내담자는 자신들이 터치를 원하는지 원하지 않는지 판단할 수 있는 능력을 비롯하여, 어떤 종류의 터치인지 아는 능력, 학대적인 터치와 안전한 터치를 구별하는 능력이 없어 경계가 결여되어 있거나 분산된 경계를 갖고 있을 가능성이 크다. 내담자의 시스템은 경직과 느슨함, 이 두 극 사이를 왔다갔다 할 수도 있다. 상처받기 쉬운 부분들은 보호막을 뚫고 나갈 수도 있다. 내담자는 터치에 대한 제안을 따르거나 심지어 그것을 찾아낼 가능성이 있고, 부분들은 자신들의 억압된 이야기를 털어놓으려는 시도에서 트라우마를 재연하려고 애쓰며, 치료사에게 가해자 역할을 맡길 수도 있다.

경계 침해와 관련된 짐들은 여러 가지 양태의 지각에 영향을 미치며, 그 짐들을 내려놓는 작업은 섬세하고 어려운 프로세스가 된다. 우리는 무의식적인 지각에 의식을 가져온다. 몸과 마음 가운데 각인된 위험에 대한 신경감각이 인식되고 경계가 산산이 부서진 부분들이 살고 있는 몸의 부위로 옮겨간다. 상처받은 부분들의 이야기에 대한 목격 작업은 대부분 숨, 목소리 및 눈맞춤을 포함한 암묵적 비언어적 영역에서 이루어진다. 우리는 해리적이거나 과도하게 경계하는 보호자들의 신뢰를 얻는다. 그들은 신체 터치와 관련하여 현재 상황에서의 안전 수준을 지각할 수 있게 된다.

우리는 상상의 터치를 이용하여, 그리고 내담자는 신체 터치를 참고 견딜 수 있는 부위를 찾아, 건강한 터치 경계를 복원시키기 시작할 수 있다.

내담자는 자신들의 손이나 팔부터 시작하여 다른 부위, 압박, 쓰다듬기를 시도할 수도 있다. 내담자는 현재 순간에 주의를 집중하면서, 몸의 다른 부위로 터치를 확장할 수도 있다. 그들은 터치하면서, 생기는 부분들, 즉 보호자들과 터치에 의해 깨어난 상처받은 부분들 둘 다에 주의를 기울인다. 터치는 과각성된 추방자들을 진정시키고 배쪽 미주신경을 시스템으로 복원되도록 한다. 내담자는 마침내 어느 정도의 안전이 자신들의 몸 안에 있음을 발견한다.

내담자가 치료사의 터치를 경험할 준비가 되었다는 의사 표시를 할 때, 치료사는 아직 준비가 되어 있지 않은 부분들이 있는지 체크하고, 만약 그렇다면 그들의 필요, 염려, 두려움을 다룬다. 보호자들로부터 허락을 받아, 터치는 조금씩 받아들이고 통합될 수 있다 — 항상 내담자의 참자아가 존재하며 터치를 지시하는 상태에서. 팔과 등을 부드럽게 쓰다듬는 것은, 직접 대뇌섬과 변연계에 말하여 그들을 진정시키고 안전과 정서적 지지를 전달한다. 자신들이 터치를 책임지고 있다는 것을 알기에 그들은 참고 견디며, 수용하고, 터치받는 것을 감사하게 된다. 서서히 건강한 터치 경계가 회복된다. 내담자들은 회기 중이 아니더라도 터치 연습을 하며 자신들의 신경계를 안정시킬 수 있기에, 그들은 자신들이 경험하였던 경계 침해로부터 계속해서 치유될 수 있다.

섬세한 터치와 성

성(sexuality)은 우리의 삶에 대단히 중요하며, 피부와 터치, 필요한 터치, 터치 남용 및 경계에 관한 주제는 모두 이 주제와 만난다. 고도로 성적 의미를 부여하며 터치가 결핍된 우리의 문화에서 신체 접촉, 특히 즐겁거나 관능적인 터치는 종종 성적 암시와 혼동되기도 한다. 성적인 터치와 그렇지 않은 터치 사이의 혼동, 그리고 모든 터치를 성적인 것으로 묶어버리는 것은 초창기부터 심리치료에서 터치의 남용과 터치의 금지 두 가지 모두에 기여하였다. 내가 처음으로 아버지에게 바디워크 분야에 전문가가 되겠다고 이야기하였을 때, 아버지는 겁에 질려 내가 매춘업소에서 일하게 될 거냐고 물으며, 자기 딸이 매춘부가 되겠다고 공공연히 알리고 다닌다고 두려워하였다. 아버지가 그 용어(바디워크 : 자동차 본체 수리 작업이란 의미도 될 수 있음)를 자동차 수리로 이해했더라면 좀 더 안심하셨을 것이다.

섬세한 터치작업은 성적인 상처를 치유할 수 있고 섹스에서 즐거움을 찾는 내담자의 능력을 복원시킬 수 있다.

나의 내담자인 주디는 남편과의 성 관계를 개선시키고 싶어한다. 그녀는 남편과 아주 작은 피부접촉 정도만 참고 견딜 수 있다는 사실이 슬프다. 친밀한 접촉이 이루어질 때, 그녀의 부분들은 꼼짝 못하고 갇혀 있는 느낌이 들며 그들의 의지에 반하여 섹스를 갖도록 조종당할까 봐 두려워한다. 주디는 그 경험이 '속을 언짢게 만들고' 있다고 말한다. 그녀의 부분은 만약 그녀가 매주 섹스에 대한 남편의 욕구를 들어주지 않으면 남편이 자신을 떠날까 봐 두려워한다. 이 두려움은 자기가 거부하면 죽을 거라고 믿고 있는 어린 부분으로 이어진다. 그녀의 부분은 자기가 꼼짝 못하고 갇혀 있는 그곳을 떠나 현재의 그녀와 합류한다.

주디는 하고 싶지 않은 일을 할 필요가 없다고 자신의 부분에게 이야기하면서 배를 붙잡는다. 그녀의 장이 편안해진다. 그녀의 부분은 도대체 왜 그녀가 섹스를 하고 싶어하는지 궁금해진다. 주디는 부분에게 섹스는 사랑, 행복, 관능성과 더 많은 에너지를 가져다 줄 수 있다고 말한다. 그 모든 것이 듣기는 좋지만, 이 부분은 그녀가 이것들을 섹스로부터 얻을 수 있는지 확신이 서지 않는다. 주디가 좀 더 신체적으로 안아주고 난 후, 그 부분은 터치로부터 이 사랑, 행복, 관능성을 약간 경험한다. 주디는 그 부분이 이 좋은 것을 존과 함께 느껴볼 준비가 되었는지 자신에게 알려달라고 말한다.

주디는 남편과의 섹스에 참여할 수 있으며, 어느 정도 즐거움을 찾고 있을 뿐만 아니라, 그의 압박에서도 벗어났다. 그러나 그녀는 이 '애정 행위'가 자신에게 사랑하거나 사랑받는 느낌은 주지 않는다고 말한다. 사랑받는 느낌을 갖지 못하는 부분은 얼어붙은 네 살짜리이다. 그 아이는 주디가 자신을 사랑하고 보호하기 위해 가장 의지하였던 사람, 바로 그녀의 아버지에 의해 성추행을 당하였다. 이 부분은 앞서의 회기에서 등장하였던 바로 그 부분이다. 이 부분은 주디가 긍휼한 마음으로 함께 하고 있으며 도움의 손길을 내미는 것에 반응하면서, 안기고 싶다고 말한다. 그 아이는 처음에 주디의 무릎에 앉았다가 그녀의 가슴에 기대어 팔로 그녀를 얼싸안는다. 아이는 자신이 원하는 터치의 종류를 정확히 알고 있다. 아이는 쓰다듬는 것을 원치 않는다. 기대어 안기고 싶어한다. 아이는 녹아 내리기 시작하기는 하지만 깊은 내면은 여전히 얼어 붙어 있다. 매우 조심스럽고 서두르고 싶어하지 않는다. 주디는 아이를 찾게 되어 정말로 기쁘며, 오랫동안 그 아이를 찾고 있었다고 말한다. 그리고 아이에게 하고 싶지 않은 일은 어떤 것도 할 필요가 없다고 다시 이야기해준다.

> 주디 : 마치 우리의 배들이 연결된 것처럼 느껴져요. 그리고 거기에
> 따뜻함이 있어요. 지금 그 아이가 울기 시작하고 있어요.
> SM : 잘됐어요. 그 아이가 내면에서 녹아내리고 있나 봐요.

그 부분은 주디에게 성추행의 이미지와 함께, 그 아이가 얼마나 당황하였는지 그리고 그 아이가 얼어붙었던 때가 그때였다는 것을 보여준다.

> SM : 그 아이에게 이 이미지를 보여줘서 고맙다고 하세요. 그리고
> 당신은 그 이미지를 사진처럼 갖고, 그 아이는 당신과 배와 배를 맞
> 대고 곁에 함께 있을 수 있다고 이야기해주세요.
> 주디 : 그 아이는 사진을 찢어버리고 있어요. 이제는 그것을 태우고
> 있네요. 그 아이는 불 기운에 온기를 느끼고 있어요.
> SM : 그 아이에게 온기를 느끼며, 몸 깊숙이 받아들이라고 하세요.
> 주디의 배가 좀 더 느슨해진 느낌이 들고 그녀의 부분도 역시 같은
> 느낌이 든다고 한다. 그녀의 상상의 터치와 참자아 터치는 부분의 신
> 뢰를 상당히 치유하였다. 다른 사람들에 대한 그 아이의 신뢰 ─ 특히

에로틱한 터치에 관해서 — 를 회복하는 테스트와 궁극적인 치유는
회기 밖, 가장 친밀한 관계에서 이루어질 것이다.

결론

나는 코로나19 대유행 초기에 이 책 집필을 마무리하고 있다. 우리는 자가
격리하며 사회적 거리두기를 실행하라는 권고를 받고 있다. 물론 이 말은
접촉을 피하라는 의미이다. 터치를 둘러싼 우리의 행동에 장기적으로 어떤
영향을 미칠지는 확실하지 않다. 우리가 심지어 포옹와 악수조차도 제한
하는 이 시점에 2020년 3월 11일에 '팬데믹'이라는 제목으로 린 엉가(Lynn
Ungar)가 쓴 시의 다음과 같은 글귀에서 평안을 얻는다. "당신의 손을 뻗지
말라. 당신의 마음을 뻗으라… 우리가 손댈 수 없는 곳으로 눈에 띄게 움직
이는 긍휼의 덩굴손을 뻗으라."[19] 나는 터치가 더 이상 우리의 건강에 위험
하지 않으며, 우리는 사랑의 섬세한 터치가 주는 치유 효과로부터 자신 있
게 유익을 얻는 시간이 오기를 기대한다.

치유를 위한 터치의 사용은 몸과 마음에 대한 치유의 필요성만큼이나 오
래되었다. 치유를 위한 터치는 또한 우리 문화의 역사 속에서는 양극화되
고 종종 추방된 역할을 맡아왔고, 심리치료 세계에서는 100년 묵은 논쟁을
촉발시켰다. 체현된 참자아 상태의 임상가는 이 치료 개입이 갖고 있는 치
유의 잠재력을 활용하는 한편, 성적 터치뿐만 아니라 눈에 잘 띄지 않는 형
태의 건강치 못한 터치인 해로운 터치를 피한다. 인식, 호흡 및 공명 작업
은 터치하는 사람이 체현된 참자아 상태에 있기 위한 기반을 제공하며, 이
들은 섬세한 터치 작업과 오랜 세월을 거쳐 내려온 치유 및 영적 작업을 연

결시킨다.

소매틱 IFS는 적절하고, 윤리적인 터치 작업이 추방자의 자리를 벗어나 재출현하게 된 것을 축하한다. 그동안 터치 작업은 성, 학대, 침해와의 관련 때문에 두려움과 수치의 그늘 아래 가려져 있었다. 사회의 폭력과 상담실에서의 터치 남용이 터치 방치 및 남용과 관련이 있으며, 이를 방지하기 위한 길은 터치를 통해 이 상처를 치유하는 데 있다고 우리는 이해한다. 우리는 터치를 피하기보다, 터치를 사용하여, 회복을 기다리는 우리의 심리적이며 문화적인 짐들에 대한 단서들을 깨울 수 있다. 이 단서들은 휴면 상태에 있으며 보통 말이 없고, 종종 이미지도 없을 수 있다.

섬세한 터치는 많은 다층화된 터치와의 연관성 맥락 안에서 일어난다. 우리는 우리의 터치 개인 과거사의 보따리를 풀면서 우리의 내면시스템 가운데 박혀 있는 정서, 신념, 행동의 복잡한 층들을 탐구한다. 우리는 치료사와 내담자의 성, 터치 및 트라우마 과거사, 그리고 치료사와 내담자의 문화와 종교, 그리고 치료사-내담자 관계의 성석 혹은 계층적 특성을 고려한다. 섬세한 터치를 뒷받침하고 있는 소매틱 IFS 작업들은, 이 강력한 작업을 둘러싼 적절하고 안전한 경계를 평가하는 도구와, 터치로부터 나오는 메시지를 읽고 답하기 위한 도구를 제공한다. 네 가지 원소 각각, 혹은 그것들 모두는 섬세한 터치 작업을 지원하고, 그것들은 소매틱 IFS의 치유 작업을 오랜 세월을 거쳐 내려온 치유 및 영적 작업과 연결시킨다.

비록 섬세한 터치가 모든 내담자들에게 적합하지 않을 수 있을지라도, 어떤 경우에는 터치가 모든 비언어적 표현 형태 중에서 가장 직접적이고 효과적일 수 있다. 상호적인 의미로서, 터치는 체성감각계를 통해 정보를 동시에 주고받는다. 심지어 목소리의 톤, 얼굴 표정이나 자세보다도, 터치가 내담자나 치료사로부터의 체현된, 관계적 참자아 에너지를 암묵적으로 더 많이 전달한다. 섬세한 터치는 너무 적은 올바른 터치와 너무 많은 잘못된 터치로부터 받은 상처를 치유하고 감각적 생명력에 대한 우리의 생득권을 되찾게 한다.

아마도 감각운동계를 통한 정보의 흐름은 개인의 두뇌를 넘어선 영역에도 영향을 미칠 수 있다. 문화가 우리의 터치 경험에 영향을 미치듯이, 그리고 터치로 인한 상처가 부정적인 문화 효과를 가져오듯이, 아마도 회복을 가져다주며, 양육적이고 정서적인 개인 대 개인의 터치는 더 넓은 문화에 긍정적으로 영향을 미칠 수 있을 것이다. 치유의 영역에서 터치는 아마도 인위적으로 분리된 몸과 마음, 두 분야를 이어주는 다리가 될 수 있을 것이다.

터치는, 그것이 접촉하는 결체조직처럼 생명의 그물망에 대한 유형적 표현이다. 각 인간은 ─ 자궁벽에 부딪치고 튀어나가는 초기 경험으로부터, 좁은 산도를 거쳐 세상으로 나와, 어른들에게 안기고, 어른이 되어서 새로운 생명을 자신들 품에 안기까지 ─ 200년의 시간을 걸쳐 일어나는 인간성의 일부를 나타낸다. 터치는 우리 삶이라는 천의 날줄과 씨줄이다. 우리가 무엇을, 누구하고, 어떻게, 왜 터치하고 터치받는지에 세심한 주의를 기울이는 것은 삶에 필수적이다.

다음에 나오는 미국신체심리치료협회의 윤리 강령은 심리치료에서 터치의 윤리적 사용과 관련하여 치료사에게 유용한 가이드이다. 연습은 상상의 터치, 자기 터치를 비롯하여 소매틱 IFS 단계에서 내담자에게 실제 터치 사용법을 도와준다. 터치를 심리치료 개입 방법의 하나로서 사용하는 것에 대한 설문조사를 통해, 내담자와 가졌던 다양한 치료적 터치에 대한 당신의 경험과 고려사항들이 명확해진다.

미국신체심리치료협회 윤리 강령

제8조 터치에 관한 윤리

터치 사용은, 능숙하게 그리고 분명한 경계 및 민감한 적용, 훌륭한 임상적 판단을 가지고 사용될 때 신체 지향적인 개입 모드로서 합법적이며 가치있는 역할을 한다. 터치 사용이 내담자를 특히 취약하게 만들 수 있기 때문에 신체 지향적인 치료사는 의존적이거나, 유아적이거나, 에로틱한 전이가 일어날 수 있는 잠재력에 특히 주의를 기울이고, 이러한 상태에 대해 치료적으로 부적절한 강조보다는 건강한 억제책을 강구한다. 치료사나 내담자에 의한 생식기나 다른 성적인 터치는 항상 부적절할뿐더러, 결코 적절하지 않다.

1. 신체심리치료사는 각 내담자에 대해 터치 사용의 타당성을 평가한다. 치료사는 내담자의 진정한 사전동의 능력, 내담자의 발달 능력과 진단, 터치와 관련된 내담자 개인 과거사의 전이 잠재력, 터치 경험을 유용하게 통합하는 내담자의 능력, 터치 작업 관련 임상가의 특정 스타일과 내담자 스타일과의 상호작용과 같은 여러 가지 요인들을 고려한다. 치료사는 내담자 기록지에 자신들의 평가와 협의 내용을 기록한다.

2. 신체심리치료사는 치료 관계에서 터치와 관련된 기법을 사용하기 전에 사전동의를 획득한다. 치료사는 터치 사용에 대한 동의가 진정으로 이루어진 것이며 내담자가 터치 사용의 특성과 목적을 충분히 이해하고 있음을 보장하는 데 모든 노력을 기울인다. 모든 사전동의에서와 동일하게, 동의의 문서화를 강력히 권고한다.

3. 신체심리치료사는, 터치에 대한 내담자의 의식적인 구두 동의와 서면

동의조차 — 분명히 진정이라하더라도 — 내담자가 현재 알고 있지 못하는 터치에 대한 이의나 문제를 정확하게 반영하지 않을 수도 있음을 인식한다. 이 때문에 신체심리치료사는 터치 관련한 내담자의 언어적 비언어적 신호에 민감해지도록 노력하며, 특정 내담자의 진실되고 완전한 동의 능력을 고려한다.

4. 신체심리치료사는 진행 중인 사전동의를 계속해서 추적관찰하며, 터치 기반의 치료 개입 타당성을 지속적으로 보장한다. 치료사는 자신이나 내담자가 가질 수 있는 모든 질문 관련하여 지속적인 동의와 협의에 대한 서면기록을 정기적으로 작성하여 보관한다.

5. 신체심리치료사는 내담자가 어떤 시점에서든지 치료사 편에서의 어떤 터치라도 거부하거나 중지할 수 있다는 권리를 인식하고 존중한다. 그리고 치료사는 내담자에게 이 권리를 알린다.

6. 신체심리치료사는, 치료의 모든 측면에서와 마찬가지로, 터치는 내담자에게 유익이 된다는 사실이 합리적으로 예측되거나 판단될 수 있을 때에만 사용된다는 사실을 인식한다. 터치는 결코 치료사의 개인적인 욕구를 충족시키기 위해서 사용될 수 없으며, 내담자의 욕구나 바람을 무시하고 치료사의 이론적인 관점에 의해 필요한 것으로 보인다는 이유로 사용될 수도 없다.

7. 터치 기법의 적용은 치료사 편에서 고도의 내적 명료함과 통합이 요구된다. 신체심리치료사는 터치 사용에 관한 철저한 트레이닝과 슈퍼비전을 통해 치료적 터치를 사용할 준비를 하며, 치료 과정에서 문제가 생길 경우, 터치 및 적절한 슈퍼비전과 협의를 포함한 치료를 받는다.

8. 신체심리치료사는 생식기나 그밖의 성적인 터치 행위에 관여하지 않으며, 고의로 터치를 사용하여 내담자를 성적으로 흥분시키지 않는

다. 치료사는 책임지고 자신들의 행동의 관점에서 명확한 성적 경계
를 유지하고, 치료사를 향한 내담자의 행동에 제한을 두어, 어떠한 성
적인 터치 행위도 금하도록 한다. 터치 사용에서 명확한 성적 경계가
갖는 치료적 가치에 대한 정보는 터치 사용 전과 사용 중에 수치감이
나 모욕감을 주지 않는 방법으로 내담자에게 전달한다.

출처 : https://usabp.org/USABP-Code-of-Ethics

심리치료적 개입으로서의 터치 사용에 대한 설문조사

이미 수집한 데이터에 추가하기를 원한다면, 이 설문 조사에 대한 귀하의 답변을 susanmccon@gmail.com로 보내주십시오.

성별 _____

나이 _____

직업 _____

1. 어떤 목적으로, 당신은 내담자에게 터치를 치료적으로 사용하는가?
   ✓ 인사용으로
   ✓ 부분들에게 접근하고, 접촉하고 집중하기 위해
   ✓ 부분들과 참자아를 구별하는 프로세스를 지원하기 위해
   ✓ 부분들의 몸 이야기를 목격하기 위해
   ✓ 감정에 휩싸여 있는 부분들을 억누르거나 위로하기 위해
   ✓ 해리 상태의 부분들을 안정시키거나, 현재 상태로 방향을 바꾸기 위해
   ✓ 짐 내려놓기 프로세스를 촉진시키기 위해
   ✓ 회복된 특성들의 통합을 돕기 위해

2. 내담자의 성별, 나이, 인종이나 임상 문제가 당신의 터치 사용에 어떤 식으로 영향을 주는가?

3. 터치에 대한 당신의 결정에 영향을 주는 다른 고려사항들이 있는가?

4. 당신은 내담자가 당신의 터치를 잘못 해석하는 것을 경험한 적이 있는가?

5. 당신은 치료 중에 터치 남용을 경험한 내담자를 알고 있는가?

6. 당신의 어떤 부분들이 내담자를 터치하는 것에 대해 염려하고 있는가?

7. 당신은 어릴 적 터치 남용이나 터치 방치에서 생긴 짐을 갖고 있어, 내담자에 대한 참자아의 이끎을 받는 터치를 방해할 가능성이 있는가?

8. 당신은 내담자가 자발적으로 자기 몸의 부위를 터치하는 것을 감지하는가?

9. 당신은 내담자들에게 자신들의 터치를 사용하여 자신들의 부분들과 작업해보라고 제안하는가?

10. 당신은 내담자에게 상상의 터치를 사용하는가?

상상의 터치

목적 : 부분에게 참자아가 이끄는 상상의 터치를 받는 경험을 제공한다.

설명

1. 당신이 환영받고, 사랑을 느끼며, 연결과 치유를 가져다주는 터치를 받았던 때를 떠올린다. 그 기억을 모습, 소리, 냄새 그리고 감각과 함께 발전시킨다. 이 기억을 유지하면서 당신의 감각에 주목한다. 당신은 이 연습을 하는 동안 어느 때라도 이 기억으로 되돌아올 수 있다.

2. 지금 이런 터치를 받고 싶어하는 부분이 등장하도록 초대한다. 만약 학대적이거나 고통스러운 터치 혹은 괴로운 터치 방치에서 오는 짐을 짊어지고 있는 부분이 올라오면, 그 부분에게 당신이 치료사의 지원을 받을 때까지 기다려 달라고 요청한다.

3. 그 부분이 등장하면서 당신이 그 부분을 감지하고, 보고, 듣고, 당신 몸에서 느끼면, 당신이 그 부분을 향하여 어떤 느낌이 드는지 주목한다. 당신이 호기심과 친근감과 함께 마음이 열리는 느낌이 있으면, 그 에너지를 부분에게 보내고 부분이 어떻게 반응하는지 주목한다.

4. 당신이 그 부분과 얼마나 가까이에 있는지 주목한다. 만약 좀 더 가까이 있어도 부분이 괜찮다고 하면, 부분이 당신쪽으로 더 가까이 오고 싶어하는지, 아니면 그 부분이 당신쪽에서 더 가까이 다가오기를 원하는지 물어본다. 부분이 신체적 접촉을 원하는지 물어본다.

5. 부분은 자신이 원하는 종류의 신체 접촉을 받을 수 있으며, 접촉의 종류와 접촉의 기간을 부분이 책임지고 있다고 이야기해준다. 당신이 이 부분을 보거나 감지하는 것처럼, 상상 가운데서 그 부분에게 이 같은 터치를 제공한다.

6. 부분이 신체 접촉을 받을 때 부분에게 어떤 일이 생기는지 주목한다. 만약 터치와 연관된 언어적 의미가 있다면, 당신의 터치에 말을 포함시킨다. 만약 부분이 당신의 신체적 터치를 느끼고 싶어한다면, 당신의 몸 안 그 부분이 있는 부위에

접촉한다.

1. 어떤 부분이 등장하였는가? 그 부분은 터치에 어떻게 반응하였는가?
2. 당신의 부분이 사랑과 치유의 터치를 받는 경험을 강화시키도록 도와줄 수 있는 것이 무엇인지 부분에게 물어본다. 미술, 말, 물건, 당신 자신의 터치?
3. 만약 당신이 해결되지 않는 터치 남용이나 터치 방치의 과거사가 있다면, 안전한 환경에서 그 부분들과 작업할 계획을 세우는 것을 고려한다.

자기 터치

목적 : 한 개인의 터치가 치유의 터치를 원하는 부분에게 어떻게 접근할 수 있는지, 그리고 그 터치가 부분이 필요로 하는 참자아의 이끎을 받는 터치를 어떻게 부분에게 제공할 수 있는지를 배운다.

설명

1. 손을 만지며, 손바닥을 서로 비비고, 손을 움직이며, 당신의 손의 인식을 깨우면, 당신의 심장과 손 사이의 선을 인식하게 된다.
2. 두 손으로 온몸을 천천히 쓰다듬는다. 손에서 느껴지는 서로 다른 감각들과 당신의 터치에 대한 몸 전체에서 다양한 감각 반응들 둘 다에 주의를 기울인다.
3. 당신 손이 오래 머물거나, 되돌아가게 되는 당신 몸의 부위에 주목한다. 더 많은 신체 접촉을 원할 것 같은 몸의 부위가 있는지 생각해본다.
4. 몸의 그 부위에 당신의 초점과 열린 호기심을 가져가 그 부분이 어떤 종류의 터치를 원하는지 알아본다.
5. 당신 심장으로 숨을 불어넣고, 심장에서 손으로 사랑의 숨을 보낸다. 그러고 나서, 그냥 곁에 있고자 하는 의도로 몸의 그 부위와 접촉한다. 당신 손이 피부 표면과 섞이도록 한다.
6. 당신 손으로, 피부, 근육, 근막, 뼈, 혈액, 리듬, 에너지에서의 반응들에 귀를 기울인다. 당신이 접촉하고 있는 몸의 부위에서의 감각에 주목한다. 서로 다른 종

류의 터치, 다른 압력, 다른 쓰다듬는 방법, 다른 속도로 실험을 할 수도 있다.

7. 당신 손과 심장으로, 터치에 반응하는 감정, 생각 혹은 이미지에 귀를 기울인다.

8. 이 터치가 당신 몸에 거주하고 있는 부분을 초대했을 수도 있고, 또는 당신 몸의 이 부위가 터치를 필요로 하고 있을 가능성도 있다.

9. 만약 그것이 어떤 한 부분이라면, 그 부분에 대해 더 알아보고 그 부분으로 하여금 생각과 감정과 말로 자신을 좀 더 충분히 드러내라고 요청한다. 당신의 터치가 당신이 함께 하고 있음과, 당신의 이해, 그리고 이 부분을 알아가려는 당신의 의지를 전달하도록 한다. 언어적 또는 비언어적 소통에 참여하여 어떤 종류의 터치가 그 부분에게 연결, 편안함, 혹은 치유를 가져다줄 수 있는지를 알아낸다.

10. 부분이 변하거나 당신 몸 안에서 돌아다니는 대로, 당신의 터치도 흐름을 따라가도록 한다. 당신의 부분이 터치가 충분하다고 느낄 때는 신체적으로는 부드럽게 분리하면서 에너지적으로는 부분과 연결을 유지한다.

성찰

1. 터치를 원했던 당신 몸의 부위를 가리키기 위해 메모를 하거나 그림을 그린다.

2. 그 부위는 어떤 종류의 터치를 선호하였는가?

3. 당신의 손과 심장은 이 부위에게 귀를 기울일 수 있었는가?

4. 당신 몸에 나타났던 부분이 터치를 원하는 부분었는가? 그렇다면, 당신은 이 부분에 대해 어떤 것을 알게 되었는가? 당신은 그 부분의 터치 경험에 대해 감이 잡혔는가?

5. 당신의 부분은 어떤 종류의 터치를 원하였는가?

6. 부분이 체현된 참자아 에너지 상태의 당신에게서 터치를 받았을 때 어떤 일이 일어났는가?

7. 당신의 터치에 대해 염려하는 부분들이 올라왔는가?

내담자와 작업하기 : 섬세한 터치와 6F

목적 : 내담자 역할을 하는 사람(터치 과거사를 탐구하고 있는 사람이거나, 다른

사람에게서 터치를 받고 있는 부분과 작업하고 싶어하는 사람)과 작업할 때, 섬세한 터치가 IFS 모델의 각 단계를 어떻게 촉진시키는지 보여준다.

설명

단계들은 엄격하게 순서대로 진행하는 것이 아니라 터치와 관련하여 내담자의 부분과 작업하는 치료사 역할을 하는 사람에게 가이드 정도로 생각한다. 치료사로부터 터치를 받는 동안 내담자가 회기 중에 어느 정도의 참자아 에너지를 지니고 있는 것이 중요하다. 그렇지 않다면, 치료사는 부분들이 지금 이 순간에 일어나고 있는 것을 신뢰할 수 있을 때까지 그들과 작업을 한다. 치료사가 안전, 윤리 또는 자기 자신의 터치 개인 과거사의 이유로 터치에 대한 경계를 세울 수도 있다.

1. **부분을 찾기.** 내담자는 터치 기억, 혹은 다른 사람에게서 터치를 받는 경험을 갖고 싶어하는 부분을 공유할 수도 있다. 그것은 충분한 터치나 필요한 종류의 터치를 받지 못했던 부분일 수도 있고, 잘못된 종류의 터치를 받았던 부분일 수도 있으며, 터치를 책임질 수 없었기에 상처를 치유하고 싶은 부분일 수도 있다. 그 부분이 몸에 모습을 드러내고 있는지 물어본다. 치료사는 터치 행위에 대해 염려하는 부분들이 있으면 찾아낸 다음, 옆으로 비켜 서 있다가 만약 불편한 느낌이 들면 다시 뛰어들라고 한다.

2. **부분에게 초점을 맞추기.** 만약 그 기억이 내담자의 내면시스템을 자극하고 있다면, 다른 많은 부분들이 뛰어들 수도 있다. 만약 그 부분(과 다른 부분들)이 접촉해도 괜찮다고 하면, 부분이 거주하고 있는 몸의 부위를 터치하고 있는 행위자(치료사일 수도 있고 내담자 자신일 수도 있음)가 내담자로 하여금 그 부분에 계속 주의를 집중하도록 도와줄 수 있다. 집중하는 터치는 열린 마음으로 함께 하고 있겠다는 의지를 전달한다. 만약 내담자의 부분들이 뒤로 물러설 수 없다면, 이것은 그 보호자들을 먼저 작업할 필요가 있다는 것을 가리킨다. 치료사는 터치를 하든, 하지 않든 6F 단계를 밟아가며 이 부분들과 작업한다.

3. **부분에게 살을 붙이기.** 치료사와 내담자는 그 부분에게 감정, 말, 이미지, 생각들로 충분히 자신을 드러내 보여달라고 요청한다. 만약 그 부분이 아직 신체적으로 분명하지 않다면, 내담자의 터치가 그 부분의 위치를 찾아낼 수도 있다.

4. **당신은 그 부분을 향하여 어떤 느낌이 드나요.** 이 질문에 대한 내담자의 답은 치료사가 내담자에게 참자아 에너지가 어느 정도 있는지 가늠할 수 있게 해준다. 만약 참자아 에너지가 없다면, 이것은 핵심이 되는 상처와 직접적으로 작업하기 전에, 터치에 의해 상처받은 취약한 부분을 보호하고 있는 부분들과 작업할 수 있는 또 다른 기회가 된다. 치료사는 또한 참자아 에너지의 흐름을 방해할 수도 있는 부분들이 있는지 손을 통해 내면을 체크한다.

5. **부분과 친해지기.** 내담자에게 내면을 체크하며, 부분들이 터치를 받을 의향이 있는지 알아보라고 요청한다. 만약 한 부분도 반대하지 않으면, 치료사의 터치는 손을 통해 참자아 에너지의 특성을 전달할 수 있다. 동작은 천천히 내담자의 반응을 추적한다. 그리고 손으로 하는 터치는 내어맡기기 동작과 비슷하다. 치료사는 터치를 통해 지속적으로 함께 하고 있음을 전달한다. 만약 회기 중 어떤 시점에라도 내담자의 시스템이 감정에 휩싸이게 되면, 터치는 내담자가 현재의 순간으로 되돌아오도록 해줄 수도 있고, 진정시키며 안정적인 의식 상태를 제공해줄 수도 있다. 예를 들어, 내담자의 발, 팔, 손을 터치하거나, 치료사의 손을 내담자의 심장 근처의 등에 댄다. 치료사는 그 부분이나 내담자 부분들 중 또 다른 부분이 요청할 때는, 마음을 열고 신체 접촉을 중단한다.

6. **부분이 당신에게 이야기해주고 싶어하는 것을 알아내기.** 부분은 자신의 과거사, 자신의 임무, 그리고 자신의 감정을 언어적으로 그리고 비언어적으로 공유할 수도 있다. 치료사의 손은 수용적이어서 터치에 대한 부분의 반응으로부터 오는 어떠한 신체 정보에도 열려 있다. 작은 변화라도 지각하게 되면, 치료사의 터치는 압력의 강도와 터치의 종류에 약간의 변화를 주면서 반응하면서, 내담자로부터 언어적 피드백을 받는다. 만약 그 부분이 고통스러운 터치 경험을 공유하고 있다면, 치료사나 내담자는 터치를 사용하여 6F 단계를 밟아가며 그 부분의 이야기를 목격하고 회복의 터치 경험을 제공할 수도 있다.

7

체현된 참자아 :
내면시스템의 체현

체현된
참자아

터치

동작

공명

호흡

인식

'체현(embodiment)'은 우리 몸 안에 있어, 매 순간 우리의 감각과 동작 충동을 온전히 의식적으로 인식하는 주관적인 경험이라고 정의될 수 있다. 좀 더 근본적으로 체현은 몸으로 존재함, 우리의 감각과 동작으로 존재함이라고 설명될 수 있다. 그것은 대부분의 동물들이 갖는 자연스런 상태이다. 이런 감각 능력은 적응적이다. 내수용감각(우리 몸을 느낄 수 있는 능력)과 외수용감각(외부 세계를 감지하고 이해할 수 있는 능력)은 우리 인류가 생존할 수 있도록 도와주었다. 체현은 우리가 위험을 감지하고 그것으로부터 우리를 방어할 수 있게 해주었다. 생존을 너머, 체현은 우리가 가장 살아있고, 기쁨, 긍휼한 마음, 즐거움, 다른 사람들 및 우리 주위의 세계와의 연결을 느낄 수 있는 상태이다.

내면 가족들은 뇌 속에 존재하고 있지 않으며, 부분과 참자아는 둘 다 체현된다는 사실은 분명하다. 수정 후 며칠도 안 되어 몇 안되는 세포들은 창의력, 의사소통, 협력을 보여준다. 이 소수의 세포들은 생존을 위해 조직하며, 유기체의 보호와 자양에 대한 필요를 돌본다. 갓난아기에게서는, 그의 독특한 인격이 나타나면서, 부분들과 마찬가지로, 참자아 에너지가 만져질 듯 뚜렷하다. 유아의 부분들은 자발성, 용기, 지성, 창의력, 민감성의 은사를 갖고 세상으로 나온다. 다른 부분들은 잠자고 있다가 평생에 걸쳐 적절한 발달 단계에서 발현된다. 유아의 참자아 에너지는 깊이 감지된다 하더라도, 취약하고 방어할 수 없는 몸 안에 대체로 잠복해 감춰져 있다. 어린 몸과 뇌는 참자아 에너지의 내재하는 힘을 실현시킬 준비가 아직은 되어 있지 않다. 대부분 참자아 에너지의 고요한 특성들은 휴면 상태에 있으면서, 내면시스템을 이끌 수 있는 참자아의 충분한 잠재력이 분명히 드러날 때까지 신경계와 나머지 신체가 성숙해지기를 기다린다.

한편 외부환경이 필요한 사랑의 돌봄과 보호를 제공하지 않는다면, 부분들은 두들겨 맞아 온갖 방식으로 모양이 만들어져, 본래의 반짝반짝 빛나는 오염되지 않은 은사가 비뚤어지거나 묻히게 될 수도 있다. 개인이 신체적 · 정서적 자원이 발달하여 목소리를 내며, 삶의 상처에 대항하여 자신들을 방어하고자 시도할 때까지는 부분들이 참자아 에너지가 존재한다는 사실을 믿지 않는다. 그들은 외부세계가 자신들을 환영하고 지지한다고 믿지 않는다. 그들은 자신들의 가치에 대한 믿음을 붙들고 있지 못한다. 하지만 부분들은 여전히 자신들의 원래 오염되지 않은 신성함을 울려준다. 그 울림은 부분들의 긍정적 의도 가운데서 들을 수 있다.

몸 안에서 우리는 모든 것을 찾을 수 있다. 짐들도 몸 안에 있고, 원래의 은사들도 몸 안에 있으며, 참자아 에너지의 특성들도 몸 안에 있다. 우리 몸속 깊이 묻혀 있는 우리의 부분들과 참자아의 가장 신성한 특성들은 지혜, 힘 및 치유의 원천이다. 소매틱 IFS 작업을 통해 체현된 상태의 참자아 에너지의 도움으로, 우리의 묻혀 있는 자원들이 발견되고, 발굴되며, 복원된다. 우리의 부분들은 자신들에게 강요되있던 역할에서 해방되어, 부분들 사이에, 그리고 참자아와의 사이에 조화롭고 협력적인 역할과 관계를 재개하거나 취할 수 있다. 그들의 기능, 그들의 과업, 그의 특성들이 현 상황에 적절한 방식으로, 그리고 적절한 때에 나타난다. 우리의 유산은 회복된다.

참자아 에너지뿐만 아니라 체현도 연속선상에 있다. IFS 치료나 다른 치유 방법을 통해 짐 내려놓기 작업을 한 사람들이나 몸, 뇌 및 신경계가 충분히 기능하여 참자아 에너지의 특성을 지지하고 표현할 수 있는 사람들은 연속선의 거의 한쪽 끝에서 삶을 살아가는 운종은 사람들에 속한다. 그러나 체현된 참자아는 역동적인 상태이다. 우리는 하루하루 매 순간마다 이 연속선의 눈금을 따라 움직인다. 개인적으로 말한다면, 스트레스 상황에서는 나의 부분들이 장악하고, 참자아 에너지는 이해하기 어려운 개념에 불과한 것으로 보인다. 나의 체현 정도도 매 순간 변화한다. 나는 움직이거나 휴식을 취하거나 관심을 받을 필요가 있다는 내 몸의 메시지들을 무시할 수도 있다—마치 내 몸이 성가신 해충인 것처럼. 나를 둘러싸고 있는 소리, 빛, 그림자, 움직임, 질감의 놀라운 가변적인 연주가 나의 감각으로부터 완전히 차단된다. 시간이 지나면서, 연속선상에서 몸에서 분리되어 부분들의 이끎을 받는 쪽으로의 끌림은 약해진다. 나는 거기서 시간을 덜 낭비하고 좀 더 쉽고 빠르게 체현된 참자아 쪽으로 되돌아간다.

하지만 우리 중 어느 누구도 우리의 최대 잠재력에 도달하지 못한다. 나는 나의 애완견들을 바라보면서 완전한 체현의 가능성을 엿볼 수 있다. 그들은 가축화되었음에도, 미시간 호수의 파도가 해변에 부서지는 것을 감지할 때, 그리고 숲에서 뛰놀면서 수많은 야생 포유류의 냄새를 맡을 때 너무 좋아 어쩔 줄 몰라 한다. 나의 애완견들은 세상의 기쁨에 너무도 매혹되어 목줄이 풀리면, 무한대 기호 모양(∞)으로 기쁘게 질주한다. 내 애완견들은 두려움, 원망, 시대에 뒤떨어진 신념들을 분석하거나, 그것들에 주의력이 분산되거나, 매달리는 인간 뇌의 복잡한 피질 프로세스의 방해를 받지 않고, 내가 그들을 놔두고 외출했다 돌아올 때마다, 너무나 신이나서 내게 달려든다. 나는 또한 아직도 남아 있는 유목민이나 토착민들에 관한 책이나 다큐멘터리에서 체현된 참자아 에너지의 영향이 어디까지 미치는지 엿볼 수 있다. 그들의 생존은 체현된 참자아 에너지에 달려있다. 모든 짐 내려놓기 작업은 우리가 체현된 참자아의 최대 잠재력에 근접하도록 이끈다.

짐을 내려놓은 체현된 내면시스템

IFS 트레이너인 매리얼 패스터(Mariel Pastor)는 우리 부분들이 짐을 내려놓았을 때의 특성들에 대해 이해할 수 있게 해주었다. "부분들은 함께 더 조화롭게 일한다… 각 부분의 내재하는 은사들은 더욱 쉽게 사용할 수 있게 되어, 의식적으로 요리조리 엮는다."[1] 짐을 내려놓은 부분들에 대한 패스터의 많은 묘사들은 체현된 특성이며, 젊은이들이 춤추고, 웃고, 서로 행복하게 일하며 노는 이미지를 떠올리게 한다. 다음의 설명은 그녀가 슈워츠와 함께 만든 만다라, '짐을 내려놓은 내면시스템(Unburdened Internal System)'에서 발췌한 것이다.

- 짐을 내려놓은 보호자들 : 많은 부분들이 보호자의 역할로부터 해방될 수 있지만, 어떤 부분들은 필요할 때만 효과적으로 보호한다.
- 짐을 내려놓은 소방관들 : 스트레스 수준이 높을 때 참자아에게 직접 신호를 보낸다. 효과적인 자기 위안 활동과 주의 전환을 한다. 열정과 모험, 건전한 위험 감수와 유머로 삶에 활기를 더한다. 공정을 옹호하고 부당함에 맞선다. 용기와 자신감을 부여하여 도전적인 상황에서 용감하게 행동한다.
- 짐을 내려놓은 관리자들 : 일상의 책임에 균형 잡힌 접근법을 제공한다. 효과적이고 능숙하며, 다른 부분들 및 사람들과 협력하고 독려할 수 있다. 성장과 재능 기부를 제창한다. 다른 부분들과 사람들에게 사랑이 넘치는 부모가 되거나 양육을 할 수 있다.
- 짐을 내려놓은 추방자들 : 아이 같은 호기심과 기쁨을 가진 부드럽고 예민한 부분들로서 연결과 돌봄을 옹호한다. 일차 돌봄자로서 참자아를 고정시키고, 더욱 자유로이 다른 사람들에게 다가간다. 다른 사람들의 감정에 대해 직관을 제공한다. 열린 마음과 신뢰를 즐긴다.

이 짐을 내려놓은 부분들에 대한 패스터의 묘사는 참자아 에너지를 묘사하는 C로 시작하는 단어들을 포함하고 있다. 즉 호기심을 가지고 있고 (curious), 창의적이며(creative), 연결되어 있고(connected), 중심이 잡혀 있으며(centered), 평온하고(calm), 긍휼의 마음을 갖고 있으며(compassionate), 용기 있고(courageous), 자신감 있으며(confident), 명료하다(clear). 상처의 영향에서 해방되어, 더 이상 참자아 에너지로부터 단절되어 두려움과 고립감에서 극단적으로 행동하지 않는다면, 부분은 참자아와의 관계를 회복하였음을 가리킨다. 이 에너지가 그 존재(부분)에 스며들어 부분의 참자아는 깨어난다. 짐을 내려놓은 부분들은, 예의 바르게 행동하고 참자아의 이끎을 따르는 법을 배웠기에, 회복되어 순종적인 소인격체들이 되는 것은 아니다. 시스템 내의 그들 기능과 특성에 자체의 참자아 에너지가 스며있는 것이다.

IFS 모델은 내면가족시스템과 그보다 더 작거나 큰 시스템들 사이에 유사성이 있다는 사실을 인정한다. 내면가족시스템이 부분들과 참자아를 갖고 있듯이, 부분들도 역시 부분들과 참자아를 갖고 있으며, 다시 그 부분들은 부분들과 참자아를 갖고 있다고 본다. 임상 작업에서는 부분들과 참자아를 갖고 있는 부분들 수준에서 작업하는 것만으로 충분하다. IFS의 시스템적 측면은 더 큰 시스템에도 적용될 수 있다. IFS 치료가 개인의 내면가족, 커플, 가족 또는 더 큰 집단에 초점을 맞추고 있더라도 더 작거나 큰 시스템 모두에 대한 상호 영향을 고려하고 있다. 독자들은 슈워츠의 **내면가족체계치료, 제2판**에 있는 '제18장 사회 및 문화 체계에 내면가족체계 모델 적용하기'를 읽어 보기를 권한다. 여기서 다음과 같이 우리 문화의 유산인 인종차별, 가부장제, 물질주의, 동성애 및 성전환 공포증을 살펴보고 참자아의 이끎을 받는 국가의 비전을 제시한다.

우리의 눈과 귀를 열어 추방자들과, 우리가 지구에 가하고 있는 파괴에 눈을 돌리고 귀를 기울이게 된다. 이 같은 각성은 기후변화, 경제적 불평등과 차별을 되돌리려는 우리의 노력을 촉진시키게 된다. 우리는 파괴적인 소방관들에게 처벌이 아닌 치료를 제공하게 된다. … 우리는 물질적 소유와 권력보다 관계를 소중히 여기게 된다.[2]

슈워츠는 이 장을 개인 내적인 시스템을 치유함으로써 더 큰 시스템을 치유할 수 있다는 고무적인 관점으로 마무리한다.

그리고 인간 시스템 레벨은 서로 연결되어 있기 때문에, 어느 레벨에서의 참자아 리더십이라도 모든 레벨을 치유할 수 있도록 해준다. 우리는 짐을 내려놓은 각 내담자가 이 지구의 짐들을 줄이는 데 도움을 주어, 우리 모두가 참자아에 좀 더 접근할 수 있도록 해준다고 믿는다.[3]

소매틱 IFS는 몸과 관련된 개인의 짐들이 종종 사회 제도를 통해 전달되는 인종차별주의자, 가부장제 및 이성애자 태도에 뿌리를 두고 있다는 사실을 좀 더 구체적으로 다룬다. 이런 태도들은 몸에 손상을 입히며 심지어 생명까지도 잃게 만든다. 인종차별주의자 사회제도에 박혀 있는 문화적 세대간 짐들은 흑인들의 몸에 상처를 비롯하여 폭력과 죽음을 낳는다. 신체 모습을 바탕으로 사람이 아니라 재산으로 보는, 400년이 넘은 인종적 불평등이라는 트라우마 유산은 개인의 바디마인드에서뿐만 아니라 사회의 제도와 관습 속에 박혀 있다. 가부장적 제도는 여성도 남성의 소유물로 여겨왔기 때문에 여성에 대한 폭력을 영속시킨다. 이 문화적 유산이 가져온 가장 극단적인 신체 결과는 신체 학대, 성 학대 및 인명 손실이다. 비록 많은 레벨에서 평등이 이루어졌음에도 불구하고, 여성들은 물건으로 간주되는 짐, 그리고 우리 사회에서 성공으로 나아가는 하나의 수단으로 자신들의 몸을 대상화시키는 (사물로 취급하는) 짐을 짊어지고 있다. 자신을 성소수

자라고 밝히는 이들에게는, 성정체성이나 성적 표현이 사회적으로 양분화된 문화 밖에 놓여 있는 그들을 병적인 것으로 여기는 사회에 산다는 것 자체가 체현에 장애가 된다. LGBT 커뮤니티는 동성애혐오, 성전환 혐오 사회로 인해 폭력과 죽음을 경험한다. 더 일반적으로는 신체적 성적 학대로 인한 트라우마, 방치로 인한 트라우마, 아동기나 성인기의 만성질환과 신체 장애로 인한 트라우마, 그리고 심지어 사고나 수술로 인한 트라우마도 종종 문화적 규범과 제도에 기인한다고 볼 수 있다.

우리가 지배적인 문화의 일원이든지 억압받는 집단의 일원이든지 간에, 우리 문화의 제도에 박혀 있는 짐들은 체현된 참자아 에너지로의 접근을 서서히 은밀하게 짓밟는 역할을 한다. 어린아이들이 큰 소리로 울거나 꼼지락거리거나 킥킥대고 깡충깡충 뛰는 자유는 짓밟힌다. 백인 이성애자 남성들은 수치 당하거나, 두들겨 맞거나, 거부당하는 것이 두려워 자신들의 취약한 감정 표현을 제한하는 문화 명령를 받아들인다. 우리는 우리의 신체 분비물, 배설물 및 냄새를 향하여 수치심을 느끼고, 다른 사람들의 몸이든 자기 자신의 몸이든, 장애나, 질병, 혹은 노화된 몸을 향하여는 혐오감을 느낄 수도 있다. 우리의 신체 질병은 무시되거나 전문가들의 도움을 받거나, 혹은 결국 우리가 갈망하는 관심을 얻을 수 있는 한 가지 이유가 된다.

인종차별, 성차별, 동성애자 차별과 연결된 문화적 짐들이 변화하고 있다는 증거가 있다. 우리가 이러한 사회적 상처로부터 치유될 때, 우리가 하는 내면 작업은 체현된 참자아 에너지로 이어진다. 내재된 복원력 또한 흑인과 여성들, 그리고 하위 문화 모두에서 두드러진다. 미투(#MeToo)와 '흑인의 목숨도 소중하다'는 운동(Black Lives Matter Movements)은 여성과 흑인의 신체에 대한 사회적 대상화와 평가절하에 대응하여 일어났다.

우리가 참자아 에너지를 체현할 때, 우리는 우리 사회의 상처에 대한 치유 작업을 더 효과적으로 할 수 있다. 우리는 문화의 말이나 행동에 영향을 덜 받게 된다. 소매틱 IFS 작업은 우리 몸에 대한 우리의 주관적 관점을 속속들이 회복시킨다. 패턴 안의 비슷한 패턴이라는 이러한 생각은 온 우주 — 원자 구성입자, 원자, 분자, 세포, 유기체로부터 대인 및 우주 차원에 이르기까지 — 가 프랙탈(fractals, 자기 유사성) 특성을 보여준다는 많은 수학자들과 과학자들의 관점과 맥을 같이한다. 프랙탈은 같은 패턴이 서로 다른 규모와 크기로 반복되는 개체나 시스템이다. 많은 자연현상들은 어느 정도 프랙탈 특성을 갖는다. 로마네스코 브로컬리의 봉오리와 눈송이는 프랙탈의 예들이다. 전체가 패턴의 가장 작은 부분들 안에서까지 표현되며, 그 반대도 가능하다고 보는 이 이론은 우리의 우주가 거대한, 겉보기에 무한한 프랙탈 구조일 수 있다고 보고 있다.

　소매틱 IFS는 개념적 수준이나 물리적인 수준 모두에서 내면가족의 프랙탈 특성을 생각하고 있다. 인체는 시스템 안에서 그리고 신체 구조 안에서 유사한 프랙탈 특성을 보여준다. 한 가지 예로, 폐 시스템에 볼 수 있는 기관지에서 모세기관지로, 다시 허파꽈리까지로 이어지는 가지치기이다. 여기서 전체는 각 부분에 암호화되고, 모든 부분들이 함께 하나의 상호 연결된 전체를 구성한다. 우리는 신장, 간, 췌장, 뇌 같은 장기들에서 프랙탈 디자인을 찾아볼 수 있다. 세포막의 기능과 구조는 피부에서, 그리고 장기, 근육, 혈관 및 신경을 감싸고 있는 근막에서 반복된다. 세포막에서부터 핵과 모든 세포내 소기관까지 세포내 모든 부분들을 연결하는 세포골격은 몸의 근골격계와 결체조직을 모방하여 반복하고 있다. 이 세포골격 및 결체조직의 연속적인 연결망은, 신경, 심혈관 및 다른 조직과 함께, 몸의 형태에 기여한다. 이들은 또한 각 세포 내에서, 신체 내에서, 밖의 주변 환경으로, 그리고 환경으로부터 세포의 가장 내면 깊은 곳에 있는 부분들까지 에너지와 정보의 흐름을 지휘한다. 이 구조들은 시너지를 이루며 작업하여 생체 매트릭스, 즉 연속적이며 상호 연결된 반도체 네트워크를 형성한다.

우리 우주의 프랙탈 속성은 홀로그램을 정의하는 여러 특징 중 하나이다. 여기서 홀로그램의 각 부분은 전체가 소유한 모든 정보를 지니고 있다. 인체도 우리가 우주라고 부르는 훨씬 더 큰 홀로그램 안에 존재하는 하나의 홀로그램으로 볼 수도 있다. 인간을 우주의 축소판으로 보고 몸의 각 부분을 온 인체의 축소판이라고 보는 견해는 많은 중국과 동아시아 철학 속에 깊이 박혀 있고 중국전통의학의 틀이기도 하다. 예를 들어 발과 귀에 경혈점들이 있는데, 이들은 몸의 여러 다른 부분들과 연결되어 있다. 발마사지 차트는 다소 인체의 이미지와 닮아 있다. 수백 년에 걸쳐, 예술가들, 철학자들, 치유사들은 인체의 프랙탈 및 홀로그래픽 특성을 인식해왔다. 나누고, 구분하여, 그 분리된 부분들을 연구함으로써 물리 현상을 이해하려 시도하는 서양 과학과는 달리, 홀로그램은 우리에게 나누는 것은 단순히 전체의 더 작은 버전으로 이어지며, 모든 것은 또한 근본적으로 상호 연결되어 있고 더 큰 전체의 부분이라고 가르친다. 이러한 관점은 공간뿐 아니라 시간과도 관련이 있다.

제네바에서 최근 수행된 양자이론을 테스트하는 실험에서, 두 개의 원자 내 입자를 11킬로미터 떨어뜨려 놓고, 그들 중 하나에만 자극을 가했더니, 그들이 동시에 반응하는 것을 발견하였다.[4] 이러한 입자들의 행동을 아인슈타인의 제자였고 세계에서 가장 존경받는 양자물리학자 중 한 명인 데이비드 봄(David Bohm)은 다음과 같이 설명한다. 이 두 입자들은 실제로 분리된 별개의 것이 아니라고 그는 말한다. 그들의 분리된 상태는 착각이다. 아마도 이런 관점은 입자들을 개별적 독립체로 보는 우리의 인식이 부정확하며, 우리의 자신들을 개별적 독립체로 보는 우리의 인식이 현실과 맥을 같이 하지 않고 우리의 감각을 통해 여과되고 있음을 시사한다. 아인슈타인이 다음과 같은 유명한 말을 하였다. "현실은 단지 착각일 뿐이다. 비록 아주 끊임없이 반복되는 것이기는 하지만…"

홀로그램의 모든 부분들은 전체가 소유하고 있는 모든 정보를 보유하고 있다. 왜냐하면 그것은 실제로 분리된 별개의 부분이 아니기 때문이다. 이것이 우리 주위에서 우리가 인식하는 모든 복잡성과 다양성의 핵심에 놓여 있는 단순함인 것이다. 우리의 흔한 경험과 모순되고, 모든 것들이 무한히 상호 연관되어 있으며 서로 영향을 주는ー본질적으로 우리는 모두 하나라는ー이러한 관점은 엄청난 함의를 가지고 있다.

소매틱 IFS의 함의는 우리 내면시스템이 나뉘지 않는 하나의 바디마인드 시스템이며, 우주에 있는 다른 모든 차원의 시스템과 무한히 연결되어 있다는 것이다. 우리는 마치 우리 각자가 하나의 독특한 개별적 독립체라고 주장하듯이 내면시스템의 서로 다른 측면들을 파악하는 한편, 우리가 인식한 '현실'을 헤쳐나가면서, 그것들이 유용한 구성체임을 기억한다. 우리는 물리적 몸이지만, 또한 에너지와 정보의 홀로그래픽 장에 살고 있는 의식이기도 하여, 지시하고 안내하며 지속적으로 물리적 형태를 다시 세운다. 체현된 참자아는 우리의 내적 존재들의 모든 차원과 우리의 관계 망과 얽혀 하나가 되어, 참자아 에너지의 장에서 분명히 드러난다. 겉보기에 분리된 이 모든 별개의 차원들로부터 우리에게 연속적으로 에너지와 정보가 흘러들어온다. 홀로그램의 '모든 부분 안에 있는 전체'라는 특성은 바디마인드 내면시스템의 각 부분은 참자아 장의 더 큰 의식과 분리될 수 없다는 개념을 우리에게 제공한다. 겉보기에 우리 부분들을 참자아 장으로부터 분리시키는 유일한 것이 부분들의 짐이다. 이 짐들 가운데 '가장 끈질긴 것'은 우리가 별개로 분리되어 있다는 환상에 불과한 신념이다.

이 모든 것으로부터, 심리학적 치유의 결과가 내면가족의 분리된 별개의 측면들이 녹아 구분할 수 없는 곤죽이 된다는 것을 의미하지는 않는다는 것이 분명하다. 내면시스템 안에 통합이 있기는 하지만 그것은 부분들이 사라지거나 단조로운 동일한 상태로 합쳐지기 때문이 아니다. 오히려 인식과 행동을 제한하고 왜곡시키는 짐들이 없다면, 부분들은 자유로이 원래의 자신들의 재능을 회복하고, 자신들의 목적을 완수하며, 건설적이고 협력적인 관계에 참여할 수 있게 된다. 치유된 내면가족은 전체의 선을 위해 독특하게 기여하고 협력하면서도 비슷한 특성을 보이는 건강한 사랑하는 가족(만약 이것이 상상하기 힘들다면, 구성원들이 서로 사랑하고 존중하며 공동의 대의에 헌신하는 한 집단을 떠올린다) 안에 있는 개인들의 축소판이다. 각 부분의 리더십은, 부분들과 영향을 주고받으며, 더 넓은 장과 연결되어 있는 개인의 핵심 참자아가 안내하고 이끌며 통합할 때조차도 존중받는다.

우리는 일차적으로는 에너지와 정보의 홀로그래픽 장이고, 이차적으로는 물리적 존재다. 짐 내려놓기는 바디마인드 시스템에 있는 장애물들을 제거하여 몸이 자신을 보수하고 치유시키도록 해준다. 몸은 고도의 일관성을 유지하며 엄청나게 복잡한 신체 프로세스를 지원한다. 신체의 정보의 장은 그 안에 건강에 대한 청사진을 갖고 있어, 이론적으로 어떤 질병도 치유할 수 있다. 우리는 단지 그 장애물들을 제거해야 한다.

록펠러 대학의 물리학자인 고 하인즈 패글즈(Heinz Pagels)는 다른 이론가들처럼 양자물리학이 생명 자체의 물리적 기초를 포함해서 우주의 모든 것을 상호 연결하는 일종의 코드라고 믿었다. 그는 자신(따라서 추정컨대 모든 것)이 죽음을 초월한 생명의 원리를 체현하였다고 이해하였다. 열렬한 등산가였던 패글즈는 그의 책 우주 코드 : 자연 언어로서의 양자 물리학

(The Cosmic Code: Quantum Physics as the Language of Nature)에서 심연으로 떨어지면서 공포에 질리는 꿈에 대해 적었다.

> 갑자기 나는 내가 떨어지는 것이 상대적이라는 것을 깨달았다. 바닥도 없었고 끝도 없었다. 쾌감이 나를 엄습하였다. 나는 내가 체현시키는 바, 생명의 원리가 파괴될 수 없다는 것을 깨달았다. 그것은 우주의 코드, 즉 우주의 질서로 씌어져 있다. 내가 하늘에 안긴 상태로, 어두운 공허 가운데 계속해서 떨어지면서, 나는 별들의 아름다움에 맞추어 노래하고 어둠과 화해하였다.[5]

패글즈는 6년 뒤 등반사고로 사망하였다.

13세기 메브라나 젤라루딘 루미가 쓴 신비주의 시는 패글즈가 쓴 양자물리학의 원리 중 많은 것들을 전달한다. 시 한 편에서, 우리가 추구하는 평화를 찾을 수 있는 곳은 우리 몸 안이라고 말하고 있다.

> 당신의 영혼 안에 생명력이 있네. 그 생명을 찾게나
>
> 당신의 몸이라는 산에 보석이 있네. 그 광산을 찾게나
>
> 오 나그네여, 당신이 그것을 찾고 있다면,
>
> 밖을 내다보지 말게, 당신 내면을 들여다보고 그것을 찾게나.[6]

그의 많은 시들이 우리의 몸이라는 산에 있는 생명력인 보석을 채굴하도록 도와주는 소매틱 IFS 작업인 인식 · 호흡 · 공명 · 동작 · 터치 하나하나에 대해 기술하고 있다. 나는 이어지는 각 실습에 대한 논의 말미에 시 한 구절을 포함시켜, 소매틱 IFS의 목적이라 할 수 있는, 충분히 체현된 참자아의 이끎을 받는 내면시스템의 한 측면을 전달하고자 한다.

지금까지 체현된 참자아로 가는 경로로서 작업 하나 하나를 탐구하였기

에, 우리는 이제 짐을 짊어진 부분들에 의해 제한받지 않는, 우리의 생득권인 완전한 체현 상태가 각각의 작업에서 어떻게 표현되는지 고려해볼 것이다. 우리의 세포들은 인식으로 울려 퍼지고, 우리의 호흡은 깊고 편안하며, 우리의 동작은 유연하고, 우리의 온몸은 공명적인 연결을 촉진시킨다.

다섯 가지 작업에서 표현되는 체현된 참자아

신체적 인식

체현된 참자아 상태에 있을 때 우리는 몸에 대해 예리하게 인식한다. 우리 몸은 인식으로 고동친다. 우리의 감각은 외부세계로부터 정보의 흐름을 받아들이고 있다. 우리의 모든 세포는 다른 세포들과 그리고 주위의 체액과 소통하고 조율하며 자신의 독특한 사명을 성취하면서, 활기가 넘친다. 각 기관은 고유의 리듬 가운데 고동치며 나머지 신체 시스템들과 함께 계속되는 교향곡을 만들어낸다. 우리 몸에 대한 깨어난 인식으로, 우리는 참자아 에너지를 묘사하는 여러 개의 C 단어들을 체현한다.

참자아 에너지의 주된 측면 중 하나는 **중심 잡힌**(centered) 느낌이다. 우리의 중심과 닿아 있을 때 우리는 우리가 어디에 있고, 우리가 누구이며, 우리가 누구가 아니라는 것을 안다. 우리 중 많은 이들이 우리가 참자아 에너지를 느끼는 곳을 보여주기 위해 우리 몸의 중심을 가리킨다. 어떤 이들은 그것이 원통모양의 핵심이라고 이야기하고, 또 다른 사람들은 어떤 특정한 지점, 예컨대 자신들의 심장, 배꼽, 배를 가리킨다. 중심 잡혀 있는 신체적 경험은 고유감각기 세포뿐만 아니라 중력의 작용과 우리의 수직 정렬과의 관계에 대해 인식하고 있는 각 세포 안의 구조들을 통해서 이루어진다. 짐 내려놓기는 글자 그대로 우리의 무게 중심을 변화시킬 수도 있다.

물리적으로 그리고 개념적으로 중심이 잡혀 있는 상태에서 우리는 평정과 균형감을 갖는다. 우리는 결과에 연연해하지 않는다. 우리가 잠정적으로 중심을 잃게 되면, 우리는 본능적으로 그것을 느끼고, 우리 몸을 통해 우리는 중심으로 되돌아가는 길을 찾는다. 우리는 우리 몸의 실제적인 물리적 중심에 채널을 맞추어 우리의 참자아 에너지에 접근하여 폭풍의 중심에 있는 조용한 '나'가 된다. 우리가 몸에서 중심 잡힌 상태를 유지할 때, 폭풍은 속도를 잃고 평온한 상태로 회복된다.

신체적 인식을 통해 접근이 이루어지는 또 하나의 C 단어는 **연결**(connection)이다. 연결은 방해받지 않는 바디마인드 시스템의 모든 소매틱 레벨에서 분명히 드러난다. 우리의 몸을 글자 그대로 둘러싸고 있을 뿐만 아니라 풍부한 감각 신경을 통해 다른 모든 시스템과 닿아 있는 근막은 이 체현된 연결의 예이다. 1조가 되는 우리의 세포 하나 하나는 다른 세포들과, 그리고 몸으로부터 확장하여 무한대라는 더 큰 시스템과 정보를 교환하고 전달하느라 분주하다. 이 같은 연결의 특성은 배아에서 분명히 느러난다. 그리고 그것은 우리 세포와 우리의 모든 신체 시스템에서, 우리의 삶전체를 통해 지속된다. 몸의 각 시스템은 자율적이지만 상호의존적이며, 다른 모든 시스템과 연결되어 있다.

신체적 인식으로, 우리는 체현된 내면 가족 구성원들 간의 연결을 감지한다. 몸과 마음은 연결되어 있고, 몸의 모든 부분들은 서로 연결되어 있으며, 부분들은 그들 간에 서로, 그리고 참자아와 연결되어 있다. 우리 몸을 인식함으로써, 우리는 부분들과 보다 쉽게 연결하여, 어떻게 그들이 우리의 신체 감각을 사용하여 자신들의 역할을 수행하고, 우리와 소통하는지를 이해할 수 있게 된다. 우리는 신체 감각을 통해 보내진, 내면시스템의 부분들로부터의 미묘한 메시지를 인식한다. 그들은 우리가 연결된 것을 느낀다. 그들은 주목을 받고 싶은 마음에서 극단적이 될 필요가 없다. 매순간 펼쳐지는 신체 경험을 바탕으로 하여, 우리 몸 안에 박혀 있는 내재하는 지혜를 사용할 수 있게 된다.

내적으로 연결되면서, 우리는 또한 외적으로도 연결된다. 우리 몸을 통해 우리는 다른 사람들에게 다가가고 관계망을 구체화시킨다. 우리는 정서적으로 안정되어 있고, 매 단계마다 다른 사람들에 의해 우리는 지지를 받는다. 수많은 사람들이 우리 전에 땅을 밟았고 우리는 그들의 발자취를 밟아간다. 우리는 우주 및 모든 생명과, 우리 조상들과, 미래의 후손들과 연결되어 있음을 느낀다. 이런 선물을 준 지구에 감사한 마음을 가지고, 우리는 지구와 조화를 이루어 살며, 후손들을 위해 지구의 건강을 보존하기로 약속한다.

감각적 신체를 통해 우리는 우리와 땅 및 지구 상의 다른 생명체와의 관계를 인식한다. 우리는 우리가 어디에 서 있는지를 안다. 우리는 **자신감**을 가지고 걷는다. 땅의 중심은 소속감, 안전감, 안정감을 우리에게 말해준다. 땅의 풍성한 지지에 대한 우리의 감사로부터, 그리고 우리가 심은 씨앗이 우리가 사는 동안 꽃을 피우고 추수되는 과정으로부터 우리의 자신감은 자란다. 땅처럼 우리는 변화의 리듬과 사이클, 산악 지대, 동굴의 깊은 어둠을 안다. 신체적 인식과 흙 원소는 격동의 감정 에너지 앞에서도 의지할만한 견고한 정신적 지주가 되었다. 우리의 자신감은 전염된다. 우리의 자신감은 내담자들에게 용기를 불어넣어 주어 땅으로부터 안전과 지지를 찾고, 가장 깊은 곳의 비밀과 가장 어두운 공포조차도 부드러운 새 씨앗이 잘 자랄 수 있는 기름진 토양이 될 수 있음을 믿도록 만든다.

우리가 옛 조상들로부터 물려받은 ― 위협을 감지할 뿐만 아니라 마음을 열고 기쁨을 받아들이는 ― 이 역동적 능력은 우리의 행동을 안내해 줄 수 있다. 우리는 땅 속 깊이 들어가고 우리의 뿌리는 넓게 퍼진다. 우리 조상들, 우리의 교사들, 그리고 우리의 멘토들의 티끌이 우리에게 자양분을 공급한다. 우리의 삶에서 우리는 땅과 그 위에 사는 사람들이 베풀어준 모든 선물들에 대해 감사를 표현한다.

루미는 우리에게 말한다. "무릎을 꿇고 땅에 입맞춤을 하는 방법은 천가지도 넘는다." 우리는 우리의 무릎을 딛고 일어나 저 너머 공간으로 뻗으며 부드럽게 다음 작업으로 넘어간다. "식물이 땅 속에서는 단단하듯이, 당신은 당신 몸 안에 있다. 하지만 당신은 바람이다."

의식적 호흡

소매틱 IFS의 두번째 작업 또한 체현된 참자아 에너지의 **연결** 특성을 보여준다. 흙 원소가 공기 원소와 결합하면서, 우리는 세상에서 우리의 위치를 인식하며 살아가고 있다. 우리 앉은 자리와 발을 통해 땅에 고정한 다음, 우리는 마음을 열어 위에 있는 공간을 받아들이며, 우리의 수직 정렬, 즉 우리가 위와 아래를 연결하고 있음을 깨닫는다. 우리는 연결되어 있을 뿐만 아니라 우리 아래에 있는 땅과 우리를 둘러싼 무한 공간 사이의 **연결**자이기도 하다. 우리 몸은 외부로부터의 혼란한 에너지를 접지시키는 피뢰침으로서 기능할 수 있다. 땅은 우리에게 견고함을 주는 반면, 공기는 가장 기초 수준에서 우리가 거의 빈 공간이라는 것을 드러내준다. 호흡은 우리 몸의 고형 물질을 에너지와 통합한다. 후자는 아무것도 아닌 것처럼 보이지만 모든 것일 수도 있는, 겉으로 보기에 공허함이며, 보이지 않는 산소가 우리의 신체적 삶에 중요한 만큼 우리의 영적 삶에 매우 중요할 수 있다. 호흡은 무의식과 의식을 연결하여, 과거나 미래에 사로잡혀 있는 것에서 현재의 순간으로 우리를 안내한다.

숨 쉬는 행위는 생명을 유지시키는 지구를 둘러싼 얇은 층의 기체에 상호 의존하면서 우리가 모든 생명체들과 상호 의존하는 상태가 되도록 연결시킨다. 우리는 이 귀한 공기를 들이 마시고, 분리된 별개의 상태라는 환상을 내쉰다. 이 시너지를 가져오는 가스교환은 우리의 본질적인 하나됨과 상호의존의 춤인 것이다. 우리의 숨은 우리 인간을 식물과 동물의 생물 세계에 연결한다. 체현된 참자아 상태에서 우리는 공기를 오염 물질들로부터 보호하고, 나무를 벌목과 불태움으로부터 보호하고자 애쓴다. 숨 쉬는 행위를 통해, 각 세포는 산소와 이산화탄소를 계속해서 교환하면서 외부 환경과 연결되며, 내면세계와 외부세계를 연결하고, 산소를 마시고 사는 생명체 전체는 아닐지라도, 최소한 내담자들의 내면시스템과 우리를 하나로 만든다. 신체적 인식의 내적 성찰 작업과 근본적 공명의 관계 작업 사이에 위치한 의식적 호흡은 개인 내적, 개인 간 그리고 초월적 시스템을 연결한다.

숨 쉬는 가운데서 우리는 우리의 내재하는 **호기심**(curiosity)을 발견한다. 참자아 상태에 있을 때는 우리가 숨 쉬듯이 힘들이지 않고 우리의 호기심에 접근할 수 있다. 우리는 참자아 에너지의 장으로부터의 넉넉함을 들이 마시고, 내쉬면서 그 넉넉함을 전달한다. 우리는 우리의 의식 가운데 떠오르는 모든 것에 호기심을 불어넣고, "흠…?" 소리를 내며 내쉰다. 우리는 계속해서 호기심을 들이마신다. "이런 기분이나 신념은 내 몸 어디에 있는가?" "나는 그것을 향하여 어떤 느낌이 드는가?" "흠" 소리를 내며 길고 천천히 내쉬면서, 우리는 내려놓음, 즉 미지의 것에 대해 마음이 열리는 경험을 한다. 우리가 소리 내는 것을 머릿속에 그리든, 실제로 소리를 내든, 이 허밍 소리의 진동이 우리 머리와 가슴 속에서 공명하여, 어떤 혼동이나 애씀이라도 사라진다. "흠" 소리 이후에, 새로운 어떤 것이 공허로부터 나타날 수도 있다. 우리는 넉넉함이나 정보를 발견할 수도 있고, 단순히 숨 쉬기, 허밍, 알 필요가 없음을 즐기고 있을 수도 있다. 치료사로서, 넉넉함 가운데서, 우리는 내담자가 참자아 에너지를 갖고 있음을 기억한다. 경이로움의 입장에서 진정으로 이 순간에 의식을 집중하면, "흠"이 "아~"로 바뀌면서 우리의 호기심은 우리를 경외심으로 데려간다. 들숨 가운데 올라오는 호기심은 우리의 상상, 직관, 그리고 치유 관계 속에 있는 우리를 지지할 수 있는 영감에 불을 붙인다.

길들여진 인식을 반복하기보다는 호기심을 들이마실 때, 날숨에서 우리는 또 하나의 참자아 에너지 특성인 **명료성**에 접근한다. 불법을 교육받을 때, 나는 총각(Chong Gak, 聰覺)이라는 법명을 받았다. 나의 선사는 내 이름의 두 글자는 모두 '명료'를 달리 이야기하는 것이라고 이야기해주었다. 내가 정말로 명료함을 성취하였다고 주장할 수 있다면, 그것은 나의 호흡법에 의식을 가져온 덕택이라 생각한다. 한 번에 며칠씩 꼼짝 않고 침묵 가운데 앉아 있으면서 계속해서 내 부분들에게 옆으로 비켜서 달라고 하는 동안 집중할 만한 것들이 그리 많지 않았다. 명상 스승들은 우리 몸이 고요해질 때, 휘저어져 혼탁한 마음의 앙금이 마침내 가라앉아, 우리의 몸과 마음이 명료해진다고 가르친다. 옆으로 비켜서기를 주저하는 부분에 대해서는, 나는 들숨에서 부드러운 질문으로 맞이한다. "이게 무엇인가?" 그리고 날숨에서 시원스럽게 답한다. "알지 못한다." 마침내 명료함이 떠올랐다.

내가 좋아하는 작가이자 영적 영역과 심리 영역을 잇는 스승 중 한 분인 잭 콘필드는 'After the Unburdening(짐 내려놓기 이후)'와 관련된 그의 책 황홀경 이후, 세탁 : 영적인 길에서 현명해지는 방법(After the Ecstasy, the Laundry: How the Heart Grows Wise on the Spiritual Path)에서 동서양 영적 공동체 지도자들의 통찰력을 활용한다.[7] 호흡에 영향을 주는 부분들이 짐을 내려놓았을 때, 우리는 숨을 의식하는 것이 우리의 직장에서, 건강에서, 나이 들어가는 것에서, 그리고 인간 관계에서 부딪치는 복잡한 현실 세계의 도전들을 헤쳐나갈 수 있도록 해준다는 사실을 발견한다. 부분들이 습관적으로 올라와 이 도전에 대처할 때는, 이 부분들이 우리의 숨에 어떻게 영향을 주는지 인식함으로써 평온과 명료함이 회복되어, 도전에 창의적인 대응으로 이어진다. 호흡법은 정서적 명료성을 유지시킬 뿐 아니라 생리적 수준에서도 명료함을 가져다준다.

호흡계는 몸에서 세포의 짐들을 청소한다. 우리의 바디마인드 시스템이 맑은 날의 공기와 같을 때 우리의 감각은 예리하고, 우리의 생각은 포괄적이고 정확하며, 우리는 우리가 느끼는 바를 알고 그것을 알기 쉽게 표현한다. 의식적 호흡은 우리 말의 명료성을 지원한다. 우리의 몸이 안다는 것에 대한 가장 직접적인 표현이 침묵일 것이다. 우리는 우리 몸의 지혜로 나아가는 명확한 통로가 있을 때 언제 말하고 무엇을 말할지를 안다. 우리는 명료함이 자석임을 발견한다. 콘필드는 윌리엄 버틀러 예이츠(William Butler Yeats)의 명언을 인용한다. 예이츠는 이 작업의 변화시키는 힘에 대해 다음과 같이 말한다. "우리는 우리의 마음을 고요한 물처럼 만들 수 있다. 존재들이 우리 주위에 모여 자신의 모습을 보고는 잠시나마 우리의 조용함 때문에 더 맑은, 어쩌면 더 치열한 삶을 살 수도 있도록."[8]

우리의 호흡법을 의식하면서 우리는 **평온한**(calm) 상태를 찾는다. 대체로 무의식적인 이 작업에 의식을 가져오면 자율신경계에 영향을 미쳐 우리의 맥박, 혈압, 소화, 신진대사에 영향을 준다. 우리가 대체로 무의식적인 이러한 활동을 단순히 의식하게 되든지, 혹은 특정한 호흡 기법을 사용하든지 간에 우리의 충분하고 편안한 호흡법은 들어오고 나가는 리듬 가운데 우리를 흔들며, 주고받으며, 채우고 비우며, 자연의 리듬이 울려 퍼지게 한다. 부분의 손아귀에 있을 때 우리의 에너지는 뭉쳐지고 좁아지며, 밀도가 높아지고 더 많은 제약을 받게 된다. 호흡기와 세포의 숨 쉬는 리듬은 우리 몸과 마음 안에 평온과 넉넉함을 만들어 준다. 매 들숨이 새로운 가능성, 새로운 생명을 가져다준다. 매 날숨은 우리가 더 이상 필요로 하지 않는 것을 내려놓고, 새로운 것을 받아들일 공간을 만들게 해준다.

긍휼의 마음(compassion) 또한 숨을 통해 우리에게 찾아온다. 숨을 통해 들어온 산소는 먼저 폐 사이에 자리한 심장으로 간다. 우리의 심장은 산소가 많이 녹아 있는 혈액을 힘차게 펌프질하여 우리의 세포에 전달하며, 소중한 긍휼의 마음도 동일하게 온몸에 전달한다. 그리고 우리는 긍휼의 마음을 내쉰다. 우리는 주위의 공간으로부터 참자아 에너지를 들이마시고, 그것을 관계의 장으로 내쉰다. 우리의 숨은 우리의 체현된 말을 지원하여, 우리의 목소리 톤, 강도, 리듬을 통해 이러한 의식 상태를 전달한다. 우리는 이러한 의식 상태가 우리의 것이라 주장하지 않는다. 의식 상태는 공기처럼 우리를 통해 치유가 필요한 세상 사람들에게로 단순히 흐르고 있다. 우리의 심장을 살리는 소중한 공기는 다음 작업인 근본적 공명이라는 관계 영역으로 안내한다.

루미는 '사랑의 호흡'이 우리를 '저멀리 무한대'까지 데려갈 수 있다고 말한다.

근본적 공명

'저멀리 무한대까지' 가는 데는 **용기**(courage)가 필요하다. 용기는 심장의 의미를 갖고 있는 라틴어 어근인 *cor*에서 유래한다. 용기는 우리의 심장으로부터 흘러 관계의 깊은 물속으로 뛰어든다. 두려움과 절박한 필요가 더 이상 우리의 관계를 방해하지 않는다면, 우리의 심장은 겹겹의 보호막으로 담을 쌓을 필요가 없다. 우리의 감각은 무디어질 필요가 없다. 우리는 더 깊은 친밀의 가능성을 발견한다. 우리는 다른 생명체를 포함하여 외부 세계와 자유로이 공명한다. 겉으로 보기에 단단한 모든 물질로부터 뿜어져 나오는 물리적·정서적 진동에너지를 경험하며, 우리는 우리가 관계망의 일부에 지나지 않는다는 현실을 이해하기 시작한다. 자신과 타인, 마음과 몸, 물질과 에너지의 개념 너머에, 우리는 모두 똑같이 영으로 물들어 있다는 보이지 않는 증거가 있을 뿐이다.

우리의 심장이 우리를 더 깊은 친밀함으로 이끌면서, 우리의 몸을 기반으로 한 애착 경험이 드러난다. 지금까지 습관적으로 복잡하고, 종종 혼란스러운 관계의 세계를 헤쳐나왔던 부분들은 어찌할 바를 모를 수도 있다. 우리가 가졌던 많은 상처들은 이 수평적인 관계 영역에서 경험되었고, 부분들은 우리가 더 이상의 해를 받지 않도록 보호하고, 자신들의 상처를 알리기 위해 열심히 일해왔다. 특히 자신들 주위에 있는 것들의 에너지 주파수가 압도적이며 혼란스러웠던 경험이 부분들에게 있었을 수도 있다. 그들은 자신들의 개방성을 가리는 법을 매우 일찍 배웠을 수도 있다. 자신들의 신념과 행동이 시대에 뒤떨어졌다는 것을 깨닫더라도, 이 부분들은 방향감각을 상실하고, 역할이 없어졌으며, 목표를 잃었다고 느낄 수 있다. 이 부분들은 아직 새로운 진동과 보조를 맞추지 못하고 있는 것이다.

우리는 이들에게 우리의 열린 가슴이라는 용기를 가져온다. 용기는 두려움이 없는 것이 아니라 두려움과 함께 걷는 것이다. 우리는 기꺼이 이 부분들과 공명하여, 그들이 자신들의 에너지를 우리의 것과 합할 수 있도록 해준다. 우리는 정서적으로 그리고 진동적으로 영향을 받고 있는 동시에 참자아 에너지의 진동에 연결된 상태로 있다. 우리가 이렇게 하면서, 음이 제대로 된 악기가 음이 살짝 빗나간 악기를 제대로 맞출 수 있듯이, 한 부분의 주파수에 공명함으로써 그 부분을 참자아 에너지의 주파와 일치시킬 수 있게 된다. 이같은 일치는 몸의 신경적, 화학적, 에너지 패턴에 반영된다. 우리는 또한 우리의 부분들에게 그들의 스크린, 보호막, 셔터가 필요하게 되는 상황이 여전히 있을 수 있다고 이야기한다. 공명 능력을 회복한다는 것이 우리가 수용성을 조절하는 능력을 지금까지 박탈당했었다는 것을 의미하는 것은 아니다. 언제 마음을 여는 것이 안전하고 바람직한지를 아는 것이 근본적 공명의 한 측면이다.

유명한 선종 이야기는 두려움 앞에서의 용기 있는 궁극적인 자세, 그리고 용기가 가진 변화의 힘을 보여준다. 전해오는 이야기가 있는데, 한 살인 폭력배가 마을로 오고 있다는 소문이 퍼지자, 한 사람만 제외하고 마을의 모든 사람이 언덕으로 향했다. 그 살인자는 이 한 사람이 배짱 있게 남아 있다는 이야기를 듣자, 그 집의 문을 세게 두드렸다. 그 사람이 문을 열자 폭력배는 긴 칼을 꺼내며 소리쳤다. "내가 누군지 알아? 나는 너를 눈도 깜짝하지 않고 두 동강을 낼 수 있는 사람이야!" 그 사람은 폭력배의 눈을 들여다보며 침착하게 대답하였다. "그러면 당신은 내가 누군지 아시오? 나는 눈도 깜짝하지 않고 두 동강으로 잘릴 수 있는 사람이오." 그 말에, 살인자는 칼을 칼집에 꽂고 돌아갔다.

우리의 가슴에는 또한 진실되고 깊은 **긍휼**의 능력이 있다. 우리의 가슴은 따뜻하고 열려 있으며 짜릿함을 느낀다. 그리고 그 에너지는 외부로 빛난다. 긍휼의 마음이라는 말의 어원은 '함께 고통을 겪는다'는 의미이다. 불교에서 관음은 긍휼의 여신으로 알려 있고, 그 이름은 '세상의 울음을 들는 여신'을 뜻한다. 관음은 고통을 관찰할 뿐 아니라 치유를 위해 함께 고통을 받는다고 한다. 관음은 구별되어 무한히 큰 용기 안에 고통을 담고 있으면서, 동시에 고통을 당하는 존재의 입장에서 살아가는 것에 대한 한 예이다.

긍휼의 원인론은 고통 가운데 있는 사람과 함께 고통을 경험하는 것을 내포하고 있지만, 긍휼은 고통스러운 경험이 아니라, 오히려 딕 슈워츠가 그의 책 내면가족체계치료에서 소개한 몇 가지 최근 연구에서 보여준 바와 같이 보상적인 경험이다. 타냐 싱어(Tania Singer)와 그녀의 동료들이 독일의 라이프치히에 있는 막스 플랑크 연구소와 함께 실시한 대규모 연구는, 명상과 같은 마음수행 작업의 영향이 개인의 웰빙뿐만 아니라 평화와 정의라는 사회적 문제에도 어떻게 영향을 미치는지에 초점을 맞추었다. 기능적 자기공명영상(fMRI)의 결과 중 하나는 공감과 긍휼이 서로 다른 두뇌 연결망을 공유하고 있음을 보여주었다. 공감은 고통 회로를 활성화하는 반면, 긍휼은 보상 회로를 활성화한다. 긍휼은 곁에 있는 상태이지만 공감은 정서적 융합이다. 우리는 타인의 고통에 공명하면서 우리의 심장은 긍휼의 마음으로 부풀어오른다. 긍휼은 우리를 끌어내리기 보다는 우리를 고양시키는 효과를 가지고 있다. 우리는 우리 주위의 공간뿐만 아니라 우리의 온몸이 겉보기에 참기 힘든 고통을 담기에 충분히 큰 용기가 될 수 있다는 것을 발견한다.

우리가 가슴으로 느끼는 근본적으로 공명적인 수용성은 말없이 전달되고, 내담자의 바디마인드 시스템에 의해 진동의 형태로 수신된다. 부분들이 짊어지고 있던 신념의 짐은 사라진다. 관계의 파열이 회복된다. 습관적 행동은 옛 시냅스 발화 패턴으로 인해 힘을 잃는다. 조화를 이루지 못하는 수많은 부분들의 진동은 뇌와 몸이 다시 연결되면서 일치하게 된다. 짐 내려놓기 작업은 참자아 에너지의 전달과 결합되어, 내담자의 체현된 참자아를 해방시켜 내담자의 어린 부분들을 위한 안정애착 인물이 되도록 한다. 치료사와 내담자 모두의 체현된 참자아는 기하급수적으로 증폭된 긍휼의 주파수를 만들어낸다. 부분들은 자신들이 더 큰 전체의 일부라는 생물학적 심리학적 현실을 알게 된다.

참자아의 이끎을 받는 **평온**의 특성은 또한 공명적 관계의 대표적인 특징이기도 하다. 우리는 이러한 특성을 우리 몸—우리의 숨, 우리의 심박수, 우리의 이완된 근육계—에서 감지한다. 우리 뇌의 이러한 평온한 상태는 측정 가능한 진동 주파수를 갖고 있다. 이 리듬은—아마도 우연은 아니겠지만—지구의 리듬과 동일한 진폭을 갖고 있다. 1960년 이후 신뢰성있게 측정되어온 전자기 파장의 한 세트인 지구의 리듬은 '지구의 맥박'으로 불려 왔으며, 슈만 공명 주파수로 알려져 있다. 이 평온한 상태는 우리의 반응성을 억제하고 통제함으로 인해 얻어지는, 혹은 소파에 쓰러지거나 의자에 꼼짝 않고 있을 때 볼 수 있는 그러한 겉보기의 '평온'과는 확연하게 다르다. 수면이 바람에 흐트러지는 깊은 바닷물처럼, 평온은 정적 상태가 아닌 역동적 상태이다. 체현된 참자아 에너지 상태에서, 공명적 관계의 상태에서, 우리는 평온하게 보이고, 평온하게 말하며, 심지어 우리는 말하고 움직이고 상호 작용하면서도 다른 사람들의 신경계에게 평온을 전달한다.

우리는 우리의 불가분성에 대한 감각적 경험 너머의 현실을 엿볼 수도 있다. 비록 우리가 계속해서 별개의 개인들로서 기능하고, 분리된 별개의 구성 성분을 가진 것처럼 다른 사람들과 그리고 우리의 내면시스템과 관계를 맺지만, 제네바 실험이 원자 내 입자들이 별개의 것이 아니라는 것을 증명하였듯이 우리도 역시 그러한 현실을 살아나갈 수 있다. 치료사와 내담자, 자신과 타인에 대한 우리의 개념은 더 큰 인식 가운데 가볍게 수용될 수 있다. 우리가 다른 인간들, 모든 생명체, 지구, 심지어 우주와도 조화로운 관계를 맺으며 살아가듯이, 우리는 개인 간, 개인 내 그리고 초월적 치유에 대한 개념 너머까지로도 확장할 수 있다. 우리의 공명적인 몸은 아원자부터 은하계에 이르는 겉으로 보기에 별개의 계층적인 우주의 차원을 따라 흐르는 에너지와 정보의 통로가 된다. 공명적 관계가 갖고 있는 치유 잠재력은 엄청나다.

루미의 시는 이 비이원적인 공명적 관계 장에 대해 이렇게 말한다. "영혼이 풀밭에 누워 있을 때, …언어, 생각, 심지어 '서로'라는 말조차 아무런 의미가 없다."

마인드풀 동작

우리의 움직이는 몸에서 증명되는 우리의 **창의성**(creativity)은 진실로 우리의 경외심을 자아내고 있다. 몸의 창의성, 가소성, 힘은 수정 이후, 즉 세포가 증식하고 분화하여 끊임없이 변화하는 구조를 형성하면서 의사소통하고 협력하며 우리의 삶 전체를 통해 새로운 필요와 도전에 대처하는 과정에서 분명히 드러난다. 우리는 자궁의 수중세계에 내어맡긴다. 우리는 자궁벽에 붙기도 하고, 떠다니기도 하며, 수영도 한다. 우리는 여러 동작들을 하며 논다. 체현된 참자아 상태에서 우리는 우리의 생득권인 창의적이고 장난기 있는 동작의 잠재력에 접근한다. 우리의 삶 전체를 통해, 움직이는 몸은 우리 창의성 표현의 원천이며 방편이다. 동작은 불 원소와 연관되어, 우리의 창의성에 불을 붙이고 그것을 표현하도록 한다. 우리는 삶이 우리에게 가져다주는 어떠한 것을 마주하더라도 꼼짝 못하거나 무너진 상태로 있을 필요가 없다. 딜레마와 갈등은 마비가 아닌 창의성을 위한 기회로 인식된다. 우리는 치료사로서 기법들을 외울 필요가 없다. 혁신적이고 적절한 개입은 관계의 장 안에서 발생한다. 우리는 심지어 의자에서 일어나서 내담자에게도 일어서거나 눕거나 기거나 함으로써 이야기들이 동작으로 표현을 찾을 수 있도록 해보라고 초청할 수도 있다. 우리는 그들의 동작에 공명하며 그대로 따라한다.

우리는 발생학적 발달을 다시 논의함으로써, 나중에 장애가 생기기 전에 우리의 진정한 본성을 표현하는 자연스런 동작을 알아낼 수 있는 과정을 살펴보았다. 시공 연속체를 따라 우리의 초기 생애까지 여행하면서 우리는 내재하는 우리의 창의성 및 힘과 다시 연결하며 우리 자신들을 보호하고 자양분을 공급한다. 우리는 생명의 핵심인 맥박의 움직임과 연결한다. 우리는 동작을 통한 내재적인 전개 프로세스가 방해 받았음을 가리키기 위해, 내어맡기기(힘 빼기), 밀기, 뻗기, 움켜쥐기, 잡아당기기 동작에 초점을 맞추었다. 이러한 전개 프로세스의 방해는 발달 단계의 트라우마로부터 얻거나, 물려받거나, 후생적으로 전달받는다. 트라우마 상처로 인해 우리는 첫 번째로 안전한 곳으로 피하고자 하는 시도에, 그리고 싸우거나 도망가려는 적응 반사에, 이어서 만약－몸의 자원들이 감당 못하는 상태가 되면－무너지는 것에 마인드풀니스를 가져왔다. 우리의 신경근육계에 묻혀 있는 이 동작들을 점진적으로, 마인드풀하게, 천천히 그리고 안전하게 살펴봄으로써 동작 이야기가 전개되도록 해주었다. 이것은 인식, 신념, 감정뿐만 아니라, 동작 패턴의 짐 내려놓기로 이어진다. 이런 방식으로 마인드풀 동작은 내담자의 변연계와 몸 시스템 변화의 대리인이 되어, 인식과 함께 마인드풀하게 반복함으로써 내적 변화의 신체적 표현을 안정화시킨다. 회복된 생명력의 흐름은 우아함, 강함 및 융통성을 보여주는 새로운 동작 패턴으로 표현된다.

체현된 참자아 상태에서, 우리의 동작은 우리의 **자신감**을 표현한다. 회복된 우리의 자신감은 우리의 열리고 탁 트인 자세에, 우리의 걸음걸이와 제스처에, 그리고 우리가 하는 모든 동작에 반영된다. 우리는 비틀거리거나 발을 헛디디거나, 균형을 잃어도 재빨리 회복될 수 있다. 용기처럼, 우리의 자신감도 일들이 괜찮을 거라고 바라거나, 괜찮지 않은 것들을 모두 없애는 것에 전적으로 의지하지 않는다. 우리의 자신감의 원천은 모든 것이 이미 괜찮다는 것을 아는 것이다. 우리는 우리 안에 우리가 필요한 모든 것을 가지고 있다. 우리의 몸은 미지의 것을 마주할 때 우리가 끌어 쓸 수 있는 자신감의 저장고이다. 우리는 우리의 신체 크기나 나이 혹은 능력에 관계없이, 우리의 모습 그대로, 내가 가진 능력 안에서 자신감을 가질 수 있다. 우리는 앞에 어떤 것이 놓여있는지 알 필요가 없다. 우리는 어둠 가운데서 자신있게 걸으며, 우리 발 아래 있는 것만 감지한다. 우리는 더 이상 우리 스스로를 작게 만들거나, 보이지 않도록 만들 필요가 없고, 부풀릴 필요도 없다.

라이너 마리아 릴케(Rainer Maria Rilke)는 시간의 책(A Book of Hours)에 있는 시에서 하나님께서는 우리에게 어떤 일이 있어도 계속 움직이라고 말씀하고 계신다고 적고 있다. 그의 시에서 하나님께서는 우리에게 우리의 갈망의 한계에까지 이르러, 하나님을 체현하라고, "불꽃처럼 타오르고, 내가 들어갈 수 있는 커다란 그림자를 만들라고" 말씀하신다.[9] 우리는 실망이나 실패를 두려워하여 우리의 갈망으로부터 돌아서지 않는다. 우리는 갈망의 한계까지 간다. 우리는 그것을 찾으러 어디로 가는가? 루미가 제안하였듯이, 그것은 '우리 몸이라는 산의 보석'인가? 우리 몸에서 이 보석을 찾을 때, 하나님은 우리에게 "불꽃처럼 타오르라"고 말씀한다. 참자아의 이끎을 받는 갈망으로 촉발된 동작, 행동, 활동은 우리를 세상의 놀랄 만한 곳으로 데려간다. 그곳은 우리의 빛이 하나님께서 움직일 만큼 큰 그림자를 드리우는 곳이다. 우리가 체현된 참자아의 자신감을 가지고 세상으로 들어가면서, 릴케는 계속해서 하나님의 충고의 목소리를 내고 있다. "모든 것, 아름다움과 공포가 네게 일어나도록 하라. 계속해서 나아가라." 우리는 확신과 자신 있는 행동으로 우리의 전 생애를 통해 계속 움직이며, 한 번에 한 단계씩 우리의 목적을 살아나간다.

릴케의 시에서 루미의 시가 울려 퍼진다. "춤을 추라, 당신이 찢겨진 때에도. 춤을 추라, 당신이 붕대를 뜯었을지라도. 싸움 중에도 춤을 추라. 당신이 피를 흘리는 중에도 춤을 추라. 당신이 완전히 자유로워진 때에도, 춤을 추라."

섬세한 터치

참자아 에너지와 관련된 **연결** 측면은 섬세한 터치 작업을 통해 가장 근본적으로 그리고 구체적으로 표현된다. 장거리 전화비를 지불해야 했던 때를 기억하는 사람들은 "손을 내밀어 누군가를 터치해(감동시켜) 주세요."라고 우리를 독려하는 옛 AT&T 상업 광고가 기억날 수도 있다. 그 광고는 가슴 절절한 음악을 배경으로, 떨어져 있던 사람들이 이제는 장거리 전화로 연결되었다는 눈물어린 시나리오를 그리고 있었다. 비록 전화나 다른 장치들이 우리가 타인과 연결될 수 있도록 역할을 하고 있지만, 직접적인 신체적 접촉은 훨씬 더 영향력이 크다. 터치를 통한 연결은 피부의 감각신경을 통해 뇌의 구석 구석으로 이동하여, "당신이 나와 함께 있는 것처럼 나도 당신과 함께 있어요."라는 메시지를 전달한다. 우리의 몸과 연결되고, 더 넓은 참자아 장에 의해 지지받으며, 터치를 받고 있는 사람과 공명적 연결이 이루어지면, 부분들은 참자아의 엄청난 힘 가운데 안기게 된다. 우리는 터치 에피소드가 있기 전이나 이루어지는 중에, 터치에 대한 우리 자신의 몸과 터치를 받고 있는 사람의 몸 안에서의 비언어적 반응을 신체적으로 추적한다. 우리의 터치는 그 반응과 거의 동시에 변화한다.

우리의 전 생애를 통해, 우리 모두는 터치하고 터치받기를 갈망한다. 그리고 우리의 신체적 정서적 웰빙은 그것에 달려있다. 점토 예술가가 되고 싶은 나의 충동은 나의 미술을 통해 '다른 사람들을 터치(감동)'하고자 하는 나의 몸 깊은 곳의 열망으로부터 나왔다. 움직이고 호흡을 하면서 나는 점토로 쐐기 모양을 비롯해 여러 가지 모양을 만들었다. 내 몸속에서 잠자고 있었던 상상과 창의성이 점토를 통해 표현의 길을 찾았다. 점토가 물을 만나고, 젖은 점토가 공기에 마르고, 마른 점토가 불에 구워져 변화되면서, 나는 내 손으로 작업하는 여러 가지 감각이 너무 좋았다. 내 몸으로부터 나오는 메시지가 내 손 아래서 점토의 모양을 만들었고 완성된 작품들은 무엇인가를 내면에서 바깥 세계로 가져왔다. 이 작품들은 다른 사람들을 터치(감동)하였고, 때로는 그들이 그것들을 사고 싶을 정도가 되었다. 하지만 어떤 때는, 나는 다른 사람들을 터치하고 싶은 것으로 되돌아와, 좀 더 직접적으로 그 일을 하기로 결심하였고, 나는 바디워커로서 그 일을 하였다. 때로 우리는 무엇보다 더 실제 터치를 주고받을 필요가 있다.

두 사람의 체성감각계를 통한 이 같은 직접 소통은, 글자 그대로 부분과 닿아있어, 부분들과 참자아 사이에 이루어지는 모든 형태의 암묵적 소통 중 가장 강력하고 효과적일 수 있다. 우리의 첫 번째 언어인 터치는 내담자나 치료사로부터 나온 체현된 관계적 참자아 에너지를 뇌의 바깥층인 피부를 통해 직접적으로 그리고 무언으로 전달한다. 그 에너지는 근막과 신경의 광대한 연결망을 통해 흐른다. 이것은 각각의 우리 개인 신체를 통과하는 생명의 거미줄에 대한 가시적인 표현이라 할 수 있다.

체현된 참자아로부터 터치하는 행위에는 의도가 없고 단지 **호기심**만 있다. 우리가 신체적 터치를 할 때 섬세한 터치는 어떤 바디워크나 의학적 촉진과는 달리 잘못된 곳을 찾거나 우리가 접촉하는 어떤 것이라도 바꾸거나 교정하려는 기대를 하지 않는다. 전달하고자 하는 태도는 단지 의식 상태 중의 하나다. 단순히 의식 상태에 있으면서, 우리는 마음을 열고 살을 통해 전달되는 미묘하고 암묵적인 몸의 언어를 받아들인다. 내담자 부분들의 허락 하에, 부분이 살고 있는 몸의 한 장소를 터치함으로써 열린 호기심의 메시지를 전달한다. 아마도 내 손이 들을 수 있는 것, 그 부분이 들려주고 싶어하는 이야기는 무엇인가? 나로부터 느끼고 싶어하며, 내 터치를 통해서만 받아들일 수 있는 것은 무엇인가? 우리의 자연스런 호기심은 우리의 손과 목소리로부터 뿜어져 나온다. 터치를 받고 있는 사람은 우리의 목소리로부터의 메시지보다 손으로부터의 메세지를 더 신뢰할 수도 있다. 우리의 손은 부분들을 위해 마음을 열고, 긍휼의 통로가 되는 법을 안다. 우리가 터치를 통해 무엇—긴장감, 무기력함, 공허함, 부서지기 쉬움, 녹음, 부드러워짐, 열림—을 인식하든지 우리의 손은 계속해서, 그것이 전개될 때 그것과 함께 할 의향을 전달한다.

섬세한 터치는, 터치가 피부로부터 뇌와 모든 세포로 이동을 할 때, 체현된 참자아의 **평온**을 전달한다. 감각으로 암호화된 신체적 방치나 학대적 터치에 대한 이야기와, 차단되거나 얼어붙은 동작 충동에 대한 이야기가 펼쳐지면서, 조직 안에서 잠자고 있던 것을 깨운다. 안전하고 연결되어 있으며 존중하는 터치의 촉각은 구심신경 경로를 따라 이동하여, 사회적 관여라는 배쪽 미주신경 상태를 시스템으로 회복시킨다. 이 평온한 변연계 상태는 원심신경 경로를 따라 이동하여 조직 안에 박혀 있는 과다각성된 추방자들을 진정시킨다. 터치의 효과가 심장박동을 늦추고, 혈압을 낮추며 코르티솔, 뉴로펩타이드와 같은 치유 화학 반응의 흐름을 촉발시키면서, 정서적으로 조절이 되지 않는 부분들은 분리된다. 섬세한 터치는 그것이 상상한 것이든 내담자의 참자아로부터 온 것이든 혹은 치료사로부터 온 것이든 부분들이 안전하고 지지받고 있다는 신체적 메시지를 전달한다. 안전하게 안기어 부분들은 정서적으로, 신체적으로, 사회적으로, 신경학적으로, 그리고 어쩌면 영적으로도 평온해진다. 터치의 경험이 고통이나 학대와 연결되어 있었을 때, 섬세한 터치는 평온하고 안전하게 연결되어 있다는 새로운 메시지를 확고히 할 수 있다.

문화가 우리의 터치 경험에 영향을 주듯이, 상상컨대 개인 대 개인, 치유적, 양육적이며 애정어린 터치가 가지고 있는 치유력은 개인의 범위를 넘어설 수 있다. 연구는 터치 결핍 및 학대와 사회의 폭력 사이에 상관관계가 있음을 보여주고 있다. 개인의 터치 상처를 치유하는 것은 바라건대 사회에도 긍정적인 영향을 끼칠 수 있다. 우리는 사회적 동물이고, 촉각 경험은 우리의 삶 전반에 걸쳐 우리 웰빙의 중심에 있다. 소셜 미디어가 제공하는 가상의 공동체가 인간의 육신적인 상호작용을 대신하게 되었고, 힘의 역동 가운데의 터치 남용이 사회에서 묵인되고 있을 정도로, 섬세한 터치의 필요성은 개인의 범위를 초월한다. 섬세한 터치는 개인 내적으로나 사회적으로 터치의 상처를 치유하는 힘을 갖고 있다.

소매틱 IFS는 적절하고 윤리적인 터치 작업이 추방자의 자리로부터 재등장한 것을 축하한다. 터치는 지금까지 두려움과 수치심의 그림자 속에 숨어있었다. 터치는 심리적 문화적 짐에 대해 휴면 중인 단서들을 깨우고, 치유를 받게 하여, 한 사람으로서의 감각적 활력이라는 생득권을 회복시킬 수 있다. 우리의 개인적·사회적 터치 상흔은 회피당하거나 부정당하지 않을 때 치유의 추동력이 될 수 있다. 우리가 체현된 참자아 상태에서 '손을 내밀어 누군가를 터치할 때' 우리는 바로 영혼에 도달한다.

루미는 이야기한다. " 나는 이 머리카락도 아니고, 이 피부도 아니다. 나는 그 안에 살고 있는 영혼이다."

다섯 가지 작업의 사용을 보여주는 사례

다음의 세 개의 회기는 서로 다른 임상 문제들에 대한 소매틱 IFS를 간단히 보여주며, 다섯 가지 작업이 IFS 모델에 어떻게 통합되는지를 분명하게 보여준다.

소매틱 IFS 작업은 성적 학대를 알아낸다

다이앤은 골반저의 불수의적 경련으로 불편을 겪고 있었다. 그녀는 그 경련이 화학 요법으로 인한 어떤 신경병증과 관련이 있을 거라고 생각하였다. 그녀는 내면으로 들어가 골반저의 감각에 초점을 맞추고자 하나, 오히려 다리에서 편치 않은 감각이 느껴진다(신체적 인식). 그녀가 계속해서 그 감각을 유지하는 동안, 자신의 다리가 경련이 일어나듯이 움직이기 시작한다(마인드풀 동작). 불수의 동작에 초점을 맞추기보다 나는 그녀와 함께 우리의 골반저로 숨을 불어넣어 긴장을 풀도록 돕는다(의식적 호흡과 근본적 공명).

다이앤은 숨을 쉬면서 몸을 앞뒤로 흔들기 시작한다. 나도 그녀의 동작에 동참한다(마인드풀 동작). 그녀는 동작의 수의적인 측면을 즐기며, 동작의 통제하에 있는 것이 아니라 동작을 통제하고 있다. 계속 앞뒤로 흔들면서 그녀는 네 살 때 편도선 절제 수술을 할 때, 집도의사에 의해 애무를 받던 기억을 알아낸다. 그때 그녀가 받은 충격과 혼란은 그녀가 자신의 골반저의 감각에 자물쇠를 채우도록 만들었다. 그녀는 그 경련이 자물쇠를 뚫기 시작하며 관심을 얻고자 애쓰는 작은 소녀였다는 것을 깨닫는다.

우리는 함께 일어선다. 그리고 다이앤은 방을 돌아다니며 발, 다리, 허벅지와 골반을 인식한다(마인드풀 동작). 그녀의 다리가 찌릿하며 살아있는 느낌이 든다. 다리에 더 많은 에너지를 갖게 된다(신체적 인식). 그녀는 골반을 자유로이 움직이며 골반저의 감각을 즐긴다. 나는 그녀와 함께 움직이며 우리 두 사람은 우리 몸에서 감지하는 것을 공유한다(근본적 공명). 다이앤은 골반저로부터 위로 심장을 향하여 한 줄기 에너지가 흐르는 것을 느낀다. 그녀는 손으로 이 줄기를 추적하며 기뻐서 웃는다(섬세한 터치).

소매틱 IFS 작업은 사고 트라우마를 해소시킨다

젊은 여성인 엘레나는 중상을 입은 후, 쇠약하게 만드는 만성적 두통이 생겼다. 망치로 머리 오른 편을 끊임없이 두들기고 있는 것 같이 느껴졌다(신체적 인식). 그녀는 약으로 통증을 다소 관리하며 할 수 있는 한 자신의 삶을 계속 영위하려고 애쓰지만, 자신의 몸이 얼어붙어 있는 느낌이다. 그녀는 소매틱 IFS가 사고가 빼앗아간 것 — 자신의 몸을 움직이는 기쁨과 희열 — 을 복원시켜 줄 수 있는지 궁금해한다. 나는 그녀의 오른쪽 어깨와 목이 뭉쳐있고 그녀의 모든 동작에 뻣뻣함과 머뭇거림이 있음에 주목한다(마인드풀 동작). 엘레나는 어서 빨리 자신의 고통을 없애고 싶은 간절한 욕구를 가지고 있고, 나는 내 몸이 애씀으로 긴장되어 있는 것이 느껴진다. 나는 그냥 내버려두고 나의 심장에 초점을 맞춘다. 그녀가 잃은 것을 생각하니, 나의 긍휼의 마음이 그녀를 향해 흐른다(근본적 공명).

우리는 그녀의 사고에 대한 기억을 다시 살피며, 경험한 매 순간을 천천히 진행하여, 엘레나가 사고에 대한 자세한 내용을 기억하면서 떠오르는 몸의 감각에 마인드풀 인식을 가져올 수 있도록 한다. 그녀가 떠올리는 각 세부사항들에 대해, 우리는 멈추어 그녀의 몸의 감각들을 주목한다(신체적 인식). 점진적으로 엘레나의 몸이 녹기 시작한다. 경미한 움직임이 척추에서 시작되고는 이어서 어깨, 목, 팔로 점점 확대된다. 이 첫 번째의 미묘한 움직임들은 떨림으로, 그리고는 흔들림으로 발전한다. 눈물이 그녀의 얼굴에 흘러내리기 시작한다. 흔들림이 이내 가라앉는다. 그녀는 하품을 하고 더욱 깊이 숨을 쉰다. 그녀는 머리와 목을 움직이며, 얼굴에 미소를 띠고 방을 둘러본다(마인드풀 동작).

나는 그녀의 다리가 이 모든 멋진 움직임과 자유로워짐에서 빠진 사실에 주목한다. 나는 그녀에게 하반신에 채널을 맞추고 그 부분도 움직이고 싶어하는지 보라고 초대한다. 엘레나는 머뭇거리며 다리를 아주 조금 폈다가 굽히기를 시도하지만, 동작이 중단된다(마인드풀 동작). 동작 중단에 인식을 가져가면서, 그녀는 자기 몸 오른쪽에서 조금 떨어진 곳에 있는 어리고 겁에 질린 부분을 발견한다. 이 어린 소녀는 아버지가 유약함을 미워했던 것에 대해 이야기한다. 그 부분은 사고로 인해 약해진 것이 아버지의 미움을 불러일으킬까 봐 두려워한다.

엘레나는 어린 부분을 향해 팔을 뻗어 그 아이를 자기 품으로 끌어온다(섬세한 터치). 그녀는 아이에게 움직여도 안전하며, 아무도 그 아이를 약하다고 하지 않을 거라고 이야기해준다. 엘레나의 다리가 떨리고 흔들리기 시작한다. 다리에 긴장이 풀리자, 그녀는 다리를 쭉 펴고는 일어선다(마인드풀 동작). 그녀의 온몸이 편안해진다. 그녀는 머리가 가벼워졌다고 내게 말해준다(신체적 인식). 그녀의 오른쪽 어깨와 목이 좀 더 자유로이 움직이고 있는 것이 보인다(마인드풀 동작). 사고에 대한 전체 동작 이야기를 목격함으로써 그녀의 몸에 에너지의 흐름이 회복되었고, 그것은 그녀의 부분이 아버지에 대한 두려움 때문에 방해받았었던 자연 치유 프로세스를 허용하게 된다.

엘레나에게는, 머리를 두드리는 것에 마인드풀 주의를 가져오더라도 자유로움을 가져다주지는 않았을 것이다. 고통에 집중하였다면, 감각과 연관된 다양한 부분들이 촉발되었을 것이다. 대신 사고의 기억에 대해 매 순간 떠오르는 감각 하나하나에 마인드풀 인식을 가져옴으로써 떨며, 흔들며, 하품하고, 호흡하는 동작을 통해 차단되었던 트라우마가 해방되었다. 그녀의 하체에 차단된 동작을 인식함으로써 그녀의 몸의 자연적 치유 반응을 차단하고 있었던 부분이 드러났다. 그 부분에 상상으로 터치를 해줌으로써 장애물이 제거되었고, 흔드는 자연스런 트라우마 반응이 흐를 수 있게 되었다.

소매틱 IFS 작업은 다중 트라우마에 대한 동작 이야기를 독려한다

소피는 위협적인 행동을 하는 남자를 최근에 만나고 나서 상담하기 위해 도착한다. 그녀는 그 사건에 대해 이야기하면서, 호흡이 빨라지고 몸이 경직되며 안색이 창백해진다(신체적 인식). 나는 그녀가 잠시 이야기를 멈추고 자신의 몸에 나타나는 부분들에게 주의를 기울여 볼 의향이 있는지 물어본다. 그녀는 팔과 다리가 자신의 코어와 연결되어 있다는 느낌이 들지 않는다는 사실에 주목한다(신체적 인식). 나의 제안에 그녀는 일어서서 방 안을 몇 발자국 걸었다. 그녀는 팔을 흔들고 코어를 좌우로 비틀었다(마인드풀 동작). 그녀는 이 동작이 팔과 다리가 더 연결된 것 같은 느낌이 들도록 해준다고 말한다. 그녀가 이렇게 하고 있는 동안, 나도 하품을 하고 움직여 보고 싶은 것을 발견한다(근본적 공명).

    소피는 앉아서 계속해서 자신의 몸에 초점을 맞춘다. 그녀는 명치 부분에서 당기는 느낌을 감지한다. 그 당기는 느낌이 계속되면서, 그녀는 소파에 쓰러진다. 그러자 그녀는 쓰러짐에 저항하듯이 똑바로 선다(마인드풀 동작). 우리는 그녀의 몸 안에서 활동하는 두 양극화된 부분을 가리키는 것일 수도 있는 이 상반되는 동작에 대해 이야기한다. 그녀는 쓰러짐이 점점 더 많이 장악하도록 하여 마침내 그녀는 공처럼 몸을 웅크린다(마인드풀 동작). 이 웅크린 자세를 유지하면서, 그녀는 자신의 어릴 적 성적 학대로 인해 자신을 비난하는 부분을 발견한다. 이 부분은 그저 다시 일어서고 싶어하지 않는다. 그녀는 자신의 배를 잡고는 어린 소녀를 안고 있는 상상을 한다(섬세한 터치). 마침내 바로 서고자 하는 충동이 좀 더 자연스럽게 나타나며 그녀는 자신의 몸을 편다. 나의 제안에 소피는 숨 쉬는 리듬에 맞추어 덜 극단적 형태의 이 두 동작 사이를 왔다갔다 한다(마인드풀 동작과 의식적 호흡). 들숨에서 그녀는 몸의 전면을 편다. 날숨에서 몸의 전면을 구부린다. 나도 그녀의 동작에 동참한다. 우리는 몇 차례의 들숨과 날숨 동안 이것을 행한다. 구부릴 때 그녀는 어린 소녀에게 말한다 —그것은 그 아이의 잘못이 아니며, 아무도 그 아이를 학대로부터 구해주지 못한 것이 미안하다고. 몸의 전면이 펴지면서, 그녀는 아버지의 성적 학대와 신체적 학대에서 살아남도록 도우려 애쓰고 있는 부분을 감지한다. 그녀는 자신의 척추에서 경직과 압박감을 느낀다(신체적 인식). 소피는 이 부분에게 그 아이가 지금은 괜찮으니 편히 있어도 된다고 말한다.

소피는 훨씬 더 편안하게, 위협적인 남자와의 만남에 대한 이야기를 끝낸다. 소피가 체현된 참자아 상태라는 것이 그녀의 부분들에게 분명해진다. 소피를 덜컥 똑바로 세우고 척추를 뻣뻣하게 유지시켰던 소피의 부분은 더 많은 관심을 필요로 하고 있다. 그녀는 똑바른 자세로부터 나오는 긴장감을 과장한다(마인드풀 동작). 비록 더 이상 끌려 쓰러지는 느낌은 없지만, 그녀는 자신의 척추와 목에 받쳐주는 느낌이 없다는 것을 감지한다(신체적 인식). 그녀는 소파에 기대고는 내가 자신과 등을 서로 맞대고 앉아 내 몸이 자신을 받쳐주고 있다는 것을 자신이 느낄 수 있도록 해줄 수 있겠냐고 묻는다(섬세한 터치).

우리가 이렇게 하면서, 나는 내 숨과 그녀의 숨의 보조를 맞춘다. 나는 그녀의 호흡법이 더 커지고 느려지며 그녀의 등이 부드러워지는 것이 느껴진다(섬세한 터치, 신체적 인식, 의식적 호흡, 근본적 공명). 소피가 천천히 몸을 떼고 다시 나를 마주할 때, 그녀의 눈은 편안해하는 모습이고, 자기가 필요로 하고 있던 것이 바로 이것이었다고 말하면서, 그녀의 얼굴에 미소가 번진다(소매틱 인식). 그녀는 이 사건이 자신의 몸 안에서 작동하고 있었으나 도달하기 힘들었던 자신의 과거 트라우마와 관련된 부분들을 발견할 수 있는 기회를 주었기 때문에, 이 남자가 자기를 위협했다는 사실이 기쁘다고 말한다.

하나됨으로 가는 길로서의 체현된 내면시스템

IFS는 하나의 초월적 또는 심리영적 모델로 볼 수 있다. IFS는 많은 훌륭한 지적, 철학적, 종교적 시스템에 의해 형성되었는데, 후자들은 모두 같은 시기, 즉 기원 전 5세기와 3세기 사이에 출현하였다. 다양한 유라시아 사회 —소크라테스, 부처, 유교, 노자, 히브리 선지자들—로부터 발생한 가르 침은 우리의 문화가 보다 더 자기 성찰적이 되도록 만들었다. 예수는 "하 나님의 나라는 너희 안에 있다." 라고 말했으며, 부처는 우리에게 말했다. "내면을 보라, 그대가 부처이다." 우파니사드에는 "참자아는 어디에나 있 으며, 모든 존재로부터 빛나며, 광대함보다 더 광대하고, 가장 미묘한 것보 다 더 미묘하며, 도달할 수 없지만, 숨보다, 심장박동보다 더 가까이에 있 다." 고 적혀 있다. 2500년이 지난 후에도, 그들의 지혜는 여전히 우리에게 정보를 주고 안내를 하며, IFS를 포함한 우리의 치유 작업들의 시금석이 되 고 있다. 슈워츠는 말한다. "우리의 부분들이 의식의 자리(참자아)에서 분 리될 때, 우리는 영적 전통이 수천 년 동안 알아왔고 가르쳐왔던 것, 즉 우 리는 놀라운 잠재력을 가진 이 취약한 내면 소인격체들을 지지하고 보호하 기 위해 우리가 필요한 자원들을 가지고 있다는 사실을 발견한다."[10]

　내면을 보는 것은 몸과 그의 에너지, 그리고 그의 감각 능력을 포함하며, 따라서 영적 경험은 체현된 것임이 자명한 듯이 보일 수도 있지만, 지난 수 세기에 걸쳐 많은 철학적 사고와 종교적 교리는 몸이 최고의 영적 성취 장 애물이라고 생각해왔다.[11] 몸은 영적 번영에 대한 장애물, 즉 업보로 더럽 혀진 구속, 죄악, 그리고 타락의 원천으로 간주되어 왔다. 성적인 그리고 감각적인 쾌락은 악마로 묘사되었다. 도덕적인 삶에 대한 보상은 이 혐오 스런 고통의 원천을 벗어 던지고, 마침내 육체에서 분리된 내세의 축복 가 운데 쉬는 것이다. 이러한 견해는 억압 및 금욕주의, 그리고 영성화된 의식 이라는 더 높은 목표로 몸을 추방시키거나 승화시키는 개념으로 이어졌다.

　몸은 영적 성취의 장애물이 되기보다는 그것으로 가는 길이다. IFS에서 참자아 에너지의 개념이 영적 차원으로 안내하듯이, 소매틱 IFS는 더욱 그러하다. 몸과 마음의 통합은 몸과 마음과 영의 통합이라는 삼위일체 피날레를 위한 발판을 마련한다. 몸과 마음이 더 이상 거짓된 이분법으로 분리되지 않을 때, 우리는 영적 대가들이 이야기하는 이 더 큰 현실을 경험할 수 있다. 이원론을 초월하는 것은 시너지 효과를 갖는다. 베이킹 소다와 식초를 하나로 만들 때와 같이, 그들은 용해되어 새로운 물질―글자 그대로 이산화탄소와 물―을 형성하여 공기 중으로 날아가듯이, 몸과 마음의 시스템들이 하나가 되어 바디마인드가 되고, 영(spirit)은 활동성 있는 에너지로 방출된다.

마음, 몸, 영, 셋으로 나뉘는 것뿐 아니라 마음과 몸, 둘로 나뉘는 것도 초월하여, 소매틱 IFS는 이 모든 인간 차원을 보다 완전하게 정렬시킨다. 몸을 객체가 아닌 주체로, 참자아를 체현된 상태로 간주함으로써 우리를 체현된 영성으로 데려다준다. 체현된 영성은 몸과 그 에너지가 심리영적 변화를 견디어내는 데 필수적인 것으로 본다. 물질적 형태로 모습을 갖는 것은 영의 세계와 다시 하나가 되는데 장애물이 되는 것이 아니라 영으로 되돌아가는 경로인 것이다.

체현되는 것은 평생의 여정으로서, 체현된 상태에서 시작하여, 그중 일부를 잃고, 바라건대 제때에 그것을 회복시켜, 품위 있게 우리 몸이 늙고, 망가지며, 부서져, 썩어없어지도록 해준다. 우리 몸은 우리가 존재하고 있는 상태의 모든 측면 중에서 가장 가변적이고 변화무쌍하다. 우리의 몸은 유아기, 아동기, 청소년기, 성인기, 중년기, 노년기 전체를 통해 변화하므로 변화하는 우주의 본성에 대한 증거이다. 체현은 우리 존재의 종점이 아니다. 그것은 영적 지혜에 대한 각성으로 나아가는 시작이다.

우리는 내면을 본다. 그리고 일단 짐을 짊어진 우리의 부분들이 옆으로 비켜서면, 우리는 우리 내면에서 하늘의 속성을 발견한다. IFS에서 참자아라고 부르는 이 하늘의 속성은 강력한 치유의 의식 상태인 것으로 밝혀졌다. 각각의 소매틱 IFS 작업은, 완전히 체현된 존재이며 진정한 본질적인 참자아라는 우리의 유산을 복원시키고 지지하는 역할을 한다. 우리는 외부를 본다. 우리는 우리가 취하는 매 숨에서 서로의 조금씩을 들이 마신다. 우리가 우리의 손을 터치하면 우리의 분자들은 섞인다. 우리는 몸과 마음에서, 우리가 서로 다른 것보다 비슷한 점이 훨씬 많다는 것을 깨닫는다. 우리 모두는 흙, 공기, 불, 물로 만들어져 있고, 이 원소들에 의존한다. 우리는 우리 자신들과 모든 존재를 포함하는 연결망을 감지한다.

우리가 영이나 참자아 에너지에 대해 이야기하려 할 때, 그것은 터치하는 순간 터지는 비눗방울처럼 말로 표현하기 어렵다. 훈련 과정에서 참가자들은 자주 참자아에 대해 — 참자아는 어떤 것이고, 어떤 것이 아닌지 — 이야기하고 싶어한다. 나는 우리가 참자아에 대해 길게 이야기하면 할수록 우리는 참자아 상태에서 멀어지게 되는 것을 발견한다. 이런 논의에 들어가면 재빨리, 나는 그룹을 경험적인 연습으로 옮겨간다. 그것을 이해하려면 반드시 경험되어야 한다. 우리는 우리 몸의 서로 다른 부분들에 채널을 맞추어 주목한다 — 위에서 아래로, 앞에서 뒤로, 표면에서 깊은 곳으로. 우리는 피부, 근육, 체액, 뼈, 기관들에 주목한다. 우리는 우리가 살아있다는 것이 주는 리듬에 주목한다. 우리는 우리의 숨 쉬는 것, 우리의 동작에 주목한다. 우리의 관찰하기와 목격하기가 심화되면, 마침내 우리는 몸을 갖는 것을 초월하여 우리의 몸이 된다. 이렇게 해서 우리는 영의 영역에 들어간다. 우리가 체현된 참자아의 경험에 더 깊이 들어가면서, 역설적으로 우리는 내부와 외부 사이의 확고한 경계를 가진 고형의 몸을 가지고 있다는 감각을 상당 부분 잃는다. 영이나 혼과 동의어인 참자아 에너지는 말로 표현하기 어렵다. 그것은 사람의 모습을 한 상태를 잃어버릴 수도 있다.

다음 회기에서 내담자는 처음에 소용돌이치는 에너지로서 자신의 참자아 에너지를 경험한다. 그리고는 바다, 모래, 태양의 자연 세계와 하나가 된다. 이 내담자는 오랫동안 스님으로 지냈고, 서구에서 살고 있는 대부분의 내 내담자와는 다소 다른 방식으로 부분들과 참자아를 경험한다. 이 내담자는 바람나그네로 불러달라고 요청하였고 아시아 국가에 살고 있다. 그는 IFS를 알게 되었고, 이 모델에 매혹되어 IFS를 사용하여 다른 사람들의 치유를 도울 수 있는 치료사가 되기 위해 교육 과정을 시작하였다. 그는 직접 IFS 모델을 경험하고 싶어하였고, 나의 소매틱 관점과 불교 배경 때문에 나와 작업하는 것에 마음이 끌렸다. 우리는 온라인으로 함께 작업을 시작하였다. 그는 우리의 회기를 녹음하고 문자화한다. 그래서 아래 나의 기록은 어떤 부분에서는 말 그대로 옮긴 것도 있고, 또 어떤 부분에서는 우리의 대화에 대한 요약을 적은 것도 있다.

바람나그네는 자신의 참자아가 소용돌이 치는 에너지로 느껴졌다. 그가 이 감각을 유지하는 동안, 교육반에서 자신이 잘하지 못했다고 느낄 때 활성화되었던 그의 한 부분이 등장하였다. 이 부분은 사랑, 수용, 안전을 찾고 있었다. 그 부분은 그의 엄마에게는 '새끼 고양이'가 됨으로써, 그리고 동료들에게는 '왕'이 됨으로써 이것을 찾았었다. 탁월한 학업 수행을 위해 애쓰는 이 부분은 역설적으로 교육반에서 그룹을 인도할 때 자신의 학업 수행을 방해했었다. 부분이 말하기를 "나는 뭔가를 붙들어야 할 필요가 있어. 나는 확고히 해야 할 필요가 있어. 나는 사람들을 내 편으로 만들어야 할 필요가 있어. 판단하고 있는 우리 엄마 이미지가 보여, 그래서 나는 새끼 고양이처럼 되어야 할 것 같아, 그러면 나는 안전하다고 느끼겠지."

이 부분이 등장하면서, 바람나그네는 자신의 몸에서 결속의 느낌, 즉 자신의 에너지의 응축과 봉쇄를 느꼈는데, 그것은 자신에게 참자아 에너지와의 연결이 끊어지고 있다고 말해주고 있었다. 그는 바다 호흡을 하며 더 많은 참자아 에너지로 돌아가고자 하였다. 그는 이 부분에게 참자아 에너지를 가져다줄 수 있었다. 처음에는 그의 참자아가 소용돌이 치는 에너지로, 나중에는 태양, 모래, 바다의 파도 소리로 나타났다.

이 회기에서 바람나그네는 자신의 실제 몸으로 자신의 참자아 에너지를 보거나 느끼기보다는 에너지나 소리, 자연으로 느꼈다. 그는 참자아 에너지에 대한 자신의 경험을, 불교에서 깨달음의 순간으로 묘사되는 일종의 비어있는 상태인 '무아'라고 일컬어지는 것에 비유하였다. 그렇더라도 그는 그 부분과 대화할 수 있었다. 나는 바람나그네에게 그 부분으로 하여금 자신이 갖고 있는 잘 해야 한다는 애착을 보여달라고 해보라고 하였다. 그 부분은 그가 그것을 붙들고, 움켜쥐고, 거머쥐는 모습을 보여주었다. 만약 그것을 내려놓게 되면, 수용되지 못할까 봐 두렵다는 이야기를 하였다.

> 바람나그네 : [자신의 부분에게 말하며] 너의 진정한 의도를 알겠어.
> 나는 너의 모습을 진심으로 수용해. 넌 언제나 내 가슴 속에 자리잡고 있어. 나는 너를 향해 절하고 있어. 네가 세상에 있는 너와 비슷한 다른 사람들을 내게 보여주어서 고마워. 너는 내 가슴에서 더 많은 긍휼이 느끼도록 해주고 있고, 나의 긍휼히 여기는 마음이 닿을 수 있는 범위를 더 많이 볼 수 있도록 해주고 있어. 너는 내 가슴에 너무나 많은 의미가 있기에 나는 네게 절을 해.

바람나그네는 그 소년의 얼굴을 보자, 그 얼굴은 노인의 얼굴로 비쳤다가, 그다음에 성인으로, 그리고는 다시 어린 소년으로 돌아갔다.

> 바람나그네 : [나에게] 이 부분은 천 개의 얼굴을 가지고 있습니다. 나는 그에게 절합니다. 나의 프라나(생명에너지)가 내 몸속으로 점점 더 깊이 가라앉는 것이 느껴집니다. 그는 나의 평화로운 에너지를 받아들이고 있습니다. 땀이 내 손과 발에서 쏟아져 나오고 있습니다. 나는 그를 더 잘 알아가고 싶습니다.
> 바람나그네의 부분 : 나는 어떤 사람이든지 될 수 있어요. 나는 어디든지 있을 수 있어요. 모든 사람이 나고 내가 모든 사람이기 때문이지요. 바다, 태양, 모래가 어떻게 내가 모든 것들의 일부이고, 모든 것들이 나의 일부인지 보여주었기에 당신에게 감사드려요.

바람나그네 : 그래서 너는 이제 더 이상 길을 잃거나 당황스러운 느낌이 없어? 더 이상 엄마의 사랑을 갈망하지 않아?

부분 : 만약 내가 나의 참 본성이 모든 사람의 일부라는 것을 발견한다면, 외로워하는 것은 누구란 말인가요?

바람나그네 : 그래서 너는 정말로 그것이 더 이상 네게 짐이 되지 않는다고 느끼는구나, 그렇지? 만약 네게 너를 따뜻하게 해주는 엄마가 없었더라도, 너는 외롭게 느끼지 않을 거야. 혹은 만약 네가 이 모든 훌륭한 업적을 성취한 훌륭한 치료사라는 것을 알아주는 친구들이 교육반에 없었더라도 ─ 심지어 네가 그것을 갖고 있지 않더라도, 넌 여전히 자유롭고 안전할 거야.

부분 : 지금 이순간, 나는 그래요.

바람나그네 : 너는 내가 네 곁에 있는 것을 느낄 수 있니? 너는 우리가 네 곁에 있다는 것을 감지할 수 있니?

바람나그네는 자신의 부분에게 질문을 하였다. 왜냐하면 그는 이 부분이 목격하기, 데리고 나오기, 짐 내려놓기 단계를 거치지 않은 채, 그의 의식 상태만으로도 짐을 내려놓게 되었는지 확실히 하고 싶었기 때문이다. 그는 자신의 부분을 활성화시켰던 원래의 상황 ─ 교육반 앞에서 하는 학업 수행 ─ 을 생각해내었다. 그리고 이 부분은 계속해서 수용과 긍휼 가운데 안겨 있는 느낌을 갖고 있었다. 바람나그네는 내게 자신이 "와" 하는 순간에 있는 것 같다고 하였다.

길고 깊은 침묵이 흐른 후, 바람나그네는 자신의 참자아 에너지 경험과 그것이 대부분의 서양인들이 자신들의 경험을 묘사하는 방법과는 어떻게 다른지 나와 대화하기 시작하였다. 그는 참자아를 형체로 보는 문화적 편견이 있는지 궁금해 하였다. 그의 참자아 경험은 소용돌이치는 에너지가 '안정성보다 컸다'는 것이다. 바람나그네에게 참자아 에너지는 무(無)인 동시에 모든 것이다.

바람나그네는 불교의 영성의 길, 그리고 그 후에는 초월심리학에 대한 탐구의 길을 가도록 만들었던 하나됨의 깨달음에 대해 자신이 10년 전에 가졌던 경험을 나와 공유하였다. 그는 자신의 명상의 배경과 모든 불교 가르침이 순간적으로 비쳐 지나가기는 하였지만, 회기 중에는 그것들이 지적인 곁길로 빠지지는 않았다고 하였다.

IFS가 어떻게 작동되는지 알 수는 있었지만, 그는 우리가 몸도 없고, 마음도 없으며, 부분들도 없고, 참자아도 없는 더 큰 현실 대신에 부분들이라는 개념을 지나치게 꼭 붙들고 있는 것은 아닌지 궁금해하였다. 그는 계속해서, 뿌리가 되는 짐은 우리가 서로 분리되어 있다는 개념 ─ 나 역시 강하게 심사숙고해오고 있는 생각 ─ 이라고 생각하였다. 그는 소매틱 IFS에 대한 자신의 경험을 내게 이야기해주었다.

> 바람나그네 : 내가 참자아에 도달하게 되면, 나는 부분에 대해 많은 존중감을 갖습니다, 그러면 그것이 그 순간에는 부분을 변화시킵니다. 나는 수용을 이렇게 이해합니다. 분리된 별개로서 그 부분을 향하여 기분 좋게 수용하는 것뿐만 아니라, 그 부분은 나와 다르지 않고, 나는 그 부분이며, 당신은 나요, 나는 당신이라는 것을 내가 이해하는 수준에서 내가 전적으로 그 부분을 수용하는 것입니다. 그런 수용으로, 우리가 분리되어 별개라는 뿌리가 되는 짐에 도달합니다. 우리는 부분을 참자아와 구별합니다. 우리는 부분과는 별개입니다. 우리는 구별합니다. 그러나 그 구별은 녹아버립니다. 단지 판단이 있고, 수용이 있으며, 모든 것이 공평합니다. 그렇습니다. 마치 구름과 태양, 모래, 나무들, 사막, 나와 엄마가 있는 것 같습니다. … 만약 당신이 뿌리가 되는 짐들에 도달한다면, 그들은 모든 것이 됩니다.

몸도 없고, 마음도 없으며, 참자아도 없고 부분들도 없는가?

많은 다른 내담자들과 같이, 이 내담자에게서도, 나는 내면 바디마인드 시스템을 해방시키는 것이 영적 깨달음으로 가는 길임을 보았다. 체현된 참자아 상태에서 그들은 순식간이지만, 우리의 생각과 개념을 넘어 우리는 모두 똑같이 영으로 물들어 있음을 간파하고 있다. 체현된 참자아는 몸, 마음, 영의 한 연합체로서 초월적인 상태이다. 우리는 짐을 짊어진 우리의 부분들에 의해 강요된 한계와 제한을 넘어선다. 진정으로 체현될 때 참자아 에너지는 역설적으로 우리 개인의 몸들을 초월한다. 우리 피부의 한계를 넘고, 우리 지각 및 감각 능력의 필터를 넘어선다.

체현된 참자아는 참자아의 우주 장에 대한 홀로그램이다. 이 일관성 있는 지성은 겉으로 보이는 물질 세계 아래 또는 너머에 있으며, 우리의 바깥뿐만 아니라 우리 각 사람 안에도 존재한다. 체현된 참자아는 시스템의 모든 수준을 지원하고 정보를 제공하며 시스템의 모든 수준은 그것에 기여한다. 땅에 접지하고, 위로부터의 무한한 에너지와 연결되어, 우리 주위의 참자아 에너지 장과 소통하면서, 우리는 참자아 에너지를 들이마시고, 다시 참자아 에너지로 내쉰다. 우리는 이 장을 통과하고, 이 장은 우리를 통과한다.

이 장에 의해 지지되고 정보를 받아, 우리는 내면을 보며, 각각이 우주의 홀로그램인 우리의 부분들을 발견한다. 그것이 정말로 우리로부터 혹은 그 어떤 것으로부터 분리된 별개가 아니라는 것을 깨달으면서 우리는 부분을 돕기 위해 부분으로부터 분화된다. 우리가 상호연결된 상태라는 감각을 유지하면서, 우리는 다른 사람들로부터 분화된다. 우리는 그들 안에서 우리 것과 매우 비슷한 그들의 부분들뿐만 아니라 그들의 체현된 참자아를 인식한다.

우리가 마음과 몸을 한데 모을 때, 그것은 우리 마음을 열어 영적 영역을 받아들일 수 있도록 해줄 뿐만 아니라 실제로 우리가 아원자부터 개인 간을 거쳐, 우주에 이르는 시스템의 모든 구성원들이 상호 의존적이고, 상호 연결되어 있으며, 나뉠 수 없다는 것을 우리가 이해하기 시작하도록 해준다. 상상컨대, 구별과 정의, 범주화 및 특성화는 모두 현실의 본질에 대한 더 큰 이해를 얻는 데 도움이 된다. 우리 각자가 개인의 정체성을 주장하듯이, 그리고 우리가 우리 내면시스템의 서로 다른 구성원들을 파악하듯이, 우리는 분리된 별개의 상태라는 착각 아래 작동하고 있다는 더 큰 인식을 가지고 우리의 삶을 살아나갈 때, 우리는 이 분리된 별개의 정체성들을 유용하고 필요한 구성체로 여길 수 있다. 아마도 바람나그네가 언급하고 패글스, 봄, 아인슈타인과 다른 많은 사람들에 의해 연구되고, 학습되며, 글이 쓰인 이 '뿌리가 되는 짐'은 더 큰 참자아의 장이라는 개념 안에 수용될 수 있다.

소매틱 IFS 작업은 우리가 물리적인 몸이지만, 또한 에너지와 정보의 홀로그래픽 장에 살고 있는 하나의 의식이기도 하다는 깨달음으로 우리를 이끈다. 체현된 참자아의 특성들은 우리의 바디마인드 시스템의 관계망과 모든 수준에 엮여 있는 실이라고 할 수 있다. 에너지와 정보는 겉보기에 분리된 모든 존재의 수준 안에서 끊임없이, 끝없는 파도를 타고 흐른다. 우리는 우리의 감각 경험 너머 우리의 불가분성의 현실을 순간적으로 간파할 수도 있다. 비록 우리가 계속해서 분리된 별개의 개인들로서 기능하고, 분리된 별개의 구성 성분들을 갖고 있으면서 다른 사람들과 그리고 우리의 내면시스템과 관계하지만, 제네바 실험에서 아원자 입자들이 분리된 별개의 상태가 아니라는 것을 증명하였던 것처럼 우리도 역시 그런 현실을 살아갈 수 있다. 치료사와 내담자, 자신과 타인에 대한 우리의 개념이 더 큰 인식 가운데 쉽게 수용될 수 있다. 우리는 다른 인간들과 모든 생명체와 지구와 심지어 우주와도 조화로운 관계로 살아가면서 우리는 개인 간, 개인내적, 초월적 치유의 개념들 너머로 확장할 수 있다.

체현된 참자아 에너지는 종종 정의할 수가 없다. 트레이너로서의 내 경험으로는 우리가 참자아 에너지가 정확하게 무엇인지를 정의하고자 시도하면 할수록, 우리는 그것을 덜 이해하거나 덜 경험하게 되는 것으로 보인다. 참자아 에너지가 확실히 몸속 어디에 위치하고 있다고 할 수는 없지만, 그것이 경험되고 몸속에 고정되어 있으면, 그것은 알고 있으며 살아있는 경험이 된다. 참자아 에너지 상태를 묘사하는 많은 특성은 기억하기 쉽도록 알파벳 C로 시작된다. 명료성(clarity), 호기심(curiosity), 용기(courage), 긍휼(compassion), 자신감(confidence), 창의성(creativity), 평온(calmness), 관계성(connectedness)과 같은 특성은 내재하는 체현된 상태이다. 이어지는 연습에서는 소매틱 IFS의 목표라는 이 규정하기 힘든 상태를 말로 설명하는 것에 대한 대안, 즉 몸에서 특성을 경험하기를 제안한다. 우리는 또한 일단 경험하였다 하더라도 이 상태는 일시적이라는 것을 발견하였다. 그것은 늘 존재하지만, 불행하게도 우리의 시스템과 우리 주위에 있는 사람들이 그것을 절실하게 필요할 때 종종 부분들이 그것을 안 보이게 만든다. 마지막 연습에서는 다섯 가지 작업 각각과 관련된 구체적인 행동을 제공하여 우리와 우리의 내담자들이 체현된 참자아 에너지 상태를 빠르게 회복할 수 있도록 한다.

연습

참자아 에너지의 C를 체현하기

목적: 몸에서 참자아 에너지의 특성을 경험한다. 체현된 참자아 에너지의 장애물을 찾아 제거한다.

설명

이 연습은 개인적으로 (7단계까지) 또는 그룹으로 할 수 있다.

1. 어떤 자세에서든, 참자아 에너지의 특성 중 하나를 골라 당신 몸에서 그것을 탐구한다. 그것은 당신 몸 어디에 있는가? 그것은 어떻게 나타나는가? 특별한 감

각이 있는가? 당신이 그 감각을 유지할 때 그 감각에 어떤 일이 생기는가?

2. 만약 당신이 숨을 참아서 특성이 나타난 당신 몸의 이 부위로 보내면 어떤 일이 일어나는가?

3. 만약 당신이 이 특성이 움직이도록 한다면 어떤 일이 일어나는가? 당신 몸의 어떤 부분들이 움직이고 싶어하는가? 당신은 그것으로 공간을 헤쳐나갈 수 있는가?

4. 만약 당신이 당신 몸의 이 부위를 터치하면 어떤 일이 일어나는가?

5. 이 특성이 한층 더 많이 느껴지거나 표현되도록 할 수 있는가? 그렇게 하기 위해서는 어떤 것이 필요한가?

6. 이 특성을 표현하거나 확장하는 데 어떤 제한이나 장애물이 있는가? 아마도 그 제한이 처음에는 감정이나 생각으로 나타날 수 있다. 당신의 몸이 이 특성을 제한하는 데 참여하는가? 이 제한하는 부분이 긴장을 풀기 위해서는, 즉 이 특성이 함께 있으면서 표현되어도 무방하도록 하기 위해서는 어떤 것이 필요한가?

7. 지금의 자세를 유지하면서 당신이 지금까지 탐구한 참자아 에너지의 특성을 크게 말해보며, 동일한 특성을 탐구한 다른 사람들의 말에 귀 기울인다.

8. 소그룹을 만든다. 각 구성원은 자신들이 탐구한 C 단어를 비언어적으로 표현하고 다른 사람들은 참자아 에너지의 특성을 맞추어본다. 그런 다음, 당신의 경험을 말로 공유한다.

9. 큰 그룹에서 공유한다.

성찰

1. 당신은 어떤 특성을 선택하였는가, 그리고 그 이유는?

2. 당신이 탐구하였던 참자아 에너지의 한 특성을 접근하는데 있어서 다섯 가지 작업 각각은 어떻게 도움이 되었는가?

3. 어떤 작업이 당신이 빠르게 부분을 분리하고 보다 완전하게 체현된 참자아 에너지로 옮겨가도록 도움을 줄 수 있겠는가?

체현된 참자아 에너지를 빠르게 세우기

목적 : 소매틱 IFS 작업을 사용하여 체현된 참자아 에너지를 빠르게 다시 세우는 것을 연습한다.

설명

각 작업과 관련된 다음의 모든 연습을 실시한다. 당신이 얼마나 빠르게 하면서 여전히 유익을 얻을 수 있는지 알아본다. 회기 바로 전에 실행한다. 내담자가 당신과 함께 따라해보도록 초대하는 것을 고려해본다. 아마도 당신은 가장 신뢰할 만하고 빠르게 당신을 체현된 참자아 에너지 상태에 고정하는 하나 혹은 그 이상의 작업을 찾게 될 것이다.

1. 신체적 인식 : 바닥이나 의자에 닿아 있는 부위부터 시작하여 머리와 얼굴로 올라가며 피부, 근육, 뼈, 장기들을 체크해보며 빠르게 당신 몸을 스캔한다. 만약 당신 몸에 아프거나 불편한 느낌이 드는 부위가 있다면, 당분간 뒷자리에 물러나 있어 달라고 요청하고 나중에 다시 돌아오겠다고 약속한다. 당신의 뼈 무게의 도움으로 당신이 자리를 잡고 땅과 연결되도록 한다.

2. 의식적 호흡 : 두 번 정도의 호흡을 하며 속도, 리듬 및 당신의 몸통 전체에 어떤 제약이 있는지 주목한다. 그 제약이 있는 부위로 숨을 들이마시고는 길고 충분히 숨을 내쉰다. 당신 주위의 넉넉함을 들이마시어 갑갑한 느낌이 있는 당신 몸 부위로 보낸다. 당신의 심장으로 한 번의 숨을 더 들이마신다. 수직 에너지 선을 느끼며, 위아래 무한한 참자아 에너지의 장으로부터 오는 모든 자원들을 당신이 사용할 수 있도록 한다.

3. 근본적 공명 : 맞은편에 있는 사람에게로 당신의 인식을 확장한다. 당신의 열린 마음에 장애물이라 볼 수 있는 그 어떤 감각이라도 감지한다. 이 장애물에 당신의 인식, 호흡 혹은 터치를 가져오며 당신의 심장을 보호하고 있는 부분들에게 감사와 안심시키는 말을 건넨다.

4. 마인드풀 동작 : 좌우로, 앞뒤로, 굽혔다 폈다 약간씩 움직이면서 당신이 위아래와 연결 되고, 완전하고 쉬운 호흡을 하며, 가슴이 열리도록 촉진시킨다. 불필

요한 근육 긴장이 조금이라도 있는지 알아보기 위해 당신 몸, 특히 당신 부분들이 긴장을 유지하고 있다고 알고 있는 부위를 스캔한다. 긴장을 해소시키기 위해 당신이 할 수 있는 약간의 동작이 있는지 알아본다.

5. 섬세한 터치 : 이 작업들을 통해 당신이 파악하였던 부분에 해당하는 당신 몸의 한 부위를 당신 손으로 터치하며, 그 부분에게 감사와 안심시키는 말을 전할 수 있다.

성찰

1. 이러한 연습들이 당신의 체현된 참자아 에너지를 증대시켰는가? 당신은 어떻게 그것을 감지하는가?
2. 위의 모든 연습을 하는 데 시간이 얼마나 걸렸는가?
3. 만약 당신이 회기 전이나 회기 내 제한된 시간만 있다면, 위의 작업 중 어떤 것을 사용하여 체현된 참자아 에너지를 빠르게 세우도록 할 것인가?

참고문헌

서론

1 Ken Dychtwald, *Bodymind* (New York: Tarcher Putnam, 1986).

2 Thomas Hanna, *Somatics: Reawakening the Mind's Control of Movement, Flexibility, and Health* (Cambridge, MA: Da Capo, 1988).

3 Richard C. Schwartz and Martha Sweezy, *Internal Family Systems Therapy*, 2nd ed. (New York: Guilford, 2020), 45.

4 Richard C. Schwartz, *Internal Family Systems Therapy* (New York: Guilford, 1995).

5 Susan McConnell, "Embodying the Internal Family," in *Internal Family Systems Therapy: New Dimensions*, ed. Martha Sweezy and Ellen L. Ziskind (New York: Routledge, 2013), 90-106.

제1장

1 Schwartz and Sweezy, *Internal Family Systems Therapy*, 65.

2 Schwartz and Sweezy, *Internal Family Systems Therapy*, 255.

3 Linda Hartley, *Wisdom of the Body Moving* (Berkeley, CA: North Atlantic Books, 1995), xxxiii.

4 Susan Aposhyan, *Body-Mind Psychotherapy: Principles, Techniques, and Practical Applications* (New York: Norton, 2004).

제2장

1 Daniel J. Siegel, *Aware: The Science and Practice of Presence* (New York: Random House, 2018).

2 Siegel, *Aware*, 75.

3 Stephen W. Porges, "Neuroception: A Subconscious System for Detecting Threats and Safety," *Zero to Three 24*, no. 5 (May 2004).

4 Deane Juhan, *Job's Body: A Handbook for Bodywork* (Barrytown, NY: Station Hill, 1987).

5 Siegel, *Aware*, 19.

6 Siegel, *Aware*, 161.

7 Bessel van der Kolk, *The Body Keeps the Score: Brain, Mind and Body in the Healing of Trauma* (New York: Viking, 2014), 100.

8 van der Kolk, *Body Keeps the Score*, 101.

9 Antonio Damasio, *The Strange Order of Things* (New York: Pantheon, 2018), 154.

10 van der Kolk, *Body Keeps the Score*, 287.

제3장

1 Lynne McTaggart, *The Field: The Quest for the Secret Force of the Universe* (New York: HarperCollins, 2002).

2 Shunryu Suzuki, *Zen Mind, Beginner's Mind: Informal Talks on Zen Meditation and Practice* (New York: Weatherhill, 1970), 13.

3 Blandine Calais-Germain, *Anatomy of Breathing* (Seattle: Eastland, 2006).

4 Deb Dana, *The Polyvagal Theory in Therapy: Engaging the Rhythm of Regulation* (New York: Norton, 2018), 35.

5 Aposhyan, *Body-Mind Psychotherapy*, 128–29.

제4장

1 Peter Wohlleben, *The Hidden Life of Trees: What They Feel, How They Communicate — Discoveries from a Secret World*, trans. Jane Billinghurst (Vancouver: Greystone Books, 2016).

2 Emilie Conrad, *Life on Land: The Story of Continuum* (Berkeley, CA: North Atlantic Books, 2007), 290.

3 Wilhelm Reich, *Character Analysis*, 3rd ed. (New York: Farrar, Straus and Giroux, 1949).

4 Carl Jung, *The Undiscovered Self (Present and Future)* (New York: American Library, 1959).

5 Stanley Keleman, *Your Body Speaks Its Mind* (Berkeley, CA: Center, 1981).

6 Allan Schore, *Affect Regulation and the Origin of the Self: The Neurobiology of Emotional Development* (New York: Routledge, 2003).

7 Laurie Carr, Marco Iacoboni, Marie-Charlotte Dubeau, John C. Mazziotta, and Gian Luigi Lenzi, "Neural Mechanisms of Empathy in Humans: A Relay from Neural Systems for Imitation to Limbic Areas," *PNAS* 100, no. 9 (April 29, 2003), 5497–5502, https://doi.org/10.1073/pnas.0935845100.

8   Rupert Sheldrake, *The Presence of the Past: Morphic Resonance and the Habits of Nature* (New York: Times Books, 1988).

9   Bonnie Bainbridge Cohen, *Sensing, Feeling, and Action: The Experiential Anatomy of Body-Mind Centering* (Northampton, MA: Contact Editions, 1993), 15.

10 Daniel J. Siegel, *The Mindful Therapist* (New York: Norton, 2010), 54-57.

11 Siegel, *Mindful Therapist*, 57.

12 Daniel J. Siegel, *The Developing Mind: How Relationships and the Brain Interact to Shape Who We Are*, 2nd ed. (New York: Guilford, 2012), 171.

13 Jack Kornfield, *The Wise Heart: A Guide to the Universal Teachings of Buddhist Psychology* (New York: Random House, 2008), 17.

14 Thomas Lewis, Fari Amini, and Richard Lannon, *A General Theory of Love* (New York: Random House, 2000), 63.

15 Lewis, Amini, and Lannon, *General Theory of Love*, 64.

16 Hartley, *Wisdom of the Body Moving*, 271.

17 Bainbridge Cohen, *Sensing, Feeling, and Action*, 15.

18 Bruce H. Lipton, *The Biology of Belief: Unleashing the Power of Consciousness, Matter and Miracles* (New York: Hay House, 2005).

19 Candace Pert, *Molecules of Emotion: The Science Behind Mind-Body Medicine* (New York: Touchstone, 1997).

20 Paul Pearsall, *The Heart's Code: Tapping the Wisdom and Power of Our Heart Energy* (New York: Broadway Books, 1998).

21 James Doty, *Into the Magic Shop: A Neurosurgeon's Quest to Discover the Mysteries of the Brain and the Secrets of the Heart* (New York: Penguin, 2017).

22 Joseph LeDoux, *Synaptic Self: How Our Brains Become Who We Are* (London: Macmillan, 2003), 324.

23 Allan Schore, *Right Brain Psychotherapy* (New York: Norton, 2019).

제5장

1   Charles Darwin, *The Expression of the Emotions in Man and Animals* (London: Oxford University Press, 1998). First published 1872.

2   van der Kolk, *Body Keeps the Score*, 236.

3   van der Kolk, *Body Keeps the Score*, 209.

4   Juhan, *Job's Body*, 114.

5   Mabel Elsworth Todd, *The Thinking Body: A Study of the Balancing Forces of Dynamic Man* (New York: Paul B. Hoeber, 1937), 31.

6 Dana, *Polyvagal Theory in Therapy*.

7 Susan Cahill, "Tapestry of a Clinician: Blending Authentic Movement and the Internal Family Systems Model," *Journal of Dance and Somatic Practices* 7, no. 2 (2015), 251.

8 Peter Levine, *Waking the Tiger: Healing Trauma* (Berkeley, CA: North Atlantic Books, 1997).

9 Bainbridge Cohen, *Sensing, Feeling, and Action*.

10 Hartley, *Wisdom of the Body Moving*, 27.

11 Aposhyan, *Body-Mind Psychotherapy*, 205.

12 Ann L. Sinko, "Legacy Burdens," in *Innovations and Elaborations in Internal Family Systems Therapy*, ed. M. Sweezy and Ellen L. Ziskind (Oxford, UK: Routledge, 2016).

제6장

1 Mic Hunter and Jim Struve, *The Ethical Use of Touch in Psychotherapy* (London: Sage, 1997).

2 Sharon Heller, *The Vital Touch: How Intimate Contact with Your Baby Leads to Happier, Healthier Development* (New York: Henry Holt, 1997).

3 Ofer Zur and Nola Nordmarken, "To Touch or Not to Touch: Exploring the Myth of Prohibition on Touch in Psychotherapy and Counseling," Zur Institute, accessed February 19, 2020, www.zurinstitute.com/touch-in-therapy/.

4 Sidney Jourard, "An Exploratory Study of Body-Accessibility," *British Journal of Social and Clinical Psychology* 5, no. 3 (1966), 221-31.

5 Ashley Montagu, *Touching: The Human Significance of the Skin* (New York: Harper & Row, 1971).

6 Bainbridge Cohen, *Sensing, Feeling, and Action*.

7 Adam Gopnik, "Feel Me: What the New Science of Touch Says About Ourselves," *New Yorker*, May, 2016.

8 Aline LaPierre, "From Felt-Sense to Felt-Self: Neuroaffective Touch and the Relational Matrix," *Psychologist-Psychoanalyst* 23, no. 4 (2003).

9 Juhan, *Job's Body*.

10 Juhan, *Job's Body*, 182.

11 Tiffany Field, *Touch* (Cambridge, MA: MIT Press, 2001).

12 Zur and Nordmarken, "To Touch or Not to Touch: Exploring the Myth of Prohibition on Touch in Psychotherapy and Counseling."

13 Montagu, *Touching*, 46.

14 James W. Prescott, "Body Pleasure and the Origins of Violence," *Bulletin of the Atomic Scientists*, November 1975, pp. 10–20, www.violence.de/prescott/bulletin/article.html.

15 Edward W. L. Smith, Pauline Rose Clance, and Suzanne Imes, eds., *Touch in Psychotherapy: Theory, Research and Practice* (New York: Guilford, 1998).

16 Babette Rothschild, *The Body Remembers: The Psychophysiology of Trauma and Trauma Treatment* (New York: Norton, 2000).

17 van der Kolk, *Body Keeps the Score*, 215–17.

18 Courtenay Young, "Doing Effective Body-Psychotherapy Without Touch," *Energy & Character*, no. 34 (September 2005), 50–60, www.courtenay-young.co.uk/courtenay/article/B-P_without_Touch_1.pdf

19 Lynn Ungar, "Pandemic," March 11, 2020, www.lynnungar.com/poems/pandemic.

제7장

1 Mariel Pastor with Dick Schwartz, "The Unburdened Internal System," 2012, www.marielpastor.com/the-unburdened-system.

2 Schwartz and Sweezy, *Internal Family Systems Therapy*, 251.

3 Schwartz and Sweezy, *Internal Family Systems Therapy*, 252.

4 Malcolm W. Browne, "Far Apart, 2 Particles Respond Faster Than Light," New York Times, July 22, 1997, http://nytimes.com/1997/07/22/science/far-apart-2-particles-respond-faster-than-light.html

5 Heinz Pagels, *The Cosmic Code: Quantum Physics as the Language of Nature* (New York: Simon & Schuster, 1982), 349.

6 Shahram Shiva, trans., *Rumi, Thief of Sleep: 180 Quatrains from the Persian* (Prescott, AZ: Hohm Press, 2000). All Rumi quotations are from this volume.

7 Jack Kornfield, *After the Ecstasy, the Laundry: How the Heart Grows Wise on the Spiritual Path* (New York: Bantam, 2000.

8 Jack Kornfield, *The Art of Forgiveness, Lovingkindness, and Peace* (New York: Random House, 2002), 185.

9 Rainer Maria Rilke, *Rilke's Book of Hours: Love Poems to God*, trans. Anita Barrows and Joanna Macy (New York: Berkley Publishing, 1996).

10 Schwartz and Sweezy, *Internal Family Systems Therapy*, 42.

11 Jorge N. Ferrer, *Revisioning Transpersonal Theory: A Participatory Vision of Human Spirituality* (Albany: State University of New York Press, 2002).

찾아보기

옮긴이

이진선

미국 럿거스대학교 유전학(박사)
미국 예일대학교 의과대학 분자의학(박사후 연구원)
백석대학교 기독신학대학원 목회학(석사)
(현) 삼성서울병원 미래의학 연구원 연구교수
MBTI 전문강사, 교류분석 전문상담사
내면시스템치료 슈퍼바이저
크리스천 내면시스템치료 슈퍼바이저
국제내면시스템치료연구소 한국공식훈련자 자격증
한국내면시스템상담협회 대표
한국가정회복연구소 공동대표
ifscenter.ewebstory.com
ifs_center@naver.com

박소영

영국 University of Leicester 범죄학(석사)
영국 University of Surrey 응용심리학(석사)
(현) 덕성여자대학교 임상건강심리학 박사과정
한양대학교 철학과(학사)
동국대학교 경찰행정학 석사과정
Tokiwa International Victimology Institute and World Society of
Victimology 피해자학 수료

국제내면시스템치료연구소 내면시스템상담사
임상심리사
재활/모던필라테스 강사
Somatic IFS 상담사
bodymindpilatestherapy.com
parkhurst@naver.com

이혜옥

성산효대학원대학교 가족상담학(박사)
(현) 성산효대학원대학교 겸임교수
사회복지사, EAP 상담사
미술치료사, TA 상담사, 가족치료사
(재)자살방지한국협회 성남3지부장
한국상담심리학회, 한국상담학회 정회원
한국기독교 상담학회 정회원
내면시스템치료 슈퍼바이저
크리스천 내면시스템치료 슈퍼바이저
국제내면시스템치료연구소 한국공식훈련자 자격증
한국내면시스템상담협회 회장
한국가정회복연구소 공동대표
ifscenter.ewebstory.com
ifs_center@naver.com

지은이

수잔 맥코넬

Photo by J. Martin Harris

하코미 치료사공인자격증(CHT)을 소유한 수
잔 맥코넬은 1997년부터 미국 및 국제적으로
내면가족시스템모델(IFS)을 가르치고 있다. 소
매틱 IFS의 창시자인 그녀는 IFS 모델을 모든
임상 문제들에 적용하며, 내면시스템을 체현시
키기 수련회와 훈련과정을 인도하고 있다.